泰山学书系

国祀与民祭

——泰山碧霞元君信仰考论

周郢 著

山东大学出版社
SHANDONG UNIVERSITY PRESS
·济南·

图书在版编目(CIP)数据

国祀与民祭 ：泰山碧霞元君信仰考论 / 周郢著. 济南 ：山东大学出版社，2024. 12. -- ISBN 978-7-5607-8820-3

Ⅰ. B933

中国国家版本馆 CIP 数据核字第 2025A4X093 号

责任编辑　李　港　肖世伟
文案编辑　邓浩然
封面设计　亓　冉

国祀与民祭

GUOSI YU MINJI

——泰山碧霞元君信仰考论

出版发行	山东大学出版社
社　　址	山东省济南市山大南路 20 号
邮政编码	250100
发行热线	(0531)88363008
经　　销	新华书店
印　　刷	济南乾丰云印刷科技有限公司
规　　格	720 毫米×1000 毫米　1/16
	20 印张　307 千字
版　　次	2024 年 12 月第 1 版
印　　次	2024 年 12 月第 1 次印刷
定　　价	96.00 元

序:泰山文化研究的新成果

在泰山研究领域,特别是在泰山信仰研究的著述方面,近几年佳讯频传。

2022年,韩书瑞(Susan Naquin)教授的《泰山之神》(*Gods of Mount Tai: Familiarity and the Material Culture of North China, 1000-2000*, BRILL,2022)出版,这部厚达550多页的英文著作,是韩书瑞教授从1999年开始,用了20多年的时间写作而成,是她中国历史研究的最新著述。该书荣获美国亚洲研究协会2024年“约瑟夫·列文森中国研究”图书奖(1900年前)。

2024年,沙畹(Emmanuel-èdouard Chavannes,1865—1918)的《泰山:一种中国信仰专论》在商务印书馆出版。沙畹的这部法文著作初版于1910年的巴黎,在问世110多年之后,终于由秦国帅、雷阳两位学者将其翻译为汉语。这部泰山信仰研究的汉学名著被翻译为汉语,并且回到泰山所在的中国出版,是泰山研究领域可喜可贺、令人欣慰的大喜事。

2021年,在泰山研究领域成就卓著的周郢教授出版了150万字的皇皇巨著《泰山编年通史》,这部著作周郢教授花费了35年的心血撰写而成,是其泰山研究的集大成之作。《泰山编年通史》是我国第一部泰山历史文化的编年体史书,在材料的选取方面力求“竭泽而渔”,尽可能地将泰山历史文化资料搜寻完备。在按照编年体史书系统梳理泰山历史文献的同时,该书还按照历史发展的不同时期,总结了泰山文化的突出特征,提出了泰山文化“政治山”“宗教山”“文化山”“民俗山”“精神山”的“五期说”。该书出版后,荣获山东省社会科学优秀成果奖特等奖。

如今,周郢教授又有新作《国祀与民祭:泰山碧霞元君信仰考论》即将面世。承蒙周郢教授厚爱,命我为他这部碧霞元君信仰研究的新作撰写序言,我得以先睹为快。

众所周知,碧霞元君信仰在泰山历史文化的发展过程中,曾经发挥过非常重要的作用。我认为,这种作用主要表现在以下两个方面:其一,元明之际,泰山女神碧霞元君出现之后,将泰山文化中与中国传统自然观(天地观、宇宙观)、生死观相吻合的“生”的观念接续下来,承载了民众到泰山祈求生育、保佑子孙后代健康平安的功能。其二,在中华文明漫长的历史发展过程中,泰山主要是与中国社会文化的主流思想相适应,与上层官僚统治阶层相结合,成为国家祭祀的重要场所,是历代帝王、官僚、文人士绅阶层活动的神圣空间。泰山女神碧霞元君出现之后,以普通民众为服务对象的泰山庙会的会期逐渐围绕着碧霞元君而定,民众朝山进香的对象由东岳大帝转换成为碧霞元君,来泰山朝山进香的香客和香社组织也以女性为主,泰山作为“民俗山”的形象逐渐树立起来,普通民众成为泰山朝山进香的主力军。

周郢教授的这部新作,以他本人所发现的大量的史料为依据,对碧霞元君信仰进行全面系统的考证与辨析,提出了许多新的见解。例如,碧霞元君的国家祭祀问题,泰山女神与巫山神女、天妃妈祖的关系,碧霞元君的庙宇分布及其空间传播,泰山香税的历史沿革,等等。即使是在我本人最熟悉的泰山香社的章节中,周郢教授所使用的史料,几乎都是我过去做泰山香社研究时所没有见到过的。书中所论及的几乎所有问题,在史料的挖掘和新材料的分析研究方面,随处都能够读到周郢教授独特的见解,会让你感受到发前人所未发的欣喜。

周郢教授专注于泰山研究40余年,在泰山史料和泰安地方文献领域,海内外无人能出其右。他对传统文献学方法的把握得心应手,对泰山历史文化的常见典籍史料烂熟于心,堪称泰山文献的“活字典”。近些年来,他走出书斋,奔波于泰山上下,对于山脚旮旯、荒郊野外、村庄路头的各类碑铭、谱牒等广为搜集,即使是在岱顶无字碑、灵岩寺碑林等这些人人可见的文物上面,他也发现了新资料,写出了重头文章,他在《历史研究》和《中国史研究》上面发表的两篇论文,所依据的资料均来自这样的田野考察。更为难能可贵的是,在当前数字化网络时代,他还特别善于使用各种检索手段,对于各类典籍文献和档案资料数据库中涉及的泰山史料,全面撒网、穷尽式地予以搜集整理,收获颇丰。正因为如此,周郢教授的论著观点新颖,言之有物,百读不厌。

我与周郢教授相识30多年，在我个人的泰山民俗文化研究过程中多蒙他的帮助，我在山东大学和中国社会科学院指导过的研究生，凡是以泰山民俗文化为研究内容的博士或硕士学位论文，全部都受到过周郢教授无私的帮助和精心的指导。自2021年以来，为了培养泰山研究的后备力量，“诱惑”青年学子亲近泰山、感受泰山、认识泰山，进而投身研究泰山，我与周郢教授等泰山学院泰山研究院的同人合作，每年都举办“泰山文化与泰山文献高级研修班”，招收文献学、民俗学、宗教学等专业的在校博士生和在站博士后作为学员，采用课堂讲授和泰山田野实地教学的方式。高研班举办期间，我和周郢教授都是既在课堂授课，又带领学员到泰山上下读碑看庙，开展田野实地教学。如今连续几届办下来，已经有多位学员的博士学位论文是以泰山文化为研究内容，基本达到了举办高研班的预期效果，令人欣慰。

周郢教授这部碧霞元君信仰研究的新作，连同他40年来在泰山历史文化与泰安地方文献研究领域里的数十部著作，构成了中华泰山研究难以逾越的高峰，蔚为大观，高山仰止！

是为序。

叶涛

2024年6月

目　录

上篇　信仰考论

中篇　庙祀考论

上篇　信仰考论

第一章　碧霞神号:从天仙玉女到碧霞元君

泰山女神“碧霞元君”名号之由来,或谓始于唐,或托封于宋。今对上说举史证逐一考辨,认为唐人刘禹锡诗中之“元君”非指碧霞,宋代镌刻“碧霞”名号之碑刻,实出明人之伪托。“碧霞元君”之名,应始于明代,其产生与当时泰山女神之道教化紧密相关。

第二章　碧霞缘起:从巫山神女到泰山玉女

楚辞中的巫山神女原型,与泰山有着密切关系——最早见于经籍的巫山,落处于齐国泰山附近;巫山之名,又源自齐地的“巫儿”风俗;而传说中之巫山神女与巫儿相比,身世、行为、职司及男女遇合都非常相似。因此可以推断,巫山神女的原型之一,即来源于齐地巫儿。后来随着楚国北进,齐地巫儿“远嫁”荆楚,但其神格依然在故乡部分遗存,后世出现的泰山女神玉女元君形象中便依稀可见巫山神女的影子。

第三章　碧霞祈嗣:从封禅之所到求子之山

宋真宗封禅泰山时,特命奉祀玉女神像,由此引发泰山女神(后世称碧霞元君)信仰的肇兴。其事源于当时一场因太子缺位而造成的皇位危机,真宗希望通过奉祀玉女,以祈皇嗣。此举使泰山女神送子神格逐渐确立。泰山也渐由接通天地的封禅圣山,一变为祈嗣求子的生育之山。

第四章　碧霞敕封:从泰山圣母到天妃妈祖

清初出现的《天妃经》,称明崇祯朝曾加封妈祖为“碧霞元君”。此事屡经学者考辨,多认为出自道士假托。今以新史料佐证,崇祯帝敕封元君神号确有其事,只不过所赐封者并非妈祖,而是泰山娘娘。其事在崇祯十三年(1640)九月,所加之号为“青灵普化慈应碧霞元君”等。而后道士为争取信众,潜将崇祯敕封泰山娘娘之号移于妈祖,遂造成后世两神名号混淆的一重公案。

第五章　碧霞祀典：从民间祭祀到国家祭祀

泰山为碧霞元君信仰之祖庭，其祭祀活动最初兴于民间，随着其影响增大，明代皇帝开始派遣宦官诣泰山祭祀元君。清代将这种致祭制度化。自乾隆二十四年(1759)起，清廷定期于每年之四月十八日遣大臣赴泰山致祭碧霞祠，一直延续至清亡。考察这一礼制，有助于探明碧霞元君从民间信仰到国家祭祀的历史进程。

第六章　碧霞论辩：从淫祀之讥到圣母之颂

明中后期与清前期，围绕着泰山女神碧霞元君信仰，曾产生巨大的争辩。持异议者认为元君之祀神非正神，祠属淫祀；凌驾岳帝，乾坤倒置；而由此产生的香会活动更是伤风败俗。支持者则多方论证，力辩碧霞是“正祀”而非“淫祀”。入清之后，面对激烈的争论，康、雍、乾三帝各有“元君论”昭示臣民。其中乾隆帝认为古代祭祀中视地为母，设为女像，碧霞元君即产生于此，为元君信仰的合法性找到了依据。

第一章　碧霞神号:从天仙玉女到碧霞元君

“碧霞自昔号天仙,圣母当时每致虔。”(清乾隆帝《诣西顶广仁宫瞻礼有作》)泰山女神“碧霞元君”名号之由来,传统的说法是宋真宗所敕封。明人陆采《览胜纪谈》卷一《玉女》云:“相传汉时圣帝座下,有石琢金童玉女二。至五胡乱华之际,乏主者,殿圮,石像亦仆。至唐而金童泐尽,玉女沦没于池。宋真宗封太山,还至御帐,涤手池内,见一石人头,出在水面,亟命左右出而涤之,命有司建小庙安奉。其后殿转加广,而香火日盛,遂号为圣帝之女,而以玉女峰当之,封为天仙玉女碧霞元君。”①明末刘侗、于奕正《帝京景物略》卷三引“稗史”,称宋真宗东封泰山,“还至御帐,涤手池内,一石人浮出水面,出而涤之,玉女也。命有司建祠奉之,号为圣帝之女,封天仙玉女碧霞元君”。清初学者张尔岐《蒿庵闲话》卷一(“元君玉印”条)、顾炎武《日知录》卷二五(“湘君”条)、《山东考古录》(“考碧霞元君”条)均沿袭此说而不疑。如清黄中坚《募建碧霞元君行宫》中云:“太山碧霞元君,其封号始于宋而大显于明。……祥符封禅之后,尝封太山之子为炳灵公,则封太山之女为元君,固其宜也。”②

但此后屡经学者考证,认为真宗封号说系后人伪托,并非史实。不过对于“碧霞元君”名号之源起,仍莫衷一是,或据唐人刘禹锡“久事元君住翠微”之句,定为唐代;或据题年“大宋辛酉岁”的《东岳元君香火社碑》,定为宋代。今对上述史证逐作考辨,指出二者或出误解,或出伪托,唐、宋两说均难成立,并认为“碧霞元君”之名应始于明代;而其名号之加,实与泰山女神之道

① (明)陆采:《览胜纪谈》卷一,明嘉靖刊本,第14～15页。

② (清)黄中坚:《蓄斋二集》卷五,《四库未收书辑刊》第8辑,第27册,北京出版社2000年版,第380页。

教化息息相关。试加考论如下。

碧霞元君像

（采自《明清道教神像图》）

一、"碧霞元君"名号始于唐代辩

"碧霞元君"封号源起于唐代之说，首发于明人高诲，其《玉女考》首引刘禹锡诗为据："唐刘禹锡《送东岳张炼师》诗云：久事元君住紫（翠）微。"[①]清乾隆皇帝袭其说，乾隆三十五年（1770）御制《重修碧霞元君庙碑记》云："核之志乘，元君封号肇自有宋大中祥符间。……顾考刘禹锡《送张炼师还东岳》诗，有'久事元君住翠微'之句，是唐以前故有元君之名，不自宋始。"[②]此后学

① (明)汪子卿:《泰山志》卷二《灵宇》,《泰山志校证》,黄山书社2006年版,第236页。

② (清)唐仲冕:《岱览》首编三《天章》,清嘉庆十二年果克山房刻本,第63页。

者大多附和此说。如清人聂鈫《泰山道里记》云："刘禹锡《送东岳张炼师》诗云'久事元君住翠微'，是在唐时已有元君之名，盖由来久矣。"[①]阮元《登岱谒碧霞元君庙》云："元君唐代宅，帝女巽宫封。"[②]《小沧浪笔谈》卷四引《泰山道里记》"唐时已有元君"之说。又韩锡胙《碧霞元君庙碑》云："唐刘禹锡《送女道士张炼师归东岳》诗云：'堪为列女书青简，久事元君住翠微。'则唐以前已有元君神号。"[③]清末金安清《泰山游记》亦云："刘禹锡《送东岳张炼师》诗曰：'久事元君住翠微。'是在唐时已有元君之名。"当代学者中也有不少人信从此说。[④]

作为唐代说主证的，是唐诗人刘禹锡的《赠东岳张炼师》，其诗见于《四部丛刊》本《刘梦得文集》卷四。全诗云：

东岳真人张炼师，高情雅淡世间稀。
堪为烈女书青简，久事元君住翠微。
金缕机中抛锦字，玉清坛上着霓衣。
云衢不要吹箫伴，只拟乘鸾独自飞。

张炼师系一泰山女冠（其身世宋人葛立方《韵语阳秋》有考），刘禹锡作诗相赠，或有意征用泰山事物。因此若将诗中之"元君"指为泰山女神，释谓炼师供奉碧霞元君，久住山中，原是可以讲通的。

但"碧霞元君"一名，绝不见于元以前典籍；而"元君"之号虽屡见道书，或曰"元君者，老子之师也"，或曰"元君者，大神仙之人也"（《抱朴子·金丹》），但都与泰山女神无涉。设若女神唐代已有"元君"封号，何以宋人在言及时悉称"玉女"（如王钦若《社首坛颂》、王山《盈盈传》等），绝口不提元君之号。故而持刘诗而论碧霞元君封号起于李唐，尚属孤证。

笔者认为，如想辨清刘禹锡诗中之"元君"究竟何指，还须自刘集中再寻得"内证"，细加比勘，方能最终决此悬疑。

---

① （清）聂鈫：《泰山道里记》，《四库全书存目丛书·史部》第242册，齐鲁书社1996年版，第799页。

② （清）阮元：《揅经室四集》卷一，《续修四库全书》第1479册，上海古籍出版社2002年版，第302页。

③ （清）韩锡胙：《碧霞元君庙碑》，《滑疑集》卷七，《清代诗文集汇编》第339册，上海古籍出版社2010年版，第96页。

④ 田承军：《碧霞元君与碧霞元君庙》，《史学月刊》2004年第4期。

《四部丛刊》本《刘梦得外集》卷三收有《和令狐相公送赵常盈炼师与中贵人同拜岳及天台投龙毕却赴京师》诗，云：

银珰谒者引霓旌，霞帔仙官到赤城。
白鹤迎来天乐动，金龙掷下海神惊。
元君伏奏归中禁，武帝亲斋礼上清。
何事夷门请诗送，梁王文字上声名。

据考此诗作于宝历元年(825)秋冬之际。诗题中之"令狐相公"即令狐楚，其赠诗原韵已佚；赵常盈系当时名道，其初为吴善经弟子，长庆中供奉宫中，曾与白居易及僧人澄观在御前讲论。[①] "拜岳"即朝拜东岳泰山，为唐人惯用语，桃源峪张炼师题记即有"大历八年(773)王大使因拜岳"之语。据唐人徐灵府《天台山记》："宝历元年(825)，主上遣中使王士岌、道门威仪赵常盈……五月十三日到山，于天台观设醮，许往三井投龙璧也。"[②]拜礼泰山盖在此前。此诗本事，当是有敕使奉命致祭泰山，令狐楚闻而赋诗相赠，后刘禹锡见其作，又加唱和。诗之第五句"元君伏奏归中禁"亦出"元君"一词，从语境上分析，此一"元君"当指赵常盈，因赵氏奉敕而来，祀毕归京覆奏，故有"伏奏归中禁"之语。因道教称仙人为元君(不限于女性)，故而刘诗以"元君"称呼炼师赵氏。

查之刘禹锡两诗，同是题咏泰山，又同是赋赠道士，在完全相同的语境中，"元君"一词不可能各有所指：一指泰山女神，一指拜岳道士。既然《赵炼师》诗中的"元君"可以明确指称道士，《张炼师》诗中的"元君"也只能是道士而非碧霞。而乾隆帝等据此诗谓"唐以前故有(碧霞)元君之名"，显然是郢书燕说了。

二、"碧霞元君"名号始于宋代辩

认为"碧霞元君"名号起于宋代者，主要是依据《东岳元君香火社碑》。此碑最早由田承军先生在《碧霞元君与碧霞元君庙》中披露："泰山岱庙有一

① 参见陶敏等：《刘禹锡全集编年校注》，岳麓书社2003年版，第381页。

② (唐)徐灵府：《天台山记》，《古逸丛书》本，江苏古籍出版社2002年版，第551页。

《东岳元君香火社碑》拓片，碑文已漫漶不清，但可见碑文开头是'碧霞元君香火'，碑文有'知人命长短''山西'等字；立碑时间是'大宋辛酉岁冬十月望后'，树碑者中有'东阿社'等字样。大宋应是北宋，而北宋的辛酉年共3个：961年、1021年、1081年。由碑文知，北宋时期泰山就有了碧霞元君，而且当时碧霞元君信仰已非常成熟，山东东阿有了其香火社。"①

东岳元君香火社碑
（泰安市博物馆藏拓）

如果《东岳元君香火社碑》确为北宋石刻，那么此碑为最早出现"碧霞元君"名号的文献，而元君香火社也由此能追溯至宋代，整个碧霞元君信仰史都将因此而改写，或非虚言。因此所关甚巨，不容不加细辨。

按上文称引的《东岳元君香火社碑》，碑石原立于天书观元君殿，今移存泰安市博物馆。察残石高约116厘米，宽约57厘米。今据其碑拓片影本，得以识读部分文字，加以研究。

碑额篆书两行，文为"东岳元君香火社碑"。正文楷书（夹杂篆隶写法）共20行，每行约28字。文字漫漶，极难识读，今移录可辨者于后：

第1行："碧霞元君香火之碑"。

第2行："□□□出身通议大夫山西等处承宣布"（下残）。

第3行："□进士第□□大夫山西等处提刑按察司"（下残）。

第4行："□□士出身中议大夫山西等处监"（下残）。

第5行："…山西□□平□府…"。

第6行："…山西等处…"。

第7行："…监察…"。

① 田承军：《碧霞元君与碧霞元君庙》，《史学月刊》2004年第4期。

第 8 行："…照…"。

第 9 行："…若干…"。

第 10 行："…灵芝…"。

第 11 行："…祠焉其…"。

第 12 行："魂□□□知人命长短此奥…"。

第 13 行："…似必应九炁…"。

第 14 行："…以哓嶫厂秀足以…"。

第 15 行："…曷入而其…"。

第 16 行："…则闽之督工…"。

第 17 行："…府管河通判…"。

第 18 行："…杨君元哲阳城人…"。

第 19 行："时"(本行只一字)。

第 20 行："大宋辛酉岁冬十月望后吉日"("望后""吉日"间夹小字一行："东阿社学王□")。

碑文虽多半残毁，但据残文仍可辨其结构：前七行为碑题及参与香火社之官吏题名，后十三行为香火社记及年款。依金石学通例，石刻年岁不明或存疑者，可借文中地名、职官定其时代。从此刻寥寥残文中，仍不难辨明其时代真相。

先说地名。碑文中凡五次出现"山西等处"，似此碑为山西香客所立(后文中有杨元哲，系山西阳城人)。考"山西"之名虽于战国秦汉时已见诸史籍，但作为政区之名的"山西等处"，却是始于明代。《明史》卷四一《地理志二》载："山西：《禹贡》冀州之域。元置河东山西道宣慰使，直隶中书省。洪武二年(1369)四月置山西等处行中书省……九年六月改行中书省为承宣布政使司。"此碑中有"山西等处承宣布□□□(政使司)"字样，可推知其时代应在洪武九年(1376)之后。而北宋一朝，于山西境内仅设"河东路"，并无"山西等处"的政区。只此一事，便足证此碑的时代只能属明而不属宋。

再看职官。碑文可辨为官名者凡有数处，一为"通议大夫山西等处承宣布□□(政使)"，一为"□□大夫山西等处提刑按察司"，另一为"中议大夫山西等处监(下缺)"，又一处为"府管河通判"。今按：承宣布政、提刑按察二司使为明代所置各省行政、司法之最高长官。《明史》卷七五《职官志四》:“承宣布政司。左、右布政使各一人。……洪武九年改……山西诸行省俱为承宣布政使司。”又:“提刑按察使司。按察使一人。……明初置。”“管河通判”亦为明代官职,上书又载:“同知、通判分掌清军、巡捕、官粮、治农、水利、屯田、牧马等事。”又“通议大夫”“中议大夫”均为明文官之散阶,“通议”为正三品升授之阶,“中议”为正四品加授之阶,并见《明史·职官志》。上述职名之中,布政、按察二司使又为明代方有之官职,足证此方碑记的时代不会早于明。①

此外,碑中还出现一“东阿社学”。社学为明清设于乡间的学校,《续文献通考》卷五〇《学校考·郡国乡党之学》载:“(洪武)八年正月,诏天下立社学。”②又《明会要》卷二五《学校上·社学》载:“方克勤知济宁府,立社学数百区。”“(洪武)十六年(1383),诏民间立社学,有司不得干预。”③东阿社学即东阿县乡村学校,嘉靖《山东通志》卷一六《学校》云“东阿县儒学:……社学在各里”④可证。若将“东阿社”释作香火社,则与史录不合。

通过以上考辨,可见《东岳元君香火社碑》中之地名、职官均属明制。宋人自无可能预知后世制度,因此这方题署为“大宋辛酉岁”⑤的碑石,绝非宋代所镌,而是明人所伪托。古碑中伪题年款、伪题撰人之作数见不鲜。⑥ 如陈垣先生《明季滇黔佛教考》卷一所举:佛严寺《无照玄鉴禅师行业碑》伪题“延祐二年”;而其中有岁名不合、人物不合、官职不合等“七疑”,断为“至正以后人伪作”⑦。《东岳元君香火社碑》实与《无照玄鉴禅师行业碑》性质相同。对此宝卷,专家车锡伦教授曾作推考,认为伪碑之出与明代民间宗教兴

---

① 据山西阳城史志办王家胜先生考证:《香火社碑》中的“杨元哲”可能即明代阳城人杨基——“基”与“元哲”字义相连,故元哲应为杨基之字。杨基系弘治间生员,曾任山东蒲台主簿。此点与碑中颇多出现府县佐官相合。如所考确切,那么碑刻系年之“辛酉岁”,便进而可推定为弘治十四年(1501)。

② 《续文献通考》卷五十《学校考·郡国乡党之学》,浙江古籍出版社 1988 年版,第 3244 页。

③ (清)龙文彬:《明会要》,中华书局 1956 年版,第 411 页。

④ 嘉靖《山东通志》卷十六《学校》,第 18 页。

⑤ 按此纪年形式亦与习见宋碑不合,题“大宋某某岁”者有巩昌古钟,叶昌炽《语石》卷十记其纪年款识为“大宋丙戌岁崇宁正月”,虽以太岁系国号后,但下仍缀崇宁年号。亦与此元君香火社碑不合。

⑥ 参见(清)叶昌炽撰,姚文昌点校:《语石》卷一《杜撰年号》,浙江大学出版社 2018 年版,第 33 页;卷十《赝本一则》,第 310 页。

⑦ 陈垣:《明季滇黔佛教考》,河北教育出版社 2000 年版,第 243 页。

起有关，其在致笔者函中称："我臆测此碑先是出现在嘉靖前后，后来那位'东阿社学王□'重刻时改'大明'为'大宋'，并删去年号，时间在万历年间或稍后。王某作伪的背景，与民间教派有关。此时，民间教派活动极其普遍，这些教派都把泰山老母纳入'无生老母'信仰的女神系统。同时，朝中的大臣们也上书吁请查禁各种民间教派。教派人士因为得到后妃太监和官僚贵族的支持，活动照旧。他们此时刻印的经卷（宝卷），便在时间上作伪：一是提前，如一部《佛说皇极结果宝卷》，卷末题识为'宣德五年孟春吉日刻行'（另本残页题为'永乐十年'）；一是胡乱题识，似是而非。如一本《忠孝二郎宝卷》题为'嘉靖××（干支）××年'，但干支同纪年对不上号。总之，作伪手法种种，总有漏洞。"兹以为车说甚合事理。明代信众为了将碧霞元君伪托为宋号，除了杜撰宝卷经书，也很有可能改窜旧碑以实己说。此碑既伪，那么"碧霞元君"名号起于宋代说也就失去了唯一的文献依据，难以成立了①。

宋代未封"碧霞元君"，尚有一则旁证。宋宁宗《顺济圣妃庙敕》（庆元四年，1198）云："古以女神列祀典者，若湘水之二妃，北阪之陈宝，西宫之少女，南岳之夫人，以至丁妇、胜姑，亦皆庙食。"②此敕遍论所封女神，而不及所谓"碧霞元君"者。乃知不独泰山玉女宋世未膺"元君"之封，且信仰影响亦不甚广大，故宁宗之敕无一语及之。

---

① 类似碑刻还有鄄城县什集镇北王召村泰山行宫庙旧址近出土之《重修濮州古庙记》。此碑称立石于"宋熙宁四年"，而碑中不仅已有完整"天仙玉女碧霞元君"名号，且言已久有"行宫"；碑中所叙神异，眼光、送生功能都已齐备（明初方见）；"四月十六日落成"时日，也是与明兴起元君"四月十八"圣诞相对应；"千里之外奉香纸而来者不知其数矣"，更是明代香社成熟后才有的盛况。从信仰发展轨迹上看，这些内容都不似宋代景象。碑前所列撰书人名中，其一为"提举崇福宫石首刘思賫篆额"，"刘思賫"确有其人，康熙《陕西通志》卷一九《职官》于布政使司左、右布政使下均列有"刘思賫，石首人，由进士"，名字相同，乡贯相同，而"賫"为异体僻字，重名可能性极小。故碑中之"刘思賫"，与志中之"刘思賫"，当为一人。而此刘思賫，却是明代正德朝人。这也就确证了此碑不是宋刻，而是明代中叶的产物。其他碑中所列宋代人物，今考均为假托。另有文详考。

② 曾枣庄、刘琳主编：《全宋文》卷六八九四，第 302 册，上海辞书出版社、安徽教育出版社 2006 年版，第 154 页。

三、“碧霞元君”名号始于明代说

仅就目前所掌握的文献来考察，“碧霞元君”之名的出现应不早于明初。

明代之前，泰山女神的称号是“玉女”（或作“玉仙”）。东汉山川崇拜与神仙家、道家思想交错影响，道教吸收山川信仰，认为名山必有仙人玉女在焉。[①] 与道教有密切关系的曹操，于所作游仙诗《气出唱》中写下“东到泰山，仙人玉女，下来翱游”[②]之辞。自此“玉女”形象开始于泰山落地生根。如三国曹植《远游篇》、唐李白《游泰山》等诗作中，皆出现泰山玉女形象。泰山之玉女池及池畔之玉女石像，亦是基于此一信仰而设置。宋真宗封禅，据此“新玉女之像”，立龛以祀，并御制《玉女像记》，推动了这一信仰的传播。至元祐之时，岱顶已有玉女之祠——北宋赵鼎臣于政和四年（1114）《游山录》中有“憩于玉女殿之旁舍”[③]之语，并有官员进谒祈雪的记录（岱顶天柱峰宋元祐刘衮题刻）。但宋代之泰山玉女仍不脱游仙诗中之浪漫女仙色彩，如嘉祐时人王山所撰《盈盈传》中，述东山妓吴盈盈“梦玉女命掌奏牍”而卒，后其情人王山吊之于玉女池畔，玉女与王山宴饮赋诗后，又召盈盈与山同寝。[④]其情致宛若高唐之神女，而与后世之元君大异其趣。另外，此时玉女还作为泰山地府从神，出现在地券中。北宋神宗元丰元年（1078）牛懿四郎地券中有“伏为太山玉女行香收身亡化”之语。

入金、元后，泰山玉女崇信进一步扩大，且影响至女真皇室。岱顶大观峰有明昌间濮国公主题名云：“敬诣岱岳，焚香致礼毕，明日遂登绝顶，拜于玉仙祠下。”公主仍称女神为“玉仙”（元秦子晋《新编连相搜神广记》也称玉女为“岱岳太平顶玉仙娘娘”[⑤]；元道籍《东岳大生宝忏》之中开列东岳帝百官

---

① 参见萧红：《中古宗教名词“玉女”考》，徐时仪等编：《佛经音义研究——第三届佛经音义研究国际学术研讨会论文集》，上海辞书出版社 2015 年版，第 252 页。

② 邓东：《试述泰山碧霞元君演进的三个阶段》，《泰山学院学报》2006 年第 2 期。

③ （宋）赵鼎臣：《游山录》，曾枣庄、刘琳主编：《全宋文》卷二九八三，第 138 册，上海辞书出版社、安徽教育出版社 2006 年版，第 246 页。

④ 参见（宋）李献民编，程毅中、程有庆点校：《云斋广录》卷九，中华书局 1997 年版，第 69 页。

⑤ （元）秦子晋：《新编连相搜神广记·东岳》，《绘图三教源流搜神大全（外二种）》，上海古籍出版社 2012 年版，第 482 页。

名录，亦称“玉仙娘娘”[①]），说明当时尚无“碧霞元君”之名号。

至元代，玉女信仰出现一重要变革，即开始明确将玉女崇祀纳入道教范畴。元杜仁杰《泰安阜上张氏先茔记》中记泰山道士张志纯于金贞祐之乱后重葺泰山祠宇，“自绝顶大新玉女祠，倍于故殿三之二；取东海白玉石，为像如人然，一称殿之广袤”[②]。这是玉女祠自创建以来首次大规模拓建，其工由道士主持，其祠宇也自然归属道门管理。重修后玉女祠改额为昭真观，中统五年（1264）《天门铭》摩崖后有“昭真观主翟庆真同立”一行可证。“昭”意为昭示、彰明，“真”则为道徒对仙人的称呼，道籍称老子为真老，化生真妙玉女，观名取意于此。改额“昭真”，意在强化玉女的道神色彩。

至明，泰山玉女才开始被称为“碧霞元君”[③]。较早的文献见于明许彬天顺五年（1461）所撰《重修玉女祠记》：“予自永乐九年（1411）发解山东，还登此山，距今五十有一年。为天顺辛巳（1461），又得陪巡按山东监察御史康骥德良、按察使王钺世昌同一登览，瞻泰山天仙玉女碧霞元君之神。”[④]可知碧霞神名明代前期业已出现。另明初宋濂《登岱》诗中也有“灵光长绕碧霞宫”[⑤]之句，堪作旁证。又《元始天尊说东岳化身济生度死拔罪解冤保命玄范诰咒妙经》经文中历数岳帝驾下神祇，有一段专述碧霞元君，云：“至心皈命礼泰山顶上，东岳内宫，曩时现玉女之身，根本即帝真之相。应九炁而垂慈示相，冠百灵而智慧圆融。行满十方，恩周亿劫。位正天仙之号，册显碧霞

① 《道藏》第10册，文物出版社、上海书店、天津古籍出版社1988年版，第1页。

② （元）杜仁杰：《泰安阜上张氏先茔记》，《全元文》卷六五，第2册，江苏古籍出版社1999年版，第385页。

③ 按“碧霞”之名，出于《太平御览》卷六七四引《上清经》：“元始居紫云之阙，碧霞为城。”后遂以“碧霞”喻道教仙境，如李白《题元丹丘山居》：“羡君无纷喧，高枕碧霞里。”宋查道《登岱》诗：“捧出海天红日近，迓将蓬岛碧霞来。”及元明之际，道徒对泰山女神形象进行重塑，增其道神色彩，遂征此典，名之曰“碧霞元君”（《南岳魏夫人传》“教授当为仙者，男曰真人，女曰元君”）。又程毅中2023年致徐俊函中认为碧霞元君神号可能来源于紫素元君或丹霞元君，其云：“近日重校《云斋广录》，注意到《盈盈传》中泰山顶上的玉女，已被写成女仙，是盈盈的侍主，也就是碧霞元君的前身。在宋真宗时受封为神。又偶而发现，唐卢肇《逸史》中有女神紫素元君，能主管人的生死寿夭，才是碧霞元君的前身。但唐代道家变文里可能早有丹霞元君，则无可怀疑。”（徐俊：《雨丝风片座中春——程毅中先生晚年琐记》，《中华读书报》2024年3月27日）

④ 弘治《泰安州志》卷六《文》，第30页。

⑤ （明）查志隆：《岱史》卷一六《登览志》，马铭初、严澄非校注：《岱史校注》，青岛海洋大学出版社1992年版，第211页。

之封。掌岳府之神兵，管人间之善恶。寻声赴感，护国安民。大圣大慈、至仁至孝天仙玉女广灵慈惠恭顺普济保生真人护国庇民宏德碧霞元君。”此下又云：“是时天尊说是偈，已各各稽首皈依顶礼……东岳泰山天仙玉女碧霞元君。”①任继愈主编《道藏提要》认为“是书当出于明代”②，当可凭信。

因此，后世诸多学者都认定碧霞之号起于明。如明嘉靖四十一年(1562)孟思《重修(浚县)碧霞元君行宫记》云：“明兴，敬神恤民……历圣天子封神为‘天仙玉女广灵慈惠恭顺普济护国庇民碧霞元君’，敕赐庙额。岁命中贵捧香以进，上祝圣寿，下祈国泰。”又云：“碧霞见封于累圣，锡额于先帝。修于山之名，灵于浚之地。生今之世，不敢反古，宜为思之记也。”③颜神(今淄博博山)泰山行宫万历三十二年(1604)《行宫斋醮记》云：“泰山圣母，宋朝封为天仙，我皇明敕封元君之号。泰山绝顶，宫阙在焉。”单县艾红庙崇祯三年(1630)《泰山圣母行宫碑记》云：“迄我成祖南狩，返棹汝阳，驾幸泰安，登□其巅，□建娘娘行宫，封以天仙玉女碧霞元君之号，世世崇祀，诏谕士庶，皆得进谒。”④清初彭椅《丁未(1667)九日偕同人再登岱岳至三天门遇雪夜宿绝顶观日因游后石坞返寻经峪长歌代记呈林果庵使君》云：“钧天咫尺即帝所，香火纷纷祀玉女。……有明进封元君号，遂令万姓崇明禋。”⑤又清人聂剑光《泰山道里记》云：“昭真观，明洪武中重修，号碧霞元君。”⑥

泰山玉女于明代易名为碧霞元君，兹以为实有以下社会变化的深层原因：

明初朝廷施行祀典复古，诏去泰山神帝号，同时强化其神之官方色彩，严禁民间“非礼之渎”，使泰山神信仰由民间祀典向官方祀典回归。民间对于泰山的崇祀活动，只得另寻对象，亦即清人孔贞瑄所云：“抑或东岳非小民所得祀，故假借祀碧霞云尔乎？”⑦另外，道徒大力对泰山女神的形象进行转

① 《道藏》第34册，文物出版社、上海书店、天津古籍出版社1988年版，第731～733页。

② 任继愈主编：《道藏提要》，中国社会科学出版社1995年版，第1142页。

③ (明)孟思：《重修碧霞元君行宫记》，《孟龙川文集》卷十五，《明别集丛刊》第3辑，第48册，黄山书社2016年版，第240～241页；河南浚县文物局编印：《天书地字：大伾文化》，文物出版社2006年版，第176页。

④ 孙明：《菏泽市古石刻调查与研究》，科学出版社2015年版，第81页。

⑤ (清)林杭学编：《泰山辑瑞集》卷二，清康熙来恩楼刻本，第13页。

⑥ (清)聂鈫：《泰山道里记》，《四库全书存目丛书·史部》第242册，齐鲁书社1996年版，第799页。

⑦ (清)孔贞瑄：《泰山纪胜》，《四库全书存目丛书·史部》第255册，齐鲁书社1996年版，第5页。

化，将“泰山玉女”打造成“碧霞元君”，并制造出宋真宗加封的“故实”。其意在于：第一，玉女作为兴起于泰山的民间神，从未列入朝廷祀典，如正德朝工科给事中石天柱等言：“祀典唯东岳泰山之神，无所谓碧霞元君者，淫祀非礼，可更崇重之乎？”[①]道徒打出宋真宗的旗号，有助于使之合法化。第二，碧霞元君较之玉女之名，更具有道教色彩，进一步明确了其神的宗教归属性（玉女虽早见于道籍，但其名不专属于道教，如世俗称美女为玉女；而元君则为道教专名，绝无歧义）。第三，将女神形象从“年可二十四五”（《盈盈传》中所记玉女年龄）的青春女性向中老年女性转换，并赋予其主司生育的功能，以适应社会群体“母神”崇拜的信仰诉求。

道士对泰山女神的这番重塑，得到了朝廷与民间的双重认可。在朝廷方面，不断下诏发帑重修岱顶昭真观，“命中贵而有事于是（昭真）祠”，开创了致祭元君的先例[②]；成化十九年（1483）重修昭真祠后，宪宗赐额“碧霞灵应宫”，无疑首肯了道徒对女神的形象改造与碧霞封号的真实性。在民间方面，老母形象的碧霞元君更是深入人心，以至于“东人望岳如望母”[③]。与此同时，元君庙祀亦由泰山渐向周边传播，由京师而北直而江南，渐成为普及全国的民俗信仰。“碧霞元君”作为泰山女神的正式名号也由此确立。

---

① 《明武宗实录》卷一三九，《明实录》第36册，台北“中研院”史语所1967年影印本，第2733～2734页。

② 参见（明）尹龙：《重修泰山顶庙记》，弘治《泰安州志》卷六《文》，第33页。

③ （明）于慎思：《岱岳游引》，（明）查志隆：《岱史》卷十七《登览志》，马铭初、严澄非校注：《岱史校注》，青岛海洋大学出版社1992年版，第310页。

附：碧霞元君的各种俗称与别称

泰山圣母娘娘木版神图

泰山奶奶 明吕坤《去伪斋集》卷四《简给谏杨晋庵》云："弟昔分守济南时，泰山香税其所司也。近顶老盘北面而上悬一喉之径……每岁所伤少亦不减百人。山人云'奶奶搜盘'。"①按：吕坤引"奶奶搜盘"之俚语，知碧霞元君之称"泰山奶奶"自明代已然。又《说郛续》卷一六明阙名《询蒭录》"泰山碧霞元君"条云："元君女像，愚民以娘娘称之，北方称为奶奶，盖后土神故也。世俗遂以女像相传，以起愚民之信向。余尝叹曰：'曾谓泰山之神不如奶奶乎？'"②又明江盈科《雪涛谐史》云："吴中祀神，左大士，右梓潼君。山东人专祀碧霞元君。一山东官长笑吴人曰：'你吴中惧内，只看神位，奶奶却在左边，老爹却在右边。'吴人答曰：'这个还不要紧，看你山东神位，只见奶奶，几曾见老爹？'"③此为元君称"奶奶"又一事例。清初刘廷玑《在园杂志》卷三云："老爷、奶奶之称，乃仕宦家儿女之呼其父母也。汤临川《还魂记》内《游

---

① （明）吕坤：《去伪斋集》卷四，王国轩等整理：《吕坤全集》，中华书局2008年版，第160～161页。

② （明）陶珽辑：《说郛续》卷一六，《续修四库全书》第1190册，上海古籍出版社2002年版，第461页。

③ 陈文新评注：《快谈四书》，崇文书局2010年版，第229页。

园》一出，杜丽娘云：'这般景致，俺老爷、奶奶再不题起。'近俗称诸神道亦曰老爷、奶奶。……泰山碧霞元君，则曰顶上奶奶，清口之惠济祠曰奶奶庙，他处凡元君行宫，皆以奶奶庙称之。在乡人妇女之愚意，盖尊之如显宦，亲之如父母也。"①

天仙圣母、泰山圣母、泰山娘娘、顶上娘娘等　诸名多见于明代宝卷中。据李梦统计，现存四种泰山娘娘宝卷中很少出现"碧霞元君"这一称呼，而用民众熟知的"天仙圣母"等名，并认为民间与官方分别选用的"娘娘"与"元君"，代表着不同的信仰立场。与此呼应的是，清代至民国之间，泰山娘娘宝卷虽然不断有新的抄本、刻本出现，但其卷名、神名始终不改。②

泰安娘娘　明人何汝宾《兵录》卷十四《天时》："逐月风忌：正月初二三头飓，初七八飓，初九日玉皇飓，十二三飓，十六日泰安娘娘飓。"③以碧霞元君神号名之飓风。明代舟师把一些定期发生的海洋风暴与神灵相联系，中有"东岳朝天暴"，与此相似。民国《衢县志》卷四有"泰安宫"，称："考其碑载，系泰山顶上天仙玉女碧霞元君，故有泰安娘娘之称。"④

神州老姥　清韩锡胙《碧霞元君庙碑》称："秦李斯从始皇登封，出玉女于岱宗之巅，因祀之，称为神州老姥。是玉女已见于秦时。"⑤此说甚新而未注所出。今检清方浚师《蕉轩续录》卷一《天后》云："浚师按：毛西河《重修得胜坝天妃宫碑记》云：'神名天妃，旧传秦时李丞相斯于登封之顷，出玉女于岱山巅，至今祀之，所称神州老姆是也。特以地祇主阴，故妃之，而以所司河海为职土之雄。逮宋元祐中，俗称莆田女子契玄典而为水神，则后人所附会。'云云。不知西河所云'神州老姆'出自何书。"⑥又清凌扬藻《蠡勺编》亦引其说。⑦查毛奇龄《西河文集·碑记》之《重修得胜坝天妃宫碑》云："若夫

① (清)刘廷玑：《在园杂志》卷三，《四库全书存目丛书·子部》第115册，齐鲁书社1995年版，第436页，又见《夜史》卷五六。

② 参见李梦：《宝卷与泰山后石坞：仪式文艺与信仰生活的互塑》，《民俗研究》2022年第2期。

③ (明)何汝宾：《兵录》，明崇祯间刻本，第47页。

④ 民国《衢县志》卷四《建置志下·坛庙》，第11页。

⑤ (清)韩锡胙：《碧霞元君庙碑》，《滑疑集》卷七，《清代诗文集汇编》第339册，上海古籍出版社2010年版，第95页。

⑥ (清)方浚师撰，盛冬铃点校：《蕉轩随录·续录》，中华书局1995年版，第509页。

⑦ 参见(清)凌扬藻：《蠡勺编》卷二九《天妃》，《岭南遗书》本，第11页。

神名天妃，旧传秦时李丞相斯于登封之顷，出玉女于岱山之巅，至今祀之，所称神州老姆是也。特以地祇主阴，故妃之。而以所司河海为职土之雄。”[①]韩氏说本此。按：“神州老姆”神名之起，系宋封元君说之再次增饰，托名秦相，以证其信仰之久远，其说当起于明清之际（泰安称神州为元以后事）。

泰山女神碧霞元君也由此得一别名，唤作“泰安神州娘娘”。如明代戏曲集《群音类选》北腔卷四《黄花峪跌打蔡纥縒》中多次提到此名：“小生因身染疾病，许下泰安神州娘娘那里烧香回来。”[②]清朱佐朝《艳云亭》上卷云：“奴家曾许下泰安神州娘娘香愿未还。”简称“神州娘娘”。如明清佚名作《晋阳宫传奇》写“高士廉父曾许建泰安州神州娘娘宫殿一所”，即是一例。

九天圣母　山西长治明李汝弼《重修碧霞元君行宫记》谓：“郡城坤隅高河西一里许太平乡高村有东岳泰山九天圣母碧霞元君行宫。创建年代无考。然岁时伏腊，乡人恒其辨香陌楮，伏谒其下。刈获秋，又结社，刑牲，合乐，备仪报赛久矣。明嘉靖三十年(1551)，奉香火羽士李真明重修正殿。”[③]

天齐（齐天）圣母　泰山别号天齐，其名出于唐之封号。泰山女神亦称天齐。淄川五松山有清王尔鉴撰《天齐嬷嬷幢》，言：“余受皇恩，放青州令。有老者献文，乃状元张唐卿之手书也，名《孝义天齐嬷嬷幢》。文曰：《齐谱》曰：天齐渊水，都南郊。又西南八十里，有石幢，一曰嬷嬷幢。石幢者，齐地遗风也，莫知起时。古人享祭神灵，必立石幢，或柴或望，以达天听。或曰，禹布土以定九州，得天齐嬷嬷之助，立此石幢者，以敬神明。”下缕叙嬷嬷之神异。或考天齐嬷嬷为泰山奶奶之原型。又民国张缙璜《泰山游记》云：“自南门出，又西南行里许，为齐天圣母庙。正殿额曰‘万寿景命’。”[④]所述即灵应宫。又淮阴惠济祠正殿（前大殿）供奉天后，俗称“大奶奶”；后大殿供奉碧霞元君，俗称“齐太太”。据称：“由于碧霞元君来自北方的齐国，所以惠济祠大殿神龛内的碧霞元君也被人们尊称为齐太太。”[⑤]“齐太太”或由此齐天神名而来。

---

① （清）毛奇龄：《西河集》卷六八，蒋维锬、郑丽航辑纂：《妈祖文献史料汇编》第1辑《碑记卷》，中国档案出版社2007年版，第101页。

② （明）胡文焕编，李志远校笺：《群音类选校笺》下册，中华书局2018年版，第1345～1368页。

③ 刘纬毅主编：《山西文献总目提要》，山西人民出版社1998年版，第663页。

④ 张缙璜：《泰山游记》，民国十年铅印本，第24页。

⑤ 徐业龙：《论淮安清口惠济祠的妈祖信仰及其遗产价值》，《莆田学院学报》2010年第12期。

泰山姑娘　河南商丘李庄乡宋楼村有庙，名“泰山姑娘”，今存清康熙九年(1670)碑。[①] 又宋长征博客文章《俺村的木匠》说：“记忆最深的是(山东成武县)村东泰山姑娘庙里的‘泰山姑娘’像。神龛不大，正襟危坐，面目栩栩如生。”按宋人王山《盈盈传》中写其“年可二十四五，玉冠黄帔，衣绛绡曳地。长眸眣容，多发而不妆”[②]。元代后，随着信仰之发展，泰山女神由“女”而“母”，形象从青春女性向中老年转换，名称也相应由“泰山玉女”变为“泰山娘娘”“泰山老母”“泰山奶奶”乃至“泰山老奶奶”。而此庙称“泰山姑娘”，犹存古之遗意。

泰山妈　福建诏安双屏山麓碧霞元君庙，俗称泰山妈庙。明崇祯八年(1635)邑宦沈起津倡建，历代均有重修。神坛上方悬挂“碧霞元君”大木匾，神坛左右的石柱配木匾联为“泰而昌矣名传东鲁，山可乐哉惠及南邦”[③]。

陈州娘娘　清王培荀《乡园忆旧录》卷二记名儒周书昌(永年)言：“一士人宿泰山，梦一古装女子自称纪姬，云上帝以武王元女大姬主泰山，以吾守贞不二，隶元女下为贵神。”荀按称：“此说亦甚新异，先生朴诚，生平不妄语。”[④]考此说出清人徐昂发所著《畏垒笔记》卷三：“碧霞元君，是天帝之长女，亦曰陈州娘娘。余尝疑其故而不得，后忽悟此必谓武王元女大姬也。以其为武王元女之称，故讹转为玄女也。其曰陈州娘娘之者，尝是陈敬仲奔齐时，奉其祭祀俱来。厥后子孙昌大，虽擅有齐国，而原其所始，犹谓之陈州娘娘也。史称元女大姬，妇人尊贵，好祭礼用史巫，故其俗巫鬼，陈人化之，故有《宛丘》《东门之枌》之诗。以巫鬼之俗，祀其先代帝者之女以为神，固理之可信不疑者。及田陈代齐，里俗因奉以泰山之神，而终不能没陈州之号，故知其为武王元女大姬也。”[⑤]按：碧霞元君之别称为“神州娘娘”，盖因泰安号神州之故，实与陈州无涉。徐氏之说近凿，程穆衡《燕程日记》中驳其说云：“碧霞元君者……《畏垒笔记》乃谓此是祭武王元女太姬，无论无所信据，即如其说，应始于河南之陈汝间，不始于泰山矣。……若以为太姬，胡自宋以前，不

---

① 参见河南省文物局编：《河南文物》中册，文心出版社2008年版，第1668页。

② (宋)李献民编，程毅中、程有庆点校：《云斋广录》卷九，中华书局1997年版，第69页。

③ 政协诏安县委员会文史委编：《诏安文史资料》第24期，2004年，第76页。

④ (清)王培荀：《乡园忆旧录》卷二，齐鲁书社1993年版，第127页。

⑤ (清)徐昂发：《畏垒笔记》卷三，上海古籍出版社1985年版，第139～140页。

闻有此祠耶？其言实近于诬圣，尤可笑者。”[①]《四库全书总目》卷一二六《畏垒笔记提要》亦称其“以碧霞元君为周武王太姬之神，陈敬仲奔齐奉之以来”，“尤属牵合臆断矣”。[②] 清人张体乾《天仙殿》诗云：“未信江南徐畏垒，读诗只作太姬看。”[③]亦讥之也。

老姑奶奶 明人所撰《玉女卷》称：“汉明帝时，西牛国孙宁府奉符县善士石守道妻金氏，中元七年甲子四月十八子时，生女名玉叶。”“石守道”则实有其人。徐北文先生尝论此事云：“它盖源出于金元之际的泰安民间，当时人们还记得泰安郡原来叫奉符县，石守道那时还在民间有相当的名声，所以把女神说成当地学者石徂徕的女儿。”[④]由于传说中将元君姓族托之石介之门，徂徕石氏亦因此视其神为族亲。郓城《石堂村志·轶事》中收有“泰山老姑奶奶的传说”，称：“本村世代相传……碧霞元君（外姓人称泰山老母）是石氏先人之女，生于某年三月十五日……解放前石氏有‘朝拜泰山’之俗。”[⑤]按：郓城县石堂村石姓系徂徕石氏分支，为石介之弟石企、石会之裔，故其族有“老姑奶奶”之说。

---

① （清）程穆衡：《燕程日记》，上海古籍出版社 1983 年版，第 204～205 页。

② （清）永瑢等：《钦定四库全书总目·子部（整理本）》卷一二六《杂家类存目》，中华书局 1997 年版，第 1690 页。

③ （清）张体乾：《东游纪略》，《四库全书存目丛书·史部》第 128 册，齐鲁书社 1996 年版，第 681 页。

④ 徐北文：《泰山老奶奶的来历》，《徐北文文集》，济南出版社 1996 年版，第 31 页。

⑤ 《石堂村志·轶事》，2013 年刊本，第 313 页。

第二章　碧霞缘起：从巫山神女到泰山玉女

“神女应无恙，当惊世界殊。”自战国时期楚国赋家宋玉《高唐》《神女》二赋问世之后，巫山神女这一中国文化中的“维纳斯”，便挟着高唐朝云、巫山暮雨，时时回荡于多彩的文学画廊之中。而追溯这位爱情女神的文化原型，却与东方神岳泰山有着割不断的联系。这一点，早为清代地理学家叶圭绶、现代楚辞专家孙作云所发现，但遗憾的是，两位学者之独到创见却未引起学界的应有关注。当代两篇研究述评——魏崇新《近年来高唐神女研究述评》[①]、彭安湘《七十余年来高唐神女研究述评》[②]对其说均未述及。为此，本章便拟在前辈方家的论述基础上，对巫山神女与泰山玉女的渊源作一番梳理与解读。

一、“高唐本自此高唐”：巫山神女形象源出泰山

《高唐赋·序》中写道：“（宋）玉曰：昔者先王（楚怀王）尝游高唐，怠而昼寝，梦见一妇人曰：‘妾巫山之女也，为高唐之客。’”又云：“妾在巫山之阳，高丘之阻。旦为朝云，暮为行雨。”[③]

这一朝云暮雨之巫山，后世多以巴东三峡之巫山当之。《文选注》引三国张揖《汉书注》云：“巫山在南郡巫县。”有当代学者认为：“《史记》所说的巫郡、巫山就是三峡巫山。……高山大江，套峡连绵，瀑布高悬，只有三峡巫山

---

① 魏崇新：《近年来高唐神女研究述评》，《文史知识》1993 年第 2 期。

② 彭安湘：《七十余年来高唐神女研究述评》，《中国楚辞学》第 13 辑，学苑出版社 2009 年版，第 254～273 页。

③ （南梁）萧统编，（唐）李善注：《文选》卷十九，上海古籍出版社 2019 年版，第 889～890 页。

才符合《高唐赋》的描述。”①

将《高唐赋》中所描绘的巫山指实为三峡之巫峰，自是情地恰切。不过若追溯其名之原，却还有更早的出典。

《左传·襄公十八年》载“齐侯登巫山以望晋师”，这便是最早见于经籍的“巫山”之名。那这座巫山落处何地呢？晋杜预注云：“巫山，在卢县东北。”又《水经注·济水注》云：“京相璠曰：巫山在平阴东北，昔齐侯登望晋军，畏众而归。师旷邢伯闻乌鸟之音，知齐师潜遁。”宣统《山东通志》卷二三《疆域志三·山川》备引诸说云：“巫山，在（肥城）县西北六十里。《左传·襄公十八年》：齐侯登巫山以望晋师。注：山在卢县东北。《水经注》：巫山在平阴东北。《太平寰宇记》：一名孝堂山，相传汉孝子郭巨葬母于此，故名。《齐乘》：清河北经巫山，俗讹为无儿山（《大清一统志》）。谨案：……今巫山之上有石室，耆老言郭巨葬母处，世谓孝子堂。此山距肥城、长清两县界，隶长清者，在孝里铺东。故杜注谓‘在卢县东北’也。”又光绪《肥城县志》卷二《古迹》记云：“孝里：在县西北东张社孝堂山下，因汉孝子郭巨避难来此，人皆感之，遂名其里曰孝里，山曰孝堂。按：孝堂山一名巫山，《春秋传》：晋师伐齐，齐侯登巫山以望晋师，即此。因山有孝子堂而改今名。”其山为泰山西麓之支阜，春秋时毗邻齐之高唐邑（《左传·襄公十九年》出现此邑名，杜注：“高唐，在祝阿县西北。”故城在今山东禹城市西南伦镇西境），今属济南市长清区之孝里镇。

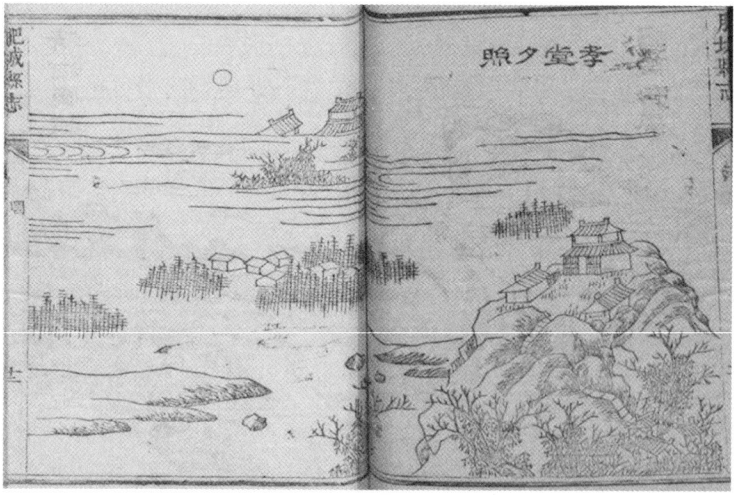

孝堂山图

（采自光绪《肥城县志》）

① 瞿明刚：《三峡诗学》，齐鲁书社2006年版，第105页。

另据元人于钦《齐乘》所记，这座巫山又别称为巫儿山。据其推考，巫山之名，乃来自齐地之“巫儿”（主祠女）。其书卷五《风土》论云：“平阴广里有巫儿山，岂以主祠女得名邪？”①

关于“巫儿”，《汉书·地理志》中有一段记述，久为史家所引述。其书云：“始桓公兄襄公淫乱，姑姐妹不嫁，于是令国中民家长女不得嫁，名曰‘巫儿’，为家主祠，嫁者不利其家，民至今以为俗。”关于此俗，社会学家认为，齐地长女不嫁而为自家主祠，是母系家族的一种遗风。②《战国策·齐策四》记载赵威后语云：“北宫之女婴儿子无恙耶？彻其环瑱，至老不嫁，以养父母。”吕思勉先生认为这个“婴儿子”“盖即巫儿”③。虽有学者以为类似于“巫儿”之祭并非只流行于齐国一地，但《汉书·地理志》郑重将此风俗专记于齐地，至少说明齐境此风尤盛、巫儿尤多。

那么，巫儿与巫山之间有何联系？虽限于史料，难于确指，但可作一点推考。首先是齐襄公与巫山一地的关联。《汉书·地理志》将巫儿风俗之起归诸齐襄公之“淫乱”，虽然这一说法已为学者论辩而不立，如吕思勉先生指出“此等风俗为由于政令，自系汉人浅见，其实襄公姑姐妹不嫁，或反系风俗使然”④，不过足以说明民间传闻认定巫儿与襄公有关。而巫山附近，正是襄公与其妹文姜欢会之所，《左传》中记有齐襄公四年（前 694），襄公会鲁桓公于泺（今济南泺口），借机同已嫁与鲁君的文姜私会。六年，又与文姜相会于禚（今长清境）。十一年，又与文姜相会于谷（今平阴县东阿镇）。又据《水经注·汶水》：汶水上“夹水有文姜台”⑤（今台址在泰安市大汶口镇北），传为姜之居所（其台毗邻鲁之阳关城，为齐鲁疆界）。《诗经·齐风》之《南山》等篇即讥刺此事（南山注谓指牛山，也可能指与襄公有关的齐境之山）。泺、禚、谷、汶四地均在泰山南北，距巫山之地甚迩。文姜虽非巫儿，但系襄公之妹，兄妹在巫山附近寻欢，不排除因此而产生“襄公淫乱，姑姐妹不嫁，于是令国中民家长女不得嫁，名曰‘巫儿’”之传闻。其次，泰山地区乃是“巫（儿）风”

① （元）于钦撰，刘敦愿等校释：《齐乘校释》，中华书局 2012 年版，第 505 页。
② 参见卢云：《汉晋文化地理》，陕西人民教育出版社 1991 年版，第 279 页。
③ 吕思勉：《先秦史》，上海古籍出版社 1986 年版，第 268 页。
④ 吕思勉：《先秦史》，上海古籍出版社 1986 年版，第 268 页。
⑤ （北魏）郦道元撰，陈桥驿校释：《水经注校释》，杭州大学出版社 1999 年版，第 439 页。

盛行之区，巫儿故事中的一位男主角淳于髡（其事详后），其故里便在泰山附近，清汪宝树《泰安古迹考》云："泰邑有淳于村，相传为淳于髡故里，村有古墓，人呼为公主坟，即髡墓也。髡尚齐王女，为齐驸马，故名。"[①]髡尚齐王女说实因其为"赘婿"之讹传。这些人物事迹，均可能是齐地巫山得名的文化背景。

许多学者在探讨巫山神女原型时，皆发现其与巫儿现象有着种种联系。清人叶圭绶已创此论（详后），现代考古学家陈梦家先生又从民俗学角度作了举证："（齐俗）不嫁而曰巫儿，犹宋《赋》未行而曰巫女……庄公如齐观社，《穀梁》以为尸女……而巫山神女为帝之季女，又名女尸（即尸女），是神女即尸女，尸女即巫儿，高唐即社之确证。"[②]其情形确如叶舒宪所论："仅从'巫山'这一命名上就已暗示了她与'巫儿'的内在联系。"[③]

如果我们将齐国巫儿与宋玉赋中的巫山神女作一比较，就会发现两者有惊人的相似：

第一，身世与行为相似。齐国巫儿居家不嫁，但她们并非独居，而是可以通过各种形式自主追求异性，并且可以有自己的非婚生子女。《战国策·齐策四》记齐人曾向田骈言道："臣邻人之女，设为不嫁，行年三十，而有七子。"此点正是《汉书·地理志》把"巫儿"和"淫佚"相联系的原因。一些宗教祭祀活动与节庆集会，乃是这种不嫁女子寻求偶居男子的最好机会。《史记·滑稽列传》中，淳于髡曾以第一人称的口气，描述过齐地州闾之会时男女交往的情景："若乃州闾之会，男女杂坐……日暮酒阑，合尊促坐，男女同席，履舄交错，杯盘狼藉，堂上烛灭，主人留髡而送客，罗襦襟解，微闻芗泽。"卢云先生认为："这种州闾之会有女主人，肯定是在某一家族中举行的……聚会结束后，女主人可自由留一男子同居，而无任何忌讳。……我认为，这个女主人不是一般主妇，而正是没有出嫁、为家主祭的长女巫儿。"[④]而宋玉赋中的巫山神女亦不嫁（《文选注》引《襄阳耆旧传》："赤帝女曰姚姬，未行而卒，葬于

---

① （清）王价藩等辑：《岱粹抄存》卷三，（清）王价藩、（民国）王亨豫辑录，齐焕美点校：《岱粹抄存合编》，山东人民出版社 2018 年版，第 52 页。

② 陈梦家：《高禖郊社祖庙通考——释〈高唐赋〉》，《清华大学学报》1937 年第 3 期。

③ 叶舒宪：《高唐神女与维纳斯》，陕西人民出版社 2005 年版，第 442 页。

④ 卢云：《汉晋文化地理》，陕西人民教育出版社 1991 年版，第 281～282 页。

巫山之阳。”未行即未嫁),“闻君游高唐,愿荐枕席”。其行止做派,与齐之巫儿非常相似。

第二,职司相似。齐国巫儿肩负着“为家主祠”之宗教职能,类似西方信仰风俗中之“处女祭司”①。因此在世人心目中,巫儿具备了与先人对话的神通。宋玉赋中的巫山神女“旦为朝云,暮为行雨,朝朝暮暮,阳台(祭坛)之下”,充满了灵异色彩。此一描写,应即为对巫儿神异的文学演绎。

第三,遇合之人相似。宋玉赋中最重要的情节,便是巫山神女“自荐枕席”,与楚国怀、襄两代君王欢会。而巫儿故事也具有这一特点。《汉书·地理志》将齐国巫儿的起源归咎于齐襄公的“淫乱”,自然完全错误。但这种说法的产生,却应基于齐襄公与姐妹宣淫、作“鸟兽之行”(元于钦《齐乘》语)的一系列传闻。因此可以断定,齐国巫儿故事很早就与君王发生联系。有学者指出,“早期的美人梦幻型作品大都不约而同地让君王或与君王相关的男主人公充当同超自然的神女或仙女相恋的角色”,这其实是一种“圣王与圣婚”的仪式。② 巫儿与齐襄公的“淫乱”传闻,其实质也与此无异。

基于以上三点,我认为巫山神女的原型之一,即是齐地之巫儿。卢云先生曾指出:“高唐神女的这些特征不是凭空而来的,是在现实生活基础上的一种概括和想象。可以说,高唐神女的原型,就是楚地众多的未嫁、主祭、性生活自由的女子。”③其论甚当!只不过若更溯其源,齐地又早于楚地。清代学者叶圭绶除了认定巫山神女源出于巫儿,更提出所居之山最早应是指泰山附近之巫山。其所著《续山东考古录》卷二十八《山考·附论》中云:“余谓宋玉赋神女,固文人寓言,然蜀地巫山与高唐风马牛不相及。巫儿山地近高唐,所谓神女,必其时因巫儿主祠,世俗谬为附会,则巫山神女,正非无端捏饰。”④从地望——齐地巫山与高唐邑、阳地(阳台之名或即因阳关而来)相近;性质——齐地巫山因巫儿而得名两方面辨析,巫山神女的名号应出自齐地巫山。此说得到了楚辞学家孙作云先生的充分认同,其在《泰山礼俗研究》中论称:“山东的巫山才是巫山真正的所在。若说巫山神女的根本故居,

① 叶舒宪:《高唐神女与维纳斯》,陕西人民出版社 2005 年版,第 413 页。

② 参见叶舒宪:《高唐神女与维纳斯》,陕西人民出版社 2005 年版,第 436 页。

③ 卢云:《汉晋文化地理》,陕西人民教育出版社 1991 年版,第 285 页。

④ (清)叶圭绶撰,王汝涛等校注:《续山东考古录》,山东文艺出版社 1997 年版,第 769 页。

应该在此(齐)巫山,而不在彼(楚)巫山。”[①]清李绂《张夏谣,用竹枝体五首》其一云:“泰山北去余坡陁,灵风吹雨终日多。错认山间是巫峡,梦中神女儿曾过?”[②]恰可印证此点。

那么,齐国巫儿是如何南游荆楚,变成了楚国之巫山神女了呢?孙作云先生认为楚民族源出于东方,与殷商同系,巫山神女系楚之先妣,其神与巫山之名皆随楚族迁徙而播迁南国[③]。其说颇具见地。但更可提供实证的,则是叶圭绶的齐楚文化融合说。《续山东考古录》云:“战国之末,楚已灭鲁,平阴一带正楚齐连界处,故(宋)玉得闻其说。”[④]战国末期,楚国势力北上,最后灭鲁,泰山以南皆入楚境。清顾炎武《山东考古录》“考楚境及齐长城”云:“(楚)考烈王八年,取鲁,鲁君封于莒;十四年,灭鲁,顷公迁下邑为家人。然今之曲阜、泗水属楚矣。”清程恩泽《国策地名考》亦引张琦说:“(楚)灭鲁……山东之泰安、兖州……皆有楚地。”[⑤]楚、齐两国对峙于泰山南北,由此引发了一场楚齐文化的交融。这种交流在楚辞中大量出现的齐鲁方音中便有鲜明体现。[⑥]逄振镐先生《从出土文物看楚文化对山东文化的影响》一文称:“在二千二百多年前的春秋战国时期,齐鲁之邦的山东同楚国的最兴盛时的疆土,曾直接连在一起。不仅如此,山东约有三分之一的地区即鲁南地区一度是楚国版图的一部分。在这种特殊的历史条件之下,楚文化对山东鲁南地区的文化必然有着较大的影响。”[⑦]1954年于泰安城区东更道出土青铜器“楚高罍”,据考即为楚人祭祀泰山之物。[⑧] 屈原数次使齐,皆经过泰山一带,所作《九章·抽思》中“烦冤瞀容,实沛徂兮”之“徂”,乃指徂徕山。[⑨] 另据楚辞学者研

---

① 孙作云:《孙作云文集》第3卷,河南大学出版社2003年版,第728页。

② (清)李绂:《穆堂别稿》卷七,《清代诗文集汇编》第233册,上海古籍出版社2002年版,第61页。

③ 孙作云:《孙作云文集》第3卷,河南大学出版社2003年版,第729页。

④ (清)叶圭绶撰,王汝涛等校注:《续山东考古录》,山东文艺出版社1997年版,第769页。

⑤ 陈子展:《楚辞直解》,复旦大学出版社1996年版,第489页。

⑥ 参见张崇琛:《楚辞东鲁方音证诂》,《诸城文化探微》,西泠印社2007年版,第318页。

⑦ 逄振镐:《东夷古国史论》,成都电讯工程学院出版社1989年版,第223页。

⑧ 参见袁明:《山东泰安发现的古代铜器》,《文物参考资料》1954年第7期;杨子范:《山东太安发现的战国铜器》,《文物参考资料》1956年第6期。

⑨ 参见何光岳:《屈原迁徙流放遗迹考》,《三湘掌故》,湖南教育出版社2000年版,第40页。

究，《九歌》中写到的“大司命”“东皇太一”等神，均曾受到泰山信仰的影响。[①]齐地巫山与巫儿故事传入楚国，为宋玉所知悉，遂取为素材，融合了楚地原有的瑶姬、云梦神、汉水女神等传说，创造了一个“旦为朝云，暮为行雨”的神女形象，巫山之名也随之南移荆楚，是完全有此可能的。因此，若从这一角度来论，巫山神女的故乡在泰山！[②]

那这座历史上最早的齐地巫山，为何其名在此后的岁月中湮没不彰，独使楚地巫山名扬天下？《齐乘》所记巫山名称演变，可作为破解此疑的钥匙。其书云：“清河北经巫山，俗讹为无儿山。”知巫儿山名后讹为无儿山。汉代以后，巫儿之风因为礼法不容而渐废，而朝廷提倡孝道，郭巨埋儿等孝行故事风行天下。“无儿”之名遂与埋儿奉母故事相结合，由之山上石堂被传为郭巨母墓，巫山之旧名也被孝堂山之新名所取代。

对此叶圭绶作过一段综述：“（齐地巫山）幸郭巨葬母，洗此秽名，而十二峰遂蒙其垢。”[③]如摒除其道学迂腐之气，所论恰切道出巫山从地名到内涵的嬗变之迹。从此，齐地巫山一变为奖孝褒贤的孝子之堂，而神女巫山则“专美”于楚地三峡之十二云峰中！

宋人黄夷仲有谑咏齐地高唐县诗云：“高唐不是那高唐，风物由来各异乡。若向此中求梦雨，只应愁杀楚襄王。”[④]其实如自文化根源上来追溯，齐高唐与楚高唐、齐巫山与楚巫山本一脉相承，精气相接。因此试改其诗，以

---

① 参见苏雪林：《屈赋之谜》，《苏雪林文集》第4卷，安徽文艺出版社1996年版；史墨卿：《从“泰山”看九歌》，（台北）《中国国学》第19期，1991年；李炳海：《古代的泰山神与〈九歌〉中的司命》，《华中师范大学学报》1992年第4期。

② 朝鲜传奇小说《云英传》中云：“朝云岱神，而频入楚王之梦；王母仙女，而几参瑶台之宴。”（[韩]苏仁镐：《韩国传奇文学的唐风古韵》，刘虹、焦艳译，民族出版社2007年版，第249页。）称朝云为“岱神”，实为特异之笔。

③ （清）叶圭绶撰，王汝涛等校注：《续山东考古录》，山东文艺出版社1997年版，第769页。

④ （宋）王辟之：《渑水燕谈录》卷十，上海古籍出版社2012年版，第73页。

缀本节:“高唐本自此高唐,风物由来未异乡。若向齐中望云雨,不应愁杀楚襄王!”①

二、“神女却偏避灌坛”:从泰山神女到泰山女仙的转型

泰山巫儿虽然“远嫁”荆楚,但其神格依然在故乡部分遗存,在汉唐时期文献中出现的泰山神女形象中,便依稀可以见到巫山神女的影子。

首先登场的是汉晋时期的“太山神女”。晋张华《博物志》云:“太公为灌坛令,于时文王梦见一妇人哭于道,因问其故,答曰:‘吾是太岳之女,嫁为西海之妇。吾行往来,必以暴风疾雨。今灌坛令当吾道,吾不敢以暴风疾雨过也。’梦觉,遂召太公。’”②这位仪容“甚丽”的东岳之女,除了托梦君王,与宋玉赋所述极为接近之外,更有一点素为研究者所关注,那便是“风雨”。孙作

---

① 新出刘宗迪《众神的山川》(中编)亦有高唐与巫山考论,附录于后:今禹城县境内有高唐古城,为春秋齐国高唐邑所在,古城西即今高唐县。“高唐”之名很容易让人们联想到著名的《高唐赋》和《神女赋》。《尔雅·释山》云“山如堂者密”,则“高唐”即“高密”,亦即高禖。闻一多、陈梦家据此认为高唐神女神话与高禖之祀有关,但均未留意高唐的地理问题。宋玉《高唐赋》托言宋玉与楚襄王游于云梦,宋玉为楚襄王描述巫山云雨、高唐胜景,因此人们很自然地将巫山与长江三峡的楚地巫山联系起来。但楚境并无高唐其地。古书中的高唐唯有一处,即齐国的高唐,若巫山果为楚之巫山,高唐果为齐之高唐,宋玉赋何以要这两个邈不相及的地理名词并置一处呢?虽说文学想象可以天马行空,不受拘束,但把两个毫不搭界的地名不动声色地相提并论,让神女在巫山之女与高唐之客间穿行无碍,毕竟太有悖常理,因为前人对《高唐赋》仅以文学作品视之,均对此地理学问题未予深究。实际上,去高唐古城不远,正有巫山,而两者均在“帝之密都”所在的腊山附近。《左传》襄公十八年,齐、晋平阴之战,“齐侯登巫山以望晋师”,此巫山即今济南长清区境内的孝堂山,因为著名的汉孝堂山石室之所在而为世人所知。此山北去腊山约70里,西北去高唐故城约100里。《大荒西经》有巫山,紧邻昆仑之丘(泰山),当即长清巫山。《大荒西经》并云巫山为夏耕之尸所降,《海内西经》群巫所从上下的登葆山当亦即此山,可见此山必为宗教圣地。《左传》襄公二十五年夏五月,齐“祝佗父祭于高唐”,祝佗父以祝为氏,当为齐国祝官,主祝告祷祀于群神,杜预注惟云,“高唐有齐别庙也”,盖亦不知高唐所祀为何神。按,祝佗父所祀孝堂山位于济水边,五月祀于高唐,《左传》五月当为夏历五月。《周礼·春官宗伯》云:“凡以神仕者,掌三辰之法,以犹鬼神示之居,辨其名物。以冬日至致天神人鬼,以夏日至致地示物鬽,以禬国之凶荒、民之札丧。”夏日至致地示,地示即土地神。夏至在五月,则祝佗五月祀于高唐盖为祭社,齐国别祀土地之神于高唐,当正因其地为社神或高禖所在。可见,春秋之世齐之西境并有巫山、高唐其地,两地相去不远,且近帝之密都所在的腊山,其地皆在泰山之麓、黄河之右,地域相接,山水相连,当数同一高禖宗教与神话的地域圈。明乎此,则知《高唐赋》虽托言于楚地,但其关于高唐、巫山和巫山神女的想象,却是挪用的齐地高禖神话地理(商务印书馆2022年版,第783～785页)。

② 各书所引文字小异,兹据《太平御览》第2册,卷三百九十七《人事部·叙梦》引,中华书局1963年版,第1835页。

云先生对此解读说:“太山神女为什么也有这种暴风急雨呢?难道神女的风雨和封禅的风雨是一回事么?我们再找一个神女云雨的故事来作比较的研究。我一接到云雨,读者一定能想到巫山神女的云雨吧!……为什么一提到神女就有云雨的传说缠绕在她身上呢?这种现象绝非偶然。我在论‘泰山玉女与人祖殿’一章中,说山东肥城县的孝堂山一名巫山,是楚国巫山神女传说的老家;楚民族源起东方,其最初的巫山应在山东而不在湖北。那么,巫山神女的传说,不是和泰山玉女的传说更拉近了一步么?”[①]孙氏最后得出的结论是:“巫山神女传说的内容,又大似泰山玉女的传说:二神女皆在大山之上,行时皆有风雨,二神女皆为人先,皆有灵石,皆有坛,皆受帝王的崇敬,显见两个传说同出一源,换句话说,太山玉女即巫山神女。”[②]堪称石破天惊,但推绎其内在思路,却不能不承认具有相当的合理成分——泰山风雨实遥连着巫山云雨。

可为两女一体说提供旁证的,乃是“扫坛竹”之传说。南朝刘澄之《梁州记》云:“肥城东南有玉女山,山有一石穴,中若房宇,有玉女入穴不出。穴前有修竹,下有石坛,风微动竹,扫坛如箒。”[③]依《梁州记》所记山在肥城东南,或即今肥城东、岱岳区夏张镇境内之玉女山。值得注意的是,这扫坛竹也见于巫山神女故事中。唐末杜光庭《墉城集仙录》卷三云:“云华夫人,王母第二十三女,太真王夫人之妹也,名瑶姬。……隔岸有神女之石,即所化也。复有石天尊神女坛,侧有竹,垂之若篲,有稿叶飞物着坛上者,竹则因风扫之,终莹洁不为所污,楚人世祀焉。”唐宋人巫山诗中多处咏及此竹。如唐李频“一闻神女去,风竹扫空坛”(《过巫峡》);宋苏轼“次问扫坛竹,云此今尚尔。翠叶纷下垂,婆娑绿凤尾”(《巫山》)。这一丛摇曳在神女坛(当即阳台)的翠筠修篁,实也昭示了泰山与巫山两神女的内在联系。

由于汉代以后巫儿风俗的消失,新出现的泰山神女的身份亦相应有了变化,不再是寻觅异性、“自荐枕席”的未嫁游女,而是“嫁为西海妇”(《搜神记》称嫁河伯),有了明确的婚姻关系。所以清顾炎武《山东考古录》谓:“(泰山)有夫人则有女,而女有婿。”传说情节的这一变化,其实正是泰山民风丕

① 孙作云:《孙作云文集》第3卷,河南大学出版社2003年版,第736～737页。

② 孙作云:《孙作云文集》第3卷,河南大学出版社2003年版,第729页。

③ 《太平御览》第1册,卷四四《地部九·山》引,中华书局1963年版,第212页。

变的投影。

在南北朝以迄唐代的志怪小说中，还有各种版本的泰山神女故事出现，在此举示数例。

《永乐大典》卷一五〇七五引《仙传》云："介象，字元则。会稽人。密修道法，入东岳，仙人美女授以丹方，曰：'得此便仙，勿他为也。'"介象为三国时人。南朝宋刘义庆《幽明录》中有泰山人黄原故事："汉时太山黄原……行数里，至一穴……列房栊户可有数十间，皆女子，姿容妍媚，衣裳鲜丽。或抚琴瑟，或执博棋。至北阁，有三间屋，二人侍直，若有所伺。见原，相视而笑：'移此青犬所致妙音婿也。'一人留，一人入阁。须臾，有四婢出，称太真夫人白黄郎：'有一女年已弱笄，冥数应为君妇。'既暮，引原入内。内有南向堂，堂前有池，池中有台，台四角有径尺穴，穴中有光映帷席。妙音容色婉妙，侍婢亦美。交礼既毕，宴寝如旧。经数日，原欲暂还报家，妙音曰：'人神异道，本非久势。'至明日，解珮分袂。"[①]研究者认为，妙音等"在主动追求人间男子这一点上，她们和下凡人间求偶的成公知琼并无二致，都是巫山神女型的形象"[②]。

唐人裴铏《传奇·封陟》中有封陟魂游泰山遇仙女故事，略云：宝历中，书生封陟居少室山，忽有仙女自天降，愿降陟为妻，陟正色拒之，女仙怅然而去。"后三年，陟染疾而终，为太山所追，束以大锁，使者驱之，欲至幽府。忽遇神仙骑从，清道甚严。使者躬身于路左曰：'上元夫人游太山耳。'俄有仙骑，召使者与囚俱来。陟至彼，仰窥，乃昔日求偶仙姝也。但左右弹指悲嗟。仙姝遂索追状曰：'不能于此人无情。'遂索大笔判曰：'封陟性虽执迷，操惟坚洁，实由朴戆，难责风情。宜更延一纪。'左右令陟跪谢。使者遂解去铁锁，曰：'仙官已释，则幽府无敢追摄。'使者却引归，良久，苏息。后追悔昔日之事，恸哭自咎而已。"[③]在《卢氏逸史》之同题小说中，上元夫人又被称作紫素元君。

又《神仙传》中有马明生与女仙修真泰山故事，略谓：太真夫人者，王母之小女也；名婉，字罗敷，事玄都太真王。其子为三天太山府司直，以过谪降

① 鲁迅：《古小说钩沉》，《鲁迅全集》第 3 卷，中国人事出版社 1998 年版，第 1563 页。

② 聂石樵主编：《古代文学中人物形象论稿》，北京师范大学出版社 2000 年版，第 73 页。

③ 周楞伽辑注：《裴铏传奇》，上海古籍出版社 1980 年版，第 65 页。

东岳，夫人因来视之。夫人过临淄，救一小吏，吏乃易姓名，自号马明生，随夫人执役。夫人还入东岳，岱宗山峭壁石室之中，上下悬绝，重岩深隐，去地千余丈。石室中有金床玉几，珍物奇玮，人迹所不能至。夫人使明生他行别宿，因以好女戏调亲接之，明生心坚静固，无邪念。夫人栖止，常与明生同石室中而异榻。所居石室，玉床之上有紫锦被褥、紫罗帐。帐中罗列服玩，又有两卷素书。如此者五年。后明生受金液之方，炼而升天。[①] 临诀夫人赠诗明生，中有"暂舍墉城内，命驾岱山阿"[②]之句。唐韦应物有《马明生遇神女歌》即咏此事，诗中径将太真称为神女。按：后石坞有玉女石床等传说，明姚奎《游石屋记》"泰山东数里许，有石屋，世传碧霞元君炼真之所。……崖有元君手印，玉指宛然。后有石床，则元君偃息处"[③]似从这一故事演化而来。

这些神女，名号不一，或称"太真夫人"，或称"上元夫人"；有的是居于东岳，有的是游于泰山。但她们大都与人间异性有一番遇合之缘，与巫山神女颇多近似之处。但其中有两个明显变化值得关注，一是"遇合"的对象，已由君王转换为人间士子，这显然基于汉魏以后遇仙故事大转型之故。另一则是泰山的神女们日渐"圣洁化"。南朝的太真女妙音尚与黄原"交礼宴寝"终成眷属；唐人小说中的上元夫人已是求偶未得，难成连理；到了神仙传中的太真夫人虽与异性同室相处，而以礼相持。此如叶舒宪先生所言："发情止礼的美神虽有以自己的美色惑乱男性的举动，但此种诱惑的实际目的被解释为惑而不乱的守礼考验。"[④]美神也由此化身为贞女。人、神恋情日渐淡薄，道家修仙色彩日渐浓郁。这种变化的深层社会原因，乃是汉魏以后泰山列入国家祀典，地位日益神圣（以泰山神由府君而封王可见一斑），加之道教的介入与改造，促使泰山神女渐变为泰山女仙。这一番形象的转换，实可看作"泰山玉女神"出现的铺垫。

---

① 参见（宋）李昉：《太平广记》卷五七，中华书局1961年版，第350页。

② （宋）张君房纂辑，蒋力生等校注：《云笈七签》卷一〇六《马明生真人传》，华夏出版社1996年版，第655页。

③ （明）汪子卿：《泰山志》卷三《登览》，《泰山志校证》，黄山书社2006年版，第236页。

④ 叶舒宪：《高唐神女与维纳斯》，陕西人民出版社2005年版，第336页。

三、"玉女回身化云雨":"神女"神格在泰山玉女形象中的遗存

进入宋代以后,形形色色的泰山神女逐渐聚合为一个形象,这便是泰山玉女。

泰山玉女之名始见于汉末曹操的《气出唱》诗:"东到泰山,仙人玉女,下来翱游。"其子曹植在《远游篇》中更作了进一步描述:"灵鳌戴方丈,神岳俨嵯峨。仙人翔其隅,玉女戏其阿。"到了唐人李白的《游泰山》诗中,更演绎出玉女与诗人携酒相会的情节:"玉女四五人,飘飖下九垓。含笑引素手,遗我流霞杯。"[①]这些鲜活在汉唐诗境中的泰山玉女,仙骨超俗,风姿绰约,与同期小说中的各泰山神女并无二致。

"自宋代开始,泰山玉女逐渐从诗境走入宫祠,由意象衍为偶像。"[②]作为标志性事件的,则是宋真宗在泰山之巅为玉女立像奉祀。《文献通考》云:"泰山玉女池在太平顶,池侧有石像。泉源素壅而浊,东封先营顿置,泉忽湍涌;上徙升山,其流自广,清泠可鉴,味甚甘美。经度制置使王钦若请浚治之,像颇摧折,诏皇城使刘承珪易以玉石。既成,上与近臣临观,遣使砻石为龛,奉置旧所,令钦若致祭,上为作记。"[③]元祐以后,岱顶已有奉礼玉女的玉女祠,并被认为具有降雪布雨、庇祐下民的神异[元祐二年(1087)正月兖州知州刘衮奉诏祈雪,谒玉女祠,题名于崖壁,此为朝臣最早谒拜玉女之记录]。作为庙祀之神的泰山玉女开始定型。

泰山玉女形象虽在宋代被重塑,成为皇帝与廷臣叩拜的偶像。但在世人心目中,其从巫山神女、泰山神女身上遗存的浪漫女仙风致并未全然蜕尽。这一理念,在宋人小说中便可略见一斑。

成书于北宋嘉祐年间的王山《笔奁录》中有《盈盈传》一篇,其中便出现了泰山玉女的形象。小说梗概如下:吴女盈盈,年十四,善歌舞,喜辞翰,与

---

① 以下咏玉女诗,均采自袁爱国编:《全泰山诗》,泰山出版社 2011 年版。

② 邓东:《泰山天仙玉女:从诗境走进宫祠、集市》,《山东科技大学学报》(社会科学版)2005 年第4 期。

③ (元)马端临:《文献通考》卷九〇《郊社考》,浙江古籍出版社 1988 年版,第 823 页。

诗客王山相恋。后山辞归,盈垂泣悲啼,寝梦红裳美人执一纸书,告曰:"玉女命汝掌奏牍。"其夕竟卒。后五年,山登岱岳,至绝顶玉女池,追思盈盈之梦,徘徊池侧,作诗吊之。是夕梦游日观峰,得玉女之召,与盈盈重会,置酒而别。这段故事,恰如小说中王山于玉女池畔所题"无端不入襄王梦,为雨为云到处飞",可谓泰山女仙与书生遇合故事的集成版。其中最可注意者,是小说所描摹的泰山玉女形象:"中有一女子,年可二十四五,玉冠黄帔,衣绛绡曳地。长眸眹容,多发而不妆。"[①]小说明确写到玉女年龄为"二十四五",是一青春女性;其所司掌,乃天下为情所困之痴儿怨女;其神仍与凡人在梦中相会,但已将自荐枕席变为玉成他人,较之巫山瑶姬,更具一番普世情怀。这一情节的改变,实质上已将此前的性爱女神升华为爱情女神。[②]《盈盈传》中还引有玉女之诗:"春慵一枕夕阳山,珠箔无风尽日闲。不觉武陵溪下水,直流花片到人间。""水声寒隔洞天深,帐殿云闲少客寻。门外路歧春色断,老霜秦树谩萧森。"两首七绝尽是描述山中空寂岁月,对人间芳情深致艳羡,其中风致,宛如思凡之天台女仙。

然而,传统社会结构决定了"中国的维纳斯不见容于官方意识形态,只能蜕变为子孙娘娘之类"。[③] 元明以后,道教徒对泰山玉女形象进行了全方位改造,不仅为其加封了"碧霞元君"神号(托之宋真宗),且将其由爱情之神、子嗣之神、家庭之神改造成家族之神乃至"护国安民"之神。其形象也从"年可二十四五"的青春女性向中老年转换,名称也相应由泰山玉女变为泰山娘娘、泰山老母、泰山奶奶乃至泰山老奶奶。其神格日渐威严神圣,原有的浪漫情调、青春风采以及爱情女神的形象迅速淡出信众的心灵世界。顾颉刚先生以其炬目卓识,在《古史辨》第一册《自序》中曾专门论述过这一变化:"那时的女神几乎全为爱情颠倒,所以《楚辞·九歌》对于湘夫人等所致之辞多是相思惆怅之言,《高唐》《神女》两赋又说巫山神女荐枕席,《洛神赋》写宓妃又极绸缪缱绻之致。固然这些都是文人的托言,但至少在当时民众的意想之中是许得如此的。试问现在谁会对于碧霞元君作荐枕之想?"又言:"自从佛教流入,看神道成了超绝的人格,一切的嗜欲都染不到,生死更

---

① (宋)李献民编,程毅中、程有庆点校:《云斋广录》卷九,中华书局 1997 年版,第 69 页。

② 关于泰山玉女的形象演变,详见周郢:《〈红楼梦〉与泰山文化》,《红楼梦学刊》2009 年第 1 期。

③ 叶舒宪:《高唐神女与维纳斯》,陕西人民出版社 2005 年版,第 343 页。

说不上，爱情变成了猥亵，于是女神和男神就同具了严正的性格。”①

不过，若对这一时期（元明清）有关泰山玉女的文献作一追索，就会发现，其神格在朝野信仰中虽被重塑，但在文学世界，其原始形象仍依稀留存于文士诗家之记忆中——诗文与小说中出现的玉女元君，颇多继承了唐宋以前的浪漫绮艳之色。

这些作品中，或描摹玉女的倾城姿色。如明龚勉《玉女池》：“山池水碧澄，可照夫容面。玉女时往来，彩云飞片片。”清陈文述《玉女池》：“集灵台上礼群真，西望昆仑隔暮云。玉女七人皆绝世，众中第一是元君。”或描摹玉女妆阁生涯。明邵经济《玉女池见绯桃》：“岱岳山头玉女池，池头花发洗头时。道人不道寻春晚，万颗野桃红折枝。”《玉女洞》：“玉女仙何在，金光草更生。花阑春几许，枕阁梦难成。十里双峨出，鸾箫到处迎。”明潘纬《泰山八咏·玉女池》：“玉女洗头处，涓涓漾碧流。只疑开晓镜，妆罢不曾收。”明姚应士《登岱》：“碧霞深隐处，玉女炼丹膏。五华泉浴面，八彩凤衔旄。妆镜当空照，梳云四野韬。芙蓉开绿鬓，星斗灿宫袍。环珮鸣千涧，笙簧奏万嶆。”清汪懋麟《同子静重游泰山次日雨霁早发得六绝句》：“四年两过望仙楼，玉女梳妆楼上头。”清刘家龙《镜石》：“镜石光莹雪色寒，高擎侧挂玉台端。元君早起梳头后，重倩仙娥背后看。”又《丁香峪》：“古香古色峪中长，雅制如攒白玉珰。玉女稚年修饰好，流苏碎绾细丁香。”或描摹玉女仙坛箫鼓之乐。明王蒙《登泰山》：“玉女夜降骑青龙，鸾匏凤笙声嗈嗈。霓裳舞袖飘长虹，琼音间作鸣丝桐。”明公鼐《登岱和大宗伯于公韵八首》其七：“帝女不闻鼓瑟处，真人亲见拥琴来。”清赵国麟《泰山歌送张寿山南归乡试》：“笙歌忽自九天下，玉女窈窕步玲珑。”清刘家龙《秋千峪》：“石梁高架饶苔藓，百尺双双玉比肩。五色云生张锦幄，元君偶此戏秋千。”

这些描摹已与道书与庙碑中“护世威严，神兵侍卫，鬼官侯宣”、“统岳府之神兵，掌人间之善恶。巡声赴感，护国安民”②、“安国护民，警世敦元。……岳

---

① 顾颉刚：《顾颉刚集》，中国社会科学出版社2001年版，第79页。

② 《太上老君说天仙玉女碧霞元君护世弘济妙经》，铸于泰山万历铜钟，又见于肥城小泰山万历庙碑。

庭官将，号令威严”[①]的碧霞元君形象大异其趣。最为奇特者，许多诗人还特笔暗示人神遇合之缘，如明杨抚《仙女祠》：“凤辇鸾旗拂翠球，青楼隐约玉华浮。分明是个天台路，只欠桃花一水流。”明马三才《玉女池》：“玉女何年去，名犹在水滨。云疑画眉客，月似洗妆人。风外听鸾佩，天边忆凤轮。不逢仙子降，空拂镜中尘。”明许国《黄花洞》：“碧霞宫北有仙家，石转松回鸟道赊。缥缈云端逢玉女，殷勤洞口进胡麻。重来只恐迷前路，记取缃桃几树花。”明程拱辰《玉女歌》：“英英白云端，神女驾紫鸾。素姿净浴天池水，扶桑日闪玉容丹。朝餐明霞暮吸露，芙蓉制服电为冠。……宝磬声落天空外，玉箫吹集凤凰台。卿云绚烂扶舆下，朱幡五采驾上来。巍巍岱宗真峻极，赫赫元君何神哉！”清陈文述《玉女池》：“双鹂闲啄白环花，梦里曾游玉女家。花叶自题池水上，欲寻红鲤寄凌华。”清刘家龙《黄花洞（即后石坞）》：“黄花洞里驻真仙，玉女分身化百千。洞小而今藏不下，山前斗姥结良缘。”清李绂《泰安州七夕词》：“古来岱岳号天孙，至今像设称元君。雨髻风鬟疑涉汉，星冠霞帔俨携云。七襄织室龙梭误，灵风满旗自来去。留仙七宝秋枕凉，今夜知神在何处？”诗中“天台桃花”“洞口胡麻”分明是用刘阮入天台与女仙结合的典故，“凤凰台玉箫”是弄玉吹箫引凤故事，“画眉客”是用张敞画眉事，“斗姥良缘”则指泰山斗姥宫尼与香客所结之欢喜缘，无不涉及艳情典故。

此外许多诗将玉女径称为“神女”，又与“云雨”相联系，如明杨时乔《泰山诗》：“玉女回身化云雨，李斯遗事竟披摛。”明王樌《碧霞宫》：“绮构凌碧霞，岧峣标灵宇。鸾鹤下瑶轩，五云翼庭庑。婀娜飘玉节，纷纭散花雨。杳霭识元君，驂狸驾金虎。冉冉行天衣，琅琅振法鼓。烟驾俨欲来，回风飒飞雨。琼筵絙宝瑟，瑶席湛清酤。时见奠酭人，进拜纷伛偻。牲璧十方会，供养祈神祜。灵也本无心，畇兮尔何苦。国家神教意，薄俗存鼓舞。我来观元化，披云登紫府。落日吊山鬼，似有精灵语。拟谁为九章，空歌忆芳杜。”明刘节《雨中登泰山》：“山鬼误疑神女赋，野人虚唱洞仙歌。”明朱长春《恭遇祠泰山微雨志喜作灵雨篇呈潘大夫》：“好得龙王驾造次，顾邀神女佩徘徊。”明吴同春《癸未冬登岱岳》：“雨向仙人峰外过，云从玉女峡边来。”明李衷纯《登

① 《元始天尊说碧霞元君护国庇民普济保生妙经》，《道藏》第 34 册，文物出版社、上海书店、天津古籍出版社 1988 年版，第 745 页。

岱》:“珮环神女青霄度,陆博仙人洞府闻。”明李先芳《岱宗》:“神女来游明月嶂,仙人对博泰山隅。”清张怡《将登日观以微阴阻》:“谁遣雾迷夸父杖,忽惊云作玉妃装。”清施闰章《汉柏行》:“岱宗玉女旌旗翻,百灵半夜风雨会。”清梅枝凤《黄华洞是碧霞元君修真处》:“试问黄华洞,何年栖碧霞。……山灵疑驻节,神女或停车。”清张文瑞《水帘洞》:“雪窦合虚白,清音越翠微。珠帘长不卷,神女几时归?”清郑大进《登岱四首》:“丈人何独因西海,神女却偏避灌坛。”其中“玉女回身化云雨”“山鬼误疑神女赋”“回风飒飞雨……落日吊山鬼”等诗句,明确将泰山玉女与巫山神女相联系。文士这一吟咏诗笔,未尝不是对泰山玉女原始形象的还原。明人吕元《泰山元君行祠碑》言元君“墓在泰山,恒出云气,状彩倏变”,更是对这一传说的发挥。

需要指出的是,文士对玉女的“还原”并非凭空而来,而是来源于民间传说或民俗现象。如关于人神遇合,在地方传说中便有反映。民国李嘉善《泰安歌谣又九首》记泰山九女湾故事云:“泰山东北绿竹峪,一名镰磚峪。……峪有湾广泽,亦曰‘九女’。辛酉(1921)夏读书峪中,尝闻山老谈故事,谓九天玄女尝浴于湾中,遇之者急携衣带以去,当获佳丽。其神话之尤者矣。”[①]“九天”为泰山女神之又一名号。明李汝弼《重修碧霞元君行宫记》谓:“郡城(山西长治)坤隅高河西一里许太平乡高村有东岳泰山九天圣母碧霞元君行宫。”[②]笔者 2010 年 9 月 24 日调查,据大津口村民王金美(70 岁)讲述,当地确有仙女沐浴的故事流传,可证李嘉善的记录非虚。此外,在古代小说中多有碧霞元君总领群狐的异闻,清初西周生《醒世姻缘传》第三回《老学究两番托梦,大官人一意投亲》中云:“雍山洞内那个狐姬,他修炼了一千多年,也尽成了气候,泰山元君部下,他也第四五个有名的了。”[③]又清袁枚《子不语》卷五《狐生员劝人修仙》云:有狐生员向赵大将军之子曰:“群狐蒙太山娘娘考试,每岁一次,取其文理精通者为生员,劣者为野狐。生员可以修仙,野狐不许修仙。”又卷四《陈圣涛遇狐》云:绍兴陈圣涛与一狐女成夫妇。每月朔,妇告假七日,云:“往泰山娘娘处听差。”又卷五《斧断狐尾》云有妖狐阴惑民女,一日来向女泣曰:“我与卿缘尽矣,昨泰山娘娘知我蛊惑妇人,罚砌进香御

① 李嘉善:《泰安歌谣又九首》,《北京大学研究所国学门周刊》1926 年第 17 期。
② 刘纬毅主编:《山西文献总目提要》,山西人民出版社 1998 年版,第 663 页。
③ (清)西周生著,翟冰校点:《醒世姻缘传》,齐鲁书社 1993 年版,第 15 页。

路，永不许出境。”又清管世灏《影谈》卷四《洛神》言泰安诸生甄瑜遇一白袍少年，自言：“仆乃瀍水狐也，托姓袁，名复，奉泰山娘娘命，调征黄河水母而还。”[①]又清纪昀《阅微草堂笔记》卷十七《姑妄听之三》有狐女言：“今隶碧霞元君为女官，当往泰山，请共往。”可见其传说流行之广。[②] 对此康笑非女士指出：“狐精也和女性的危险力量牵连在一起，而这个力量是透过灵媒来表现的。在这里，狐精被视为华北一位女性神祇——碧霞元君的属下，而且常被当作碧霞元君的另一形象。”[③]

关于传说中的碧霞元君这一神格特点，中国学者关注不多，海外汉学家却每有独特之观察。日本学者泽田瑞穗考察碧霞祠时，推测那座卧于床榻之元君像所展示的是仙界与人世相仿的性爱关系：“想来，那供玄(元)君休憩的寝殿只是个幌子，其实意则在玄君每夜迎接天神，怀上孩子，故产生元君能向人间送子的信仰，此为真意所在。那特殊的女神仰卧像的设置，不正有力地证明了这一点吗？”[④]美国学者彭慕兰(Kenneth Pomeranz)在《上下泰山——中国民间信仰政治中的碧霞元君(约公元1500年至1949年)》“美貌、性征与危险女神的造化”一节中更作了特别申说：“人们常常把碧霞元君与女性的自我展示及性征联系起来。……然而，远远在此之前，人们已经把她同美貌——一种充满危险的美貌——联系起来了。在十七与十八世纪的书里，碧霞元君被诠释为美丽动人的狐狸精之首，诱惑男人并给他们带来灾祸。……许多研究者也表示泰山上两座主要的碧霞像异常美丽。第二座雕像尤受关注，该雕像位于祠后的女神‘寝室’中，并倚靠于床上——作为一座神仙雕像，这样的姿势颇为异常。……大胆展示的正是碧霞元君性感风情的一面。中国北方一些男神的‘后阁’里也有如此私密的情景，包括摆出性感挑逗姿势或是衣不遮体的女仆塑像，可是无论是男神还是女神，自身塑像如此性感撩人，在我看来，实属碧霞元君仅有。”[⑤]

---

① 程毅中等编：《古体小说钞·清代卷》，中华书局2001年版，第240页。

② 相关传说还见于吴组缃：《泰山风光》，《吴组缃文集》，华夏出版社2000年版，第292～293页。

③ [美]康笑非：《说狐》，姚政志译，浙江大学出版社2011年版，第4页。

④ [日]泽田瑞穗：《中国的泰山》，讲谈社1982年版，第100～104页。

⑤ [美]彭慕兰：《上下泰山——中国民间信仰政治中的碧霞元君(约公元1500年至1949年)》，(台北)《新史学》第20卷第4期，2009年。

后寝宫元君卧像照片

（采自德国亨利·柯尼希《伊丽莎白皇后号巡洋舰环球之旅》，1926年，王凯供图）

彭慕兰还特别留意到向元君进献绣鞋之俗——香客谒祀碧霞宫，多有以绣鞋进奉者。明张岱《岱志》载："供佛者以法锦、以绸帛、以金珠、以宝石、以膝裤珠鞋绣帨之类者，则以锦帛、金珠、鞋帨进。"而碧霞元君之造像，裙下乃是"三寸金莲"。民国邹英《葑菲闲谈》引宣统间出版之《时事新报·东鳞西爪》记称："泰山之巅有东岳庙，庙中供娘娘一位，泥塑金身，三寸金莲。每届春夏，朝拜者仕女如云，且多制锦鞋为娘娘寿。"[①]在中国文化中，绣鞋有明确的性爱暗示，对此彭慕兰结合性别理论进行了解析："在图像上，碧霞元君总是被画成一个年轻、特别漂亮的女人……还有她的主像和许多其他1949年前的像都是裹得很小的缠足；与之相比，天后和观音的脚完全看得见像是天足。在20世纪流传的有关她的故事中，她的绣花鞋成了她的特殊标记——她留下来以表明她出现的物件。强调这个特殊的物件似乎是要人们特别注意她的脚、她的女性特征……而在观音、天后甚至无生老母那里我们找不到这些方面的内容。"[②]

我认为，这些与宋明以来正统认定的碧霞元君神格大异其趣的文字与

---

① 姚灵犀：《采菲录》，上海书店出版社1998年版，第34页。

② ［美］彭慕兰：《泰山女神信仰中的权力、性别与多元文化》，［美］韦思谛编：《中国大众宗教》，陈仲丹译，江苏人民出版社2006年版，第127～128页。

风俗，其实正是巫山神女、泰山神女形象的依稀留存与未尽遗响。孙作云先生倡论称："太山玉女即巫山神女。"[①]虽事实不全然如此，但这两位中国文化史上著名女神的内在联系，很值得追索与探究。

① 孙作云：《孙作云文集》第3卷，河南大学出版社2003年版，第729页。

第三章　碧霞祈嗣:从封禅之所到求子之山

宋真宗封禅泰山时,特命奉祀玉女神像,并亲撰像记昭示天下,由此引发泰山女神(后世称之碧霞元君)信仰的肇兴。宋真宗此举意旨何在?历代关于碧霞信仰研考中均未致论。今拟结合真宗一朝宫闱史事,对此进行新的解读。

一、皇子危机促成泰山封禅

玉女作为泰山女神,源起甚早,但影响不大,随着宋真宗封禅的开启,其身影频现于东封大戏中:“泰山玉女池在太平顶,泉源素壅而浊。初营顿置山下,醴泉发,池水亦涨,及工役升山,其流自广,清泚可鉴,味甚甘美,众赖以济。(封禅经度制置使)王钦若请浚治之,池侧有石像,颇摧折,诏(皇城使)刘承珪易以玉石。既成,上与辅臣临观。(大中祥符元年九月)辛酉(四日),遣使砻石为龛,奉置旧所,令钦若致祭。”[①]

十月己丑(二日),真宗御制《玉女像记》示辅臣,命镌石池上。十月庚戌(二十三日),真宗登封前夕,“步自御幄观玉女泉”,“命王旦等观圣制石记”。[②]

翌年(1009)五月戊午(四日),真宗召对辅臣于后苑,出御制御书《玉女像记》示之。[③] 同判太常礼院晏殊《东封圣制颂序》中言:“怀柔百神,登秩群

---

① (宋)李焘:《续资治通鉴长编》卷七〇,中华书局1980年版,第1561页。
② (宋)王应麟:《玉海》卷一七一《宫室·池沼》,江苏古籍出版社1987年版,第3149~3150页。
③ 参见(宋)王应麟:《玉海》卷三一《圣文》,第602、616页。

望，于是有玉女泉石像之记。”[①]

这一系列运作，远非王钦若《社首坛颂》中所言“虽小不舍”（“惠洽于人，虽小不舍，新玉女之像是也”）[②]，而是大张其事，原来若隐若现、隐晦不彰的玉女神，遂借封禅大典走进泰山信仰中心。

然则封禅本为帝王与天、地对话，从未有女神厕身其间。唐高宗封禅时，武则天以皇后之尊，倡言后土属阴，皇妣陪祀，要求充任禅地亚献，开女性参与封禅之特例。但即便如此，也未曾在泰山之上崇祀女神。那么宋真宗在泰山封禅中推出一尊女神，其背后情由，实非寻常，大有可发之覆。

如果追索这一问题，首先需联系宋真宗泰山封禅的真实动因。

依传统说法，宋真宗是借封禅洗涤澶渊盟约之耻；或认为“伪造天书、假借符瑞者，实欲迷惑黔首”[③]，平息民变。此外还有观点认为，封禅基于真宗发泄压抑心理及狂热崇道等目的。[④] 也有归之抗衡天象不利。[⑤] 今汤勤福、林鹄诸先生经周密论证，认定澶渊之盟在当时被朝野共识为走向太平的重大成就，本无屈辱而言，无须借封禅来洗涤。[⑥] 至于其他抑民变、伸抑心、崇道教、应天象，虽均有合理成分，但若仅此便发动一场“举国若病狂然”的闹剧，也觉过甚其辞。

综观史籍，宋真宗封禅实另有动因，缘于其时出现的一场严重的皇位危机。

在澶渊之战前夕，即咸平六年（1003）四月，宋宫中发生一桩悲剧：皇子玄祐夭亡。时真宗有五子，“长温王禔，次悼献太子祐，次昌王祇，次信王祉，次钦王祈”[⑦]。其中禔、祇、祉、祈四皇子皆夭折于襁褓之中，只有玄祐存活，

① 参见（宋）王应麟：《玉海》卷二八《圣文》，第556页。

② （宋）王钦若：《社首坛颂》，《北京图书馆藏中国历代石刻拓本汇编》第38册，中州古籍出版社1989年版，第27页。

③ （宋）杨亿等著，王仲荦注：《西昆酬唱集注》，上海书店出版社2001年版，第41～51页。

④ 参见张其凡：《宋真宗“天书封祀”闹剧之剖析》，《宋代政治军事论稿》，安徽人民出版社2009年版，第195页。

⑤ 参见闫化川：《宋真宗“泰山封禅”动机补论》，《泰山学院学报》2004年第2期。

⑥ 参见汤勤福：《宋真宗“封禅涤耻”说质疑——论真宗朝统治危机与天书降临、东封西祀之关系》，《河北大学学报》（哲学社会科学版）2019年第2期；林鹄：《天书封祀补正——兼论仁宗以降对真宗朝历史的改写》，《隋唐辽宋金元史论丛》第8辑，上海古籍出版社2018年版，第293～305页。

⑦ 《宋史》卷二四五《宗室列传二》，中华书局1977年版，第8707页。

但身体状况一直欠佳，“上忧之，屡为斋醮祈禳”。[①] 至九岁夭折，“追封周王，谥悼献”。[②] 此时真宗已三十五岁。此后储位空缺延续八年之久，“这对于一个生活在宋代的皇帝所带来的心理压力，恐怕比‘澶渊之盟’所带来的耻辱有过之而无不及”。[③] 根据“烛影斧声”后出笼的那份《金匮之盟》约定，“太宗传之廷美，廷美传之德昭”。但宋太宗在皇位巩固后，为实现传位己子的目的，对德昭、廷美横加迫害，致二人或自杀或忧惧而死。太宗千方百计想传位的长子元佐，却由于反对父皇迫害叔父、堂兄，悲愤发狂，焚烧宫室以表抗议，终致被废。紧接着选定的储君元僖又在宫廷阴谋中中毒暴毙。这样排行第三、本无继统资格的真宗（当时名元侃）方被候补为皇储，“至道元年(995)八月，立为皇太子”[④]。真宗虽被立为太子，但因系逾越过在世长兄而立，地位远未稳固。在太宗死后，宫内便发生图谋拥立元佐的政变，虽在宰相吕端力持下，真宗得以嗣位，但由此产生的宫闱争斗远未宁息。

此时突发的东宫变故，又使皇位之争再次尖锐起来。诚如汤勤福先生所言：“而当真宗亲生之子全部亡故之际，元佐却有三子允升、允言、允成，且都已长大成人，这不能说不对真宗的帝位传承形成一种威胁。”[⑤]虽然宋真宗“取宗室子（侄赵允让）养之宫中”以为应对，但在宋初皇位可兄弟相承的约定下，宋真宗支系随时能被其他宗室取而代之（相似事例可举后世“夺门之变”，明景泰帝病危无子，群臣遂拥英宗复辟）。因而此际宋真宗面临的危机，不在于疆圉之外，而是在萧墙之内。

当此焦虑惶惧之中，宋真宗仓促借以自卫的，便是当时深入人心的天命观念，于是人造“天书”便频降汴京、泰山。在这些黄素天书上，依次出现如下文字：“赵受命，兴于宋，付于恒，居其器，守于正。世七百，九九定”；“言帝能以至孝至道绍世”；“汝崇孝奉吾，育民广福，锡尔嘉瑞，黎庶咸知，秘守斯

---

① (宋)李焘：《续资治通鉴长编》卷五四，中华书局1980年版，第1190页。

② (宋)杨亿：《大宋故光禄大夫、检校太保、左卫上将军兼御史大夫、上柱国、信国公、食邑一千户、食实封二百户、追封周王、谥悼献墓志铭》，《武夷新集》卷十一，福建人民出版社2007年版，第177页。

③ 杜乐：《宋真宗朝中后期“神圣运动”研究：以“天书”和玉皇、圣祖崇拜为切入点》，北京大学硕士学位论文，2011年，第77页。

④ 《宋史》卷六《真宗纪》，中华书局1977年版，第103～104页。

⑤ 汤勤福：《宋真宗“封禅涤耻”说质疑——论真宗朝统治危机与天书降临、东封西祀之关系》，《河北大学学报》(哲学社会科学版)2019年第2期。

言，善解吾意，国祚延永，寿历遐岁”。[1] 对此邓小南先生精辟指出：“‘天书降神’事无疑极其荒诞，因此对于‘天书’的内容，人们以往并不十分注意。事实上，这一‘人造天书’承载的文字，使我们得以清楚地观察到真宗当时的心理压力和心理状态。无论是丝帛上的文字，还是黄字三幅，都在通过‘上天’之口肯定赵恒受命继极，世祚延永。君权神授，对于赵恒来说，太祖建立的大宋皇权的权威，有必要再度向臣民隆重证明，这正是他导演再受‘符命’过程的意义所在。”[2]而杜乐先生更明确解读出其中的弦外之音：“对于年过不惑而继嗣乏人的真宗而言，‘天书’中‘世祚延永’的表达中有强烈的子嗣隐喻。”[3]这些诠解，都正确揭示出天书文字背后的真实意旨。

宋真宗正是通过天书封禅事件，向天下宣示神器“付于恒”的皇皇天命，借以凝聚人心，神化自身，压制宗室窥伺大宝的野心，以求度过这一政治危机。在这种心态与目的下举行的封禅大典，势必带上不同以往的色彩。玉女崇祀便是其中突出的一点。

二、宋真宗玉女崇祀与泰山祈嗣的开启

如前所揭，宋真宗举行泰山封禅是为了应对皇室危局，而解决此危机的唯一途径则是皇嗣降生。因此，祈嗣便成为天书封禅活动中最重要的议题。如宋真宗建玉清昭应宫时，“左右有谏者。帝召问（丁谓），谓对曰：‘陛下有天下之富，建一宫奉上帝，且所以祈皇嗣也。群臣有沮陛下者，愿以此论之。’”[4]汤勤福先生指出：“这段史料非常重要，但未见学者引用，众所周知，玉清昭应宫是天书降临后，为存放天书而建的道宫，然深知真宗之心的丁谓却说，建一宫奉上帝，且所以祈皇嗣也。这不充分证明真宗无子求嗣心理及

---

① 《宋史》卷一〇四《礼志七》，中华书局 1977 年版，第 2539、2540 页。

② 邓小南：《祖宗之法：北宋前期政治述略》，生活·读书·新知三联书店 2006 年版，第 317 页。

③ 杜乐：《宋真宗朝中后期“神圣运动”研究：以“天书”和玉皇、圣祖崇拜为切入点》，北京大学硕士学位论文，2011 年，第 1 页。

④ 《宋史》卷二八三《丁谓传》，中华书局 1977 年版，第 9567 页。

感到的威胁吗?"[1]从丁谓之言中,可充分洞悉宋真宗明奉天书、暗行祈嗣的内心隐秘。[2]

对此笔者还觅得一条确证,即真宗前来泰山系携宫眷同行。《章惠皇太后神主赴西京导引一首》云:"祥符盛际,二鄗正休兵,瑞应满寰瀛。东封西祀鸣銮辂,从幸见升平。仙游一去上三清,庙食享隆名。寝园松柏秋风起,箫吹想平生。"[3]章惠皇太后即真宗淑妃杨氏,从曲辞可知,其曾随从封禅。《宋史》本传也称杨淑妃"帝东封西祀,凡巡幸皆从"[4],可与曲辞互证。

此时后宫来泰山者并非杨氏一人,宋王仲修《宫词》:"良家选入侍仙都,性慧从来爱读书。记得茂陵封禅事,满宫呼作女相如。"[5]亦隐指有宫女曾参封禅盛典。推测时美人刘氏(后之刘皇后)、宫人李氏(后之李宸妃)可能也在列中。自唐高宗携武后封禅,被后世认为"宫闱接神,有乖旧典。上玄不祐,遂有天授易姓之事"[6],唐玄宗封禅遂不令妇人关预其事。真宗冒更易旧典之嫌,让杨妃等参与封禅,只能是出于祈求太子的一番考虑。

无奈历朝历代的封禅礼仪中,都从未包含任何祈嗣的因素。此前封禅诸帝,在举行大典时均不存有储君缺位状况,如秦始皇有长子扶苏,汉武帝有太子刘据,光武帝有太子刘庄,唐高宗有太子李弘(且从封),唐玄宗有太子李瑛。因而只能逼迫宋真宗在封禅大礼中师心自用,增加一项新的仪轨,用以满足自己的心理欲求。

北宋宫闱之中,祈子之俗尤为盛行,如"时泰陵(宋哲宗)未有嗣,常因景陵宫行香"[7]。又"宗室士纡,宣和间以未有子,每岁生朝,为千道斋,以祈嗣续"[8]。其风下延民间,至南渡不替,平江"有圣姑庙,盖陆氏女今号惠感夫

---

① 汤勤福:《宋真宗"封禅涤耻"说质疑——论真宗朝统治危机与天书降临、东封西祀之关系》,《河北大学学报》(哲学社会科学版)2019年第2期。

② 真宗祈嗣系征用道士,时有道人朱自英声称"为章圣皇帝祈嗣获灵验",见(明)汪直:《重修三清殿记》,弘治《句容县志》卷十,苏州大学出版社2018年版,第239页。朱自英系王钦若道友,见(宋)晏殊:《茅山五云观记》,《茅山志》(下),上海古籍出版社2016年版,第370页。祈嗣当出钦若荐举。

③ 《宋史》卷一四〇《乐志》,中华书局1977年版,第3313页。

④ 《宋史》卷二四二《后妃传》,中华书局1977年版,第8617页。

⑤ 郭丽、吴相洲编撰:《乐府续集·宋代卷》,上海古籍出版社2020年版,第2392页。

⑥ (唐)刘肃:《大唐新语》卷十《郊禅》,中华书局1984年版,第197页。

⑦ (宋)朱彧:《萍洲可谈》卷三,中华书局1985年版,第35页。

⑧ (宋)郭彖:《睽车志》卷一,文渊阁《四库全书》本,第9~10页。

人，郡人祈子颇验”[①]。吴龙安先生从宋钱世昭《钱氏私志》中发现一条记录，颇为重要：“贤穆（仁宗第十女庆寿公主，卒谥贤穆）乳母永嘉董夫人，一日入禁中，慈圣（仁宗后曹氏，谥号慈圣光献皇后）问云：‘主主以未得子为念，为甚不去玉仙圣母处求嗣？’董奏曰：‘都尉（公主丈夫钱景臻，号光玉）不信，事须是官家娘娘处分。’后数日，光玉入禁中，上（宋神宗）笑云：‘董婆婆来娘娘（曹后）处，说都尉来。’光玉皇（惶）恐谢罪，钦圣（神宗皇后向氏，谥号钦圣宪肃皇后）云：‘没别事，只是娘娘要教主主去玉仙求嗣。’”[②]

所云玉仙圣母处指汴京玉仙观。《能改斋漫录》称“玉仙观在京城宣化门外七八里”，内有圣母殿。对此吴龙安先生指出：“其事之信否姑且不论，而‘去玉仙圣母处求嗣’的‘玉仙圣母’究系何神，与泰山玉女是否有关，从其名称、属性与职掌来看，却颇相似。”下文接着分析道：据元代有“太平顶玉仙娘娘”之名，“因此有可能在宋代即有称碧霞元君为‘玉仙娘娘’的说法。碧霞元君又称玉仙娘娘，与《钱氏私志》的‘玉仙圣母’只有娘娘与圣母之别，而娘娘与圣母都是对女性神的尊称，况且碧霞元君也有圣母的称号。……二者相近，很可能是同一神祇”[③]。吴百益也认同此说，“因为在宋朝首都开封城外，有一座供奉泰山玉女的道观，没有生育子嗣的宋朝君主都前往那里求子”[④]。虽然二吴关于玉仙、玉女为一神的推测还缺乏实证，但上述史料足以证明，宋代宫闱中确有向女神祈祀的风俗，女神送子之说起源甚早，无论早期的女娲、西王母，还是后起的九子母神，无不具有此项功能。正是这种信仰观念，为泰山玉女的崇祀埋下伏笔。

通过前引史录所载，可见泰山玉女之崇祀始终由王钦若主导、操作。不仅最早由其奏报，玉像崇奉时更由其奉旨致祭。王钦若夙信道教，熟读道家经典，与道士过从密切。“及贵，遂好神仙之事，常用道家科仪建坛场以礼神，朱书‘紫微’二字，陈于坛上。”[⑤]封禅时其担任经度制置使，驻扎泰山，负

---

① （宋）周必大：《泛舟游山录》，顾宏义编：《宋代日记丛编》，上海书店出版社2013年版，第938页。

② （宋）钱世昭：《钱氏私志》，中华书局1991年版，第2页。

③ 吴龙安：《碧霞元君信仰、传说之研究》“中国文化大学”中国文学研究所硕士学位论文，1989年，第13～14页。

④ ［美］韩书瑞、于君方编：《进香：中国历史上的朝圣之地》，孔祥文、孙昉译，九州出版社2023年版，第88页。

⑤ （宋）李焘：《续资治通鉴长编》卷八八，中华书局1980年版，第2030页。

责大典各项准备。所作《书天门石壁》诗中有“已知身世非常事，曾到天门十二回”[①]句。缘于王钦若此一信仰与职掌，其对泰山神仙谱系有较深了解。为迎合帝意，首先他在泰山倡筑威雄将军庙亭。祥符元年八月庚戌（二十二日），“钦若奏称：‘臣自至岳下，尝梦神人以增筑庙亭为请，再梦如初，仍指其方位以识之。近因督役至威雄将军祠，瞻其神像，悉与庙合，今请以羡财于庙筑亭。’帝从之”[②]。因辟地建亭。这位威雄将军便是东岳神之子泰山三郎。后来随着其神进封炳灵公、王，确立天齐王太子之地位。王钦若高调崇祀泰山神子，应与宋真宗祈望太子相关。

玉女池边石像的出现，无疑更适应了宋真宗的心理需要，成为封禅大戏中的重头节目。泰山玉女形象源溯两汉，汉末曹操、三国曹植、唐李白等诗作中皆出现过泰山玉女。泰山之玉女池及池畔之玉女石像，亦是基于此一信仰而设置。由于女神能与生育相对应，王钦若遂张大其事，促成宋真宗下诏设龛立像。而对宋真宗来说，“伪造天书，东封西祀，固然主要出于神道设教的目的，但相信也包含有祈求天命来保佑他的真诚在内”[③]。在泰山封禅中增祀女神，自能让他获得一种精神支持，所以在登封前夕先率宰相王旦专诣玉女像前瞻拜，规格之高、仪礼之隆，远超过封禅后对炳灵公庙（祀泰山三郎）、王母池、青帝宫之拜谒（《宋朝事实》卷十一《仪注一》载录：“是日，幸仁圣天齐王·炳灵公庙、岱岳观、王母池、宜福寺、青帝君观、天贶殿、灵液亭。”[④]仅云行幸，无致祭，更无御制像记）。正是封禅之际的君臣合力，借题发挥，一举将女神推上了泰山的主祭坛，使大宋封禅呈现与前朝截然不同的色彩。泰山也渐由接通天地的封禅圣山，一变而成祈嗣求子的生育之山。此有确凿史料可以为证。

宋人罗从彦《遵尧录四》“仁宗”条云：“章圣皇帝（真宗）之未有上也，尝遣内侍往泰山茅仙祷祈，内侍遇异人言：‘王真人已降生，为宋第四帝耳’。”[⑤]

① （宋）王钦若：《书天门石壁》，汤华泉辑撰：《全宋诗辑补》第1册，黄山书社2016年版，第352页。

② （宋）李焘：《续资治通鉴长编》卷六九，中华书局1980年版，第1557页。

③ 王瑞来：《君臣：士大夫政治下的权力场》，四川人民出版社2019年版，第181页。

④ （宋）李攸：《宋朝事实》卷十一《仪注·封禅》，文渊阁《四库全书》本，第16页。

⑤ （宋）罗从彦：《罗豫章先生文集》卷四，清正谊堂全书本，第10页。《舆地纪胜》亦记此事，唯致祭之地作茅山。见（宋）王象之著，赵一生点校：《舆地纪胜》第2册，浙江古籍出版社2012年版，第528页。

按：罗从彦（1072～1135），字仲素，宋南剑（今福建三明市沙县区）人，世称豫章先生，谥文质。其师二程弟子杨时，又传学于李侗，再传朱熹，是理学传播史上的重要人物，《遵尧录》四万余言，是编辑宋代君臣事迹并加以议论的著作，靖康元年（1126）成书，拟献朝廷，会国难，不果。篇首有从彦自序，言其书仿唐吴兢《贞观政要录》、本朝石介《圣政录》，“因探祖宗故事，四圣所行可以固今传后者，以事相比，类纂录之，历三季而书成，名曰《圣宋遵尧录》”。[①]

章聖皇帝之末有上也嘗遣內侍往泰山茅仙禱祈內侍
遇異人言王眞人已降生爲宋第四帝耳內侍問王眞
人者何人異人曰古之燧人氏是也時章懿皇后亦夢
羽衣數百人從一仙官自空而下謂曰此託生於夫人
覺而奏其事眞宗甚說及帝生火光屬天佳氣滿室帝
方五六歲常持槐木片以箭鑽之眞宗問曰何用曰試
鑽火爾眞宗謂后妃曰所謂燧人氏信不虛爾

《遵尧录》书影（清正谊堂刻本）

虽然罗从彦原书本意是辨真人转世传说之不经，但从中透露的史实十分重要，即宋真宗在封禅完成之后，已开始遣内廷宦官诣泰山祈祷皇嗣。泰山祷祀源起甚早，但帝王“或祷年算，或求神仙”[②]，或禳灾变，或祈丰穰，从未见过有来此求子的记录。有之，则自宋真宗此事始。这是泰山祭祀功能之一转换。

至于真宗泰山祈嗣之神，《遵尧录》称之为茅仙，其神名茅盈。齐梁陶弘景编定之《真灵位业图》，即称茅盈为“司命东岳上真卿太元真人茅君”[③]。《茅君九锡玉册文》亦有盈“领东岳上卿司命神君”之说。宋真宗封禅时，诏封茅盈为“九天司命上卿加号保生天尊”，并遣使祭告；后以与圣祖（赵玄朗）名称相类，改封“东岳司命上卿佑圣真君”[④]。三茅真君作为岳府成员，日益融入泰山信仰之中。元道经《东岳大生宝忏》东岳诸神号中列“九天司命上卿真君”[⑤]，《元始天尊说东岳化身济生度死拔罪解冤保命玄范诰咒妙经》也列有“东岳上卿司命镇国真君”[⑥]。《水浒传》东岳庙“赞子”中以“九天司命”与“炳

---

① 罗辉主编：《罗从彦研究文集》，海风出版社 2007 年版，第 86 页。

② （唐）刘肃：《大唐新语》卷十《郊禅》，中华书局 1984 年版，第 197 页。

③ 《道藏》第 3 册，文物出版社、上海书店、天津古籍出版社 1988 年版，第 273 页。

④ （宋）赵恒：《加上东岳司命上卿佑圣真君诏》，《全宋文》卷二四六，第 12 册，上海辞书出版社、安徽教育出版社 2006 年版，第 212 页；（宋）李焘：《续资治通鉴长编》卷八一，中华书局 1980 年版，第 1837 页。

⑤ 《道藏》第 34 册，文物出版社、上海书店、天津古籍出版社 1988 年版，第 733 页。

⑥ 《道藏》第 10 册，文物出版社、上海书店、天津古籍出版社 1988 年版，第 1 页。

灵圣公”为岳帝两大陪臣。岱庙壁画所绘岳帝伴驾二重臣之一，据考即茅盈。[①] 清康熙间且于岱庙建三茅殿祀之。宋人传说仁宗便是这位茅君转世（详后）。[②] 又明徐道编《历代神仙通鉴》卷八《大茅君泰山获偶》称茅盈娶玉女大仙：“大茅君之师王君来邀游泰山，茅君款留经宿。王君曰：‘吾弟有五子一女，五子已娶三媳，女名王（玉）女大仙，独居岱岳太平顶。善诸法术。昨闻子能为人广衍宗嗣，是合天地玄机。愿以玉女妻子，子意云何？’……茅君不能辞，但云：‘还告父母。’王君与之俱往茅山，父母唯唯听命。订于八月月盈之夕至泰山完姻。……结缡之后，另居旁丘胥山，为东岳上卿司命真君。”[③]北宋时是否有此传说，尚待考证。但宋真宗既然将泰山视为宫闱祈嗣圣地，女神与子嗣息息相关，玉女更应是其首祈对象，只是史简有缺，已难稽其详。[④]（明人陆采《览胜纪谈》卷一《玉女》云：“（宋真宗）命有司建小庙安奉，其后殿转加广，而香火日盛。遂号为圣帝之女，而以玉女峰当之，封为天仙玉女碧霞元君。”[⑤]谓玉女祠肇建于真宗，虽系传闻，亦可参证。）

通过以上推考，基本可以确认，宋真宗在封禅中大力崇祀泰山女神，乃是希望施恩玉女，以获皇嗣。二年之后（1010）宋仁宗诞生，皇嗣空缺造成的政治危机得以解除。而宋真宗祈嗣泰山与李宸妃怀上仁宗时间上的偶然巧合，更促成种种神异传说的悄然滋生。

三、泰山祈嗣与宸妃、仁宗的身世传异

历来宫闱秘事，传播民间，势难禁制，古今同理。宋真宗因封禅崇神而获皇嗣，必传播四方。见于碑石、稗史所载的宋宫祈嗣传说，大致可分为以下三个类型。

---

① 参见赵伟：《岱庙壁画绘制年代及主要神祇身份考》，《泰山学院学报》2010 年第 5 期。

② 参见（宋）志磐撰，释道法校注：《佛祖统纪校注》（下），上海古籍出版社 2012 年版，第 1065 页。

③ 《藏外道书》第 32 册，巴蜀书社 1994 年版，第 362 页。

④ 张晓辉编著《后土文化概论》称：“（汾阴）后土祠秋风楼大门上方门额上，有石刻的宋真宗祈嗣图案，线条流畅，形象生动。它是宋真宗到后土祠祭祀后土圣母的形象记录。”（万荣县志办，2003 年，第 29 页）封泰山与祀汾阴礼仪略同，汾阴既有祀圣母祈嗣事，泰山或亦有类似仪式，为史书所漏记。另石芳苓《泰山女皇——碧霞元君》亦对茅君事有所考论（《泰山志资料选编》第 2 辑，1984 年，第 65 页）。

⑤ （明）陆采：《览胜纪谈》卷一，明嘉靖刊本，第 14～15 页。

第一，泰山纳道姑生太子。据明嘉靖八年（1529）蓝定《重修龙骨寺碑记序》引古记："龙骨庵金冠道姑李氏住持。三帝真宗为无后主，御驾亲诣太安神州，进香祈祷；往回暂息龙舆，沐面此庵；见李氏天资秀雅，容貌端庄，旨许为后。及至东京，果銮驾征召，纳为正后。后得四帝仁宗即位。李氏去后改庵为寺，僧人接住。"[1]故事中的龙骨寺，在直隶大名府东明县（今山东东明）。碑记说这段故事源出于"古记"，可知其由来久远。另外成化刊本《说唱足本仁宗认母》、万历刊本《百家公案》中均有"金冠道姑"之说，应是源出同一故事系统。

值得注意的是，此段故事还有一个天书观版本。明人公鼐有《济阴道中书宋李宸妃事》，题下自注："事在东明县龙骨寺，泰安州天书观亦传其说。"诗云："定陵（真宗）升中礼岱宗，济水东湄驻六龙。行殿有基荒草没，为表章懿留遗宫。宸妃窈窕余杭女，早契真源托缁侣。一朝履武遂呈祥，甲观从此诞真主。捧雉更衣体至尊，至今古寺旧名存。四纪仁宗称圣德，谁知启母在空门。"[2]所述情节与前引《龙骨寺碑》悉同。但据题注，可知一说此事是发生在泰山天书观。天书观系宋真宗为纪念天书降泰山而建，明代成为奉祀碧霞元君之庙。民间传说便因势将之设置为真宗、宸妃邂逅之所。

李宸妃故事在泰山传播较为广泛，以致形成地名。平阴《谷氏族谱》中收有清人谷云峰所撰《驻马庄记》，便称其庄名源自宸妃："余自高曾祖父以来十五世于斯矣，相传曰驻马庄。此名何仿（昉）乎？父老为余言，昔宋道（应为真）宗皇帝同金冠道姑李氏宸妃进香于泰岱，曾驻跸于斯，遂名焉。且不特余庄然也，东数里迎鸾堤，因此名也；再东演马庄，亦因此名也；再东南临马庄，亦因此名也。余因考史传，事在宋真宗大中祥符元年，王钦若言得天书于泰山，帝云：'朕夜梦神言，当赐天书，今祥异果于梦协。'王旦等拜贺，遂封禅泰山，大赦改元。路经于余庄，亦未可知也。于是世世相传，佥以为鸾舆所临，得觐天子、皇后，光被以美号，莫不习为美谈。又不特余村也，即迎鸾、演马、临马诸庄，亦佥以为鸾舆所临，得觐天子、皇后，光被以美誉，莫不习为美谈矣。"[3]各种版本的"金冠道姑"传奇都锁定在真宗"太安神州进香

---

① 潘建荣主编：《临济宗故里·菏泽佛教文化纵览》，齐鲁书社 2017 年版，第 362 页。

② （明）公鼐著，赵广升点校：《问次斋稿·西游稿》卷三，中国戏剧出版社 2008 年版，第 405 页。

③ 《谷氏族谱》卷一，平阴谷氏 1958 年刊本，第 1 页。

祈祷”情节中，前考宋真宗东封实携宫眷同行，李宸妃“初入宫，为章献太后（刘妃）侍儿”①，其侍从刘妃随至泰山颇有可能，驻马等庄故老传述不为无因。

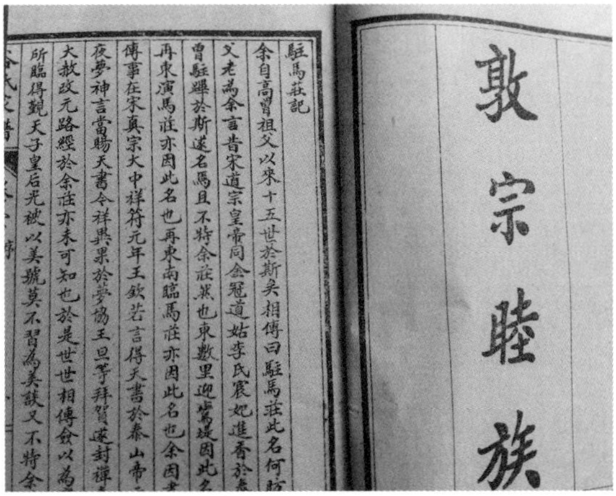
駐馬莊記
余自高曾祖父以來十五世於斯矣相傳曰駐馬莊此名何
父老為余言昔宋道宗皇帝同金冠道姑李氏宸妃進香於
曾駐蹕於斯遂名馬且不特余莊然也東數里迎鑾堤因此
再東演馬莊亦因此名也再東南臨馬莊亦因此名也余因
傳事在宋真宗大中祥符元年王欽若言得天書於泰山帝
夜夢神言當賜天書令祥異果於夢協王旦等拜賀遂封禪
大赦改元路經於余莊亦未可知也於是世世相傳僉以為
所臨得覲天子皇后光被以美號莫不習為美談又不特余

敦宗睦族

平阴《谷氏族谱》书影

第二，降生太子，敕建寺庙。此类故事较早的记录，可溯至蒙古中统四年（1263）《滑州胙城县修承天院记》：“寺也肇自宋朝，仁宗皇帝往东岳祈嗣，经游此地，敕赐护国承天院为额。”②下有辑者按称：“考《宋史·仁宗纪》：‘景祐四年（1037），祠赤帝于宫中，祈嗣。’未载往泰山祈嗣之事。宋真宗封泰山，史则书之，而此不书，疑史家之略也。当以碑为正。”按：仁宗行迹无东巡泰山事，而宋真宗封禅确曾经过滑州（今河南滑县），故仁宗应是真宗之误传。较之修承天院说，流行更广的则是诏修东岳庙的传说。明昝如思《河北东岳庙记》称：“真宗祷于岱而生圣嗣，天下化之，故其祀遍区宇。石刻言庙始于咸平，其可征也。”③又兴平县东岳庙，“规制弘厂，庙宇甲三秦，赫有灵异，宋真宗祈嗣于此，后人因立庙祀之”④。在民间戏曲小说（清代《正昭阳》传奇、《三侠五义》第十五至十六回）中，包公遇李宸妃处在陈州“天齐庙”，即

① 《宋史》卷二四二《后妃列传上》，中华书局 1977 年版，第 8616 页。

② 《滑县金石录》卷七，《重修滑县志（标注本）》（下），中州古籍出版社 1993 年版，第 541 页。

③ 乾隆《三原县志》卷十四，第 20 页。

④ 雍正《陕西通志》卷二八《祠祀一》，清雍正十三年本，第 30 页。

东岳庙，无不显现出帝后身世之泰山因缘。

第三，仁宗死生关联泰山。前引宋人《遵尧录》言内侍在泰山祀茅仙遇异人，预言宋仁宗之降生，似乎暗示宋仁宗身世与泰山有着某种联系。南宋志磐《佛祖统纪》卷四六述宋人传说："天圣元年(1023)，召句曲山道士朱自英诣阙，赐号观妙先生。初，真宗以储嗣久虚，命朱自英奏章升神帝阙，见三茅真君乘宝辇而下。问：'何所来？'答曰：'臣为大宋祈嗣。'茅君颔之。以其章进，太上敕曰：'茅盈忧国爱民，宜为宋嗣。'明年，仁宗生。"①则时人以为，宋仁宗便是这位东岳上卿转世。

宋人《道山清话》中还传述仁宗崩逝的传闻："尝闻祖父言，每岁三月二十八日，四方之人集于泰山东岳祠下，谓之朝拜。嘉祐八年(1063)，祖父适以是日至祠下，言其日风寒已如深冬时。至明日，地皆结冰，寒甚，几欲裂面瘃指。人皆闭户，道无行迹。日欲入，忽闻传呼之声，自南而北，仪卫雄甚。近道人家有自户牖潜窥者，见马高数尺，甲士皆不类常人，伞扇车乘皆如今乘舆行幸，望庙门而入，庙之重门皆洞开，异香载路。有丈夫绛袍幞头，坐黄屋之下。亦微闻警跸之声，亦有言去朝真君回来，又有云真君已归，皆相顾合掌，中夜方不闻人语。又明日，天气复温，皆挥扇而行。后数日，方闻昭陵(宋仁宗陵名永昭陵，此代指仁宗)其日升遐。"②宋仁宗去世之日，正泰山神诞后之夜(史载仁宗崩于三月二十九日辛未，与传说密合)。又称仁宗为真君(茅盈封号为东岳司命上卿佑圣真君)，且言泰山神往迎其亡魂。种种消息，无不透露出仁宗与泰山的宿缘。

王瑞来先生在论述"狸猫换太子"公案时指出："如果简单地说'狸猫换太子'真实，会立刻遭到专家的非议。……不过，笔者一向以为，空穴来风必是因为有穴，捕风捉影也是由于有影。学者应当比一般非专业的人更能够洞察到荒唐无稽背后的真实。……小说虚构的只是具体情节事件，而小说家心目中的时代则不是虚构的，至少反映的是小说家的历史认识。这句话适用于对'狸猫换太子'传说的分析。撇去表面荒唐无稽的浮沫，洞察到的

① (宋)志磐撰，释道法校注：《佛祖统纪校注》(下)，上海古籍出版社2012年版，第1065页。

② (宋)王暐：《道山清话》，《全宋笔记》第2编，第1册，大象出版社2006年版，第104～105页。

将是一个时代历史的大真实。”[①]这段议论亦完全移至上述种种宋真宗祈嗣传说。宋元明人笔下的这些异闻多涉虚幻，但仍足以遥证史实。其情节设置全部依托于泰山，显然不会是无源之水。正是由于宋真宗的封禅祈嗣，李宸妃、宋仁宗身世故事多才由此展开，并且不断神秘化、传奇化，部分情节成为“狸猫换太子”故事的张本。

且回到泰山玉女上来，宋真宗封禅中尊奉玉女而终获太子，势必带动朝野对泰山女神的广泛崇祀，泰山女神送子神格由此逐渐确立。现今泰山上所存金明昌题刻堪为佐证：“皇姑濮国大长公主奉公郎□命同驸马浚州防御蒲察，敬诣岱岳，焚香致礼毕，明日遂登绝顶，拜于玉仙祠下，时明昌元年三月十二日。”[②]此次公主偕驸马同登，祈拜玉仙，祈嗣意图十分明显。故吴百益认为“这个贵妇和她的丈夫可能是怀着求子的愿望前去进香的”。[③] 足说明此时玉女送子说已深入人心。这一神格，在元明之后进一步加强。所谓“岱为东方主发生之地，故祈嗣者必祷于是”[④]。约成书于明代的道书《碧霞元君护国庇民普济保生妙经》称泰山女神能“保生益算，延嗣绵绵”[⑤]。明嘉靖十一年(1532)，蒋太后遣其侄玉田伯蒋荣诣泰山致祭碧霞元君：“皇帝临御海宇，十有二载，皇储未建，国本尚虚，百臣万民，无不仰望。兹特遣官敬诣祠下，祗陈醮礼，洁修禋祀，仰祈神贶，默运化机，俾子孙发育，早锡元良，实宗社无疆之庆，无任恳悃之至。”[⑥]明清时期民间对碧霞元君祷嗣的记录更是连篇累

---

① 王瑞来：《“狸猫换太子”传说的虚与实——后真宗时代：宋代士大夫政治下的权力博弈》，《文史哲》2016 年第 2 期。

② 《濮国长公主题记》(字今漫漶)，《岱览》卷九《分览一・岱顶中》，清嘉庆十二年果克山房刻本，第 21 页；(清)施国祁：《金史详校》卷四，清光绪六年会稽章氏式训堂刻本，第 37 页。

③ [美]韩书瑞、于君方编：《进香：中国历史上的朝圣之地》，孔祥文、孙昉译，九州出版社 2023 年版，第 88 页。

④ (明)谢肇淛：《五杂组》卷四，上海书店出版社 2001 年版，第 66 页。

⑤ 《道藏》第 34 册，文物出版社、上海书店、天津古籍出版社 1988 年版，第 745 页。

⑥ (明)汪子卿：《泰山志》卷二《灵宇》，《泰山志校证》，黄山书社 2006 年版，第 239～240 页。

牍。[①] 虽然泰山女神神威陆续扩展到护家、护国层面，但送子、护生仍是其最主要的神职。风俗延至今日不易。此一神格的形成，实与宋真宗的玉女崇祀有莫大之关系。

送子娘娘铜像（北京白云观元君殿）
（采自《中国道教神仙造像大系》）

① 明清时泰山祈嗣之风甚盛，上到宫闱，下至士庶，无不奔走山椒，祷求子嗣。如嘉靖六年（1527）工部主事吴鹏"祷于泰山，澍立应，因报祀且祈嗣焉"，明年遂生子继。参见（明）吴中行：《云南宁甸府知府小泉吴公墓志铭》，《赐余堂集》卷十二，《四库全书存目丛书・集部》第 157 册，齐鲁书社 1997 年版，第 204 页。嘉靖十四年（1535）云南布政使曾存仁"艰子，祷岱岳而得公（曾同亨）"。参见（清）邹元标：《光禄大夫太子太保南京吏部尚书赠少保谥见台曾公传》，《邹公存真集》卷六，清乾隆特恩堂刻本，第 24 页。嘉靖三十二年（1553），"光禄正魏君乾亨，大司空浅斋公冢嗣也。嘉靖癸丑（1553），以祈子，重茧走泰山，乞灵于碧霞元君，祗奉香火。南还，建祠于邑西南罗壁山之颠而虔祀之，既果连诞四子，众益以为神"。参见（清）吕元：《泰山元君行祠碑》，光绪《余姚县志》卷十一，第 27 页。万历时山东左布政使徐元气"祷于岱，而幼君生"。参见（明）梅鼎祚：《徐长君暨魏孺人五帙序》，《鹿裘石室集》卷十二，明天启三年玄白堂刻本，第 8 页。万历时福建总兵万邦孚"祷于东岳，像设而祀之，先生生而类夫像设者，因以为名（名泰）"。参见（清）黄宗羲：《万悔庵先生（斯同）墓志铭》，《南雷文案》卷二，平惠善校点《黄宗羲全集》第 10 册，浙江古籍出版社 2012 年版，第 297 页。河南杞县侯应瑞"字辑之，号岱峰，于赵之长子，张夫人出。先是生子多不举，祷于泰岳之神，第九乳而生，遂举焉"。参见《河南开封侯氏家乘》八世，清乾隆刊本，第 22 页。又，山东仕宦吴某"衰年未有嗣，祷于东岳，逾岁而太守（吴南岱）生，因以岱名"。参见（清）董含：《莼乡赘笔》中《神召》条，《丛书集成续编》第96 册，上海书店出版社 1994 年版，第 39 页。又，乐亭人王臣"年四十七未举子，往祷泰山，梦神告曰：'以吾二子与尔。'逾年，生太守好学；又三年，生尚书好问。若与梦符"。参见光绪《乐亭县志》卷九《人物志上・乡型》，县档案局点校：《明清乐亭县志》，河北人民出版社 2008 年版，第 481 页。"水部府君（茅国缙）令于齐，未有嗣胤，祷于泰山碧霞元君，抱一儿归，视之女也。去其镮，微伤耳，略加髡使为男子，乃不逾年，得硕人。"参见（明）茅元仪：《亡姊董节妇茅硕人行状》，《石民四十集》卷三五，明崇祯刻本，第 4 页。歙人"一茂公而上单传者三世，父欲蕃子姓，既得长公，复祷于岱，生公（梦祥）"。参见（清）江天一：《两吴公传》，《江止庵遗集》，清康熙祭书草堂刻本，第 20 页。上述皆其事例。

第四章　碧霞敕封:从泰山圣母到天妃妈祖

海神妈祖是否曾被明廷敕封为“碧霞元君”?这一封号与泰山娘娘是否有所关联?向为民间信仰研究中令人困扰的难题。今通过新发现的清代《颜神镇志》史料,试揭这一历史悬疑。

一、妈祖敕封“碧霞元君”说之源出

妈祖被敕封为“碧霞元君”说,最早出于清人汪楫《使琉球杂录》卷五“神异”条云:

> 康熙二十年(1681)九月十四日黎明,梦与同官臣乔莱同登一山,入小庙,仰视悬幡,见幡末为“碧霞元君”四字,疑为泰山之神,爰下拜。有女官搴帷出,延入后宫。宫甚隘,神趺坐炕上,衣饰如妃后。命臣坐,辞不敢。神曰:“公操爵人之柄,坐宜也。”因就坐案侧,神语甚多,不能悉记。已复赐食一器,略似薏米,玉色天香,不同人间味。觉以告莱,不解何故也。闻中顶有泰山庙,斋戒以往,入庙,殊不似梦中所见。……二十一年元旦,入朝见高丽、土鲁番诸国朝贺,中有黄首帕者数人,为前此所未睹,问而知为琉球贡使。三月,始奉有选择出使之命。与中书林麟焻同被选。麟焻字石来,梦中与偕之。乔莱则字石林,昔官中书。始悟与偕者,故中书林石来也。固知梦语签诗莫非预定,而梦尤巧幻。独未明此何与泰山神事,而先期示告如此。后行经杭州,登吴山,致祭越国公祖庙,庙之左有天妃宫,天妃为海道正神。臣方疏请谕祭,因肃谒,见殿额为前使臣夏子阳所立,而悬幡累累,皆大书“碧霞元君”。惊呼道士

> 问之，曰："天妃也，胡为元君哉？"对曰："然不独泰山有是称也，天妃封号亦如之。"问其详，不能对。越日，过孩儿巷天妃宫，无意中得《天妃经》一函于案上，其后详书历朝封号，则"碧霞元君"者，崇祯十三年加封天妃之号也，神之灵显如是。[①]

> 天妃，莆田林氏女也。……明太祖封"昭孝纯正孚济感应圣妃"，成祖封"护国庇民妙灵昭应弘仁普济天妃"，庄烈帝封"天仙圣母青灵普化碧霞元君"，已又加"青贤普化慈应碧霞元君"。[②]

记录妈祖敕封事之汪楫，系清康熙二十一年(1682)出使琉球之使臣。如其所述，楫于奉使途中经杭州天妃宫，获《天妃经》一函，书中详载天妃(妈祖)历代封号，其中便有崇祯十三年(1640)加封天妃"碧霞元君"神号之事，且记其神号全称为"天仙圣母青灵普化碧霞元君"。

自汪楫之记出，后世竞相引述。如康熙朝徐葆光所撰《中山传信录》卷一《天妃灵应记》[③]、乾隆朝周煌《琉球国志略》卷七《祠庙·天后封号》[④]、嘉庆朝李鼎元《使琉球录》[⑤]皆信从汪楫之说。甚至清廷所修官书中也予以采录。如雍正朝修《古今图书集成·神异典·海神部》称："按《名山藏·典谟记》……愍帝崇祯□年封天妃'碧霞元君'。"又乾隆朝修《钦定日下旧闻考》卷八八云："原出朝阳关，沿河往南有天妃宫。……庄烈帝封'天仙圣母青灵普化碧霞元君'，已又加'静(当为青)贤普化慈应碧霞元君'(原注：《使琉球杂录》)。"[⑥]清姚福均《铸鼎余闻》卷一："《黟县志》云：泰山碧霞元君祠，宋真宗时敕建。又天后，明亦曾封为碧霞元君。"甚至小说稗官，亦多传述此说。如兰皋居士《绮楼重梦》(《红楼梦》续书)第七回中言："泰山娘娘封碧霞元君，天后娘娘也称碧霞元君。"[⑦]当代研究中也不乏信从此说者。[⑧] 后来这一封号又进一步

① 故宫博物院编：《使琉球杂录》，海南出版社 2001 年版，第 29～30 页。
② 故宫博物院编：《使琉球杂录》，海南出版社 2001 年版，第 34 页。
③ (清)徐葆光：《中山传信录》，台湾文献史料丛刊本，(台北)台湾大通书局 1984 年版，第 23 页。
④ (清)周煌：《琉球国志略》，台湾文献史料丛刊本，(台北)台湾大通书局 1984 年版，第 168 页。
⑤ (清)李鼎元著，韦建培校点：《使琉球记》卷一，陕西师范大学出版社 1992 年版，第 23 页。
⑥ (清)于敏中等：《日下旧闻考》，北京古籍出版社 1981 年版，第 1483 页。
⑦ (清)兰皋居士：《绮楼重梦》，北京大学出版社 1990 年版，第 41 页。
⑧ 如徐蔚一：《天妃及其封号》，《中国道教》1994 年第 2 期；[马来西亚]安焕然：《海洋与母性——关于妈祖文化的思考》，《妈祖研究学报》2004 年第 2 辑。

被附会为临水夫人的神号。[①] 宗力等论称:“临水陈夫人,亦福建奉祀之女神。以诸书称其亦受封为崇福夫人、天仙圣母青灵普化碧霞元君,二号与天妃相同……该神实未受朝廷封赏,人们遂移天妃之号冠戴之。”[②]

然而,崇祯敕封说所据的原始材料,只来自一册道经《天妃经》。此经今已失传,推测应出于清初道士之笔。明清时民间经卷往往虚称灵应、杜撰封典,故而此说的真实性实堪质疑。清康熙时撰叙《隙光亭杂识》卷一辩云:“明崇祯朝封天妃为天仙圣母青灵普化碧霞元君。……元君与天妃非一神,明矣。崇祯时合而一之,果何据乎?”[③]雍正时《古今图书集成·职方典·淮安府部·纪事》所引资料中,已指称此号为“谬加”:“崇奉显圣,第止宜称‘天妃’,而不察者谬加以‘碧霞元君’字号,此则泰山之神,非漕运之灵济者矣。”乾隆时程穆衡《燕程日记》中亦云:“汪楫《使琉球杂录》则谬以元君为天妃矣。”[④]民国容庚《碧霞元君庙考》认为:“殆误会天妃为天仙,故有碧霞元君封号耳?”[⑤]徐晓望《妈祖信仰史研究》于此指出:“分析汪楫叙述碧霞元君的史料,使人啼笑皆非,因为,他并没有掌握明末的官方文献,只是从杭州孩儿巷天妃宫得到了道士的记载,这类‘史料’究竟是否可靠,实在要打个问号。”[⑥]郑丽航更作了细致辨析:“‘崇祯之封’的说法几乎皆出汪文,经过康熙、雍正朝的讹传,到乾隆后的一些记载不仅无法注明来源,且年代也更为模糊,对褒封年代仅以‘前明’‘明末’‘明’等一笔带过。鉴于这次褒封的不可信,清初的一些妈祖志书已持否定态度,如僧照乘于康熙二至二十二年(1663～1683)刊印的《天妃显圣录》、林清标于乾隆四十三年(1778)刊印的《敕封天后志》均无记载明崇祯年间的这两次褒封。”而最有力的论断则是:“‘元君’是道教对女子成仙者的美称,而在宋明两朝均没有以‘元君’来封任何女神的先例,更不要说把‘碧霞元君’这个在北方已是‘法定’的东岳大帝女的专称,再封给另一个人。”[⑦]

---

① 参见乾隆《重修台湾县志》卷六《祠宇志·寺宇》。

② 宗力、刘群:《中国民间诸神》,河北人民出版社 1986 年版,第 406 页。

③ (清)撰叙:《隙光亭杂识》,《续修四库全书》第 1146 册,上海古籍出版社 2002 年版,第 3 页。

④ (清)程穆衡:《燕程日记》,上海古籍出版社 1983 年版,第 205 页。

⑤ 容庚:《碧霞元君庙考》,《京报副刊》1925 年第 6 期。

⑥ 徐晓望:《妈祖信仰史研究》,海风出版社 2007 年版,第 277 页。

⑦ 郑丽航:《天妃附会碧霞元君封号考》,《莆田学院学报》2005 年第 6 期。

最确凿的史证，当属张富春先生新近从明人文集中发现的史料：明管绍宁《赐诚堂文集》卷五《加封水神疏》记崇祯十七年(1644)八月南明加封妈祖神号事，称其神“原敕封护国庇民妙灵昭应宏仁普济天妃，今加封护国庇民妙灵昭应宏仁普济安定慈惠天妃”。“护国庇民妙灵昭应宏仁普济天妃”系永乐七年(1409)所封妈祖神号，[①]崇祯朝臣管绍宁奏疏中称此号为“原敕封”，足以说明崇祯十三年绝无加封妈祖为“碧霞元君”之事。[②]

二、明崇祯敕封泰山女神“元君”神号证

然而，证明崇祯帝未曾敕封妈祖，却并不能表明其赐号“碧霞”事属虚妄。事实是，明崇祯帝确曾加封过“碧霞元君”，但所封的不是海神妈祖，而是泰山娘娘。笔者新发现的史料可作证凭。

康熙《颜神镇志》卷三《飨祀》云：

> 碧霞元君庙：在凤凰山顶。各郡县人民有香愿不能至岱者，于此焚祝而去。四月十八日，镇民醵钱为会。通判叶先登有《碧霞元君辩》一篇，载《遗文》。明季崇祯十三年九月二十三日，敕谕道经掌坛官梁之洪虔贡香帛，前往东省泰山设醮，恭告行礼，加封群神：天仙圣母青灵普化慈应碧霞元君，眼光圣母慧照明目元君，子孙圣母育德广胤元君。(原注：附志备考)[③]

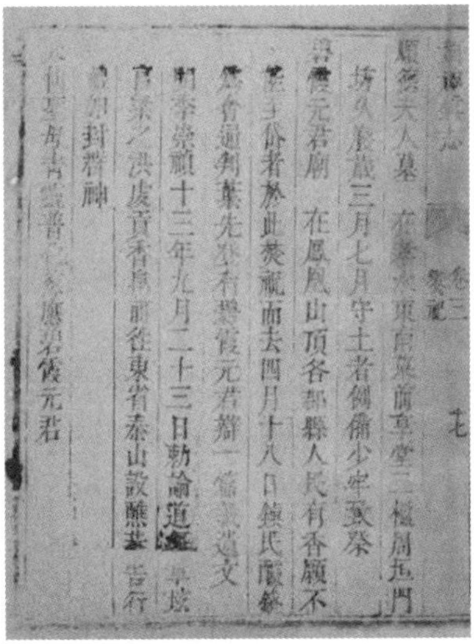
坊久[illegible]歲三月七月守土者例備少牢致祭
碧霞元君廟　在鳳凰山頂各郡縣人民有香願不
能至岱者於此焚祝而去四月十八日鎮民醵錢
為會通判葉先登有碧霞元君辯一篇載遺文
明季崇禎十三年九月二十三日勅諭道經掌壇
官梁之洪虔貢香帛前往東省泰山設醮恭告行
禮加封群神

康熙《颜神镇志》书影

按：颜神镇即今山东淄博市之博山区，清雍正朝设县前为镇。康熙《颜神镇志》五卷，清颜神镇通判赵良璧、叶

---

① 参见蒋维锬：《历代妈祖封号综考》，《妈祖研究学报》第3辑，雪隆海南会馆(天后宫)妈祖文化研究中心，2008年，第131页。

② 参见张富春：《新发现之南明妈祖封号史料》，《莆田学院学报》2009年第6期。

③ 康熙《颜神镇志》卷三，中国国家图书馆藏原刻本，第17～18页。

先登修，成书于康熙三年（1664），康熙九年刊行。

《颜神镇志》在记述镇境凤凰山碧霞元君庙时，附带提及了明崇祯十三年敕封泰山三位元君神号之事。其中《天妃经》所载妈祖之号“天仙圣母青灵普化（慈应）碧霞元君”正见于此次敕封泰山之神号中。那么，这一仅载于清初方志而不见于明廷官书记录的封神敕典，是否可信呢？

笔者的答案是肯定的。众所周知，由于甲申易代，崇祯一朝未修实录，史档散亡严重，在其当世已有文献难征之叹。现存明代史乘不录，并不表明当时无敕封之事。而《颜神镇志》成书于清初，与敕封时间相隔不足三十年。其据本土资料（如颜神镇与泰山毗邻，崇祯敕封之后，凤凰山元君庙或亦刻立碑石纪述此典[①]）加以记录，是完全可能的。何况这篇“附志”涉及了加封日期与派遣官员等具体内容，后人实难向壁虚构。最为关键一点，是笔者在泰山碑记中发现了相关“铜证”，可以充分印证镇志所载史实。镇志中称敕封所遣之官为“道经掌坛官梁之洪”，而在岱顶碧霞祠明天启五年（1625）所立《敕建泰山灵佑宫记》铜碑碑阴题名中，恰恰出现了此公：“副掌坛太监梁之洪、副掌坛太监潘进朝、副掌坛太监王进忠、大高玄殿掌坛太监钱喜。”道经厂为明代内廷中从事宗教活动的机构，与番经厂、汉经厂并列，明刘若愚《酌中志》卷十六《内府衙门识掌》称其厂“习演玄教诸品经忏，凡建醮做好事，亦于隆德殿或钦安殿悬幡挂榜，如外之羽流服色”。其主官由太监充任，有掌坛、副掌坛之名号。明廷封祀泰山，多遣道经厂宦官充任敕使，如万历二十七年（1599）四月，神宗颁赐《道藏》于岱庙，特差道经厂掌坛尚膳监太监李昪为使。以铜碑题名为证，梁之洪确有其人，天启时尚为该厂“副掌坛”，曾参与岱顶碧霞宫“钦工”；而至崇祯朝受命敕封泰山时，已升任“掌坛”。通过这一细节的印证，便可推断镇志所记崇祯敕封泰山之事确属信史。

另外，从“天仙圣母青灵普化碧霞元君”之封号中，便可明其确为泰山神而发。盖泰山为五岳之东岳，于色属青，世认为青帝主此山，如道籍金长筌子《洞渊集》云：“太昊为青帝，治东岳，主万物发生。”[②]故古人多以青字代指

① 博山凤凰山碧霞元君庙有崇祯十七年（1644）《修醮碑》，或与此事相关。但碑石今为建筑物遮挡，无法目验原文。

② （金）长筌子：《洞渊集》卷二，《道藏》第23册，文物出版社、上海书店、天津古籍出版社1988年版，第839页。

泰山。如明王锡爵《东岳碧霞宫碑》云："(东)岳据东土之中，载青阳之气。"[①]又明刘敕《岱史自序》中称泰山为"赫赫青灵"，清唐仲冕《岱览》则称为"青岳"[②]，此称亦见于朝廷正式文告中。如康熙二十七年(1688)遣内阁学士李振裕致祭泰山，告文云："惟神灵昭青帝，秀启天孙，庶品资生，群方仰盛。"[③]乾隆帝御题岱庙楹联："青社开封峙者宗山称岳长，苍精降德圣惟产物与天齐。"[④]由于泰山女神碧霞元君居于东岳，其神位亦缘此而被尊为"青"。如乾隆帝御题碧霞祠楹联云："三素云英扶绛节，九光霞缬丽青坛。"[⑤]而妈祖信仰与"青"字无涉，故"青灵"一名所指称者只能为泰山娘娘而非他神。

崇祯朝遣使泰山敕封元君神号之举，约有三点堪予注意。

其一，崇祯帝所敕封的泰山女神，最初被称为玉女或玉仙，约在元明之际，被道士冠以"天仙玉女碧霞元君"的道号，并伪称出自北宋真宗的敕封。这一神号在明代受到官方认可，在所发布之正式文告均采用"碧霞元君"之称。如天顺朝翰林学士许彬《重修玉女祠记》："天顺辛巳(1461)，又得陪巡按山东监察御史康骥德良、按察使王钺世昌同一登览，瞻泰山天仙玉女碧霞元君之神。"[⑥]成化朝学士刘定之《重修玉女祠记》："泰山绝顶旧有祠，祀碧霞元君，相传谓天仙玉女之神。"[⑦]成化朝侍讲尹龙《重修泰山顶庙记》："昭真祠在泰山之绝顶，世传谓天仙玉女碧霞元君之祠也。"[⑧]万历朝由于神宗生母慈圣太后的推动，碧霞元君信仰大盛于宫闱，明廷不仅认同其神号，且在敕立碑记中明确承认了宋帝敕封之传说，岱顶碧霞宫万历四十三年(1615)首辅方从哲奉敕撰《敕建泰山天仙金阙碑记》云："碧霞元君名号所从来远……宋真宗东封，清泉示异，玉像是崇，以迨于今。自京畿至方国，莫不祗事。"[⑨]而崇祯帝在此基础上又作了推进，将传说中的宋封神号由八字增为十字，而

---

① (明)王锡爵：《东岳碧霞宫碑》，乾隆(黄钤)《泰安县志》卷十一《金石·明》，第45页。

② (清)唐仲冕：《岱览》卷二九《博览二·文献》，清嘉庆十二年果克山房刻本，第3页。

③ (清)唐仲冕：《岱览》首编五《祝文》，清嘉庆十二年果克山房刻本，第2页。

④ (清)唐仲冕：《岱览》卷六《总览三·岱庙》，清嘉庆十二年果克山房刻本，第4页。

⑤ (清)唐仲冕：《岱览》卷九《分览一·岱顶中》，清嘉庆十二年果克山房刻本，第22页。

⑥ 弘治《泰安州志》卷六《文》，第30页。

⑦ 弘治《泰安州志》卷六《文》，第31页。

⑧ 弘治《泰安州志》卷六《文》，第32页。

⑨ 《明神宗实录》卷五二六，《明实录》第63册，台北"中研院"史语所1967年影印本，第9890页。

“碧霞元君”之号至此终于化虚(虚构)为实(实封),变成了明廷正式的封号(依《镇志》文意,天仙圣母、眼光圣母与子孙圣母均为泰山女神之名,而“青灵普化慈应碧霞元君”等方为崇祯封号)。

其二,由于信众祈祷的需要,明代泰山元君开始出现两个“分身”。明初许彬《重修玉女祠记》称祠“东西为廊各三间,东居配享元君,西居监池圣母”①,这在弘治《泰安州志》中又被称为“谢元君庙”与“监池元君庙”。② 约在明中叶之后,这两尊配享女神职司名称皆被人改变,分别被改作眼光娘娘与子孙娘娘。③ 万历朝《岱史》卷九《灵宇纪》云:“碧霞灵应宫:……宫之前,左翼曰子孙殿三间,右翼曰眼光殿三间。”④崇祯时张岱《岱志》云:“元君三座,左司子嗣,求子得子者,以银范一小儿酬之,大小随其家计,则以银小儿进。右司眼光,以眼疾祈得光明者,以银范一眼光酬之,则以银眼光进。”⑤崇祯帝在本年敕封神号时,兼及世俗所崇信的元君分身,分别将之加封为“慧照明目元君”与“育德广胤元君”,这两尊后起的分身女神从此正式获得朝廷认可。而这种三身并奉的祠庙格局,也一直延续至今。

其三,崇祯帝此次敕封元君,与尊奉“智上菩萨”事件有关。据清初顾炎武《圣慈天庆宫记》称:“崇祯中,尊孝纯皇太后为智上菩萨。”⑥孝纯皇后为崇祯帝生母刘氏,早卒。崇祯嗣位后,听信西大乘教等信众的说辞,仿明神宗加封生母慈圣太后为“九莲菩萨”的故智,将之封为“智上菩萨”。敕封年代,顾炎武未记,但据清人韩是升《长椿寺明孝纯刘太后像》诗注云:“按像凡四轴,崇祯太后母瀛国太夫人徐氏指授画工,仿照后侄新乐侯刘文炳季弟右都督文照面目,颇得形似,此其一也。”又云:“帧首泥金小楷有‘崇祯庚辰恭绘智上菩萨’十字。”⑦庚辰乃崇祯十三年(1640)。又清初谈迁《枣林杂俎》和集

---

① 弘治《泰安州志》卷六《文》,第30页。

② 参见弘治《泰安州志》卷一《祠庙》,第17页。

③ 子孙娘娘原型最早见于《元始天尊说东岳化身济生度死拔罪解冤保命玄范诰咒妙经》(《道藏》第34册,文物出版社、上海书店、天津古籍出版社1988年版,第729～733页)所言“多男多女,九天卫房圣母元君”,眼光娘娘较为后出。

④ (明)查志隆:《岱史》卷九《灵宇纪》,马铭初、严澄非校注:《岱史校注》,青岛海洋大学出版社1992年版,第148页。

⑤ (明)张岱著,夏咸淳校点:《张岱诗文集》,上海古籍出版社1991年版,第155页。

⑥ (明)顾炎武:《顾亭林诗文集》,中华书局1983年版,第100页。

⑦ 徐世昌编,闻石点校:《晚晴簃诗汇》卷一一〇,中华书局1990年版,第4711页。

《丛赘》"追封母后菩萨"云："崇祯十三年，追封孝元贞皇后曰'智上菩萨'，孝纯皇太后刘氏曰'显仁九莲菩萨'。"[①]谈迁此记将孝纯与慈圣两太后封号混为一谈，记孝元封智上亦不确，但其明确记录封智上之号事在崇祯十三年，则可信从。[②] 崇祯帝敕封母氏后，命奉祀于泰山，先祀于岱顶万寿宫，继之又建专殿奉祀于天书观，并更观名为圣慈天庆宫。《泰山道里记》云："又其后为智上殿，崇祯间敕建。副使左佩玹碑云：皇上追崇孝纯皇太后为西天净土极乐世界菩萨，上号曰智上，建宝刹于岱。辛巳（1641）启土鸠工，三载告成。"[③]敕建智上菩萨殿与敕封碧霞元君几在同时，这便使人有理由认为，本次敕封元君神号，是为将智上奉祀泰山而预做的铺垫。当万历时，明神宗为将其母慈圣太后（九莲菩萨）崇祀泰山，"位并碧霞"[④]，特不惜民力，在碧霞宫铸铜制金殿以媚神。崇祯帝此番敕封碧霞，实也是乃祖媚神扬亲的故伎重演。

另河北唐山景忠山有康熙三年（1664）《记录景忠山修建始末垂诫后祀碑》，亦述及崇祯发帑庙祀碧霞元君事："毅宗梦游神宫，晨发帑金，差监官王应聘、孙进礼，增置配殿、上下牌坊。"[⑤]可与泰山祀事比勘。

综上所考，明崇祯十三年，崇祯帝曾加封泰山女神"青灵普化慈应碧霞元君"等神号，史证班班，确无疑意。

三、泰山娘娘与妈祖封号混淆的原因

明崇祯所敕封者为泰山女神，何以到了清初道士所造《天妃经》中，"碧霞元君"却变成了南海女神的封号。神号混淆的背后，实有多重历史原因。

直接原因是泰山女神与南海女神同有"天妃"之称。妈祖称"天妃"，始于元世祖所封"护国明著天妃"号。但若查证典籍却会发现，泰山女神也早

---

① （清）谈迁撰，罗仲辉、胡明校点校：《枣林杂俎》，中华书局 2006 年版，第 622 页。

② 参见车锡伦：《泰山"九莲菩萨"和"智上菩萨"考》，《信仰·教化·娱乐：中国宝卷研究及其他》，（台北）台湾学生书局 2002 年版，第 324 页。

③ （清）聂鈫：《泰山道里记》，《四库全书存目丛书·史部》第 242 册，齐鲁书社 1996 年版，第 808 页。

④ （明）佚名：《佛说大慈至圣九莲菩萨化身度世尊经》，明万历四十四年（1616）刊经折本，王见川等编：《明清民间宗教经卷文献》第 12 册，（台北）新文丰出版公司 1999 年版。

⑤ 河北省唐山市政协文史资料委员会编：《唐山碑刻选介》第 1 辑，2003 年，第 165 页。

被尊为“天妃”。泰山女神初称“玉女”，金元时又称作“玉仙”，至明代开始有“天妃”之称，成化时人吕常《游泰山次侍郎郑东园韵》诗云：“地主只谈三岛事，天妃端拱五铢衣。”①万历时王倖《陪谭侍御登顶步前韵》诗云：“翻身世界看应小，翘首天妃始幸逢。”②万历末期编刊的《灵应泰山娘娘宝卷》中，也将“泰山娘娘”“圣娘娘”“顶上娘娘”与“天妃娘娘”混用。而“大明万历己酉年(1609)慈圣皇太后绘造”之碧霞元君像，与妈祖神像并列，题榜合称“天妃圣母碧霞元君众像”③。

清初此称更为常见，如顺治朝余缙登岱时有《天妃殿》诗④，康熙朝尤侗《碧霞元君祠》诗云：“遥想灵旗游幸处，天妃咫尺有行宫。”⑤熊赐履《嘲泰山进香者口号二首》诗云：“天妃太多情，到处陪欢笑。”⑥南北圣母名称相同，容易产生混淆，遂误将泰山娘娘的神号当成了南海妈祖的敕封。此一神号经过道士编刊《天妃经》的传播，成为颠扑不破的成说。

更为深层的原因则是，晚明以后南北两大圣母神格的逐渐融合。在世人最初的信仰中，泰山娘娘司掌人间生育，保佑妇女儿童健康平安；南海妈祖主管海运，庇护海上行旅安康。各司其职，迥不相谋。但至明清之际此状况有所变化。明代运河运输繁盛，河道借泰山之泉，督漕诸官每借祭告泰山以求水运畅通，碧霞元君也因之被祈望能护漕保运。明代小说《梼杌闲评》第一回中元君自述：“吾乃泰山顶天仙玉女碧霞元君，奉玉帝敕旨来淮南收伏水怪，保护漕堤，永镇黄河下流，为民生造福。”于是“众人奔告，知县申文抚按，题请立庙，至今香火日夜不绝。祈祷立应，远近之人络绎不绝。……钟鼓半天开玉道，香烟万结拥金光。万方朝礼碧霞君，永护漕河福德主”。⑦此为泰山娘娘护漕之例。至于护海，李世瑜先生举出明刊《灵应泰山娘娘宝

① (明)曹学佺编：《石仓历代诗选》卷四二四，文渊阁《四库全书》本，第15页。

② (明)查志隆：《岱史》卷十七《登览志》，马铭初、严澄非校注：《岱史校注》，青岛海洋大学出版社1992年版，第294页。

③ 《北京文物鉴赏》编委会编：《明清水陆画》，北京美术摄影出版社2005年版，第40页。

④ (清)余缙：《大观堂文集》卷八，《四库未收书辑刊》第9辑，第16册，北京出版社1997年版，第241页。

⑤ (清)尤侗：《西堂诗集》，《续修四库全书》第1407册，上海古籍出版社2002年版，第2页。

⑥ (清)熊赐履：《澡修堂集》卷十六，《四库全书存目丛书·集部》第230册，齐鲁书社1997年版，第581页。

⑦ (明)佚名撰，刘文忠校点：《梼杌闲评》，人民文学出版社1983年版，第13页。

卷》《敕封天仙圣母品第二》之文："娘娘慧眼遥观，[见]天津卫径冲海口，与倭蛮一水之地。倘有外国侵犯中华，我显灵降圣，修盖宫殿，镇守海口，国泰民安，也是实么。"①清顺治朝开通自京至闽之九省驿道，官吏赴福州扬帆出海，多先行经此道。泰山也由此成为驰驿必经之山。奉使官员登山叩祀时，往往先祷海路平安，碧霞元君的神职渐及广海。这时人们心目中的泰山碧霞，实际上已成为北方妈祖，担当起护漕保海的重任。

而与此同时，妈祖的神职也大为扩充，此犹如郑丽航先生所论："她的神职从最初的保护海运到抗倭除疫、御灾捍患，到兼司孕育、保护儿童等，到明代时已成为一位多功能的神，享有众多信徒的朝拜。朱溯在《天妃辩》中就有这样描述：'至于居常疾疫，孕育男女，行旅出门，必以纸币牲物求媚而行祷焉。'……(但妈祖)在北方的影响主要还是因保护漕运、海运而得到传播，在北方民众的号召力显然不如碧霞元君，道士们让天妃宫既有天妃的宫号，又有碧霞元君的幡旗，于是无论冲着哪一位神灵而来的信徒都能满意而归。"②而元代之后妈祖信仰的北传，又使其与泰山女神进一步交融。宝卷研究专家车锡伦先生提出：元代漕运改由海路，南方的女神天妃娘娘受到重视，沿运河多建"天妃宫"，明嘉靖后，漕运工人多信仰无为教，泰山娘娘纳入民间宗教的女神信仰体系，并随漕运工人南传，"天妃宫"亦缘此多改成"碧霞行宫"与"泰山庙"。③ 所奉祀主神益加模糊混同。④

由于上述之双重因素，南北两大女神渐呈融合之势。而清初道士在编刊《天妃经》中移花接木，将明崇祯帝所封泰山娘娘神号直接冠于海神妈祖，导致"碧霞元君"成为这两大女神的共享封号，从而使海神与山神信仰进一步合流。如时人称："吾境(山东德州)多泰山元君祠，谒天妃庙者恒以元君

① 车锡伦：《明代西大乘教的"灵应泰山娘娘宝卷"》，《扬州师范学院学报》1993年第4期；李世瑜：《天后宫何来泰山娘娘》，《东岳文化与大众生活：第四届"东岳论坛"国际学术研讨会论文集》，广西师范大学出版社2009年版，第311页。

② 郑丽航：《天妃附会碧霞元君封号考》，《莆田学院学报》2005年第6期。

③ 车锡伦：《中国宝卷研究》第四编第一章《东岳泰山女神——泰山老奶奶》，广西师范大学出版社2009年版，第436页。

④ 元君与妈祖庙祀混淆状况，可参考李俊领：《近代泰山信仰礼俗的变迁》(中国社会科学院近代史研究所博士后研究工作报告)所举惠济祠之例，2012年，第22～23页。

视之，而漫无识别。”[①]

这一状况，不仅体现在妈祖信仰中每标举“碧霞元君”神号，而在泰山娘娘信仰中也多援引妈祖神迹。如康熙帝御制《重修西顶广仁宫碑》称：“西顶旧建碧霞元君宫……元君初号天妃，宋宣和间始著灵异(按此指宋封妈祖事)，厥后御灾捍患，奇迹屡彰，下迄元明，代加封号，成弘而后，祠观尤盛。”[②]将妈祖称号褒封统统加之泰山元君。康熙四十八年(1709)文华殿大学士兼户部尚书张玉书在《丫髻山天仙庙碑记》也认同此俗说：“元君者，乃湄洲林都检之女，渡海方游，于宋宣和间，以护佑路人功，始有庙祀。历元明，累功封天仙圣母碧霞元君徽号，六百余年至今不废。”[③]诗人登岱咏颂碧霞元君而每牵及妈祖，如嘉庆间陈文述《碧霞元君祠》诗云：“南海有天后，灵迹湄洲湄。或云二而一，玉册同致辞。”[④]清代多次策封琉球，使臣途经泰山时，例行诣碧霞宫奉祀，以祈海路平安，如康熙时奉使琉球之徐葆光诗云：“何代山巅祀碧霞……万里应同护客槎(原注：海神天妃，亦有元君封号)。”[⑤]乾隆间李鼎元《使琉球记》云：“十一日癸亥，微雨，决意登岱，恭谒碧霞元君祠，以天后于明末时曾封‘碧霞元君’故。……于遥参亭元君像前礼拜。”[⑥]显然已将元君视同妈祖。甚至后来还出现了观音、妈祖、元君三神合体之论，如清乾隆间韩锡胙《碧霞元君庙碑》引述时人传说云：“近世佞佛者云，观世音千百亿化身，在南为海神天后，封碧霞元君；在北为泰山玉女，亦封碧霞元君，皆一人也。……顾艳玉女、天后二神之灵，而胥实以观世音。”[⑦]凡此，足可见“碧霞元君”神号转嫁妈祖一案对后世女神信仰产生的深远影响。

附记：本文写成后，承中国社会科学院宗教研究所研究员叶涛先生赐告，台湾民俗学者王见川先生近亦写有同题论文，并随后发来了王见川在

---

① (明)王权：《天妃庙记》，乾隆《德州志》卷十二《艺文》；王云：《明清山东运河区域社会变迁》，人民出版社 2006 年版，第 294 页。

② (清)于敏中等：《日下旧闻考》，北京古籍出版社 1981 年版，第 1640 页。

③ 北京市平谷区文化委员会编著：《平谷石刻》，北京燕山出版社 2010 年版，第 41 页。

④ (清)陈文述：《岱游集》，《丛书集成续编》第 177 册，(台北)新文丰出版公司 1989 年版，第 543 页。

⑤ (清)徐葆光：《中山传信录》附《游泰山诗》，清康熙六十年二友斋刻本，第 2 页。

⑥ (清)李鼎元著，韦建培校点：《使琉球记》卷一，陕西师范大学出版社 1992 年版，第 23 页。

⑦ (清)韩锡胙：《碧霞元君庙碑》，《滑疑集》卷七，《清代诗文集汇编》第 339 册，上海古籍出版社 2010 年版，第 96 页。

“2012·妈祖与民间信仰国际研讨会”上发表的《妈祖封号“碧霞元君”的由来:读〈妈祖文献史料汇编〉札记之一》原文。王文根据新发现的《道缘汇录·说麻姑化天妃记》等史料,作出如下结论:《道缘汇录》可能为明嘉靖时陆西星所作,其书称天妃“位证碧霞元君”,应是指妈祖宗教修炼的境地,因此妈祖碧霞元君之号是“道封”(也即民间私封),而非帝王敕封。也就是说妈祖崇祯十三年受封碧霞元君的说法,可能是明嘉靖、万历年间道士创造妈祖“位证碧霞元君”影响下的产物。[①] 王文认定妈祖封碧霞元君说系民间信徒所为,自然完全正确;但关于年代之论断却可商榷,因为从新发现《颜神镇志》的记载证实,崇祯十三年确有敕加碧霞元君封号之事,清初《天妃经》始将此神号与妈祖相联系,而《道缘汇录》所谓妈祖“位证碧霞”说,应是《天妃经》之说流行后衍生的产物。故《道缘汇录·说麻姑化天妃记》作者不可能为嘉靖时之陆西星,其产生时代只能在入清之后。

① 王见川:《妈祖封号“碧霞元君”的由来:读〈妈祖文献史料汇编〉札记之一》,《2012华人宗教变迁与创新:妈祖与民间信仰国际研讨会会议论文·手册》,台湾嘉义新港奉天宫,2012年,第19页。

第五章 碧霞祀典:从民间祭祀到国家祭祀

泰山为碧霞元君信仰之祖庭,其祭祀活动最初兴于民间,随着其影响增大,明代开始出现皇帝派遣宦官远诣泰山祭祀元君的事例。至清代将这种致祭制度化。自乾隆二十四年(1759)起,清廷定期于每年之四月十八日遣大臣赴泰山致祭碧霞祠(以下对此简称为“四月遣祭”),该制度一直延续到清亡前夕。这一礼制,对碧霞元君祭祀的“国家化”具有重要影响。

一、从民间祭祀到皇家祭祀

泰山之上的碧霞元君祭祀活动,在历史发展中经历了多次演变。

碧霞元君的前身——泰山玉女形象萌芽于汉唐,至北宋时期,已在岱顶建起名为“玉女祠”的庙宇,并开始出现进香祷祀的民间风俗。宋嘉祐时王山《盈盈传》云:“绝顶有玉女池在焉。石罅潺湲,湛然镜清。州人重之,每岁无贵贱,皆往祠谒。”[①]又宋政和时赵鼎臣《游山录》记云:“游(岳庙)玉女池,池水尽竭,出败楮钱如山。邂逅县尉曹余庆者,语余曰:‘岁至四月八日,则四方之来者益希,因决水取池中所投物,籍而归之观中。县吏察焉,仆为是来也。’余问以今岁所得,曰‘凡得黄金二百铢有奇,白金数倍其重,缣缯衣服,下至袜履,亦数百’云。”[②]可见一时献祀之盛。自此之后,特别是明初“碧霞元君”神号问世后,其信仰在民间愈来愈盛,并以传说中的碧霞圣诞“四月

① (宋)李献民编,程毅中、程有庆点校:《云斋广录》卷九,中华书局1997年版,第70页。

② 曾枣庄、刘琳等主编:《全宋文》卷二九八三,第138册,上海辞书出版社、安徽教育出版社2006年版,第246页。

十八”为中心，形成盛况空前、影响广泛的泰山香会活动。[①]

碧霞元君信仰在明代还开始出现一个重要变化，即从民间祭祀扩大到皇家祭祀。

自北宋开始，泰山玉女信仰便引起官方关注。宋真宗封禅时，“新玉女之像”[②]，并命侍臣致祭，使泰山女神与朝廷之间发生联系。金元时期，这一信仰再次进入社会上层，金明昌年间濮国公主与驸马“登岱谒玉仙祠”的石刻题记，反映了其神已在皇族中赢得信众。明朝建立后，由于民间信仰风气的渗入，明皇室包括皇帝本人普遍接受碧霞元君崇拜，并以泰山碧霞祠为祭地，开启了遣使致祭制度。

明帝与泰山碧霞宫（祠）的渊源，起始于洪武一朝，至正统而续敕修之功。《明英宗实录》卷一三三载：“正统十年（1445）九月乙亥，山东济南府泰安州道正司奏：‘东岳泰山上有昭真等宫观，俱系历代古迹神祠，年久损坏，乞赐修葺。’从之。”[③]成化十九年（1483）昭真观修成后，明宪宗“赐额碧霞灵应宫”。这种以皇帝名义对碧霞宫的整修延续不绝，如弘治朝徐溥《重修碧霞灵应宫记》载：“弘治八年（1495）春正月，巡抚山东都御史熊公翀言：泰山绝顶碧霞灵应宫毁于火，宜治。事下户部议，谓泰岳有生物功，凡祠关祀典者不宜不饬。且神以灵故，四方奔走士女操金帛为祷祈者，岁所积甚夥。宜令按察宪臣籍之，以为工费。诏可。”[④]

至成化时，渐有遣使致祭之举。据明成化朝尹龙《重修泰山顶庙记》载：“昭真祠在泰山绝顶，世传谓天仙玉女碧霞元君之祠。圣天子（明宪宗）御极十有五年（成化十五年，1479），命太监陈喜来修祀事。明年，诏修是祠，即故址增饰之。”[⑤]现存最早的御祭元君文，为弘治朝明孝宗之作：“维弘治十六年（1503）岁次癸亥正月朔初一日己巳，皇帝遣御马监太监苗逵，致祭于碧霞元君曰：懿德含弘，仁慈广霈，佑苍生于寿域，鼓群品以沾依。兹因眇躬，偶爽

---

① 参见周郢：《“碧霞元君”神号源起时代新考》，《民俗研究》2007年第3期；《碧霞元君“生辰”考》，《弘道》2009年第5期。

② （宋）王钦若：《社首坛颂》，《泰山志校证》，黄山书社2006年版，第191页。

③ 《明英宗实录》卷一三三，《明实录》第16册，台北“中研院”史语所1967年影印本，第2643页。

④ （明）汪子卿：《泰山志》卷二《灵宇》，《泰山志校证》，黄山书社2006年版，第237页。

⑤ （明）汪子卿：《泰山志》卷二《灵宇》，《泰山志校证》，黄山书社2006年版，第236页。

调摄，敬祈圣力，永佑康宁。特以香帛，用伸告祭，益彰灵应，福佑家邦。谨告。”[①]其后的正德一朝，更是明皇帝与泰山元君关系日趋密切时期，近年出土于灵应宫的正德二年(1507)正月告文碑(原立天书观)，即是武宗遣使祭祀元君的实证。明武宗本人甚至还声称要诣泰山亲祀，虽遭大臣谏阻未能成行，却已足见对元君祭祀的高度重视。正德之后，嘉靖、万历、天启、崇祯诸朝，皆有遣使致祭元君之举(岱顶天柱峰上尚存多条遣祭太监的题记)。而且其影响还及于后宫。据明人马一龙《东封纪略》载：“章圣太后正德间方遣一武臣进香(祀碧霞元君)，而天下自是盛行。”[②]嘉靖时皇太后也以皇帝无子，遣外戚致祭元君，祈神“默运化机，俾子孙发育，早锡元良”[③]。万历时郑贵妃争立皇三子为嗣，遣中官至泰山致祭元君，也是“国本案”中的重要内容。

明代启动的碧霞致祭，其性质若何，须进行一番厘定。封建王朝虽是“朕即国家”，但在具体事务上，内宫与外朝还是有所区分的。在祭祀制度上也是如此。按其时礼制，国家有大事务、大征伐，则致祭泰山，由廷臣(明初曾用道士，后废止)充任祭使，致祭地点在岱庙；而皇帝个人事务(如患病、乏嗣)，则多致祭元君，由内监或外戚充任祭使，致祭地点在碧霞宫(或山下行宫)。对此尹龙在《重修泰山顶庙记》中曾予区分：“维我列圣，每遇登极，必遣廷臣以祀方岳，又时命中贵有事于祠。”前者，属于国家祭祀；后者，则属于皇家祭祀。所以，碧霞元君纵获得皇帝御祭，但在许多廷臣眼中却仍属无关祀典的“淫祀”，如正德时给事中石天柱等奏称：“祀典惟东岳泰山之神，无所谓碧霞元君者，淫祀非礼，可更崇重之乎?”[④]工部主事何遵谏武宗进香东岳时则称：“淫祠无福。”[⑤]嘉靖时南京国子司业马一龙亦称：“先经元君庙，礼生亟请，余曰：‘此齐民香火院，非祀典神祇，儒者岂可不正!’”又云：“碧霞元君

① (明)汪子卿：《泰山志》卷二《灵宇》，《泰山志校证》，黄山书社2006年版，第239页。

② (明)马一龙：《玉华子游艺集》卷十九，《北京图书馆古籍珍本丛刊》第108册，书目文献出版社1992年版，第692页。

③ (明)查志隆：《岱史》卷九《灵宇纪》，马铭初、严澄非校注：《岱史校注》，青岛海洋大学出版社1992年版，第149页。

④ 《明武宗实录》卷一三九，《明实录》第36册，台北“中研院”史语所1967年影印本，第2733～2734页。

⑤ 《明史》卷一八九《何遵传》，中华书局1974年版，第5005页。

今为泰山第一香火，四方崇奉而至者日以万计。……民知泰山有元君，而不知方岳有神主，不几为牝鸡之晨乎？”[①]万历时闵元衢《欧余漫录》卷九云：“余初谓泰山有灵，是以令人敬信至此。及读马孟河（一龙）《东封纪行》，乃知今日畏奉之神，原非出于朝命……不过以讹传讹，望风徼福，亦一淫祠已耳。”[②]即因此故。碧霞元君在明代未能列入国家祭典，根据罗冬阳先生的推考，其原因在于元君的崇信者万历诸帝在儒臣中没有取得足够的权威，归根是皇权受到制约。[③]

不过，明代的碧霞元君祭虽还不属国家祀典，但开启的遣使致祭制度却已是“国家化”的先声。闫化川先生《碧霞元君封号问题的新考辨》在论述碧霞元君信仰转变时，曾据正德致祭碑认定“明代正德二年（1507），是碧霞元君的‘私祀’性质发生转变的关键一年。这一年的闰正月，武宗朱厚照派遣太监苗逵致祭之后，碧霞元君信仰才开始由纯粹的民间信仰转向为官方认可的民间信仰，并逐渐成为专供帝王皇室贵族所信仰的神祇”[④]。虽然其将转变时间限定于正德二年稍显武断，[⑤]但若将明之中叶视为碧霞元君由民间祭祀向皇家祭祀的转变时期，却大致是恰当的。

二、从皇家祭祀到国家祭祀

延至清代，碧霞元君的皇家致祭进一步制度化，并最终发展成为国家祭祀。

由于辽东与山东的地缘关系，碧霞元君是满洲较早接受的中原神祇之一。早在后金时期（天聪九年，1635），皇太极便敕修盖平城（今辽宁盖州市）娘娘庙，并立有《敕建重修娘娘庙碑记》。[⑥] 其后随着入主中原，碧霞元君更在满族群体中深入人心。顺治帝亲政后，多次拜谒景忠山（今河北迁西县

---

① （明）马一龙：《玉华子游艺集》卷十九，《北京图书馆古籍珍本丛刊》第108册，书目文献出版社1992年版，第691～692页。

② （明）闵元衢：《欧余漫录》卷九，《四库全书存目丛书·子部》第110册，齐鲁书社1995年版，619页。

③ 参见罗冬阳：《从明代淫祠之禁看儒臣、皇权与民间社会》，《求是学刊》2006年第1期。

④ 闫化川：《碧霞元君封号问题的新考辨》，《世界宗教研究》2007年第1期。

⑤ 参见周郢：《碧霞元君封号问题的再考辨》，《世界宗教研究》2008年第4期。

⑥ 民国《奉天通志》卷二五九《金石七》，第11页。

境)娘娘庙,并诏令重修殿宇。康熙帝《御制景忠山碧霞元君庙碑文》中称:“三屯营景忠山……碧霞元君行宫在焉。……先皇帝(顺治)过而瞻礼,丹题刻楹,剥于风雨。遂轸宸虑,爰出尚方金钱,诏下所司,庀材鸠工,涂塈丹垩,斯轮斯奂,以及玉皇庙各司群祀,俱整葺庄严,焕然一新。”[①]

康熙帝不仅曾亲书《天仙玉女经》赐于西顶广仁宫(女诗人顾太清《广仁宫敬瞻圣祖御书天仙玉女经恭纪》诗“阶左穹碑白日曛,西郊初礼碧霞君。仁皇御笔书真诰,开卷金光见宝文”[②]),还开启了登泰山亲祀碧霞元君的先例。据《康熙起居注》载:康熙二十三年(1684)十月“初十日壬寅,上至泰安州,日方午,登岱。……日晡,登岭,于昭真宫(即碧霞祠)天仙殿行礼”,“十一日……早,上率从官于天仙殿行礼,御书‘坤元叶德’四大字,悬额殿中”。[③] 匾题“坤元叶德”,意即辅佐山岳神灵同治天下,将其视为泰山的辅佐之神而加以崇祀。又时人沈汉宗所纂《圣驾阅历河工兼巡南浙惠爱录》(简称《南巡惠爱录》)中亦记有康熙三十八年(1699)二月帝奉孝惠章皇太后亲祀岱顶碧霞宫之传闻:“圣母太后娘娘曾许泰安州神州娘娘座前香愿,久欲请旨降香,今闻圣驾巡幸甚便,立意偕行。……至山顶,即泰山主阵(神)州娘娘,即碧霞元君宫殿。……圣驾进殿拈香,瞻礼金身,皇太后及宫眷们亦各礼拜三匝。”[④]康熙帝还在《御制景忠山碧霞元君庙碑》中对元君神位予以诠说:“夫方内之神,莫尊于泰山,而元君实赞之。……要其有大佑庇于吾民,故阅千百年,遐陬僻壤,像设者在在告虔。”[⑤]不啻一篇祀元君论。

雍正帝在位期间,未曾亲祭泰山,但他于康熙四十二年(1703)随父皇东巡时,登岱礼碧霞祠,赋《碧霞祠题宝幡步虚词》。词中有“常将天福人间锡,奖孝褒忠佑万方”之句,这说明雍正帝已不仅将元君视为生育、家族之神,而

---

① 光绪《永平府志》卷首,董耀会主编:《秦皇岛历代志书校注》第1册,中国审计出版社2001年版,第12～13页。

② (清)顾太清、奕绘著,张璋编校:《顾太清奕绘诗词合集》,上海古籍出版社1998年版,第492页。

③ 中国第一历史档案馆整理:《康熙起居注》,中华书局1984年版,第1238页。

④ (清)沈汉宗:《南巡惠爱录》卷上,第5、32页。(原书藏台北图书馆)此事《清实录》等皆不载。关于沈汉宗书之价值,参见黄一农:《两重奏:红学与清史的对话》,新竹清华大学出版社2014年版,第291～292页。

⑤ 光绪《永平府志》卷首,中国第一历史档案馆整理:《秦皇岛历代志书校注》第1册,中国审计出版社2001年版,第12～13页。

且视为“奖孝褒忠”的护国之神，[①]并意欲借碧霞元君抵消各种反清民间宗教的社会影响。而后其大修泰山、重建碧霞祠，并御题“福绥海宇”匾额，正是这一崇祀观念的体现。

到了乾隆帝嗣位，不仅在政治姿态上同时也在内心信仰上接纳了碧霞元君。据乾隆时人程穆衡《金川纪略》卷二载：乾隆孝贤纯皇后富察氏“复以爱子（指富察氏所生永琮，乾隆帝第七子，乾隆十一年丙寅四月初八日生，乾隆十二年丁卯十二月二十九日薨，年二岁，谥曰悼敏皇子）去膝下，悲悼成疾，梦碧霞元君召之，上（乾隆帝）为东巡祈福于岱顶。”[②]托梦云云虽系委巷琐谈，但乾隆帝本人笃信元君，却可得到史实印证。

乾隆帝延续了亲祀碧霞宫礼制，其一生十三次至泰安，凡六登岱顶，皆要向碧霞元君致祭。如《乾隆帝起居注》所记乾隆十三年（1748）登岱之活动：“二十九日癸未……登岱……至朝阳洞、碧霞宫、东岳庙、青帝宫、玉皇顶诸处拈香。”“三十日甲申，上诣碧霞宫、关帝庙拈香。”“三月初一日乙酉，上诣碧霞宫、朝阳洞诸处拈香。”[③]乾隆五年（1740）碧霞宫火，乾隆帝特颁帑金，遣内务府官江都重建；其后又多次对碧霞宫予以重修，先后御题“赞化东皇”“震维灵岳”等匾额，莫不显示其对这一神府的高度关注。

这种关注，除去出于统治考虑，也出于皇帝本人的心理需要。有鉴于国家正祀日益僵化，皇帝及其家人的信仰也渐转向民间之神。其中颇能体现乾隆帝个人信仰的举动，则是在宫苑中建祠以祀元君。先后于内宫建广生楼，于避暑山庄建广元宫，于圆明园建广育殿，皆奉元君像设。清帝居圆明园时，每值初一、十五皆至广育宫拈香。近代王芷章《清升平署志略》第四章《分制》载：“四月十八日为碧霞元君诞辰，京师颇重此节，例向南顶进香。故宫中亦受影响，而有演戏之事，园内则在广育宫（殿），宫内则在广生楼。”[④]深宫内苑的祠宇，显然并非为昭示臣民，而是出于帝后信仰的需要。此时的乾隆帝已完全匍匐于碧霞元君的神威之下。

---

① 参见梁归智：《禅在红楼第几层》，中国人民大学出版社 2007 年版，第 134 页。

② 《中国野史集成》第 40 册，巴蜀书社 1993 年版，第 65 页。

③ 中国第一历史档案馆整理：《乾隆帝起居注》第 7 册，广西师范大学出版社 2002 年版，第 44～46 页。

④ 王芷章：《清升平署志略》，国立北平研究院史学研究会，1937 年，第 65 页。

乾隆帝对碧霞元君的崇祀，经历了一个由晦而显的过程。清初提倡理学，大多理学名臣对民间文化采取激烈排斥态度，[①]对碧霞元君也不例外，如顺治朝官员叶先登称："尝考古今图经所载，七十二君封禅之册与金箧玉简之藏，未见有所谓碧霞元君者也。"[②]对神之来路大表质疑。康熙帝师熊赐履《嘲泰山进香者口号二首》[③]、康熙进士赵国麟《岱顶孔子庙落成志喜兼呈州司马石门张公》诗[④]也都嘲笑庙祀元君之妄。这种舆论背景，导致登极伊始的乾隆帝，在元君信仰问题上欲言又止，乾隆六年(1741)其为碧霞宫重建所撰《重修泰山神庙碑文》[⑤]，不独题额上回避碧霞宫名，而且通篇文字也专论泰山神，只字不提碧霞元君。这在历代众多重修庙记中堪称奇特。经过亲临泰山，对元君信仰作进一步了解后，乾隆帝的态度日趋明朗，到了乾隆三十五年(1770)所撰《重修碧霞元君庙碑记》，则不仅明揭元君神号，更在记文中表述了其对元君崇祀的成熟见解："国家秩祀泰山之神，与亿兆人奔走奉事碧霞元君之神，其为翼綷元化，二乎？一乎？"[⑥]此正如代洪亮先生所指出："乾隆帝在文中认为碧霞元君信仰与国家所秩祀的泰山神(即东岳大帝)，是二而一，一而二的关系，这种论点超越了正祀、淫祀之争，而把东岳大帝和碧霞元君统一到泰山身上，表示了对民间奔走奉祀碧霞元君的理解，基本认可了碧霞元君信仰这一民间通俗的文化现象。"[⑦]

随着乾隆帝对碧霞元君信仰态度的明朗，其于乾隆二十四年(1759)，正式确立了每年四月十八日遣使至泰山祭祀元君的礼仪制度。遣使致祭泰山神与碧霞元君，本是故明礼制，已见上述，但清代立国后只延续山岳遣祭，《清朝通志》卷三七《礼略二·山川》："岳镇海渎所在地方，有司岁以春秋仲

---

① 参见蒋竹山：《汤斌禁毁五通神——清初政治菁英打击通俗文化的个案》，(台北)《新史学》第6卷第2期，1995年。

② (清)叶先登：《碧霞元君辩》，康熙《颜神镇志》卷五《遗文》，第18页。

③ (清)熊赐履：《澡修堂集》卷十六，《四库全书存目丛书·集部》第230册，齐鲁书社1997年版，第581页。

④ (清)赵国麟：《云月砚轩古体诗稿》，《泰山丛书》本，曲阜师范大学图书馆1991年影印本，第14～15页。

⑤ (清)弘历：《重修泰山神庙碑文》，《御制文初集》卷十六，文渊阁《四库全书》本，第1301册，上海古籍出版社1987年版，第143页。

⑥ 《钦定南巡盛典》卷二四，文渊阁《四库全书》本，上海古籍出版社1987年版，第19～21页；(清)金棨：《泰山志》卷一《天章纪》，清嘉庆常州刊本，第9页。

⑦ 代洪亮：《泰山信仰与明清山东社会》，南开大学硕士学位论文，2000年，第25页。

月诹日致祭，祭东岳泰山于山东泰安州”[①]，而未及元君。至是乾隆帝以“四月遣祭”的形式予以恢复。此事在《清高宗实录》中失载，但乾隆时人唐仲冕所著《岱览》中有明确载录：“自乾隆二十四年以来，每遇四月十八日，遣内大臣赍香帛进谒以为常。御赐彝器炉鼎瓶盏，多晶玉金磁之宝。”[②]

除此之外，还有多种清人记述堪作佐证。乾隆朝山东按察使署理布政使尹嘉铨《重登泰山记》云：“乾隆二十有九年（1764）夏四月既望，五少司空（福）奉命来东，有事于泰山。适余署藩篆，崔大中丞（应阶）檄令陪祀，星言驰赴。越翌日己亥（十七日），抵山麓，宿于白鹤泉道院，凭栏远望，夕阳在山，神志怡然。夜半上山，行四十里至三天门，则见月光莹莹，星斗可拂。迤至碧霞宫，道士衣羽奉乐，列侍坛前，泰安姚太守立德、程令志隆已先在。移时，少司空始至，夜犹未央也。入配殿更衣，必诚必敬，候鸡三喔乃行礼，礼成方黎明。”[③]聂鈫《泰山道里记》载：“自乾隆二十四五年以来，每遇四月盛会之期，御赐彝器鼎、炉、瓴、樽、盏，多磁晶、金玉之属。”[④]嘉庆朝金棨《泰山志》卷三《盛典纪》载：“岁四月十八日，为碧霞元君诞辰，皇帝遣内侍御大臣一员进香。于十七日斋宿岱顶。十八日黎明，诣碧霞祠行礼。岁以为常。”[⑤]又咸丰朝福格《听雨丛谈》卷八“前代祭祀奢费”条载：“本朝……岳渎之祀，朝廷告功庆施，必照例举行。泰山则岁以四月十八日遣官致祭，甚至祈雨祷雪，亦极诚通昭事之敬。”[⑥]

虽然“四月遣祭”的原始诏旨尚未检获，但现存清宫档案却存有多件关涉此祭的上谕。《乾隆朝上谕档》第914件云：“为理军机处为行知事，照得兵部尚书和硕额驸福（隆安）奉旨前往泰山进香，定于本月十一日自京起程，合先行知照贵托，须至咨诸。右咨山东巡抚。（乾隆三十三年，1768）四月初五日。”[⑦]以上丛证可证乾隆朝开始“四月遣祭”确凿无疑。

嘉庆朝之前历次遣使见于史载的有乾隆二十九年（1764）遣御前侍卫工

① （清）嵇璜等：《清朝通志》，浙江古籍出版社1988年版，第6951页。

② （清）唐仲冕：《岱览》卷九《分览一·岱顶中》，清嘉庆十二年果克山房刻本，第22页。

③ （清）尹嘉铨：《随五草》卷六《记》，清乾隆日宣斋刻本，第5页。

④ （清）聂鈫：《泰山道里记》，《四库全书存目丛书·史部》第242册，齐鲁书社1996年版，第799页。

⑤ （清）金棨：《泰山志》卷三《盛典纪》，清嘉庆常州刊本，第23～24页。

⑥ （清）福格：《听雨丛谈》，中华书局1984年版，第175页。

⑦ 中国第一历史档案馆编：《乾隆朝上谕档》第5册，档案出版社1991年版，第309页。

部右侍郎五福进香，[1]三十四年(1769)遣乾清门侍卫福康阿进香[2]，四十五年(1780)遣都统德保进香，四十六年(1781)遣御前侍卫、都统德保进香，四十七年(1782)遣御前侍卫、都统德保进香，四十八年(1783)遣御前侍卫、都统德保进香，四十九年(1784)遣御前侍卫、都统阿弥达进香，五十年(1785)遣御前侍卫、都统阿弥达进香，五十一年(1786)遣御前侍卫、都统阿弥达进香，五十二年(1787)遣工部侍郎、都统阿弥达进香，五十三年(1788)遣工部侍郎、都统阿弥达进香，五十四年(1789)遣工部侍郎、都统阿弥达进香，五十五年(1790)遣□□□□□□□□□进香，五十六年(1791)遣御前侍卫、都统布延达赉进香，五十七年(1792)遣御前侍卫、都统布延达赉进香，五十八年(1793)遣御前侍卫、都统布延达赉进香，五十九年(1794)遣御前侍卫、都统布延达赉进香，六十年(1795)遣御前侍卫、都统布延达赉进香。[3] 德保历官至礼部尚书兼署吏部，其女入宫封瑞贵人。阿弥达为大学士阿桂之子，官乾清门侍卫，时称其"久典宿卫，天子巡幸所至无弗从……而进香泰山及在热河监视回人求雨，以君诚悫，故奉使独多"[4]。布延达赉历官户部尚书、正白旗满洲都统，其女后为宣宗孝穆皇后，皆帝亲信重臣，从中可见对碧霞祠进香之重视。

嘉庆帝亲政后，对"遣祭"制度进行改革。据清吴振棫《养吉斋丛录》卷七载："太山碧霞元君庙，旧时派御前侍卫，或乾清门侍卫前往进香，后颇有骚扰驿站者。嘉庆六年(1801)后，惟派内务府司员一人，赍香供至山东省城，交巡抚祗领。司员即日出城。四月十四日，或巡抚或司道一员，赍诣太山。十六日到山，十八日行礼。"[5]

按：这一祭礼改革起因于御前侍卫明安进香泰山讦奏山东巡抚蒋兆奎一案。嘉庆帝发觉由内廷官充任祭使颇存弊端，于是嘉庆七年(1802)三月乙未谕军机大臣等：

---

① 参见(清)尹嘉铨：《重登泰山记》，《随五草》卷六《记》，清乾隆日宣斋刻本，第5页。

② 《为著派乾清门侍卫福康阿前往泰山致祭事》(乾隆三十四年四月初三日)，中国第一历史档案馆藏军机处满文上谕档(全宗号03-18-009-000036-0002)。

③ 参见(清)金棨：《泰山志》卷三《盛典纪》，清嘉庆常州刊本，第24页。

④ (清)王昶：《工部右侍郎阿君(弥达)神道碑铭》，《春融堂集》卷五二，《清代诗文集汇编》第358册，上海古籍出版社2010年版，第519页。

⑤ (清)吴振棫：《养吉斋丛录》，北京古籍出版社1987年版，第72页。

> 向来泰山进香，于御前侍卫、乾清门侍卫内派出一人前往。朕思此项人员由内廷派出，或不免有骚扰驿站之事。此次著内务府仍照旧例拣派司官一员，将应用香供赍至山东省城，交与巡抚接领。于抚藩二人内酌量一人亲诣泰山，于四月十八日致祭。该司员交明香供后，即行回京，嗣后泰山进香，俱照此例办理[①]。

此项改革要点，是为了避免内廷官员骚扰地方，将原遣侍卫致祭改由山东抚、藩官员代行，但祭祀之香供仍由内务府专员赍送，用以代表朝廷。道光时吴振棫《泰安道中见进香者口占三首》诗其一"箫鼓龙亭云五色，万人争看御香来"后注云："京师笔帖式送香供至省，复檄委丞、倅赍送上山。"[②]徐宗干《泰山杂记叠前韵》中《接香》云："凤扆珠幡卷，龙亭彩幔开。和鸾千里马，天子进香来。"题下原注："每岁四月，钦使颁香供至济南府，于十五日中丞委员恭赍到境，敬设仪仗彩亭，郊外跪接。"[③]光绪时姚鹏图《和胡廉访(景桂)祀岱原韵》："礼器岁劳天子使。"原注："岁以夏四月上旬，遣内务府员一员赍藏香银尊。"[④]又民国曹宗儒《总管内务府考略》二《沿革及其职掌》称："奏派司官一员，每年赍送泰山香供，奏闻恭送泰山香供回京日期。"[⑤]这充分说明这一祭祀仍属国家祭而非地方祭。

"四月遣祭"自此之后成为定制，即每年四月由内务府派出司员，赍送香供至济南，交付山东省署，再由山东巡抚或布政使、按察使于十八日登岱诣碧霞祠，恭行祭祀。祀前或礼成之后，巡抚都要具折向朝廷奏报。在中国第一历史档案馆所藏宫中档朱批奏折、台北故宫博物院文献馆所藏军机处录副奏折，以及当时《申报》《政治官报》等报刊中，都收有大量奏报致祭泰山的折片。现移录道光、咸丰、同治、光绪、宣统五朝奏报各一，以见一斑。

---

① 《大清十朝圣训》，北京燕山出版社 1998 年版，第 6370 页；又《清实录》第 29 册，中华书局 1987 年版，第 283 页；《钦定中枢政考》卷三四，《续修四库全书》第 855 册，上海古籍出版社 2002 年版，第 550 页。

② (清)吴振棫：《花宜馆诗钞》卷五，《清代诗文集汇编》第 576 册，上海古籍出版社 2010 年版，第 49 页。

③ (清)徐宗干：《斯未信斋诗录》卷四，《清代诗文集汇编》第 593 册，上海古籍出版社 2010 年版，第 429 页。

④ (清)陈琪编：《明湖载酒二集》，《山东文献集成》第 3 辑，第 44 册，山东大学出版社 2009 年版，第 76 页。

⑤ 《文献论丛·论述二》，国立北平故宫博物院，1936 年，第 89 页。

道光十六年(1836)四月，山东巡抚钟祥奏："为奉到钦颁香供，循且成案，谨委臬司致祭，恭折仰祈圣鉴事：窃照每年四月十八日致祭泰山，历蒙颁赐香供，届期照例办理。本年香供，由内务府拣派员外郎□呢杭河恭赍到东。臣现督同藩司刘斯嵋查解奏销等务，所有秋谳各案已经审录完毕。谨循历届成案，即委臬司程树采于四月十六日恭赍奉颁香供，前赴泰安，如期敬谨陈设，仰副圣主为民祈福之至意。"①

咸丰二年(1852)四月，山东巡抚刘源灏奏："再臣于本月十六日，自省启程，恭赍钦颁香供，前赴泰安府致祭泰山。先经附片奏闻。十七日行抵泰安府，登山斋宿。十八日寅刻，敬陈御香，恪恭行礼。是日天气洁朗，万山开霁，仰见灵爽昭垂，弥深祇肃。□以省西各属，未得普被雨泽，虔申默祷，以冀仰荷神庥。礼毕下山，于十九日旋省。一路察看二麦收获过半，大田亦均布种。询之农民，皆称夏至前后，得有渥泽，秋稼仍可普庆丰稔。所有臣回省日期，理合附片奏闻。谨奏。"咸丰二年四月二十九日奉朱批："知道了，钦此。"②

同治十一年(1872)四月，山东巡抚丁宝桢奏："再四月十八日致祭泰山，历蒙钦颁香供，由巡抚、两司内酌量一人前往。本年香供，业经内务府奏派员外郎文桂恭赍到东，臣届期前往泰安，斋祓登山，敬谨陈设致祭，以仰副圣主为民祈福之至意。(下述赴曲阜事)……伏乞圣鉴。"奉旨："知道了，钦此。"③

光绪十九年(1893)三月，山东巡抚福润奏："再每年四月十八日致祭泰山，历蒙钦颁香供，由巡抚、藩臬两司内酌量一人，前往致祭。本年香供，先经内务府奏派员外郎都庆赍送到东，奴才谨檄委布政使汤聘珍，于四月十五日恭赍香供，前往泰安，如期斋祓登山，敬谨陈设致祭，以仰副圣主为民祈福之至意。理合附片奏闻，伏乞圣鉴。谨奏。"朱批："知道了。"④

宣统元年(1909)四月，山东巡抚袁树勋奏："再案查每年四月十八

① 台北故宫博物院藏军机处录副奏折。
② 台北故宫博物院藏军机处录副奏折。
③ 《申报》1872年5月15日，(台北)台湾学生书局1965年版，第341页。
④ 中国第一历史档案馆编：《光绪朝朱批奏折》第28辑，中华书局1995年版，第469页。

日致祭泰山，历蒙钦颁香供，由巡抚、藩臬两司内酌量一人往祭。本年香供，由内务府奏派郎中盛桂赍送到东，经臣谨委藩司朱其煊前往致祭，兹该司已于四月十五日恭赍香供，前往泰安，如期斋祓登山，敬谨陈设致祭毕，堪以仰副圣主为民祈福之至意。理合附片具陈，伏乞圣鉴。谨奏。"宣统元年五月十二日奉朱批："知道了，钦此。"[①]

"四月遣祭"除见于清代档案外，在泰山石刻上也留下众多致祭大吏的题名，计有光绪十八年(1892)按察使松林题记(对松山)，光绪二十六年(1900)按察使胡景桂题记(对松山)，光绪三十三年(1907)布政使吴廷斌题记(大观峰)，光绪三十四年(1908)署布政使胡建枢题记(升仙坊及玉皇顶附近)，宣统元年(1909)布政使朱其煊题记(升仙坊附近)。如胡景桂题记称："山东按察使永年胡景桂，于光绪二十六年庚子四月十八日奉命祀岱宗。先一日登顶治斋，赍香供者大挑知县姚鹏图、候补知县余嘉珍，泰安县知县西蜀毛澂陪祭。"[②]

从上面各种史料可以看出，嘉庆以后，"四月遣祭"的各项制度均已定型。不过到了清末，由于时局关系，具体仪程也曾出现一些变易。如特别加祭，除去四月十八日祭典，有时也因突发事件而对碧霞祠加祭。如光绪四年(1878)因"京师及河南、山西等省均已渥被甘霖"，故命山东巡抚"文格前诣泰山，敬谨拈香报谢"[③]。其时已在五月，故属一次特别加祭。又，致祭虽定制于四月十八日，但有时出于各种原因，或推迟数日举行。可举光绪三十年(1904)四月致祭比原订日期推迟五日。[④] 另外，嘉庆帝上谕中最初确定的代祀官员为巡抚或布政使，后来又增加按察使。到了清末，由于时艰事繁，省府大员难以分身，偶有改由泰安知府代祀的事例。如咸丰三年(1853)委泰安知府福昌致祭，光绪二十二年(1896)委泰安知府康敉致祭。[⑤]

这一祭祀制度最后废止于宣统三年(1911)，这在史书上有明确记录。《宣统政纪》卷四八云：

① 《政治官报·折奏稿》1909年5月14日，第601号，线装书局2006年影印本，第248页。
② 袁明英主编：《泰山石刻》第4卷，中华书局2007年版，第991页。
③ 中国第一历史档案馆编：《光绪朝朱批奏折》第27辑，中华书局1995年版，第74页。
④ 中国第一历史档案馆编：《光绪朝朱批奏折》第33辑，中华书局1995年版，第497页。
⑤ 中国第一历史档案馆编：《光绪朝朱批奏折》第29辑，中华书局1995年版，第23页。

(宣统三年正月丁巳)又谕:电寄□□□□(山东巡抚)孙宝琦电奏:泰山香会,拟请移期,所有封山典礼,届期再行举行等语。著照所请。[①]

孙宝琦电奏中的泰山"封山典礼",当指"四月遣祭"一事。其奏请暂停致祭的直接动因,是鼠疫在山东暴发。因烟台疫情甚重,孙宝琦特奏调第五镇驻军布防要路,以禁阻登莱与内地之往来。据《宣统政纪》卷四八载:"(宣统三年正月己酉)又谕:山东时疫已有传染,所有折奏,著暂行停止,紧要事件,改为电奏。"[②]更深层的原因则是在清末大变革的时代,新学兴起,民智开通,一系列国家祀典随着君权神授神话的破灭而失去其影响力,其最终废止已是旦夕之事。孙宝琦电奏中虽称"所有封山典礼,届期再举行",但时不过数月,武昌变起,天下易帜,清室逊国。延续百余年的"四月遣祭"也就大幕收场[③],自此绝迹于历史舞台。

分析"四月遣祭",有如下几个明显特点。

首先是制度化。与明代皇家祭祀不同,清廷的致祭活动不是即兴的、偶发的,而是例行的皇朝礼制。无论致祭时间、致祭物品、祭祀人员、祭祀地点还是奏报文书,都有严格规定,不允许随意变更。充分显示了国家祀典的色彩。此项祀典甚至被比作前代之"封禅"。如清咸丰六年(1856)泰安知县张延龄《重修万仙楼碑记》中即云:"碧霞元君之庙……我朝东封之典尤隆,每孟夏有钦颁香供,由省派大员躬代往祭。"[④]

其次是国家化。"四月遣祭"系由皇帝亲自制定并实施,乾隆、嘉庆帝均曾为此颁布谕旨。其后祭祀已成常态,但仍需报请皇帝朱批确认。清末虽在祭祀程序上微有变化,但在代表帝廷这一点上绝无改易。在祭使身份上,

---

① 《清实录》第60册,中华书局1987年版,第865页。

② 《清实录》第60册,中华书局1987年版,第861页。

③ 宣统三年(1911)九月十九日,内务府郎中鸿武奉命赍送泰山香供至济南(原四月十八日致祭改期至九月底),适逢革命党策动山东独立前夕,香供未能亲付山东巡抚孙宝琦,仅移交抚署属员。总管内务府《奏为恭送泰山香供回京折》称:"本年恭送泰山香供等项前经奏派郎中鸿武敬谨赍往。该员于九月十七日由京起程,于十九日行抵山东省城,将香供等项恭交接收(四字底稿原为:交该省巡抚孙宝琦祇领)。于二十二日回京。理合奏闻,谨奏。"[《关于恭送泰山香供回京事的文件》,共四件,二折(一初、一定)、堂报、奏为本年轮应会计司司员恭送泰山香供事,中国第一历史档案馆藏总管内务府呈稿(全宗号05-1069-03)]九月二十三日(11月13日),山东巡抚孙宝琦在革命党人威慑下,被迫宣布山东独立。局势混乱,原定碧霞祠"封山"之礼未克举行。

④ 袁明英主编:《泰山石刻》第3卷,中华书局2007年版,第727页。

与明皇家祭多由太监、外戚担当不同,“四月遣祭”先后由兵部尚书、都统、御前侍卫及山东省府大吏充任,其身份均系国家行政官员。而致祭内容也非皇帝个人事务,而是声称“仰副圣主为民祈福之至意”,凸显了其国家祭层面的意义。关于碧霞元君信仰的性质,社会史家赵世瑜先生认为:“碧霞元君信仰始终没有被列入国家正祀之中。由于历代皇帝在都不同程度上对其持赞同或支持的态度,因此它或许可被视为一种‘准正祀’,是一种得到官方肯定的民间信仰。”[①]王元林等《论碧霞元君信仰扩展与道教、国家祭祀的关系》也赞同“准正祀”之说。[②] 所见均属精审。而大量致祭元君档案文书,又为我们提供了新的视角。关于国家祭祀的概念,近年学术界多所讨论,一般认为:“纳入祀典或是获得朝廷封赐之神都可称为正祀之神,位属国家祭祀体系。”而进入“祀典”的具体标志,乃是朝廷对其神的祭祀,包括天子亲祭与遣使致祭[③]。泰山碧霞祠既获皇帝亲祀,而遣使致祭又成为定制,《钦定大清会典事例》卷一一八八中即明列“泰山进香”之制。[④] 说明在清中叶之后,其制已由“准正祀”过渡到“正祀”。到了清季,更进而取代东岳神,成为泰山祀典之主神(下节详说)。

最后是典范化。由于碧霞元君是较早由民间祭祀转为国家祭祀的神祇,因而其祀典设置,为类似的民间神“转型”提供了一种既定范式。如妈祖信仰进入国家祀典的过程中,便受到碧霞元君祭的一定影响。道光二十八年(1848)福建汀漳龙道徐宗干即请清廷仿碧霞元君祭以祭妈祖:“海上无人不供奉天后,灵应如响。戊申年(1848),曾以明神护佑众生,历膺封号。请援照泰山圣母碧霞元君每岁四月十八日神诞,先期由京差官赍供器、幢幡、藏香到省,由省委员赍送泰山,派司道大员焚献之例,天后三月二十三日诞辰一体照行,至湄州供献,分藏香若干炷,附便员敬赍至台(湾),镇道行

---

① 赵世瑜:《小历史与大历史》,生活·读书·新知三联书店2006年版,第200～201页。

② 参见王元林、孟昭锋等:《论碧霞元君信仰扩展与道教、国家祭祀的关系》,《世界宗教研究》2010年第1期。

③ 郑丽航:《清代国家祭祀体系中的天后考述》,《海南大学学报》2009年第5期。

④ 《钦定大清会典事例》卷一一八八,《续修四库全书》第841册,上海古籍出版社2002年版,第443页。

礼。”[1]其事虽“未准行”，但从中不难窥见“四月遣祭”制度对其他祀典的巨大影响。

三、碧霞元君祭“国家化”对泰山信仰的影响

清代确立的“四月遣祭”制度（也可称之为碧霞元君的“国家祭”），对泰山信仰的格局产生了深远的影响。

首先是“四月遣祭”的举行，使关于碧霞元君“淫”“正”之争停息。由于元君已被明确列为朝廷致祭对象，加之乾隆帝“盛世雄主”的绝对权威，因而在乾隆中期以后，绝少再有“淫祀”“淫神”的反祭声浪出现，相反尊之为“正神”“命祀”之说不绝于耳。如乾隆朝韩锡胙称元君为“天下之正神”[2]，宋思仁将遣祭称为“祀典”[3]，道光朝刘斯嵋则明确将碧霞祠祀列为朝廷之“命祀”。[4] 道光时沧州知州黄育鞭所作《续刻破邪详辩》中更标举元君与其他民间女神之正邪判然：“邪教有《灵应泰山娘娘宝卷》，内云：‘到西方亲见了无生老母，也无生也无死永不还乡。’世称泰山娘娘即碧霞元君，由来已久，屡著灵验。至于无生老母，原系明末骡精，被雷殛死，确有实据。今反谓习邪教者必敬奉碧霞元君，始能见无生老母，是谬以无生之位反在碧霞之上也。尊无生于碧霞之上，以辱灭碧霞，宜碧霞之必诛邪教也。”[5]罗冬阳先生在论述明代国家祭祀时指出：“只有同时得到皇权和官僚支持的有相当势力的民间信仰才能被国家祀典吸收。”[6]清代也不例外。从上举众论足可看出碧霞

---

① （清）徐宗干：《斯未信斋杂录》卷五《壬癸后记》，《台湾文献史料丛刊》第 8 辑，（台北）大通书局 1987 年版，第 83 页；《清代诗文集汇编》第 593 册，上海古籍出版社 2010 年版，第 366 页。

② （清）韩锡胙：《碧霞元君庙碑》，《滑疑集》卷七，《清代诗文集汇编》第 339 册，上海古籍出版社 2010 年版，第 96 页。

③ “柴秩千秋隆祀典，坤元终古溯丰功”，（清）宋思仁：《乾隆五十四年己酉四月十八日恭陪钦使阿少司空弥达进香元君庙斋宿五更登日观峰看日出口占》，《泰山述记》卷八，乾隆庚戌（1790）泰安县署刊本，第 19 页。

④ （清）刘斯嵋：《重修泰山碧霞祠记》，今立岱顶碧霞祠大门西侧；著录见于姜丰荣：《泰山历代石刻选注》，青岛海洋大学出版社 1993 年版，第 455 页。

⑤ 中国社会科学院历史研究所清史研究室编：《清史资料》第 3 辑，中华书局 1982 年版，第 69～75 页。

⑥ 罗冬阳：《从明代淫祠之禁看儒臣、皇权与民间社会》，《求是学刊》2006 年第 1 期。

之祀已完全取得官吏儒生阶层的认可，其“正祀”地位成为朝野共识。

其次是由于遣祭元君的频繁举行，使业已衰微的泰山神祭祀受到更大的冲击。入明以后，由于碧霞元君的崛起，唐宋时盛极一时的东岳大帝备受冷落，所谓“古之祠泰山者为岳也，今之祠泰山者为元君也”①。其祭祀只维持在国家祀典中。清初宋起凤《稗说》卷二“泰岳”论云：“天下四岳皆立岳庙，奉岳神。自朝廷遣祭与有司岁祀外，民间远近无飨者。”②清代延续前代成规，将泰山祭纳入国家大典。《钦定大清会典》卷四七《礼部·祠祭清吏司》“中祀四”云：“遇国家大庆典，致祭岳镇海渎，以二品至四品京堂官充使，……发京师，往祭东岳泰山于山东泰安府。”③但“四月遣祭”制度确立后，朝廷对碧霞祭多而对东岳祭少。嘉庆朝以还，清廷对泰山神的告祭远较前朝为稀，除了道光十二年(1832)遣定亲王告祭祈雨及咸丰十年(1860)遣山东布政使清盛祈雪两次堪称大祭外④，其他遣祭甚少(可考者仅嘉庆元年、五年、十四年、二十四年、二十五年，道光元年、九年、十二年、三十年，同治三年，光绪十六年等十余次)。在清末奏折中出现的泰山之祭，除个别事例外，几乎都是指告祭碧霞祠。实质上，在这一时段，碧霞祭已取代东岳祭成为国家大祭。

除此之外，还有重要一点实堪注意，那便是清廷通过遣使致祭使碧霞祠这座起于民间的“神圣空间”渐变成象征朝廷权威的“钦工重地”。碧霞宫在明代由一般道观而“气通帝座”，万历、天启朝数度大修，皆由皇帝所遣内监主工。清廷通过例行遣祭，更直接掌控了祠宇的各种事务，包括殿庑修整、香钱收支、香客管理甚至住持道士的清勤贪怠，无不在皇帝督察之中。今举《乾隆朝上谕档》第941件为例：

> 乾隆三十三年(1768)四月二十六日，奉上谕：昨福隆安自泰山进香回京，奏及泰山碧霞元君庙竟有渗漏脱坏之处，闻富尼汉(山东巡抚)欲行修理等语。该处神庙，向经官为修葺。朕前次临幸时，见庙貌颇为阔

---

① (明)谢肇淛:《五杂组》卷四，上海书店出版社2001年版，第66页。

② 中国社会科学院历史研究所明史室编:《明史资料丛刊》第2辑，江苏人民出版社1982年版，第67页。

③ (清)允祹等:《钦定大清会典》卷四七，文渊阁《四库全书》本，第619册，第413页。

④ 参见(清)刘锦藻:《清朝续文献通考》卷一五四《郊社考八·山川》，浙江古籍出版社1988年版，第9111页。

整。今阅年未远，何以遽有残损？既应修葺，著即速行奏明，朕当派员发帑大修。但泰山向来香火最盛，住持道士所得外来布施自极宽裕，看来未必肯侍奉香火！何以不行随时补苴，一任庙宇渐就剥落？庸俗道士惟知肥己，饮酒妄为，殊为可恨！著传谕富尼汉将现在修理庙工作何筹办，及嗣后如何立定岁修章程，不使住持道士任意花费之处，一并详晰查明，妥议具奏，候朕酌量降旨。钦此。①

又嘉庆十九年(1814)五月二十七日，嘉庆帝以祈雨泰山获应谕山东巡抚同兴，声称拟为碧霞祠亲书匾对：

朕本意欲于二十年东巡展谒岱宗，现值多事鲜暇，总须迟至十余年后方克举行。从前皇考纯皇帝屡举东巡，岳帝暨碧霞元君庙均有圣制匾对，朕拟亲书匾对，发往悬挂，以酬神贶。②

甚至元君寝宫之神榻“铺盖”，都出自皇宫所颁。清乾隆间张体乾《东游纪略》卷上记称：“西即天仙寝宫，中有趺坐像，其茵褥帷帐，皆内府所颁也。”③

由此，乾嘉以后的碧霞祠历次整修，或由皇帝颁诏，或由巡抚奏请，所谓“庙皆钦工，以故巍然常新”④，使岱顶神祠俨然成为皇家禁地。新发现的清光绪二十九年(1903)《重修碧霞祠记》碑堪为例证：

盖闻泰山之灵，遐迩昭著，每值岁首，香客云集，惟正殿后碧霞元君圣像以及两配殿眼光、送生娘娘、灵官大帝、山门内外四帅四将，风尘满面，衣冠残破，目睹心伤，亟欲修补，但以钦工重地，未敢造次。商之好善诸公，佥云无非倾者扶之，残者补之，借旧增新，以肃观瞻，未谓不可。(下略)⑤

---

① 中国第一历史档案馆编：《乾隆朝上谕档》第5册，档案出版社1991年版，第317页。

② 中国第一历史档案馆编：《嘉庆道光两朝上谕档》第19册，广西师范大学出版社2000年版，第422～423页。

③ (清)张体乾：《东游纪略》，《四库全书存目丛书·史部》第128册，齐鲁书社1996年版，第677～678页。

④ (清)张延龄：《重修万仙楼碑记》，袁明英主编：《泰山石刻》第3卷，中华书局2007年版，第727页。

⑤ 原碑在碧霞祠，收入袁明英主编：《泰山石刻》第4卷，中华书局2007年版，第1159页。

这是今见唯一一方出自民间所立的碧霞祠碑石，其刻立于光绪末季，已是清廷对泰山管控日疏之际。但即便如此，碑文中仍强调本祠乃“钦工重地”，此番重修不过小有补葺，以示非敢僭越。从中不难看出皇权对信众的巨大威慑。这一状况在泰山香社碑上也有鲜明的体现。据叶涛先生调查，泰山现存清代香社碑记共 94 方[①]，这些碑记大多数系为祭祀元君而立，但或集中于红门小泰山，或集中于灵应宫，绝无一碑立之于上庙碧霞祠。这显然是“钦工重地”严禁民间香社涉足之故。

以上是仅就“空间”（碧霞祠）而论，而在“时间”（四月）上也是如此。“四月遣祭”制度，直接影响到“碧霞香会”的会期。

在有关“四月遣祭”的文书碑记中，多次出现“封山”一词。如咸丰时清盛《谒岱记》云：“正殿恒闭，惟钦使至及封山时方一启之。”[②]光绪时陈锦《登岱记》云：“（岁戊寅，1878）会观察豫公（山）奉命致封山岁祭。”[③]何为“封山典礼”，长期不得其解，今幸于《养吉斋丛录·余录》卷六中获得相关解释，其书云：“今泰山岳帝庙及碧霞元君庙香火极盛。正月初开山，进香者络绎至。距山数舍间，架席为屋，鳞次栉比，为香客食宿所。进香者各有献，如金银、钱帛，银男、银女之类，皆投殿中，祖（效法之意）置钱求福意。殿有栅，蔽以铁网。四月十三日封山，香会始罢。是日，藩司委官一人同泰安县令至山检察钱物，谓之‘扫殿’。”[④]而之所以行此“封山典礼”，则是为四月十八日的钦使致祭预做准备。一年一度的“封山”，雷厉风行，导致香客禁足，游人断绝。在时人诗文中，对此有生动记录：嘉庆间韩袭祥（号次山）诗云：“千里车徒集，三时老少狂。金钱闻委积，玉帛盛筐箱。岳会知县禁，祠官示曲防。不随金马节，难近碧鸡坊。”[⑤]道光时出任泰安知县的徐宗干，在其《泰山杂记叠前韵》中《封殿》中述云：“苞符不轻泄，一阖复一开。士女如云散，风雷扫殿来。”题下原注：“四月十八日随侍台司登顶行礼，封山，次年届期始开启

① 参见叶涛：《泰山香社研究》，上海古籍出版社 2009 年版，第 98 页。

② （清）清盛：《谒岱记》，清光绪金衢严道署刊本，第 6 页。

③ （清）陈锦：《勤余文牍》卷三，《续修四库全书》第 1548 册，上海古籍出版社 2006 年版，第 566 页。

④ （清）吴振棫：《养吉斋丛录》，北京古籍出版社 1987 年版，第 329 页。

⑤ （清）韩袭祥：《望岳》，（清）韩三泰辑：《登岱图题诗集》卷首，清嘉庆十七年刊本，第 1 页。

焉。”[1]道光时张朴《泰山烧香竹枝词》其十二云:“奉敕封山礼数殊,年年四月见官驺。时来几阵潇潇雨,洗出青苍一色俱。”自注:“年例四月十六日,大藩亲诣封山,时多有雨,名洗山雨。”[2]又清末维新派官员陈虬光绪十六年(1890)所作《泰岱吟》之十五云:“碧霞祠内祀元君,帝女云云世所闻。四月封山香客少,残烟飞作岭头云。”[3]而小说家解鉴著《益智录(烟雨楼续聊斋志异)》卷二《宋蕙娘》,更形象地记录了这一场景:

> 乾隆壬辰(三十七年,1772),某抚宪奉旨登岱祭碧霞元君,至泰安,择日致祭。县尹某立即出示,凡遐迩进香之人,不许是日上山,且使人扫除殿宇,务令清洁。至期,县尹先行,复于大殿大肆陈设毕,始请抚宪拈香。[4]

传为元君圣诞的“四月十八”,本是每年碧霞香会的会期。成书于清初的世情小说《醒世姻缘传》第六十八回中写道:“四月十八顶上奶奶的圣诞……这是哄动二十合属的人烟(明代及清初济南府辖四州二十六县,故云),天下货物都来赶会。”[5]但是“四月十八日”的钦使致祭,将这一“神圣日期”视为朝廷独有,实施封山,驱逐香客,香会被禁(在众多乾隆以后的香社碑中,几乎没有四月朝山的记录,可为佐证)。民间的“碧霞圣诞”大祭只得另择时日。久而久之,“三月十五”成为民间新认定的元君生辰。天下所奉碧霞元君的圣诞几乎全是“四月十八”,而唯独其祖庭泰山,在民间却认定为“三月十五”,其原因正在乎此!

泰山碧霞元君祭从民间祭祀、皇家祭祀到国家祭祀的演变,乃是王朝通过封祭形式将民间信仰纳入国家祀典的一个生动个案。有学者根据英国安东尼·吉登斯(Anthony Giddens)《民族——国家与暴力》的三段理论,认为明

---

① (清)徐宗干:《斯未信斋诗录》卷四,《清代诗文集汇编》第593册,上海古籍出版社2010年版,第429页。

② (清)张朴:《信拈草诗集》,《北京师范大学图书馆藏稀见清人别集丛刊》第20册,广西师范大学出版社2007年版,第139页。

③ (清)陈虬:《陈虬集》,《温州文史资料》第8辑,浙江人民出版社1992年版,第380页。

④ (清)解鉴:《益智录》,人民文学出版社1999年版,第50页。

⑤ (清)西周生著,翟冰校点:《醒世姻缘传》,齐鲁书社1993年版,第523页。

清时期当属绝对主义国家，其特征系国家对地方社会的控制进一步加强[①]。而考察"四月遣祭"之个案，则为这一理论增添了新的例证：国家与民间社会不仅在文化资源上具有"温和的互动"，而且也存在着激烈的矛盾与冲突，当国家势力进入民间信仰并反客为主后，往往对这一象征资源进行无情的攘取与豪夺，以期取得对信仰的绝对控制。国家祭与民间祭之间的融合与斗争，在碧霞之祀上有着较为深刻的体现。

① 参见王铭铭：《安东尼·吉登斯现代社会论丛译序》，[英]安东尼·吉登斯：《社会的构成》，李康等译，生活·读书·新知三联书店1998年版，第22页。

第六章　碧霞论辩:从淫祀之讥到圣母之颂

历史上围绕泰山信仰礼仪,曾先后有过三场大论争,分别为“封禅典制之争”“泰山神封号之争”“碧霞元君崇祀之争”。其中关于碧霞元君信仰的争辩,自明迄清,历时三四百年,预其议者上自宫闱,下及乡儒,牵涉甚广,是研究泰山信仰史的一大关目。今试对此作一考述,并就美国学者彭慕兰(Kenneth Pomeranz)先生的相关论述提出商榷。

一、明代碧霞元君信仰论

泰山碧霞元君信仰自北宋肇兴后,历经金元两朝之酝酿,至明代达到隆盛。不仅首次出现了“碧霞元君”之神号,而且其信仰阶层,也遍及民间、皇室与士人三大群体。

在民间阶层,由于明廷施行祀典复古,禁止民间奉祀泰山主神(东岳大帝),民众遂将香火移之女神碧霞元君。此即清初孔贞瑄《泰山纪胜》中所论:“抑或东岳非小民之所得祀,故假借祀碧霞云尔乎?”[①]由之引发元君崇祀的一大高潮,所谓“自碧霞宫兴,而世之香火东岳者,咸奔走元君,近数百里,远即数千里,每岁瓣香岳顶数十万众”[②]。由于民间风气的渗透,明皇室很早便接纳了碧霞元君的信仰,正统朝已有敕修岱顶碧霞宫庙之举,成化朝更开启遣使致祭元君之仪[③],此即成化朝侍讲学士尹龙《重修泰山顶庙记》所云:

---

① (清)孔贞瑄:《泰山纪胜》,《四库全书存目丛书·史部》第255册,齐鲁书社1996年版,第6页。

② (明)王锡爵:《东岳碧霞宫碑》,乾隆(黄钤)《泰安县志》卷十一《金石·明》,第45页。

③ 参见周郢:《碧霞元君封号问题再考辨》,《世界宗教研究》2008年第4期。

“我朝列圣，于体元居正之时，既遣廷臣以祀方岳，必命中贵而有事于是祠焉。或金帛朋贝以将其诚，或冠帔旌幢以将其像也。”[①]

而在官吏士人阶层，新兴起的元君信仰也赢得众多的信奉者。万历朝首辅张居正病危时，遣子赴泰山进香，向“泰安仙妃”祈寿[②]；同时期礼部尚书于慎行也遵行民间礼俗，“谒元君于巅，献袍服”[③]。在出诸达官名士之手的碧霞宫碑记中，不乏对元君神威的皇皇礼赞。甚至在其自抒心声的诗章中，也出现了对女神的热情歌咏。如洪武朝学士承旨宋濂《登岱》之“象纬平临青帝观，灵光长绕碧霞宫”，成化朝进士、四川参议乔缙《登泰山》之“瓣香将敬元君庙，愿祝皇图万亿年”，成化朝山东按察佥事周豪《登泰山》之“赫赫霞君人敬仰，无端牲帛往来通”，嘉靖朝副使刘应时《题碧霞宫》之“赤城霞护蕊珠宫，天遣真君坐此中。玉帛日能来万国，云雷时复散千峰”，嘉靖朝曲家梁辰鱼《登泰山诗奉答礼部尚书尹相公一百三十韵》之“钟鼓霄殿开，箫韶洞坛翕。中有碧霞君，飘摇驻仙跸。往还虚无际，翻然藐姑射。香火继百代，车马走群驿。锦绣罗玉墀，金珠布瑶席。一气生庶类，千秋奠皇国”[④]，等等。足以表明元君信仰已获得部分士人的认同与崇拜。

明中叶以后，由于影响力日渐广泛，碧霞元君已几跃于国家正祀泰山神之上，大有取而代之之势。碧霞宫“金碧轮奂，灵爽赫然，而岳宫之圮，反有遗溲者”[⑤]。这种状况引起以挽天下人心为己任的各派儒士巨大的震撼与深重的忧思。

成化朝进士、贵州布政使、理学家张吉首发抨击元君之议。其《泰安州拜岳》诗云：“在天有北斗，在地有岱宗。主当造化窟，生气亘春冬。古今秩祀典，鼎列三公饔。云车走群后，检玉竞登封。议礼犹引经，听者为改容。矧兹一卷石，偶号玉女峰。岂有婀娜姿，默需非正供。骏奔靡虚日，衰疾亦舆筇。伛偻拥道周，密云朝不浓。破产贡金璞，杀身备奴佣。群愚固难喻，

① 弘治《泰安州志》卷六《文》，第33页。

② 参见（明）张居正：《寄山东巡抚杨本庵言祀事乃告终之兆》，张舜徽主编：《张居正集》第2册《书牍》，湖北人民出版社1994年版，第1099页。

③ （明）邢侗等：《东阿于文定公年谱》卷下，《山东文献集成》第1辑，第10册，山东大学出版社2006年版，第704页。

④ （明）梁辰鱼：《梁辰鱼集》，上海古籍出版社1998年版，第108页。

⑤ （明）王思任：《观泰山记》，《王季重十种》，浙江古籍出版社1987年版，第153页。

轩冕何憧憧？下视宗神祠，寂寥空万松。黄冠仅数辈，击鼓兼撞钟。虺蛇本阴类，影响逾神龙。当有壮士奋，枝(杖)剑矢相从！眷兹冷热态，念彼颠倒踪。习见既积久，谁复芥蒂胸？”[①]其诗除了对“虺蛇阴类”之女神而“影响逾神龙(指泰山神)”痛心疾首，更对“轩冕(官吏士人)何憧憧”深致不满，故于诗末呼吁“壮士”仗剑奋发，向此“颠倒”之礼制宣战。自此之后，孙绪、马一龙、闵元衡、谢肇淛等人分别有文刊布，一场关于碧霞元君的论辩渐次展开。

综观诸人所论，大致可分为三大方面。

第一，神非正神，祠属淫祀。嘉靖朝户部主事孙绪所作《新建碧霞元君行祠记》中，明确提出元君来路不明，是狡巫捏造以欺罔世人：“岱宗之望，肇自唐虞；封禅之典，增崇累代。泰山有祠，其来远矣，独其巅祠所谓碧霞元君者，不见策籍，然楮泉之盛，人心归依，竦涌之诚，天下之祠莫加焉。间尝思之，闾阎昏夜牝晨者十九，狡巫黠史，欲眩物骇俗，恒先惑妇女以为之地。彼既惑，则夫正位乎外者，可颐指矣。阴性专执吝啬，喜右其属类，闻圣母天妃、蚕娘龙女、仙姬小姑之说，啧啧慕悦，然不知黠狡者饰其属以歆之也。故凡女郎祠比他祠独盛。人情履险则惧而悔过，妇女柔脆，尤易惧。泰山崄巇危峻，以柔脆之质，卒然值之，神丧胆落，孤峰绝壑，山灵顾盼如在，业缘、罪戾方无地解脱，彼端拱者吾属也，何修何为，尊崇若此，苟可以得欢心、博佑庇，体肤不敢爱，况簪珥珠缯之属邪？故元君祠比他女郎祠为尤盛。作俑者计亦巧矣。”[②]正德朝御史石天柱，嘉靖朝进士、南京国子司业马一龙与万历朝诸生闵元衢等人更直接宣称元君庙属“淫祀”。马一龙《东封纪行》称：“先经元君庙，礼生亟请，余曰：‘此齐民香火院，非祀典神祇，儒者岂可不正！’”[③]闵元衢《欧余漫录》卷九《泰安香》云：“迩来泰安进香，四方鳞集，虔诚致敬，翕然同心。余初谓泰山有灵，是以令人敬信至此。及读马孟河(一龙)《东封纪行》，乃知今日畏奉之神，原非出于朝命……不过以讹传讹，望风徼福，亦

---

① (明)张吉：《古城集》卷五，文渊阁《四库全书》本，第16页。

② (明)孙绪：《沙溪集》卷四，文渊阁《四库全书》本，第13页；蒋维锬、郑丽航辑纂：《妈祖文献史料汇编》第1辑《碑记卷》，中国档案出版社2007年版，第56页。

③ (明)马一龙：《东封纪行》，《玉华子游艺集》卷十九，《北京图书馆古籍珍本丛刊》第108册，书目文献出版社1992年版，第692页。

一淫祠已耳！”[1]这从传统礼制上彻底否定了碧霞崇祀的合法性。

嘉靖朝直臣杨继盛《自书年谱》中更抨击甚力：“初至州城公署，厨仆问：‘食素否？’予曰：‘何以故？’厨曰：‘凡显官至此，必素食，否则玉女必降以祸。’予曰：‘玉女一淫妖耳，焉能降人以祸乎？’须臾，州官禀问曰：‘办何如祭品？’予曰：‘何以故？’官曰：‘登山必祭玉女，否则行必不利。’予曰：‘此来原为登泰山而来，非为玉女也。何以祭？’遂登至顶，有道士三十余人，奏仙乐，提香炉，迎接至玉女祠，乃设拜席于中，欲赞礼使予拜，予遂叱散。入祠，有差官数十员在内收香钱。予谓玉女曰：‘尔为女人，与数十官共处一宇，宁不羞乎？且此山乃东岳所主，尔何僭居于上乎？妖物即离此处，否则天必诛之。’时人皆畏之如雷霆，不敢分毫私语，闻予言皆大惧。予至公署，遂书于壁云：‘太山五岳之尊，而主之者东岳之神也。玉女乃窃其柄而专之，使天下之登太山者知有玉女，而不知有岳神，神其有余愧矣。幽明一理，女不言外。玉女虽神，亦女耳，何为居其上而享其祀，女其有余责矣。以王纲律之，一失委靡，一失僭窃，上帝不罪，何也？’予于是甚疑之，噫！此或起于唐武则天时，后世遂因之而不变乎？不能不有望于负道学之统者。”[2]语词凌厉，可以说咄咄逼人。

第二，凌驾岳帝，乾坤倒置。“今海内所奔走而祷祀者，类先碧霞而后岳神。”[3]这一现象，自张吉奋笔抨击以来，一直是论者关注的焦点。嘉靖朝山东按察使王樵《海岱记》称：“元君纵是仙灵，不知于泰山何与？使岳神反若失位，皆不合祀典，所当厘正。”[4]万历朝进士、工部员外郎谢肇淛《五杂组》卷四中谓：“岱为东方主发生之地，故祈嗣者必祷于是。而其后乃傅会为碧霞元君之神，以诳愚俗。故古之祠泰山者为岳也，而今之祠泰山者为元君也。岳不能自有其尊，而令它姓女主，偃然据其上，而奔走四方之人，其倒置亦甚矣。”[5]明确认定这一礼俗为本末倒置，非礼之甚。马一龙《东封纪行》更讥讽

---

① (明)闵元衢：《欧余漫录》，《四库全书存目丛书·子部》第110册，齐鲁书社1997年版，第618～619页。

② 高朝英、张金栋：《杨继盛〈自书年谱〉卷考略》(上)，《文物春秋》2011年第2期。

③ (清)孔贞瑄：《泰山纪胜》，《四库全书存目丛书·史部》第255册，齐鲁书社1996年版，第6页。

④ (清)黄宗羲：《明文海》卷三五六，影印文渊阁《四库全书》本，第1457册，第148页。

⑤ (明)谢肇淛：《五杂组》，上海书店出版社2001年版，第66页。

为"牝鸡司晨"，称："碧霞元君今为泰山第一香火，四方崇奉而至者日以万计。……令威显以愚凡民，知泰山有元君，而不知方岳有神主，不几为牝鸡之晨乎？"[①]甚至有人编排出"曾谓泰山之神，不如奶奶乎？"之类笑谈[②]。所谓"女主僭立""牝鸡司晨"，在男权社会中都是极其敏感的话题，在儒者眼中皆为颠倒伦常，大逆不道，所以诸家都以此切入，大加诋諆。

第三，民间香会，伤风败俗。明中叶后，民间结队朝岱进香的"香社"风俗开始兴盛。[③] 对这一社会风俗，士大夫大多侧目。弘治朝工部尚书章拯《登岳书感》云："监司尽括金钱施，流俗争趋玉女祠。"万历朝举人、工部主事公鼐《登岱（八首）》其三云："泥金甲马绢包头，楚服吴音遍九州。只为大罗真有路，因教少妇不知羞。"[④]崇祯朝文士詹钟玉《游泰山记》记称："四方之朝元君者，殆无虚日，士女杂沓，梵声呗唱，振摇山谷，甚且幼女少妇，随尼僧走数千里，亦有士人携室至者。廉耻道丧，恬不知怪，是则可哀之甚者也！"[⑤]崇祯朝左都御史刘宗周以各地香会迷信惑众，荒误农桑，因于所订"保甲之禁"中谕令"不许越境烧香"，而其中之"泰山进香、南海斋僧，尤禁"[⑥]，甚至试图动用行政手段加以扼制。

这些元君论辩背后反映的实为传统儒学观念与新起民间信俗之争。正如今天的论者所指出："儒教的传统是尊崇古代礼制，早期的儒家坚持的一个原则是：祭祀神明是国家大事，老百姓不得随意祭祀神明……所以，在历史上，儒教一直有批评民间信仰的传统。"[⑦]明立国后儒学备受尊崇，一些儒士执握政柄，朝廷各方面政策无不受到儒学影响。在以恢复三代宗法为职志的儒士看来，兴起于民间的各种神灵信仰，也即所谓"淫祀"，严重干扰了

---

① （明）马一龙：《东封纪行》，《玉华子游艺集》卷十九，《北京图书馆古籍珍本丛刊》第108册，书目文献出版社1992年版，第692页。

② 参见（明）阙名：《询蒭录》"泰山碧霞元君"，《说郛续》卷一六，《续修四库全书》第1190册，上海古籍出版社2002年版，第461页。

③ 参见叶涛：《泰山香社研究》，上海古籍出版社2009年版，第106～107页。

④ （明）公鼐：《浮来先生诗集·七言律》卷三，《明别集丛刊》第4辑，第80册，黄山书社2016年版，第725页。

⑤ （明）田茂遇辑：《燕台文选初集》卷二，《四库禁毁书丛刊·集部》第122册，北京出版社1997年版，第342页。

⑥ （明）刘宗周：《保民训要·保甲之禁》，吴光主编：《刘宗周全集》第4册，浙江古籍出版社2007年版，第381页。

⑦ 徐晓望：《妈祖信仰史研究》，海风出版社2007年版，第278页。

朝廷权威，扰乱了民众思维，必须严予排斥，以定国家信仰于一尊。因此，兴于民间的碧霞元君崇祀势必受到正统派儒者的压制，他们试图利用传统礼法，倡导“正论”，以抵消民间宗教的广泛影响。

由于这些儒士有的身居要津，掌握一定行政权力，其言论直接影响实政；有的虽未入仕，但其名儒的身份，也使得其拥有较大的社会影响力。这便使碧霞元君的信奉群体，必须对上述批评予以回击或辩解。反击内容概括言之，可分三大方面。

第一，碧霞元君身世传奇开始大量出现。明中叶之后众多关于碧霞的经籍、宝卷问世，如《太上老君说天仙玉女碧霞元君护世弘济妙经》《天仙玉女碧霞元君真经》等，其中都有关于女神身世由来的记录。如隆庆朝通判王之纲引《玉女卷》称元君为“汉明帝时西牛国孙宁府奉符县善士石守道”之女[①]，入天空山修道成仙。此外还有“黄帝玉女说”“岳帝侍女说”等，不一而足。其用意无不是证明神有所源。这些说法获得部分士人信从。如万历朝侍郎贾三近便深信《玉女卷》之说，称“夫元君灵踪芳迹显著于泰山，庙而祀之，宜也”[②]。为了证明其具有合法性，信众还将出于元明之际道士的“碧霞元君”神号加到宋真宗身上。嘉靖朝文士陆采《览胜纪谈》卷一《玉女》引述其说云：“宋真宗封太山，还至御帐，涤手池内，见一石人头，出在水面，亟命左右出而涤之。命有司建小庙安奉。其后殿转加广，而香火日盛。遂号为圣帝之女，而以玉女峰当之，封为天仙玉女碧霞元君。”[③]这一段“稗史”为元君正名起到了巨大作用，宋真宗封号说在社会上几成定论，甚至后来连顾炎武、张尔岐等考据大家都茫不能辨。

第二，力辩碧霞之祀是“正祀”而非“淫祀”。面对“淫祀”的指责，信奉者举出“国朝”典制，以证明元君已得到皇家尊奉，而非民间淫神。如隆庆朝御史孟思《重修碧霞元君行宫记》谓：“或曰祠非祀典，记之非宜。……我国家礼神闳祀，咸秩无文，楚江龙母、闽海天妃、孤山神女，悉加封祭。《易》曰：‘益之损之，与时宜之。’矧兹碧霞元君见封于累圣，锡额于先帝，修于山之

① 参见(明)王之纲：《玉女传》，(明)查志隆：《岱史》卷九《灵宇纪》，马铭初、严澄非校注：《岱史校注》，青岛海洋大学出版社1992年版，第153页。

② (明)贾三近：《古城泰山行宫记》，光绪《峄县志》卷二三《艺文志》，第15页。

③ (明)陆采：《览胜纪谈》卷一，中国国家图收馆藏嘉靖刻本，第15页。

名，灵于浚之地。生今之世，不敢反古，宜为思之记也。”[①]举列圣先帝之封赐，试图为这一崇祀的合理性张目。但这一举证也不够坚实，因为帝君颁奉祀元君之诏命时便屡遭臣下之面折廷争。[②] 文臣受敕作碧霞碑记时，竟也不得不为之试作辩解。如万历朝张邦纪《重修泰山灵应宫碑记》中云：“世之儒者，持拘挛之见，鲜少域外之观，见有谈空空于释部，核玄玄于道流者，辄曰‘何其僻也’；见有顶礼金仙，虔修祀典者，辄曰‘何其媚也’。夫尼父不云乎：使天下之人齐明盛服，以承祭祀，洋洋乎如在其上，如在其左右。夫洋洋者，氤氲动荡而不可方物也；如在者，无在而无乎不在者也。斯足以尽神明之蕴矣。”[③]援引儒学经典中“神明无处不在”理论，为皇室礼神强作辩解。由于受到朝野“围攻”，明廷虽重元君之祀，但终其之世，始终未能将其列入国家祀典（仅为皇家祀典）。

相对于朝祀的难圆自说，嘉靖朝工部尚书崔文奎则睿智地提出“地祇说”，力图打破困局，从另一个方面确立元君的正祀地位。其云：“太极判动静，生阴阳，山镇坤维，体静阴也，水生天一，体动阳也。岱岳摩空，峰峦拔起，去地数千丈。绝顶出泉，流注石池，清泚可鉴，盖阳根阴之象。泉以玉女名，必有所稽，地志失载。《记》：曰山林、川谷、丘陵，能出云为风雨，见怪物，皆谓之神。岱岳毓神，上通乾象，降灵下土。坤道成女，天仙玉女之号，谅亦不诬。碧霞元君之称，则后世加封之典。”[④]崔文奎文的要点是将民间女神抽象化，归之于传统的天地崇拜，提出“坤道成女”（语出《易·系辞传》）之说（意谓大地神人格化为女神，元君即由女神而来），为元君崇祀合法性打开了突破口，成为清人韩锡胙“地祇说”与乾隆帝“后土说”的理论先导。

第三，与上述二者不同，还有一部分论者，一方面认同元君信仰的淫祀性质，一方面又认为应对信仰者进行疏导而归之于“正”。如嘉靖朝孙绪《新建碧霞元君行祠记》述其与庙工主持者监生马嘉贞之讨论：“余谓嘉贞曰：

---

① （明）孟思：《孟龙川文集》卷十五，《明别集丛刊》第 3 辑，第 48 册，黄山书社 2016 年版，第 241 页。

② 《明史》卷二二一《赵参鲁传》，中华书局 1974 年版，第 5824 页；卷二二三《朱衡传》，中华书局 1974 年版，第 5867 页；卷二三五《何士晋传》，中华书局 1974 年版，第 6128 页。

③ （明）张邦纪：《张文悫公遗集》卷七，《四库禁毁书丛刊·集部》第 104 册，北京出版社 1997 年版，第 77 页。

④ （明）崔文奎：《重修天仙玉女碧霞元君宫记碑》，碑立于红门宫。

‘是祠之建，礼与曰非也。人鬼本非二途，阴阳各有定分，祀玄帝于左，并女郎（元君）于右，近于僭逾；丽服于上，诸司嚣杂于下，嫌于无别；膺君职而操威柄，涉于干越。三者礼之蠹也。然则何不谕以正论，裁以大义，而费财用，蛊心志，相率而纷纷乎？’曰：‘习尚方酣，善俗无以售于化心，神既溺卫，正无所庸于功，彼流风煽炽，组绶者尚不敢当其冲，章逢何有焉？顾其为说虽幻哤，要在诱人于善，夫诱人于善，法令千章而不足，善因一言而有余，其几不可强也。吾所以弗斥弗拒，怂恿图成者，亦欲蔽通于明，约纳于牖。因其慕诱之以善端，因其畏怵之以阴祸，以窃比淑人心翊世教之土苴耳。师言虽陋，宁不知斯事之无据哉？’余悚然兴曰：‘子之识远矣！君子之于民也，审途辙之所向，鼓舞于化机，即机缄之所，存神明于治本。今淫祠妖庙遍天下，在位者讵忘所以杜绝之。顾祸福之谈转盛，义利之界限尽迷；觊望之情既深，趋避之支歧愈广。椎之愈坚，扑之愈烈，亦未如之何矣。听其所欲，而徐为之图，潜驱默挽，盖有甚不得已焉者。若曰彼固趋之，吾固尼之，其不至激烈以失人心者几希。天下之祸，莫大于激烈以失人心。嘉贞相时度事，曲徇舆情，他日从政当有清静宁壹之休，而世恒以若人为能吏，何哉？’”[①]万历朝刑部员外郎沈应奎《再谒元君存议》中也有类似表述：“近世愚顽，先王训典所不能格，今皇帝法所不能禁，独洒心濯虑，皈依元君，或发香火忏，或发施舍忏，或发呼号叩吁忏。盖君道、师道、神道、鬼道，要以维挽世道，俾众生不堕恶趣而止。矧以北方之悍戾，东夷之黠狡，一闻西竺佛子，辄缩项敛手，此岂威力然耶？嗟嗟！”[②]万历朝山东巡抚何起鸣更将此理论付之行动，利用香会期讲“圣道”宣谕：“人能以此心事亲则为孝，以此心事君则为忠。”[③]也有官吏从实政出发，认为香税收入关乎国计，所谓“岁输百万佐升平”[④]，碧霞祟祀应予保存。总之，这部分人士看到了民间信仰的巨大威力，仅用行政权力与儒

① （明）孙绪：《沙溪集》卷四，文渊阁《四库全书》本，第14～15页；蒋维锬、郑丽航辑纂：《妈祖文献史料汇编》第1辑《碑记卷》，中国档案出版社2007年版，第55页。

② （明）查志隆：《岱史》卷十八《登览志》，马铭初、严澄非校注：《岱史校注》，青岛海洋大学出版社1992年版，第405页。

③ 《巡抚都御史何起鸣宣谕》，（明）查志隆：《岱史》卷九《灵宇纪》，马铭初、严澄非校注：《岱史校注》，青岛海洋大学出版社1992年版，第155页。

④ （明）陶允宜：《碧霞元君》诗，（明）查志隆：《岱史》卷十八《登览志》，马铭初、严澄非校注：《岱史校注》，青岛海洋大学出版社1992年版，第303页。

学理念根本无法制止，因而力主神道设教，因势利导，借助元君信仰维护国家安定。这种基于现实的理论，获得较多务实派官吏的认同。此为元君信仰在有明一代始终官祀不绝的一个重要原因。

二、清代前期碧霞元君信仰论

入清以后，碧霞元君信仰并未受到易代的影响，岱岳之巅仍是万众匍匐、香烛连云；而各派人士关于这一信仰的讨论，也较之明代更加深入。特别是清初考据学派与理学相继兴盛，也使得此一时期的论述更具有思想深度。

考据学派可以顾炎武、叶先登等人为代表。顾氏于顺康时所撰《山东考古录》及《日知录》卷二五中，以丰富的历史文献对碧霞元君的由来作了细密考证："泰山顶碧霞元君，宋真宗所封，世人多以为泰山之女。后之文人知其说之不经……"①其结论是元君出于稗史所传泰山之女。文章虽未正面论述元君之祀正当与否，但于同篇《湘君》女神庙后发论云："山川之主必为妇人以象之，非所以隆国典而昭民敬也已。"②鄙夷之情见乎文辞。所以彭慕兰先生认为："顾炎武在《日知录》一书中就将碧霞元君列入假神名单中——这些神仙几乎都是女神——她们被错误地当成是自然界的神灵。"③实际上这已从根本揭出其神格的虚妄。④

顺治朝任颜神通判之叶先登，虽不以考据擅名，但其所撰《碧霞元君辩》却是一篇考证之作。颜神镇凤凰山有碧霞元君庙，"各郡县人民有香愿不能至岱者，于此焚祝而去。四月十八日，镇民醵钱为会"⑤。叶先登有感于祷祀之盛，因作此辩云："夫天有四时，春为之首，故东称皇焉。地有五岳，泰山为之长，故岱称宗焉。尝考古今图经所载，七十二君封禅之册，与金箧玉简之

① （清）顾炎武：《日知录集释》，岳麓书社1994年版，第878页。

② （清）顾炎武：《日知录集释》，岳麓书社1994年版，第877页。

③ ［美］彭慕兰：《上下泰山：中国民间信仰政治中的碧霞元君（约公元1500年至1949年）》，（台北）《新史学》第20卷第4期，2009年。

④ 类似的考论还有（清）徐元发：《畏垒笔记》卷三，上海古籍出版社1985年版，第139～140页。

⑤ 康熙《颜神镇志》卷三《飨祀》，第17页。

藏，未见有所谓碧霞元君者也。勿论史册经传所不载，即稗官野乘从未有纪其出处者。余游山东，始闻碧霞元君之号，观其象设，则云翘霞珮，类后妃然。旁列侍者，皆乳媪、保姆，携抱婴孩，为宜男之状。以是号召寰中，奔走宇内，重茧百舍，裹粮景从。虽达官贵胄，高士宿儒，莫不从众归依，望风顶礼。噫吁异哉！余尝入庙观像而窃疑之，反覆以求，而不得其解。《易》曰：'帝出乎震'。岱处震位，于行属木，于色从青，其祀青帝，宜也。元君倘帝配，不应别立庙，其不可解者。即别立庙，然阴统乎阳，妇从乎夫，祈赛祷祀，应自帝始。乃舍帝而专媚后，尤其不可解者。毋已姑强为之解：意者东皇之宫，历代帝王柴望之所，周公封鲁，遂属鲁望。观季氏之旅，夫子犹讥之，则自大夫以下者可知矣。秦汉而降，封禅之仪，犹为自天子出。无知细民，窃慕其名，而不敢干其典。于是巫祝之徒，思假神灵以希布施。因道家有金公、金母之说，遂以为东方属木，木生于春，犹婴儿之生于母，乃创为后像，配以宜男。而幻厥名曰'碧霞元君'。碧者，青类也；霞者，言山之高，接乎云霞；元者，善之长；犹东方之长乎五方也；君者，主也，为生物主也。别立一庙，示非帝王明禋之所，无贵贱皆可以祠祭而邀福也。夫是故以耳语耳，以口传口，好事者喜其新奇，痴心者惑于福利，其奔走宇内，号召寰中，亦遂皆习焉不察，渐而成俗。即有高明之士，能以敬远处之，不为世俗之奔趋足矣，谁复究其从来乎？"其最终结论则是："碧霞元君为经史所不载者。其为荒唐诬罔，迷惑愚邪，可胜道哉！"①

叶文除了重申碧霞元君之祀来路不明外，更以史家目光推断其信仰应缘于泰山崇拜，民众羡慕帝王封禅之举，而不敢效仿，巫祝之流遂利用泰山主生观念，拟婴儿生于母体，借用道家"金母"之说，创为女神之像，使人喜其新奇，惑于福利，浸成风习。层层解析，揭出其神被塑造之过程，对元君信仰作了解构。当代民俗学者代洪亮先生首先关注此文，指出叶氏"力图推翻碧霞元君存在的哲学基础，为其加上淫邪的神格"，"对碧霞元君的批判特别有力"②，所见甚是。

义理派的儒者在对元君信仰之态度上，较之考据派更加激烈。明遗民

① 康熙《颜神镇志》卷五《遗文》，第18页。

② 代洪亮：《泰山信仰与明清山东社会》，南开大学硕士学位论文，2000年，第21页。

阎尔梅于顺治朝所作《重修泰山行宫碑记》，直接呼吁尽废元君之祠："泰山东隅巨镇，王者受命，以其功德宣布海内山川，锡福下民，故祭告矜崇，载之金石。初未闻有所谓元君名号也。况饰之为妇人女子，金碧粉朱之妆，贻秽山灵乎？或曰，元君古隐士也，修道泰山，丹成仙去。若是，则亦山中栖真羽流，非妇人女子明矣。俗传若此，殆不可解。……乡村夫妇未尝读古人书，不知泰山何山，元君何人，遂妄以元君为泰山之神，又误以妇人女子为元君之貌。狄怀英(仁杰)巡抚江南，毁淫祠千七百所，其此类耶？今天下牧民司教化者，独无梁公其人？学士大夫之言，不足以夺乡村儿女之好，无怪乎遍青、齐、徐、兖之区，而筑之行宫也。沛东南里仁集旧亦有之，圮于水。里人捐赀重修，工成树碑，予不详其庀材鸠工之事，而思泰山之祀典与元君之出处，使荐馨受祉之士庶人，明于礼之所由著而义之所由归，勿复以俗尚诬山灵，则梁公遗意也。"[①]阎文视角独特，首先提出元君为泰山"古隐士"，"非妇人女子"，是乡野男女不知元君何神，遂奉为泰山之神，又误饰以女子之貌。实则元君为隐士之说羌无所据，阎尔梅撷此来辨女像之非，诚难尽服众心。阎碑本是应沛人之请为重修泰山行宫而作，竟于文中呼吁"司教化者"效唐之狄仁杰，尽毁此"贻秽山灵"之祠。此与元人吴澄为建大都东岳庙所撰碑记[②]中，竟然要求"不人其像""不帝其号"，甚至"不屋其祠"一样，都堪称庙碑记文中的奇作！与阎氏同属明之遗民的方文《岳庙歌》中亦有类似论说："昨者予上泰山顶，圣母之祠甚华整。青帝宫为野火焚，东岳庙中香烛冷。因念五岳东岳尊，帝王封禅典礼存。蚩蚩凡民纵不识，纷纷儒者何无言。……却笑民间但知有圣母，岁输金钱百万何其愚！"[③]与之同时之阮文茂亦有辨纠碧霞之论："东帝庙寂寂殊无人也，碧霞君则奔走如骛也。吁！正之不胜也。呼吸帝庭，其巅紊亦如此哉？"又云："碧霞女位兮，窃我牲牺；举体荡廓兮，云亭永祈。"[④]

康熙以后，清廷大力尊崇理学，理学成为官方哲学，随之出现了大量的

① 乾隆《沛县志》卷九《艺文志》，第66～67页。

② (元)吴澄：《大都东岳仁圣宫碑》，《全元文》卷五一〇，第15册，江苏古籍出版社1999年版，第360页。

③ (清)方文：《方嵞山诗集》上册，黄山书社2010年版，第542页。

④ (清)阮文茂：《泰山闻记》，《竹嵓文集》卷一，《清代诗文集汇编》第111册，上海古籍出版社2010年版，第372页。

理学名臣。他们面对民间信仰时，大多持极端仇视的态度。如康熙朝江宁巡抚汤斌，就采取严厉手段，在江南发起禁毁五通神运动。在对待元君信仰问题上，诸臣也与之相差无几。如曾任康熙帝师的熊赐履，在《嘲泰山进香者口号二首》诗中肆口讥刺元君媚俗取宠："膜拜丈人峰，稽首娘娘庙。天妃(元君)太多情，到处陪欢笑。"[①]康熙朝进士、乾隆朝协办大学士孙嘉淦《南游记》批评官府弛禁牟利："夫东岳自有神，所谓'娘娘庙'者，始于何代？功德何等？愚民引夫妇奔走求福，为民上者既不能禁，又因以为利！"[②]康熙朝进士、礼部侍郎查嗣庭《顺义县重修东岳庙碑记》则重弹纲常颠倒之论："太山为岱宗，……然则太山之神綦尊，祀典不綦重与？……不知何时肇祀碧霞元君，而岳神反若退处其下者。盖名实之紊甚矣。"[③]

特别值得举出的，是与元君有着"同乡"之谊的康熙朝进士、乾隆朝文渊阁大学士赵国麟，在诗中对碧霞宫祀亦不假恕词，其《岱顶孔子庙落成志喜兼呈州司马石门张公》诗云："岱宗镇青方，长男出乎帝。胡为崇阴祀，楮币走海内。或云轩辕女，荒诞误后世！"[④]直刺其荒诞不经。清初，讥议碧霞信仰的声音几乎成为主流。

当然，官吏士人之中也不乏元君的崇信者。如顺治朝进士、康熙朝侍讲叶方霭《元君庙》："肃肃元君庙，云边露伏鼍。像从何代远，名与此山高。"[⑤]康熙朝进士、御史徐葆光《碧霞元君祠》："匝地金钱官扫殿，一春香火税连车。喜看幡脚元君字，万里应同护客槎。"[⑥]康熙朝监生洪昇《圣母宫》："圣心赞玄化，好生掌东方。精祷矢微愿，冥漠思降祥。"[⑦]特别是康熙朝举人厉鹗，其在《泰安道中望岳作歌》中提出泰山"富媪"说："青帝所宅神秀钟，富媪孕

---

① (清)熊赐履：《澡修堂集》卷十六，《四库全书存目丛书·集部》第230册，齐鲁书社1997年版，第581页。

② (清)张潮辑：《虞初新志》，河北人民出版社1985年版，第335页。

③ (清)查嗣庭：《查悔余文集》，《北京大学图书馆馆藏稿本丛书》第2册，天津古籍出版社1987年版，第335页。

④ (清)赵国麟：《云月砚轩古体诗稿》，《泰山丛书》本，曲阜师范大学图书馆1991年影印本，第14～15页。

⑤ (清)叶方霭：《叶文敏公集》卷一三，《续修四库全书》第1410册，上海古籍出版社2002年版，第606页。

⑥ (清)徐葆光：《中山传信录》附《游泰山诗》，清康熙六十年二友斋刻本，第2页。

⑦ (清)洪昇：《洪昇集》，浙江古籍出版社1992年版，第202～203页。

碧攒诸峰。"[①]可能对后之韩锡胙与乾隆帝有所影响。

另外，雍正时山东巡抚黄炳不仅多次祈祀碧霞宫、重修元君殿，且于雍正二年(1724)闰四月十九具奏称："臣任东多载，久知碧霞元君护国佑民，有求必应。臣于上年五月内，因亢旱不雨，亲赴泰顶叩祷，即蒙甘霖立沛。……伏思碧霞元君既屡显灵应，保护斯民，以慰圣天子宵旰之怀，则臣不得不仰请皇上亲洒宸翰，特颁匾额，以彰神圣默佑之功。又岱庙岳帝为山东一省之主宰，拜请颁发匾额以昭赫濯。倘蒙俞允，不特二处之庙貌增辉，而精诚所感，将见亿万斯年，永赖神庥于无既矣。"[②]此奏将碧霞元君视为"护国"之神，而东岳帝仅为"一省主宰"，公然将元君置于岳神之上，实为罕见。但与反对者相比，其呼声不免相对微弱。

由于元君崇祀直接关联香税征收等国策，面对激烈的论争，清廷列帝不能不正式表明态度，于是康、雍、乾三帝各有"元君论"昭示臣民。

康熙帝对汤斌禁毁淫祠予以支持，称"淫祠惑众诬民，有关风化，如所请，勒令严禁"[③]，却屡为京郊元君庙树碑作记，如《重修西顶广仁宫碑文》[④]《御制景忠山碧霞元君庙碑》[⑤]等，说明其认为两者大有区别。康熙在后一篇中系统陈述了对元君信仰的见解："夫方内之神，莫尊于泰山，而元君实赞之。……要其有大佑庇于吾民，故阅千百年，遐陬僻壤，像设者在在告虔。"本此理念，他开启清帝亲叩岱顶碧霞宫之例——康熙二十三年(1684)东巡泰山，于碧霞祠赐匾"坤元叶应"。[⑥] "坤元"，女性之神；"叶应"，叶即协，意为神德协同岳帝共治此山。两碑一额，显然是将元君视同为东岳帝辅佐之神，这便使碧霞祠祭在祀典上具有合理性，但对民间信仰中将元君倒置帝上之质疑，康熙帝并未能给予圆满诠释。

雍正帝为皇子时，曾于康熙四十二年(1703)随父皇巡幸泰山，拜于碧霞

---

① (清)厉鹗:《清名家诗丛刊初集·厉鹗诗》，广陵书社2006年版，第51页。

② (清)黄炳:《谨为神圣效灵请颁御书匾额以彰默佑事》，中国第一历史档案馆编:《雍正朝汉文朱批奏折汇编》第2册，江苏古籍出版社1991年版，第956～957页。

③ (清)蒋良骐撰:《东华录》，《二十五别史》(22)，齐鲁书社2000年版，第199页。

④ (清)于敏中等编:《日下旧闻考》，北京古籍出版社1985年版，第1640页。

⑤ 光绪《永平府志》卷首，董耀会主编:《秦皇岛历代志书校注》第1册，中国审计出版社2001年版，第12页。

⑥ 参见雍正《山东通志》卷二一《秩祀志》，影印文渊阁《四库全书》本，第540册，第433页。

祠下，作《碧霞祠题宝旛步虚词》七律二首，中云："子视群蒙敷惠泽，母临率土荷帡幪。敬将玉帛当庭献，愿普慈光遍域中。""拂露霓旌珠灿烂，御风鸾驾玉铿锵。常将天福人间锡，奖孝褒忠佑万方。"[①]诗作除了描摹祠宇庄严钜丽之景象，复有两点最可注意，一是称元君"子视群蒙""母临率土"，视之为天下之母亲神，说明雍正已完全接纳了民间信仰中的这一观念；二是誉神之"奖孝褒忠"，则又将神格提升为护国之神，认为其大有助于维护国家统治与社会风化。雍正七年(1729)，敕修碧霞祠，赐额"福绥海宇"，亦可视为此意重申。雍正在对待民间神道态度上，与汤斌等理学诸臣不同，其认为"凡转移风俗之事，须徐徐渐次化理，不可拂民之意，而强以法绳之也。从前如汤斌等几任巡抚亦有此举者，皆不能挽回而中止，反致百姓之怨望，无济于事"[②]。这一态度也反映在对待碧霞元君祠祀上。除了施政上的考虑，同时也因雍正帝本人较为信奉道教，对被纳入道教女神的碧霞元君自有一番亲切感。因此他嗣位后于圆明园建广育宫，奉祀元君神像，据《钦定日下旧闻考》卷八二《国朝苑囿》载："广育宫奉碧霞元君，殿额曰'恩光仁照'……世宗(雍正)御书。"[③]"恩光仁照"可视为雍正帝的又一"元君论"。

与其父、祖相比，乾隆帝对碧霞元君的态度则有一个曲折的转变过程。

乾隆五年(1740)碧霞祠毁于火灾，乾隆帝诏发帑银，遣内务府员重建，铜瓦铁垄，尽复旧制。竣工后为祠赐额"震维灵岳"，并御制《重建泰山神庙碑文》。在这篇专为碧霞祠而作且立于祠内的碑记中，却有意回避元君之名，通篇只用泰山之祀来"蒙混过关"。如开篇数语"泰山为五岳宗长，功用显彰，为德尤盛。庙貌之在山巅者历有年所，夐乎邈矣。郁攸不戒，宜用鼎新。粤以乾隆六年(1741)，特遣专官董建灵宇，殿庭廊庑，门序观阙，崇闳壮丽，鸟斯革，翚斯飞，耽耽翼翼，琉璃丹碧，辉映日星，黼座璇题，像设神御，穆然其容，范金惟肖"[④]，明明是说碧霞宫殿，碑却只云"庙貌之在山巅者"；明明是奉元君神像，碑却只云"像设神御，穆然其容"。欲言又止，似乎顾虑重重。

① (清)胤禛：《世宗宪皇帝御制诗文集》卷二六《雍邸集》，影印文渊阁《四库全书》本，第1300册，第199～200页。

② 《江苏布政使鄂尔泰奏谢天语褒嘉并缴朱谕折》，中国第一历史档案馆编：《雍正朝汉文朱批奏折汇编》第3册，江苏古籍出版社1991年版，第146页。

③ (清)于敏中等编：《日下旧闻考》，北京古籍出版社1985年版，第1373页。

④ (清)弘历：《御制文初集》卷十六，文渊阁《四库全书》本，第3页。

这表明此时乾隆帝在碧霞祠祀问题上尚游移不定，一方面俯允臣民吁请，为之重建祠宇；另一方面恐违礼制，王顾左右，不肯明确表态。

但等到亲莅泰山并躬祀碧霞祠之后，乾隆帝的态度日渐明朗。乾隆十三年(1748)赐祠额曰“赞化东皇”，赐联曰“碧落高居，金台传妙诀；苍生溥佑，木德仰慈恩”。[1] 乾隆三十五年(1770)重修碧霞祠，又御制《重修碧霞元君庙碑记》。文中一改前此含混与游移，率直揭出碧霞崇祀：“缘岱麓磴梯而上，……有庙焉，范金涂雘，晃赩庆霄。稽《水经注》所载，岳顶上庙，兹其故址矣。而神袆翟珈笄（按袆翟，皇后之服；珈笄，后夫人之饰），孔睟孔愉。耇鲐妇竖，擎芗捧萁，厥角徕辏，相与喁喁请命，则曰碧霞元君。……彼《道藏》及诸家所征姓氏世系，庸足深辩哉！古者治神人，和上下，设教不为戾俗。求其指归，亦曰礼由义起，实以名章而已尔。《易》曰：‘乾，天也，故称乎父。坤，地也，故称乎母。’汉《郊祀歌》于后土夫人曰‘富媪’，又曰‘媪神’。张晏云：‘媪者，老母之称。坤为地（按应为母），故名媪。’《(礼)记》言：‘地乘(秉)阴，窍于山川。’而泰山者，万物之始，阴阳之交，众岳之宗。是证以之，太乙青元（太乙青玄为明道书对元君之称）实惟其所宜乎？有生之属斋心祇祓，愿揭其虔于元君，而元君亦将悫其勤而锡之羡。然则国家秩祀泰山之神，与亿兆人奔走奉事碧霞元君之神，其为翼綷元化，二乎？一乎？在《周官·大宗伯》有‘各因其方’之语，在《鲁论》有‘祭神如在’之文。‘如在’云者，讵惟是肸蠁，荒忽不可端倪。于山仅见若堂、若霍，于草木仅见维夭、维乔之谓乎？亦将因其声容，得其精爽，而后著之目而成之心，神人之道可接也。且岳视三公，特自其秩言之，今之肖象炳灵者，则既蔽旒秉圭矣，又安知旼旼穆穆，其对越乎袆翟珈笄

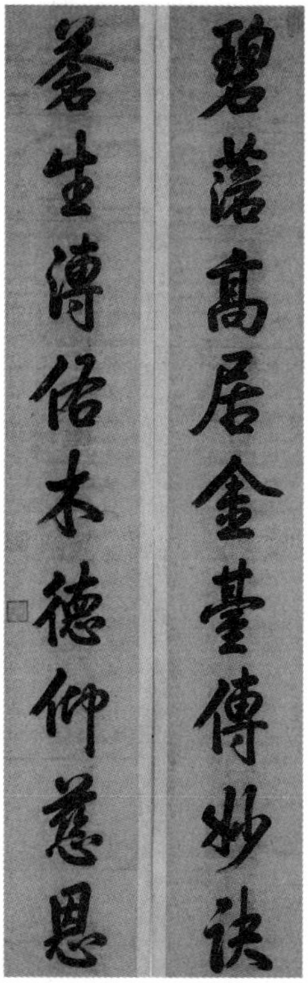

乾隆帝御制碧霞祠联
（今藏杭州博物馆）

① (清)金棨:《泰山志》卷十《祠庙志》，清嘉庆常州刊本，第16页。

者，不诚二而一乎！”[①]

乾隆帝此论可析为三节，其首先指出古之祭祀视大地为母，名曰富媪，设为女像，暗示碧霞信仰由此产生。[②] 其次谓民众之供奉元君，与国家之秩祀泰山神，虽异而实同。最后则言在神灵人格化中，泰山或被塑造为冠冕男帝，或被装饰为珈笄女仙，其貌虽别，精神则一。其中最重要一点，便是提出元君地祇说。乾隆以为“彼道藏及诸家所征姓氏世系”，不足一辩，而元君自有其由来，这便是“后土富媪”。元君出自地神说，导源于明崔文奎之“坤道成女”论，而大备于清韩锡胙“地祇”考。乾隆朝进士、平阴知县韩锡胙于《碧霞元君庙碑》中论云：“然则元君何神也？泰山在鲁境，鲁赐天子礼乐，得郊禘，郊该社、郊圜丘，上帝；社方泽，地祇也。……祭法：圜丘称泰坛，方泽称泰折（坛、折均指封土为祭之处）。说者曰，泰坛鲁郊，泰折鲁社，皆在泰山左右也。泰坛事上帝，以人像之则冕旒王者；泰折事地祇，以人像之则翟祎后夫人。又汉时祭泰折，亦以后夫人主祀，从其类而格之也。又汉武封禅，禅石闾，当时以为仙人之闾，礼如祀后土，即后世所附会黄华洞石屋也。然则元君，地祇也。且夫父严而母慈，胞孕乳哺出于母，而其出之者母不自知之；天尊而地亲，五材百货产于地，而其产之者，地不自明之。所谓神也。今千万男女，欲祈年免病，求嗣保寿，日跻崇峦，猿攀蚁接，泥首元君前，皆人世吉祥应有之事，而神即如其意佑之。非若金泥玉检，冀长生不死，为人世不应有之事，神不能违天以予之也。孔子曰：‘祭神如神在。’……易泰折而宫室之，貌地祇而珈佩之，是灵爽之集，百福之综也，谓非天下之正神乎！”[③]韩锡胙将元君与经典中的地祇相联系，认为地神人格化后饰为女像，而泰山原为地神祭祀之所，“然则元君，地祇也”。后土祭是儒家学说与王朝祀典尊奉的国家大典，

---

① 《钦定南巡盛典》卷二四，文渊阁《四库全书》本，第19～21页；（清）金棨：《泰山志》卷一《天章纪》，清嘉庆常州刊本，第9页。

② 清乾隆三十九年（1774），乾隆帝在为马驹桥元君庙所撰《重修碧霞元君庙碑》中又重申此说：“粤稽岱宗秩祀，著在经训，而碧霞元君之名号，惟出于道书，他无所考。推阐其义，盖以岱居木位，其色惟碧，而东方主生一，本乎坤元之资生万物，故有一元君之称。亦若古所称后土为富媪者，其宰化育物，亹亹斯著，则世之奔走崇礼也固宜。”（北京石刻艺术博物馆：《新日下访碑录：大兴卷·通州卷·顺义卷》，北京燕山出版社2016年版，第164页。）

③ （清）韩锡胙：《碧霞元君庙碑》，《滑疑集》卷七，《清代诗文集汇编》第339册，上海古籍出版社2010年版，第96页。

因此说元君“谓非天下之正神乎?”[①]乾隆帝在韩氏地祇说基础上作了进一步发挥，举出汉《郊祀歌》“富媪”之名，又据唐颜师古《汉书·礼乐志》注引张晏之说“媪，老母称也；坤为母，故称媪”[②]，增强了地祇说的说服力。由于天地信仰是儒家经典的固有内容，乾隆帝将民间女神归入宗法旧统，这便为元君信仰的合法性找到了坚实依据。

元君“正神”身份虽被“御定”，但作为一介女神，却凌驾于泰山主神岳帝之上，这一矛盾又该如何解决呢？对此乾隆帝别出心裁，认定元君与岳帝同属泰山之化身，人民奔走竭诚于元君与国家祭泰山神之典，其目的都是“翼綍元化”，事同无二(乾隆对民间泰山进香持肯定态度，他在嗣位伊始即宣谕废止碧霞祠香税，可视作是对香社活动的认可)。此正如叶涛先生所指出：“这里，乾隆超越了关于碧霞元君‘正祀’‘淫祀’之争，认为碧霞元君信仰与国家祀典所载的泰山神(东岳大帝)是二而一、一而二的关系，这就把碧霞元君和东岳大帝都统一到泰山身上……基本上认可了民众的碧霞元君信仰。”[③]

应该说，乾隆帝这一番论说，与其祖康熙帝的《泰山龙脉论》调和泰山、长白信仰一样，充满了封建英主的非凡睿智。在清代高压文化政策下，犹如“自圣祖《泰山龙脉论》出而百家息喙”[④]一样，自乾隆帝论出，终清一代，碧霞元君祠祀的“正”“淫”之争也基本休止。[⑤]

---

① 按：韩锡胙此文记有“丁亥春”事，当作于乾隆三十二年(1767)，在乾隆撰碑之前，应为帝之所本。

② (汉)班固：《汉书》卷二二《礼乐志》，中华书局1962年版，第1054页。

③ 叶涛：《碧霞元君信仰与华北乡村社会——明清时期泰山香社考论》，《文史哲》2009年第2期。

④ (清)聂鈫：《泰山道里记》，《四库全书存目丛书·史部》第242册，齐鲁书社1996年版，第789页。

⑤ 光绪之末始有人重申废祀之议。如李增《泰山图题词》中言：“我乃神道设教安于愚，泰山香火填康衢。一任碧眼人揶揄！亢父知生梁父死，《遁甲》著录抑何诬。东海神女西海妇，荒诞令我尤胡卢。信神世代理应尔，今仍其旧非傎乎！何不火居焚其庐，推拉偶像当薪刍。一洗前古陋儒陋！”但时已入近代，此置不论。

三、清代后期的碧霞论辩与致祭

美国加利福尼亚大学彭慕兰教授近年专注于碧霞元君信仰研究，其《泰山女神信仰中的权力、性别与多元文化》[①]等多篇鸿文，结合了性别理论和宗教学理论来解析这一信仰的起落盛衰，新意迭出。前文在探讨巫山神女与泰山玉女之关系时即引证其说。2006 年 7 月，彭慕兰在台北"中研院"史语所"新史学讲座"作了关于碧霞元君信仰的专题讲演，后以《上下泰山：中国民间信仰政治中的碧霞元君（约公元 1500 年至 1949 年）》为题，刊于 2009 年《新史学》第二十卷第四期。在这篇长文中，对清中后期之碧霞元君"论"与"祭"作了专门论述。

关于碧霞元君论，彭慕兰指出："明代和清初一些文人墨客也公开地大力追捧碧霞元君，到了 1800 年（嘉庆五年），碧霞元君开始沦为文人笑柄，并失去大多数菁英的公开供奉。"[②]"清朝鼎盛时期，达官菁英对碧霞元君的不满变得尤为突出。清朝统治者和大多数菁英都对任何淡化性别差异的现象表示敌对。"[③]继而又称："而在诗歌里称赞碧霞祠及其朝拜者，这在元明时期比较常见，而到了清朝就变得罕见了。"[④]

关于碧霞元君祭，彭慕兰指出："皇朝向来拜祭碧霞元君，但是自明朝衰败之后，皇族对她的拜祭开始变得越来越小心谨慎，而清朝中期尤为如此。虽然康熙、乾隆二帝南巡之时每每不忘于泰山逗留，但康熙仅在 1689 年（康熙二十八年）泰山之行时拜访碧霞祠，之后便不再到访；乾隆似乎曾鼓励其随从前往碧霞祠拜祭，然而其本人却从未到过碧霞祠。1735 年（雍正十三年），朝廷下诏书废止碧霞祠收取'香税'，同时也不再提及碧霞元君能够保护清朝统

① [美]彭慕兰：《泰山女神信仰中的权力、性别与多元文化》，[美]韦思谛编：《中国大众宗教》，江苏人民出版社 2006 年版，第 127～128 页。

② [美]彭慕兰：《上下泰山：中国民间信仰政治中的碧霞元君（约公元 1500 年至 1949 年）》，（台北）《新史学》第 20 卷第 4 期，2009 年 12 月。

③ [美]彭慕兰：《上下泰山：中国民间信仰政治中的碧霞元君（约公元 1500 年至 1949 年）》，（台北）《新史学》第 20 卷第 4 期，2009 年 12 月。

④ [美]彭慕兰：《上下泰山：中国民间信仰政治中的碧霞元君（约公元 1500 年至 1949 年）》，（台北）《新史学》第 20 卷第 4 期，2009 年 12 月。

治。清朝1740年(乾隆五年)新颁法令增添的内容从总体上对祠庙拜祭展开批判。自此之后,宫廷对碧霞元君的祭拜已经成为统治家族的个人兴趣,而非国家大事——当然这种区分从来都不明确。例如,乾隆显然鼓励他的某位皇子向碧霞元君拜求一个男孩;然而据我所知,他自己却从来没像一些明朝皇帝或二十世纪的民间朝圣团体一样感谢碧霞女神对国家的保佑。"[①]又说:"乾隆晚年之时,下令内务府每逢碧霞元君生日之时,向碧霞祠派遣一名使者,送去供品,为其庆生。即使这样,清皇朝对碧霞元君的进贡比明朝更少,而且也更为低调。……另外,乾隆死后,其子嘉庆不再每年派遣使者奔赴泰山祭拜碧霞主祠。按照清朝年间两大泰山指南之一(1808年出版)的编撰者金棨,该做法停止于1799年(嘉庆四年)春。……迄今为止,我没有发现任何有关他为什么结束碧霞祠祭拜的公开文献。两年之后,朝廷内务府又开始派人携供品前往山东首府济南,再让朝廷以外的人士将供品送达泰山——对这一做法,朝廷没有公开解释,而金棨在其文献中也只字未提。"[②]

彭先生的这两段论说,核之史实,似都难以成立。这除了彭先生所掌握的资料有所缺略,同时对相关史料或有误读。今试提出商榷。

关于前者,正如前文所指出,自乾隆帝御制《祠碑》公布后,有关碧霞祠祀"正""淫"之争已告停息,有关诗文几乎变成对女神的集体礼赞(只有鲁一同、赵青藜、倪之鐕等人的极个别诗作有所讥议[③]),而且论调皆以"圣制"为指归。今举乾隆帝至光绪帝诸家之诗以证之。乾隆朝礼部侍郎金甡《题遥参亭》:"元君谅仙宗,寄治东方岳。大德衍资生,仁寿庆弥笃。降香邀万乘,躬奉安舆祝。嘉祉应延洪,九有恩膏沐。"[④]乾隆朝进士、嘉庆朝大学士朱珪

---

① [美]彭慕兰:《上下泰山:中国民间信仰政治中的碧霞元君(约公元1500年至1949年)》,(台北)《新史学》第20卷第4期,2009年12月。

② [美]彭慕兰:《上下泰山:中国民间信仰政治中的碧霞元君(约公元1500年至1949年)》,(台北)《新史学》第20卷第4期,2009年12月。

③ 清赵青藜《次椒园游泰山韵》:"碧霞之宫信淫祠,不独登封嗟渎告。"(《漱芳居诗钞》卷十四,《清代诗文集汇编》第406册,上海古籍出版社2010年版,第158页。)清鲁一同《碧霞元君庙》:"奔走万方人,所费无乃冗。礼因流俗盛,足为祷祈灵。九州膏血干,一殿觚棱耸。"(《通父诗存》卷四,《近代中国史料丛刊》368册,(台北)文海出版社1970年版,第558页。)又(清)倪之鐕《望泰山》:"不应碧霞君,神女擅帝力。淫祀非典礼,明神本正直。"(《一斋诗集》,《稀见清代四部辑刊》第9辑,第86册,(台北)经学文化事业有限公司2016年版,第20～21页。)

④ (清)金甡:《静廉斋诗集》卷一三,《续修四库全书》第1440册,上海古籍出版社2002年版,第538页。

《登泰山诗一百韵》:"抠衣趋灵宫,元君世崇尚。或云古玉女,道成超无量。或云坤为母,富媪俔天伉。"[①]嘉庆朝举人陈文述《碧霞元君祠》:"金碧晃桂栋,云霞艳兰楣。玉殿青山巅,云是元君祠。……恭读纯皇记,典重迈鼎彝。其义同富媪,其尊并皇孋。其功翊乾綍,其职秉坤维。其神即后土,其实则地祇。其礼即方望,其位则坛壝。延洪阐经训,一破千祀疑。……九州万士女,礼拜瞻洪慈。祠宇遍海岱,灵贶昭明徽。"[②]道光间训导邓显鹤《泰山纪游十首》之七:"幢幢碧霞宫,矗矗翠微岑。……惟神称富媪,众母扬徽音。"[③]道光间泰安知县徐宗干《慈亲生日侍登泰山》:"扶舆磅礴气绵邈,在天为角亢,在地为岱岳。……坤维大母一以贞,震方长子东主生。天仙圣母居其顶,翟茀副笄佩瑶琼。……吾闻泰山碧霞庙为登封基,阜民育物风雨时。是为后土富媪主蕃鳌,元君殿、玉女祠,斗姥宫、王母池,神道以设教,女德乃可师。清晨洁斋一瞻礼,攀萝缘磴相扶持。老幼男妇胼手茧足拜道左,金钱满地为混施。"[④]光绪朝道员易顺鼎《登岱诗》:"岱宗端坐青崔嵬,字齐育鲁为两孩。……配天永永镇坤极,富媪位可班皇娲。"[⑤]金甡诗标举元君赢得皇廷认可,是恩沐九有的护国正神。陈文述诗更引证了乾隆"后土地祇"之说,称颂圣论"一破千祀疑"。其他诸家也悉为颂神之什(且皆持"富媪"说)。不仅名家诗文中如此,即使在野史小说中也从未见以元君为反面角色者,并未如彭先生所说那样,"沦为文人笑柄!"

至于说1800年之后碧霞元君"失去大多数菁英的公开供奉",也与事实明显不符。嘉庆十九年(1814)五月,嘉庆帝以祈雨泰山获应,谕山东巡抚同兴:"从前皇考高宗纯皇帝屡举东巡,岳帝暨碧霞元君庙均有圣制匾对,朕拟亲书匾对,发往悬挂,以酬神贶。"御书碧霞元君庙匾额曰"广生泽溥",楹联曰"敷仁彰木德,休徵协应;布化翊坤元,甘液繁滋"。[⑥] 大臣方面也可今举示二例:清后期影响最大的名臣当推曾国藩,曾氏《求阙斋日记》中记其同治五

① (清)朱珪:《知足斋诗集》卷六,《续修四库全书》第1451册,上海古籍出版社2002年版,第3页。

② (清)陈文述:《岱游集》,《丛书集成续编》第177册,(台北)新文丰出版公司1989年版,第543页。

③ (清)邓显鹤:《南村草堂诗钞》,岳麓书社2008年版,第222页。

④ (清)徐宗干:《斯未信斋诗录》卷三,《清代诗文集汇编》第593册,上海古籍出版社2010年版,第416～417页。

⑤ (清)易顺鼎:《琴志楼诗集》上册,上海古籍出版社1988年版,第213页。

⑥ 道光《泰安县志》卷七《祠祀·坛庙》,第33页。

年(1866)登岱所历,云:“至南天门小坐,旋折而东,行里许,为碧霞元君庙,又东北一百步许为东岳大帝庙,……至两庙各行三跪九叩礼。因捻匪未平,发愿默为祈祷。”[①]另一位与曾氏齐名的湘军名将左宗棠,《申报》(光绪十年九月二十一日)之《左相奇梦》亦报道他有参拜岱顶碧霞祠之举:“左侯相之经泰安也,道梁父,陟泰山,稽首于碧霞祠下而祈梦焉。”[②]

这两位中兴将相,前一位还是理学宗师,都在戎马倥偬之中登岱恭祀元君,不可不谓“菁英的公开供奉”。另外,碧霞祠现存道光等朝重修碑记均出自山东巡抚、布政使等高官之手,亦不能不视为“菁英供奉”的体现。

关于后者,康熙、乾隆两帝登岱叩祀碧霞祠,在清代史档上所载甚多,兹举数例:中国第一历史档案馆藏《乾隆帝起居注》:“(乾隆十三年)三月初一日乙酉,上诣碧霞宫、朝阳洞诸处拈香。”“(乾隆二十二年四月)十一日壬申,上幸岱庙、南天门、碧霞宫、玉皇顶拈香。”[③]“(乾隆二十七年四月)二十日癸未,上幸天仙庙、朝阳洞、关帝庙、碧霞宫、玉皇顶拈香。”[④]又《清高宗实录》卷八七九:乾隆三十六年二月丁酉,“登岱诣碧霞宫拈香”。[⑤] 彭文称乾隆帝“从未到过碧霞祠”,显对上述史料未作留意。

更为重要的是,乾隆帝不仅在碑记中将碧霞元君定位为地祇正祀,视之为“苍生溥佑”(乾隆联语)的护国之神,同时正式确立了每年四月十八日(元君圣诞)遣使致祭的大典,这一典礼而后成为清廷定制。从此碧霞元君祭正式从民间祭祀上升为国家祭祀。对此,本书第五章中已有详论,可资参看。

而且,这一遣祭之典并未如彭先生所论,停止于嘉庆四年(1799)。致使彭氏产生这一误解的原因,则是所依据清金棨所修《泰山志》记此典止于此时。但金志虽刊刻于嘉庆十三年,纪事下限却于嘉庆三年(金棨于此年卸泰安知府之任)截止。故金《志》不载此后遣祭,并不表明此礼停废于是年。

---

① (清)曾国藩:《曾国藩日记》中册,宗教文化出版社 1999 年版,第 555 页。

② 秦翰才:《左宗棠逸事汇编》,岳麓书社 1986 年版,第 279 页。

③ 中国第一历史档案馆编:《乾隆帝起居注》第 16 册,广西师范大学出版社 2002 年版,第 131 页;中国第一历史档案馆:《乾隆二十二年南巡史料》,《历史档案》1989 年第 3 期。其他两条均据该馆藏原稿本。

④ 中国第一历史档案馆编:《乾隆帝起居注》第 21 册,广西师范大学出版社 2002 年版,第 124～127 页。

⑤ 《清高宗实录》卷八七九,《清实录》第 19 册,中华书局 1987 年版,第 772～780 页。

事实上，自乾隆朝直至宣统朝，终清之世，这一祀典从未停止（最后一祭在宣统二年）。在现存清宫档案中，有关奏报祀事的奏折不下数十件。这些奏折内容大致相同，都是奏报于四月十八日恭诣岱顶致祭状况。如同治十一年（1872）四月山东巡抚丁宝桢奏："再四月十八日致祭泰山，历蒙钦颁香供，由巡抚两司内酌量一人前往。本年香供，业经内务府奏派员外郎文桂恭赍到东，臣届期前往泰安，斋祓登山，敬谨陈设致祭，以仰副圣主为民祈福之至意。"彭慕兰先生也曾在清代奏折中搜寻相关记载，但上述档案并未能引其注意，主要原因则是这些奏折仅仅标明"泰山"，而未明确写出碧霞祠名或元君神名，以致易使人产生误读，以为是针对泰山神而言。但如考察其祭之日期"四月十八日"，便知此时正是所谓"元君圣诞"（清廷法定祭祀元君日），足以证明上述祭典均是"元君祭"而非"泰山（神）祭"。

在清中后期频繁举行的这一碧霞元君祭，无论其规模、频率都已远远超过泰山（神）祭。碧霞祠祀不仅成为国家祀典，而且成为泰山第一大祭；碧霞元君不仅在民间信仰中且最终也在国家祀典中超越了东岳大帝，成为泰山第一主神。这便是笔者考察清代致祭档案得出的一个结论。

碧霞元君神像

（采自《中国神像鉴藏录》）

中篇　庙祀考论

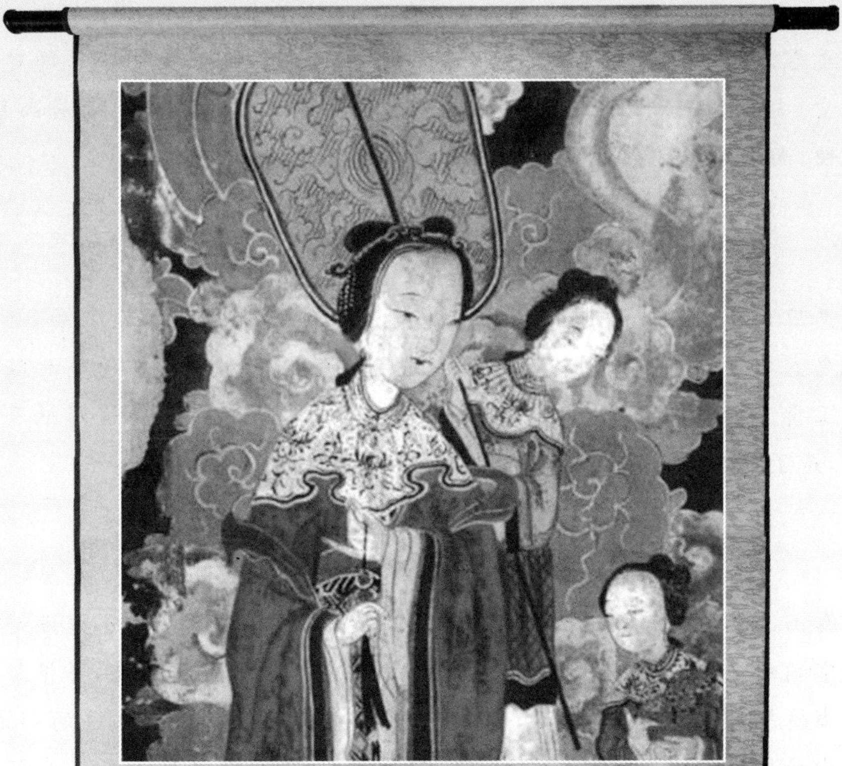

第七章　碧霞上庙：从钦工重地到民修祠庙

岱顶碧霞祠为元君信仰的祖庭，在泰山庙祀中具有突出地位。今考创始在北宋英宗、神宗时期，北宋末祠宇已具一定规模。元初全真道士张志纯兴复祠宇，改称昭真观。入明“洪武御极，首重新之”，此后经历弘治、成化敕修，进入其鼎盛时期。清代碧霞祠历经从钦工、官修到民建的过程，清前期神祠为皇家禁地，香社虽盛，却绝无参与庙工的记录。至后期由于国衰财拮，始有香社自行承包修葺。此一神圣空间呈“官退民进”之势。

第八章　碧霞中庙：从天门禅堂到红门宫院

元君三庙中红门宫兴起较晚，元代此处为中溪神庙，至明万历间建为天门禅堂，由性空一系僧人入驻。此后别构殿宇以祀碧霞，由于地居山麓，进香称便，而庙旁“小泰山”更后来居上，成为香火鼎盛之区。

第九章　碧霞下庙：从万历敕修到民国兴废

灵应宫可能创始于明永乐间，万历朝内廷大举拓建。入清之后，继续获得清皇室之护持。民国时期，清隆裕太后大太监小德张与日伪华北政务委员会王揖唐等次第捐资重修。现存灵应宫案卷中，有大量建筑图纸及碑刻录文，是了解本庙沿革的珍贵史料。

第十章　碧霞洞府：从石室仙洞到后石坞庙

泰山玉女信仰产生后，很快与洞穴发生联系。其修真之处被设定在岱阴石室洞中，后又转徙至黄花洞。明代中叶起在此建立元君庙，并根据宝卷中故事情节，在此设置元君墓、白猿墓等胜迹。而这些玉女仙迹的形成，则与明中叶兴起的宝卷文学密迩相连，显现着民间信仰对泰山神圣空间塑造的重大影响。

第十一章　碧霞别庙：从诸神宫观到元君殿堂

在泰山庙宇中，多处存在神主转移现象，如天书观原奉祀昊天（天书主人），草参亭原遥奉东岳神，梳妆院、万仙楼原奉祀西王母。但明中叶之后，这些庙廷悉数改祀碧霞元君，反映了此数百年中元君泰山独大的神道格局。

第十二章　碧霞佛院：从长清香路到元君行宫

自明代伊始，碧霞元君信仰开始大兴，四方香社纷纷进香泰山，灵岩寺因毗邻泰山香道而与众多香社发生联系。灵岩寺僧为了适应信众需求，在附近炒米店建灵岩下院奉祀碧霞女神，从而使民间女神信仰融入佛寺之中。

第十三章　碧霞金石：从天仙玉印到铜碑玉碣

“天仙照鉴”玉印，相传系宋真宗加封泰山玉女时所制，清顺治间获于山中，供奉于岱顶碧霞祠内。又祠有铜碑、玉碑各两座，分别立于明之万历、天启及清之乾隆朝，皆关涉碧霞祠祀沿革史事。

第七章　碧霞上庙：从钦工重地到民修祠庙

在泰山碧霞各庙中，岱顶碧霞祠、岱麓红门宫与岱下灵应宫分别被称作上、中、下三庙，声名显赫。其中岱顶碧霞祠是元君信仰的祖庭，尤其具有突出地位。

碧霞祠图

（采自乾隆刊本《泰山图志》）

一、宋元碧霞祠：从玉女到昭真

关于碧霞祠始建年代，泰山史志中多记为宋真宗时所建，如明《泰山志》卷二《灵宇》云："碧霞灵应宫：在岳绝顶西南下三里许，旧名昭真观，宋真宗东封建。"[①]后世因将大中祥符二年（1009）视为祠宇创始立年。但追索宋代

① （明）汪子卿：《泰山志》卷二，《泰山志校证》，黄山书社 2006 年版，第 235 页。

较原始记录，此说多有可疑。《续资治通鉴长编》诸书仅言真宗将玉女像易石为玉，砻石为龛。[①] 而宋王钦若《社首坛颂》碑云真宗东封"惠洽于人，虽小不舍，新玉女之像是也"[②]，说明当时仅立像龛，尚未建祠宇，否则不可能将此大工视为"小惠"。故宋真宗建碧霞祠一说，应为明代碧霞信仰兴起后所假托。

那这座岱顶宫殿创始于何时呢？笔者推测应在北宋英宗、神宗时期。依据是宋人王山《盈盈传》所记："至于绝顶，有玉女池在焉。石罅潺湲，湛然镜清。州人重之，每岁无贵贱，皆往祠谒。"[③]所述系嘉祐五年（1060）之事，文中只言玉女有池未及祠（如已有之，则州人不会只谒池而不诣祠）。而到了元祐二年（1087）兖州知州刘衮刻石已称："兖海守刘衮奉诏祈雪，次谒玉女祠。"[④]知此时已建起女神祠庙。两则史料比对，大致可推断碧霞祠之创始应在其间的二十年中。此一时段，源于"州人重其祀"，遂由池上之龛发展为祠庙建筑，成为后世碧霞祠的滥觞。到了北宋末，这座玉女祠不仅巍立于岱顶，还有了一些附属建筑，据政和四年（1114）四月赵鼎臣《游山录》"俄登十八盘，遂至绝顶，小憩玉女殿之旁舍"[⑤]，可知祠宇已具一定规模，成为登顶游人栖止之处。另外，同为女神祖庭的湄洲妈祖庙始建于宋雍熙四年（987），这就可以推定宋代初年女神祠庙已在全国各地萌兴，泰山女神创庙并非孤立现象。

北宋时官员登岱时已开始诣祠祈告，至金代更影响至皇室，在大观峰壁上便留下金明昌元年（1190）三月金世宗之女题记："皇姑濮国大长公主奉公郎□命同驸马浚州防御蒲察，敬诣岱岳，焚香致礼毕，明日遂登绝顶，拜于玉仙祠下，时明昌元年三月十二日。"[⑥]鉴于公主的女性身份，其谒祠目的当为祈嗣。很可能在这一时期玉女祠已成为一座求子灵祠。

---

① 参见（宋）李焘：《续资治通鉴长编》卷七〇，中华书局 1980 年版，第 1561 页。

② （宋）王钦若：《社首坛颂》，《北京图书馆藏中国历代石刻拓本汇编》第 38 册，中州古籍出版社 1989 年版，第 27 页。

③ （宋）李献民编，程毅中、程有庆点校：《云斋广录》卷九，中华书局 1997 年版，第 70 页。

④ （宋）刘衮：岱顶祈雪题记（镌碧霞祠西墙外天柱峰石壁），《山左金石志》卷十七，《历代碑志丛书》第 15 册，江苏古籍出版社 1998 年版，第 139～140 页。

⑤ （宋）赵鼎臣：《游山录》，《竹隐畸士集》卷二〇；《全宋文》卷二九八三，第 138 册，上海辞书出版社、安徽教育出版社 2006 年版，第 246 页。

⑥ （金）《濮国长公主题记》，在唐摩崖东石缝中，字今间有漫漶。（清）唐仲冕：《岱览》卷九《分览一·岱顶中》，清嘉庆十二年果克山房刻本，第 21 页。

蒙古入主中原后，东平行台严实委派全真道士张志纯陆续兴复毁于金末兵乱的泰山各庙，其中玉女祠工尤大，“倍于故殿三之二，取东海白玉石，为像如人然，一称殿之广袤”。[①] 新像雕就后，原奉之石像移置于大观峰下桃花洞，明清之际犹存[②]。玉女祠重修后改称昭真观，“昭”意为昭示、彰明，“真”则为道徒对仙人的称呼。道籍称老子为真老，化生真妙玉女，故茅山有昭真台，泰山观名亦取意于此。改额“昭真”，意在强化女神的道神色彩。祠宇开始由道士住持(此前有无道士未详)，中统五年(1264)《天门铭》后有“昭真观主翟庆真”题名可证。这一体制延续后世，再无改易。蒙古太宗八年(1236)三月诗人元好问《登泰山》诗中有“夜宿玉女祠，崩奔涌云雷”[③]之句，可想祠址之形胜。

二、明代碧霞祠：从灵应到灵佑

(一)明太祖敕修昭真祠

泰山女神祠宇自金元入明后，迎来一次大型重修，即洪武之役。此次修工从未引起研究者关注，石野一晴《泰山娘娘考》虽提到此役，只称“昭真观在洪武年间修建后依旧静静地安于泰山一隅”，“(朱元璋)对玉女地位未作任何表示”。[④] 实则女神祠此前虽历有大修，但最多只是地方藩府所为，朝廷敕修斯为首次，故应特予关注。

关于洪武祠工，首见于《大明一统志》：“昭真观：在泰山顶。元因旧址建，本朝洪武初重修。”[⑤]《大明一统志》为官修地理总志，成书于天顺五年(1461)。此时距洪武初不足百年，所记当堪信从。且志系官书，民间小葺难

① (元)杜仁杰：《泰安阜上张氏先茔记》，孔繁信：《重辑杜善夫集》，济南出版社1994年版，第119页。

② 参见(清)张怡：《由灵岩登岱记》，《濯足庵文集钞》，《南开大学图书馆藏稀见清人别集丛刊》，广西师范大学出版社2010年版，第49页。

③ 贺新辉：《元好问诗词集》，中国展望出版社1987年版，第72页。

④ [日]石野一晴：《泰山娘娘考——碧霞元君信仰的起源及其在明代的发展》，张雯译，《日本中国史研究年刊》刊行会编：《日本中国史研究年刊·2010年度》，上海古籍出版社2013年版，第86～87页。

⑤ (明)李贤等纂修：《大明一统志》卷二三，三秦出版社1990年版，第357页。

入史简，其郑重记入，当为一朝巨工。此后弘治《泰安州志》亦有“洪武初重建”[①]之语，可与《一统志》互证。最为重要的当属万历朝李汶之记载，其《重修泰山行宫记》记岱顶碧霞宫云：“洪武御极，首重新之。”[②]特别指出此次修工系明太祖朱元璋即位后之所为。李汶（1535～1609）乃朝堂重臣（嘉靖进士，万历时官至兵部尚书），事涉君主，当不会向壁虚构。另明孟思《重修碧霞元君行宫记》所记可堪互证：“宫建于元以前，莫知其始，明兴，敬神恤民，神道设教，世加崇奉，有祷响答，歆动灵贶。”[③]明兴当指明初开国。则此一庙工属于敕工，其重要性非同寻常。朱元璋为何在登极伊始，汲汲于一座女神祠宇？联系洪武初期之祀典改革，内中可能多含微意。

洪武元年（1368），朱元璋“命中书省下郡县，访求应祀神祇。名山大川、圣帝名王、忠烈臣士，凡有功于国家及惠爱在民者，著于祀典，命有司岁时致祭”；洪武二年（1369），“又诏天下神祇，常有功德于民，事迹昭著者，虽不致祭，禁人毁撤祠宇。三年定诸神封号，凡后世溢美之称皆革去。天下神祠不应祀典者，即淫祠也，有司毋得致祭”[④]。此政策体现在泰山，重头便是去岱神帝号：“神之所以灵，人莫能测，其职受命于上天后土，为人君者何敢预焉！惧不敢加号，特以东岳之神名其名。”[⑤]此举意将泰山祭祀收归国有，而严禁民间对岱神“非礼”的渎祀。所谓“如有非礼之渎，必致之罪。将见自其一州以及天下，皆革其狂惑，以正持己，以礼接神”[⑥]，从而实现国家权力对泰山祀典的全面管控。

然则朱元璋一方面诏去泰山神帝号，另一方面却敕建不列入祀典的女神祠宇，其宸心何在呢？拙见斯一举措，应着眼于对泰山进香活动的疏导。

民间祭祀泰山神活动，自宋元以来已形成大规模浪潮。虽儒士多次提

---

① 弘治《泰安州志》卷一《祠庙》，第 19 页。

② （明）李汶：《重修泰山行宫记》，《次溪南游记并出塞诗》，《明别集丛刊》第 4 辑，第 40 册，黄山书社 2016 年版，第 424 页。

③ （明）孟思：《重修碧霞元君行宫记》，《孟龙川文集》卷十五，《明别集丛刊》第3 辑，第 48 册，黄山书社 2016 年版，第 240 页。

④ 《明史》卷五十《礼志四》，中华书局 1974 年版，第 1306 页。

⑤ （明）朱元璋：《去封号碑》（立岱庙庭，今据以录文）；《明太祖实录》卷五三，《明实录》第 2 册，台北“中研院”史语所 1967 年影印本，第 1035～1036 页。

⑥ （明）周经：《重修岱庙廊庑记》，明《泰山志》卷二《灵宇》，《泰山志校证》，黄山书社 2006 年版，第 224～225 页。

出厉行禁戢，如元人赵天麟请求元世祖查禁东岳庙会，“凡祈神赛社、浆酒藿肉、饰立神像、泥金镂木者禁之”[①]。即使在蒙元政治高压态势下，此风俗仍不能被有效遏制，反而日趋高涨。对此状况，明廷改定祀典时肯定会有所考虑。在泰山神祇中另选一神，引导民间信俗与朝廷祀典分流，揆之当日情势，或在必行。

然泰山诸神，几乎全属东岳神府体系，享有敕封或民间托封的各种爵号，如泰山神夫人封淑明后，诸子分别封炳灵公（王）、祐灵侯、惠灵侯、宣灵侯等[②]，其他辅佐亦分别系以灵派侯、广禅侯、护国灵应侯等爵及太尉、将军等官。泰山神帝号即削，皮已不存，则诸神爵职皆无所附丽，不宜再加宣扬。诸神之中，与泰山帝、王、公、侯神系了无关涉者，只有一泰山玉女，虽元人杂记有“岳帝女”说，但系后起俗说（宋真宗立像时尚无此说）。对此女神进行崇祀，导引民间信众流向，乃与去泰山神封号旨意毫无滞碍。很可能基于这一层考虑，朱元璋敕令重修昭真观，以为女神权威造势。所谓“我国家礼神罔祀，咸秩无文，楚江龙母、闽海天妃、孤山神女，悉加封祭”[③]。“碧霞元君”神号最早出现于明初，很可能便是在此一形势下缔造而成的（不加后、妃之类称号，而冠以道号，与此前神祇封号明显不同）。这一点虽乏确证，但距史实应不甚远。

而明洪武七年（1374）福建湄州妈祖庙大规模增建，凸显了明朝开国伊始对女神的高度重视，更为泰山碧霞祠“洪武御极首重新之”增益了相近史例。对“南妈祖，北碧霞”祖庭进行比较研究，互相打通，有助于对历史上中国女神信仰的发展变革作更深一步的解读。

洪武朝对泰山女神的崇祀，为此后碧霞元君信仰的大举肇兴作了重要铺垫。

（二）明宪宗赐额“碧霞灵应”

继洪武敕修女神庙后，在此后的正统、天顺等朝，地方官谨承遗绪，对庙庭

---

① （元）赵天麟：《太平金镜策》卷四《停淫祀》，《四库全书存目丛书·集部》第21册，齐鲁书社1997年版，第670页。

② 参见（宋）吴曾：《能改斋漫录》卷十八《神仙鬼怪》，上海古籍出版社1960年版，第522页。

③ （明）孟思：《重修碧霞元君行宫记》，《孟龙川文集》卷十五，《明别集丛刊》第3辑，第48册，黄山书社2016年版，第241页。

数度重修。如正统十年(1445)九月,泰安州道正司奏请修葺岱顶昭真观等宫观,英宗允准其请。[①] 天顺五年(1461)济南知府陈铨等重修岱顶玉女祠,建正殿、两廊及山门等,瓦皆铁铸。前翰林学士许彬为撰记碑。[②] 成化四年(1468)山东巡抚原杰以岱顶昭真祠年久堕坠,发起重修,并易为铜梁铁瓦。增正殿三间为五,左右廊庑改为殿。礼部侍郎刘定之为撰记碑。[③] 明初庙工最重要的变更,便是将陶瓦改为铁铸。而再次钦工重建,则是成化中期之事。

侍讲尹龙撰碑称:"圣天子(明宪宗)御极之十有五年,命太监陈公喜来修祀事。公与镇守山东太监韦公焕暨藩臬之臣展敬祠下,徘徊顾瞻。谓其规模卑隘,弗足以妥安神灵,而为四方之瞻依。谋欲大之。遂以闻。明年奉明诏修是祠,于是所司钦承罔怠,即其故址,增其式廓。叠石为基,琢石为础,栋梁榱桷,抡材必良。祠之为间者五,所以奉元君之神也;左右回廊各三间,则护从之神居焉。神道有门,钟鼓有楼。恐其凌空壁□(立),易为风雨之所剥蚀,故陶土为砖,冶铁为瓦,覆仰比次,而沃灌以油也。其制度工巧,有矢棘翚飞之势;黝垩丹漆,有金碧交辉之美。宏深靖丽,高明轩豁,视昔大有加焉。内之肖像,左石右铜,中以沉香为之,雕龛石座,霞帔凤冠,於赫穆清。而其所费,一皆输财于神贮之帑藏,以充其用事,而毫芒不取于民。……落成之日,神人胥悦。"[④]

明宪宗为何在洪武百年之后再兴大工,前引石野一晴文中推测此举或与万贵妃专宠相关:"提到成化年间,就不能忽视影响力巨大的万贵妃。贵妃出身于山东诸城,她很可能在入宫之前就已熟知泰山信仰。宪宗对万贵妃唯命是从,重用宦官汪直和梁芳,太监们因深受信赖而大权在握,西厂势力膨胀时期的恐怖政治,令科道官也只能噤口。到万贵妃去世的成化二十三年(1487)为止,以北京为中心进行了大规模的寺院营造。昭真观的修复历时三年,变身为更加巨大豪华的建筑。"

---

① "东岳泰山上有昭真等宫观,俱系历代古迹神祠,年久损坏,乞赐修葺。"(《明英宗实录》卷一三三,《明实录》第16册,台北"中研院"史语所1967年影印本,第2643页。)

② (明)许彬:《重修玉女祠记》,弘治《泰安州志》卷六《文》,第30～31页。

③ 参见(明)刘定之:《重修玉女祠记》,弘治《泰安州志》卷六《文》,第31～32页。定之《呆斋续稿》卷五题为《碧霞元君祠记》,文字小异,参见《四库全书存目丛书·集部》第34册,齐鲁书社1997年版,第220～221页。

④ (明)尹龙:《重修泰山顶庙记》,弘治《泰安州志》卷六《文》,第32～34页。

石野这一推测颇有见地，万贵妃与泰山之关系实有迹可循。史载成化二年(1466)正月，万妃生皇第一子，宪宗大喜，遣中使祀诸山川。[①] 这名山自包括泰山在内。而万贵妃的乡里在山东诸城，自会对家乡多一份特殊的关注。此后“中使”即开始了在泰山频繁的活动，奏报重修昭真观的太监陈喜，便是万贵妃亲信。《明史·丘弘传》称“万贵妃有宠，中官梁芳、陈喜，争进淫巧”[②]。因此陈喜奉敕致祭昭真观，或许源于万贵妃授意。其后对昭真观的修葺，也可能来自后宫的推动。如果上推不误，万贵妃极可能是宫闱后妃介入碧霞崇祀的第一人。

时陈喜于泰山刻立祝文、石函，记其祈祀始末。至弘治朝，万贵妃家族失势，陈喜等皆被逮治，其碑石等均被仆毁：“岳镇、济渎等祠庙，皆有前太监陈喜及奸人邓常恩所造石函，函周遭有符篆，中贮泥金书道经一卷，又金银钱数枚，诸色宝石十数颗，五谷各一升，似为魇镇之术者。每祠庙又有先帝遣陈喜致祭祝文，其文不知何人所撰，皆刻之于石。……今常恩等已正宪典，其石函、石碑尚存。于先帝盛德，恐不能无损。乞令所在有司毁之。凡函中所贮者，各遣人验实进缴，以灭其迹，抑以杜将来之渐。”[③]万贵妃在泰山之痕迹遂被抹去。

成化朝昭真观除了工程浩大，最主要一点乃是将庙额更易。成化十九年(1483)工成后，宪宗赐额曰“碧霞灵应宫”[④]。按昭真观之名，源起元初道士张志纯拓建，此观名入明仍沿用不改，如成化五年(1469)重修祠宇董工章丘县丞梁骥刻记于大观峰称：“重修昭真观天仙玉女碧霞元君殿宇铜脊铁瓦。”又长清炒米店明成化十一年(1475)《新建广惠桥记》碑阴题名出现有“泰山顶昭真□(观)住持李志宁、高福友”，知祠名仍旧。此前所修《大明一统志》中亦称此祠为昭真观，沿用已逾二百年。将昭真观称为碧霞宫虽古而有之，如洪武朝宋濂《登岱》诗中有“灵光长绕碧霞宫”[⑤]之句，但只是俗称而非正名。此次宪宗将“碧霞灵应宫”作为正式观额，实有深层原因。盖女神

---

① 参见《明史》卷一八〇《后妃传》，中华书局1974年版，第2524页。

② 《明史》卷一八〇《丘弘传》，中华书局1974年版，第4771页。

③ (明)朱国桢撰，王根林校点：《涌幢小品》卷一，上海古籍出版社2012年版，第10页。

④ 弘治《泰安州志》卷一《祠庙》，第19页。

⑤ (明)宋濂：《登岱》，《全明诗》卷四八，第2册，上海古籍出版社1993年版，第363页。

取得碧霞元君封号之后，民间影响日趋扩大，已经远盖原来道教附加的真灵之说。碧霞灵应宫名即是顺从了此一信仰变革。自此祠庙正名"碧霞"，后世虽有灵应、灵佑之易，名宫、名祠之别，但"碧霞"之额迄今不替。恰如石野一晴所指出："为碧霞元君研究带来启发的，不是工程本身，而是'碧霞灵应'这一新名字，即这个时期首次在庙宇建筑中出现了碧霞元君名的一部分。此后，碧霞元君名字便在文献中固定沿用下来。"[①]

（三）明神宗敕建金阙

自成化敕修后，碧霞宫进入其鼎盛时期，兴工相继，香火蔚盛。自弘治至万历百余年间，经历了六次大修：

弘治八年（1495）正月，岱顶碧霞灵应宫毁于火灾。弘治十年（1497）十月，山东巡抚熊翀奏请重修，经户部会议后，获得孝宗报可。"凡为正祠五间，为左右配享之祠各三，为从神之祠各一，为钟鼓之楼者亦如之。为亭于圣水之祠一，为道院二区……合为间八十九"。吏部尚书、谨身殿大学士徐溥为撰记碑。[②] 嘉靖六年（1527）九月，山东巡抚王尧封因宫宇敝坏，进行营缮，"经始于嘉靖乙酉年（1525）丁亥月乙未日，落成于嘉靖丁亥年（1527）庚戌月丙子日。正殿仪门各五间，东西配殿、帅神勾愿庙各三间，而正殿比旧规益加宏敞，以及钟鼓二楼左右相向"[③]。南京工部尚书崔文奎为撰记碑。嘉靖二十二年（1543）三月，山东巡抚曾铣重修岱顶东岳上庙，并建碧霞坊、泰岳坊、元君庙及钟鼓楼等[④]。隆庆六年（1572），山东巡抚傅希挚、巡按吴从宪加葺碧霞灵应宫。[⑤] 万历十三年（1585）山东巡按韩应庚兴工重修，对旧制多有更新。并创建东西宝库（"用以投储诸所捐施"）、便殿、憩亭及"护国灵

---

① ［日］石野一晴：《泰山娘娘考——碧霞元君信仰的起源及其在明代的发展》，张雯译，《日本中国史研究年刊》刊行会编：《日本中国史研究年刊·2010年度》，上海古籍出版社2013年版，第86～87页。

② 参见（明）徐溥：《重修碧霞灵应宫记》（碑在水帘洞东北），《泰山石刻大观》卷十，线装书局2002年版，第69～70页；（明）徐溥：《谦斋文录》卷二，文渊阁《四库全书》本，第56～57页。

③ （明）崔文奎：《重修天仙玉女碧霞元君宫记碑》（立于红门宫）。

④ （明）陈儒：《重修东岳庙记》，明《泰山志》卷二《著录》，《泰山志校证》，黄山书社2006年版，第225～227页。

⑤ （明）查志隆：《岱史》卷九《灵宇纪》，马铭初、严澄非校注：《岱史校注》，青岛海洋大学出版社1992年版，第147页。

佑”等三坊。[①] 万历三十六年(1608)山东巡抚黄克缵重修,原任太仆寺少卿邢侗撰《重修泰山碧霞元君灵应宫碑》[②]。此时的碧霞宫,已成为一座“规模壮丽,丹漆晃耀,突出烟霞之上;像设尊严,金碧荧煌,巍乎岱岳之间。斗柄之南一奇观”[③]的天上宫殿。

而此时碧霞元君神职的增益,更促成了有明一代规模最大的一次敕修。自明代中期始,碧霞元君开始有分身之说,碧霞宫也开始配享分身神位。最早加入崇祀者,为天顺朝的“配享”与“监池”二神,许彬《重修玉女祠记》云:“东西为廊各三间,东居配享元君,西居监池圣母。”[④]明孙暲《明故奉政大夫湖广岳州府同知胡公墓志铭》载,成化时“州有神号玉女者,民崇信备至。至铸三铜像以事。公(瑄)曰:‘神而有灵,一已足矣。’命毁其二,为夫子庙祭器。”[⑤]这说明分身信仰尚不为官府所认可。然至成化末年,配祀之神已发展为专庙,“谢元君庙:在岳顶。监池元君庙:在岳顶”[⑥]。隆庆《修建元君行宫碑记》(今存岱庙)言“东斑疹,西子孙”。至万历初年,配祀分身逐渐定型为子孙(送子)与眼光二尊。如万历十三年(1585)重修碧霞宫时,其布局为“左翼曰子孙殿三间,右翼曰眼光殿三间”[⑦]。其中眼光信仰女神颇为盛行,《灵应泰山娘娘宝卷》云:“话说天仙圣母又叫(唤)眼光娘娘:‘你看天下众生,贤愚不等,善恶不分,你掌眼光,答救天下大地众生。’眼光娘娘奏上:‘圣母得知我有搽光石、磨光草两桩宝贝,搽光石搽一搽,眼目明亮;磨光草磨一磨,放大光明。’”[⑧]故不仅配享于岱顶,还在泰山之下数建分香。隆万之际于金

① 参见(明)查志隆:《岱史》卷九《灵宇纪》,马铭初、严澄非校注:《岱史校注》,青岛海洋大学出版社1992年版,第147～148页。

② (明)邢侗:《重修泰山碧霞元君灵应宫碑》,《邢侗集》卷十一《碑记》,齐鲁书社2017年版,第279～281页。

③ (明)崔文奎:《重修天仙玉女碧霞元君宫记碑》(立于红门宫)。

④ (明)许彬:《重修玉女祠记》,弘治《泰安州志》卷六《文》,第30页。

⑤ (明)陈霆:《仙潭录》卷六,《中国地方志集成·乡镇志专辑》第24册,上海书店出版社1992年版,第46页。

⑥ 弘治《泰安州志》卷一《祠庙》,第17页。

⑦ (明)查志隆:《岱史》卷九《灵宇纪》,马铭初、严澄非校注:《岱史校注》,青岛海洋大学出版社1992年版,第148页。

⑧ 《灵应泰山娘娘宝卷》卷上,马西沙主编:《中华珍本宝卷》第1辑,第3册,社会科学文献出版社2014年版,第622页。

山下创建眼光殿(清代于虎山建东眼光殿后,此称西眼光殿)。[①]

在此崇信背景下,慈圣太后目疾偶发,促成了碧霞宫万历大工。“恭见圣目少安,药石罔效。”因泰山为眼光女神祖庭所在,而慈圣太后又是碧霞元君的狂热崇信者,终其一生为元君建庙、造像、刊经持续不绝。[②] 故从万历三十八年(1610)起,神宗数遣内监诣泰山进香并立坛建醮,以祈母后重见光明。[③] 不久慈圣太后眼疾痊愈,明神宗感念神恩,乃发内帑,在碧霞宫内建铜制殿宇,“镀金为像,范铜为殿,筑石为台,奉元君奠居焉”,额曰“天仙金阙”。经始于万历四十一年(1613)四月,竣工于次年四月。

万历四十二年(1614)十一月,明神宗传谕内阁自述兴建原委:“朕先年朝谒圣母,恭见圣目少安,药石罔效,朕寝食弗宁,谨以斋沐竭处(诚)露祷上帝,复命内官祈祷于东岳泰山之神、天仙碧霞元君,祈祷之日,圣目即愈,朕感其灵应,无所酬答,于是谨发诚心,发帑命择于万历四十一年四月二十六日大吉开工,命内官监等衙门太监等官崔登、叶忠、林潮、齐芳、陈永寿、李忠管理鸠工,铸造镀金天仙碧霞元君圣像,并铜梁柱瓦,范铜宝殿一座,额曰‘天仙金阙’,供安圣像。石台基,四券门,东门名曰苍华,南门名曰丹凤,西门名曰皓灵,北门名曰玄通,泰山后门名曰北天。逐一崇建,至于四十二年四月初四日落成。”[④]金阙制造得十分精工,所谓“制仿武当,突兀凌霄,辉煌映日”[⑤]。工成由首辅方从哲等为撰《敕建泰山天仙金阙碑记》,范铜铸文,立之祠中。此即著名之碧霞金阙之来历。

制造金阙之时,正值天下荒歉,死者枕藉,故其工饱受到社会抨击。如萧协中于所著《泰山小史》中痛言:“时值大祲,白骨沟渠,锱铢以入,泥沙以出,谅聪明正直者,不以金灵也。”依神宗本意,是想将金阙永奉于岱顶,“与(明)国祚相绵延”。但此阙自建成,在碧霞宫供奉不足三十年,便于明末动

---

① 参见(明)王之纲《泰山记》:“转而西为人祖殿、升元观、白鹤泉、酆都峪、眼光殿、青帝观、岱麓书院。”(《泰山搜玉集》卷一,《四库全书存目丛书·集部》第313册,齐鲁书社1997年版,第8页)

② 参见袁怡雅、徐怡:《万历朝的轮廓:从莲池观音到九莲菩萨——明慈圣皇太后的造神之路》,《文物季刊》2022年第4期。

③ 天柱峰壁有遗官题记称:“钦差内臣道正掌坛兼道经厂□尚膳监太监李昇奉当今皇帝圣旨,前来东岳泰山顶上进香,恭为圣母圣慈光明建醮二坛。□□(万历)三十八年闰三月初五日记。”

④ 南炳文、吴彦玲辑校:《辑校万历起居注》,天津古籍出版社2010年版,第3125～3128页。

⑤ (明)萧协中:《泰山小史·金殿》,清乾隆刻本,第10页。

荡中被迁移山下[①]，迄后四百年中，岱顶金阙之制再未恢复。

当金阙告成之日，慈圣太后已谢世，神宗声称母后“神游东岱，逍遥胜境，位并碧霞”[②]，在岱顶兴建万寿宫加以奉祀，并开启对泰山各处庙宇的大规模扩建。天启铜碑称：“允发帑金，普修泰岳，以李公忠总督工程……修玉皇顶尊崇上帝，青帝宫、东岳庙俱已改观，灵佑宫祗奉元君。浴圣殿、神憩宫，悉为更始。祝国皇经堂、五岳会真堂，已创起矣。又高大天门，所以耸瞻仰也。岱庙峻极殿、蒿里森罗殿，已增崇矣。……天庆宫至九莲殿，皆其特修。三灵祠新同灵官庙，且御香亭一时鼎建。”[③]因工程浩大，加之时皇极等三门重修开工，而明廷财政窘迫，岱工引发群臣诤谏。万历四十三年(1615)四月己丑，“以部科诸臣执奏殿门宜建，玄宫非急”。为此神宗专门敕谕工部：“灵应宫修理，系朕追遵圣母敬奉至意。且圣母在御时，朕以天下孝养，岂惜此费？但今内库缺乏无措，尔为臣子亦当仰体。尔部还遵前旨，作速处办应用，以全朕孝敬诚意。鼎建三门，候旨行，不必再来渎奏。”[④]

此次殿瓦除用铜铁铸造外[⑤]，同时烧制大量琉璃瓦。万历四十三年二月庚子，工部奏：“鼎建皇极三门，烧造瓦片，带办灵应宫琉璃瓦片。”上曰：“本殿宇厅(指碧霞灵应宫)用琉璃瓦片，缘系追遵圣母敬奉，岂容少缓。着遵前旨行。鼎建朝门，已知之矣，另候旨行。”[⑥]万仙楼香社题名碑中有“钦差提督皇极殿门兼管琉璃窑工所内宫监太监李弘洛”，或即督造庙工所用琉璃瓦

---

① 毕自严《三叟同游记》述此事云：“曩科臣葛泰垣(应斗)疏言：‘泰山铜顶金木相刑，年来祸乱之作，多有左验。’语虽近幻，似亦生克至理。”[(明)毕自严：《石隐园藏稿》卷三，《明别集丛刊》第5集，第2册，黄山书社2010年版，第62页。]崇祯十六年(1643)前后，起事民众将岱顶碧霞宫金殿迁移山下，据(清)张体乾《东游纪略》述称：“明末土寇疑(铜殿)为金，毁而载之去，既知非是，弃山下。”(《四库全书存目丛书·史部》第128册，齐鲁书社1996年版，第675页)

② 周绍良：《明万历年间为九莲菩萨编造的两部经》，《故宫博物院院刊》1985年第2期。

③ (明)《敕修泰岳大功告成赐灵佑宫金碑记》，在碧霞祠。

④ 《明神宗实录》卷五三一，台北“中研院”史语所1967年影印本，第9958页。

⑤ 这次大修广泛使用铜铸，清江都奏折中称“踏看得碧霞元君正殿五间，原系铜盖瓦铁底瓦歇山成造”。大殿铜瓦或始于此役。又西配殿脊间铁瓦有铸“大高殿掌坛内官监太监刘用”“内官监信官黄奉造”，刘用为万历朝宦官，曾册封朝鲜。则部分铁瓦亦万历旧物。按民国赵新儒《泰山小史注》云：“考其(碧霞祠)瓦制铜色，与在灵应宫保存之金阙，即明时山顶之金殿及保存之九莲菩萨各铜像，如出一手，而清朝修工各记，并无范铜之事，当系明万历年万寿宫之遗物。清初万寿宫毁，遂移其铜瓦于碧霞宫乎？”(《新刻泰山小史》)此说待考。但碧霞祠部分铜瓦可能铸于万历朝。

⑥ 《明神宗实录》卷五二九，台北“中研院”史语所1967年影印本，第9997页。

者。庙工一直延续至神宗崩逝。

本次工后明廷又将宫额进行改易，将原额"碧霞灵应"改为"碧霞灵佑"。天启铜碑便题称《敕修泰岳大功告成赐灵佑宫金碑记》。此举意在彰显碧霞元君对明室的独特恩佑，将之塑造为皇家保护神，并通过太后奉祀于泰山，将碧霞信仰与明廷紧密萦结在一起。此后崇祯朝为碧霞加号，奉其母祀岱，也是延续万历这一思路。[①]

明廷在兵困民乏之际大修庙宫祈助神灵，引起群臣诤谏。如山东道御史金汝谐上《为修人事以弭天变勤交儆以饰实政事》指出："宜缓而反急，如灵应宫重檐殿、胡良巨马二桥，则频传宣催督，何缓急失叙欤？"[②]神宗"以先太后意，不听"[③]。这场工役把碧霞庙祀推向明代泰山营建顶峰的同时，也埋下了"黄金碑下哭山陵"[④]的明亡伏笔。

三、清代碧霞祠：从钦工、官修到民建

（一）清代前期的钦工

清廷入主中原后，顺治十年(1653)，山东布政使司分守济南道右参议何启图奏请重修泰山诸庙[⑤]，开启了岱顶碧霞宫的清代首工。顺治十二年(1655)，山东巡抚耿焞、守道毕振姬、泰安知州傅镇邦等重修岱顶各庙；[⑥]顺治十八年(1661)，山东巡抚许文秀等先后修葺碧霞宫大殿及东、西配殿等，宫门上增葺歌舞楼，并于东西两侧各建石阁。[⑦] 皆由泰安武举张所存主工。

---

① 泰安州同知王辅臣崇祯二年(1629)"主修（岱顶）碧霞元君殿，籍其余资，以新神器库、祝釐馆"。参见(明)顾大韶：《泰安州同知王君（辅臣）墓表》，《炳烛斋稿》，《四库禁毁书丛刊·集部》第104册，北京出版社1997年版，第582页。又新见配殿铁瓦有"崇祯捌年贰月初拾日建造"字，可知崇祯朝亦有续工。

② (明)周念祖：《万历辛亥京察记事始末》卷八，明刻本，第80页。

③ (明)谈迁：《国榷》卷八二，中华书局1958年版，第5081页。

④ (明)阎尔梅：《泰山》，王汝涛、蔡生印编注：《白耷山人诗集编年注》，中国文联出版社2002年版，第476页。

⑤ 参见《山东布政使何启图揭帖》，《明清史料》丙编第四本，商务印书馆1936年版，第336页。

⑥ 参见(清)耿焞等：《碧霞祠摩崖题记》（勒祠殿北崖壁）。

⑦ 参见《碧霞祠摩崖题记》（勒祠殿北石崖）；康熙《泰安州志》卷一《建置志·祠宇》，第4页。

此后康熙十二年(1673)[①]、雍正二年(1724)[②]各有重修工役。

此时女神庙名已废止明廷所加"灵应""灵佑"庙额，只称碧霞宫，也习称碧霞元君庙或碧霞祠。乾隆时碧霞祠渐成为正式庙名。

碧霞祠与清帝发生关系，始于康熙朝。康熙二十三年(1684)十月康熙帝登岱，"于昭真宫天仙殿(即碧霞祠大殿)行礼"，"御书'坤元叶德'四大字悬额殿中"。[③] 但康熙朝并未有专门敕建诏旨，对碧霞祠钦工兴修，开启于雍正朝。

雍正七年(1729)六月，岱顶碧霞元君庙为风雨所侵，署山东巡抚费金吾奏请修葺："泰安州碧霞元君庙在泰山极顶，因山高风大，最易倾欹；且庙宇木植，历岁已久，非些小粘补可以支撑。本年六月初五六等日风雨稍骤，更坍损数处，而山门盘路亦复被水冲塌，亟需通身大修。"雍正帝批示："甚是。亟当遴员确估修理整齐核定。"[④]九月，雍正帝谕内阁："山东泰安州神庙，奉祀东岳泰山之神，历代相传，灵显昭著，佑庇万民，俾国家享升平之福者，明神之功德。其来久矣，远近人民感荷默佑之恩，焚香顶礼，罔不虔肃。其庙宇重修于康熙十二年(1673)，距今五十余年，兹据署巡抚费金吾奏称，庙宇盘道有倾圮颓坏之处，应加缮葺，山路亦当修整，著发内帑银两，命由内务府郎中丁皂保、赫达色(塞)前往督工，敬谨修理，务使庙貌辉煌，工程坚固，速行告竣，以副朕为民报享之至意。"[⑤]泰山工程历时一年，工竣后，雍正帝为碧霞祠赐额"福绥海宇"。

乾隆帝即位后也发起两次大修。乾隆五年(1740)六月二十四日，岱顶碧霞宫大火。乾隆六年(1741)，诏发银两，遣内务府员外郎江都重建。同年十月十一日江都上折奏报庙工称："奴才自三月十九日兴工起，至九月底，所

---

① 《前任山东巡抚硕色奏泰山顶庙被焚一事》云："从前于康熙十二年曾经官为修理。"(中国第一历史档案馆编：《乾隆朝上谕档》第1册，广西师范大学出版社2008年版，第671页)

② (清)黄炳《谨为神圣效灵请颁御书匾额以彰默佑事》称："碧霞元君殿庭及沿山一带祠宇并州城之岱庙，俱皆历年久远，多有倾圮之处，查得泰山香税内有巡抚衙门观礼，臣即将此观礼银两鸠工办料，逐加修葺，今皆渐次落成。"(《雍正朝汉文朱批奏折汇编》第2册，江苏古籍出版社1988年版，第956～957页)

③ 中国第一历史档案馆整理：《康熙起居注》，中华书局1984年版，第1238～1239页。

④ 《暂行署理山东巡抚印务布政使费金吾奏》(雍正七年闰七月二十六日)，《世宗宪皇帝朱批谕旨》卷十六，第42页。

⑤ (清)胤禛：《谕著发内帑银两命内务府郎中丁皂保等前往督工敬修山东泰安神庙》，《雍正朝汉文谕旨汇编》第3册，广西师范大学出版社1999年版，第225页；《清世宗实录》卷八六，《清实录》第8册，中华书局2008年版，第144页。

办正殿、东西配殿、香亭，其大木装修，墙垣苫背，殿内城砖干摆墁地石料神座等工程俱已完毕，香亭已用琉璃瓦盖完。”[①]乾隆七年(1742)五月，重建告成，铜瓦铁垄，尽复旧制。御题祠额“震维灵岳”，并亲制《重建泰山神庙碑》，勒石祠东碑亭中。[②] 乾隆三十五年(1770)十月，为贺六十寿诞，遣内务府大臣刘浩修整“泰顶碧霞元君庙、后(寝)宫、东岳庙、青帝宫、玉皇顶、乾坤亭、孔子庙、关帝庙等八处殿宇房间共四十八座，计一百二十四间”[③]。工成，乾隆帝御制《重修碧霞元君庙碑记》[④]立碧霞祠之西，覆以碑亭，与东亭所立《重修泰山神庙记碑》对列。

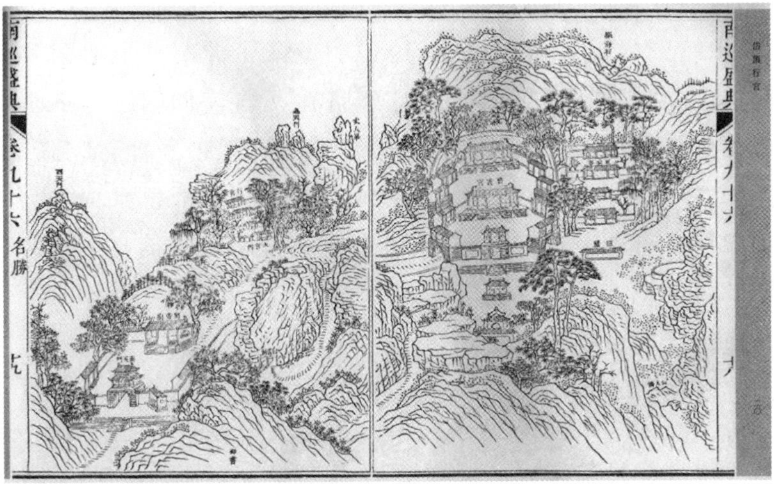

碧霞宫图

(采自乾隆刊本《南巡盛典》)

如果细观史料就会发现，无论在雍正朝还是乾隆朝初，皇帝在相关诏旨文告中都极力回避出现碧霞宫祠之名。这与明代皇室的做法截然不同。如

---

① (清)江都:《奏为续估修理泰山顶庙宇用银事》(乾隆六年四月十六日，全宗号 04-01-037-000006-0022)。

② 参见(清)弘历:《重建泰山神庙碑文》，立碑于碧霞祠东碑亭，《御制文初集》卷十六，影印文渊阁《四库全书》本，第 1301 册，第 143 页。

③ 乾隆《内务府奏销档》卷八三，转引自单士元:《清代建筑年表》，《单士元集》第 3 卷，紫禁城出版社 2009 年版，第 214 页。

④ (清)弘历:《重修碧霞元君庙碑记》，今碑佚，文存《钦定南巡盛典》卷二四，文渊阁《四库全书》本，第 19～21 页。中国国家博物馆藏《御制重修碧霞元君庙碑记拓片》或即此碑之拓本。

雍正时费金吾所奏请乃修葺泰山碧霞元君庙，雍正帝上谕措辞径改为“奉祀东岳泰山之神”之“泰安州神庙”。乾隆帝为碧霞宫重建所撰《重修泰山神庙碑文》，不独题额上回避碧霞宫名，而且通篇文字也专论泰山神，只字不提碧霞元君。这在历代众多重修庙记中堪称奇特。这一情形，缘于当时朝中理学派对碧霞元君这一起于民间神的强烈抵制。如乾隆五年(1740)十二月山东巡抚朱定元密奏中认为碧霞宫于政教无裨，建议罢修其祠：“查顶庙向系道流聚集，窃以释老垂教，既失格致诚正之理，又乖修齐治平之道……若从而修建，非直工费浩繁，势必羽流云集，转为若辈张帜，甚于政教无裨，莫若存而不论，无庸议修。”[①]面对朱定元咄咄逼人的废祠态度，乾隆帝并未严词批驳，而是以“已有旨了”敷衍过去，这说明乾隆帝此时亦宸心游移，未持定见。这种舆论背景导致登极伊始之乾隆帝在元君信仰问题上欲言又止，所以在工成御制碑中只以“泰山神庙”的模棱之词表述。直至乾隆三十五年(1770)大修，乾隆帝才成竹在胸，在御制碑中明确彰示碧霞祠之名，并对其神威大加揄扬。可以说，清代前期的碧霞祠经历了由晦而显的过程，但直至乾隆中期其庙正统地位才完全确立。

(二)清代后期由官修到民修

进入嘉庆朝后，随着国运转衰，清帝躬祀碧霞祠之礼悄然止息，但钦工修祠的制度仍然延续。嘉庆十五年(1810)三月，因泰山大雨，泰山各庙皆有损毁。五月山东巡抚吉纶请旨修葺：“该府赴山查看，碧霞祠各处殿宇间有渗漏，墙垣亦有倾圮。”又称续遣布政使朱锡爵勘得“碧霞祠、玉皇顶、寿星亭、南天门四处各座殿宇、游廊、山门均有欹斜糟朽，并石磴阶级向已残缺，今复坍损，俱应修葺”。嘉庆帝命工部议奏，后由户部核准支银兴工。[②] 碧霞盛貌得以不替。道光之后，国势阽危，兵燹相继，但碧霞祠之修葺仍持续不绝。道光五年(1825)，护理山东巡抚、布政使讷尔经额因见岱顶碧霞祠殿角残缺，西庑就圮，命有司即时营缮，五阅月而告成。其所撰《重修岱顶碧霞祠

---

① (清)朱定元：《奏为泰山顶庙遗火毋庸议修事》(乾隆五年十二月初七日)，中国第一历史档案馆藏宫中档朱批奏折(全宗号 04-01-14-0006-030)。

② 参见(清)吉纶：《奏为勘估泰山碧霞祠等处工程等款兴修折》(嘉庆十五年五月十六日)，中国第一历史档案馆藏故宫朱批奏折(全宗号 04-01-37-0060-030)。故宫藏有嘉庆帝(颙琰)楷书《重修碧霞元君庙工竣亲诣拈香瞻礼敬纪诗字条》(馆藏号：故 00254247)，当与此重修相关。

记》称："谨计庸庀材，群力交赞，击鼛董勤，不愆于素。"[①]道光十四年(1834)五月，山东巡抚钟祥奏请修葺岱顶碧霞祠。其称："泰山碧霞祠大殿及东西配房并碑亭、月台、西神门楼，或顶角坍塌、墙身鼓裂，或全行倾圮。……估需银九千八百七十九两六钱九分六厘。"[②]后得旨允准重修。工役于翌年七月告成。山东布政使刘斯嵋撰《重修泰山碧霞元君祠碑记》称："甲午(1834)春，淮阳生息银至，二月，今守郭君文汇至，计所需九千八百七十金有奇。五月，中丞(钟祥)以数入奏，报可。乃于甲午七月廿有二日，大兴工作，郭君使赵君(品全)及主簿杨君孚甲董之，为大殿、为配殿、为御碑之亭、为神楼、为石台、为石沟、为山门、为钟楼、为戏楼、为神门，为道房、为朝房、为垣，凡十八所。又于祠后浚沟以行山水，使无伤宫壁基址。奉项不足，捐廉俸以济其事，所属牧令、众缙绅、商民，咸后先踊跃，愿来输助。乙未(1835)七月廿又二日工竣，故迹旧新，堕败悉整。"[③]道光十九年(1839)，泰安知县姜宫绶也曾募修碧霞祠。[④] 此后经同治捻军之变，清廷财力日绌，泰山祠庙半就倾圮。同治十二年(1873)，山东巡抚丁宝桢遂集资发起重修，凡历六月，自回马岭至玉皇顶皆修葺一新。[⑤] 此役也包括碧霞祠。

光绪三年(1877)九月，碧霞祠发生火灾，"山门西首业被电火焚烧"，"将东神阁、钟鼓楼、东□□□□□全行烧毁"。[⑥] 翌年山东巡抚文格奏请修理："计山门五间，东西碑亭二座，钟楼、鼓楼各一座，东西神阁各三间，均一律平地起造。灵官铜像、八帅铁身，分别装塑改铸，其钟鼓并应重新铸造。又香亭一座，南天门楼一座，虽未被烧，惟椽柱年久糟朽，墙身亦多开裂，应即一并翻盖。大殿两配殿及南云楼等处画工漶漫，亦应彩画见新。撙节估计，共

---

① (清)讷尔经额:《重修岱顶碧霞祠记》，道光《泰安县志》卷十一《金石补遗》，第 35～36 页;《泰山石刻大观》卷十五，线装书局 2002 年版，第 103 页。碑立碧霞祠东神门内北侧。

② (清)钟祥:《奏为估修曲阜至圣林庙及泰山碧霞祠工程折》(道光十四年五月十八日)，中国第一历史档案馆藏故宫朱批奏折(全宗号 04-01-037-0095-011)。

③ (清)刘斯嵋:《重修泰山碧霞元君祠碑记》;《泰山石刻大观》卷十六，线装书局 2002 年版，第 105 页。碑存碧霞祠山门东侧。

④ 参见(清)张南金:《太学生京耀公墓表》，《泰安张氏家谱》卷四《墓表》，清咸丰壬子刊本，第 48 页。

⑤ 参见(清)张昭潜:《重修泰山神庙记(代)》，《无为斋文集》卷十一，《山东文献集成》第 4 辑，第 32 册，山东大学出版社 2011 年版，第 98～99 页。

⑥ 《光绪朝朱批奏折》第 103 辑，中华书局 1996 年版，第 63～65 页;《大清国事:泰山古庙被灾》，(上海)《万国公报》第 468 卷，光绪三年十一月十一日(1877 年 12 月 15 日)。

六千七十余两。”获得允准，遂筹款兴工，渐复旧规。[①] 此后光绪二十九年(1903)信众为碧霞祠修补圣像，光绪三十二年(1906)泰安士绅修竣碧霞祠香亭等。[②] 光绪三十三年(1907)，碧霞祠又迎来了清代最后一次大修。是年山东巡抚杨士骧奏请修理泰山山顶各庙：“再查泰山山顶各项庙宇，自同治年间兴修后，迄今三十余年，未经大修补，以致檩梁糟朽，墙身膨裂，殿上铜瓦亦多残缺。自应及早修理，以免愈塌愈甚，所费更钜。前经委员前往切实核估，计实需工料银一万六千两，请由司库发款兴修等情。”[③]重修之工旋即依议进行。四月，山东布政使吴廷斌致祭题刻记此工役称：“时正请帑兴修碧霞宫，因去夏亢旱，祷雨灵应，通省普沾，岁获丰稔，敬答神贶。复周历查看工程。”[④]可知碧霞祠为工程重心。本年五月，法国汉学家沙畹登岱时看到“攀爬台阶的挑夫用筐子运送石灰，以供光绪三十三年(1907)碧霞元君祠的修缮之用”[⑤]。现在流传的沙畹所摄挑山工照片，展示的即是当时向山顶工程输送建筑物资的场景。

通观清代碧霞祠重修工程，虽其整修格局沿袭不易，但其性质却数经改变。宫祠自明代纳入皇家祭祀体制后，悉由朝廷掌控，每次兴修皆颁诏发帑以行，所谓“其所费，一皆输财于神贮之帑藏，以充其用事，而毫芒不取于民”[⑥]。入清后雍、乾两次大修，更由皇帝亲遣内府大员督工办理，御制额、碑，以显规格。所谓“庙皆钦工，以故巍然常新”[⑦]，神祠俨然成为皇家禁地。民间资金只能投掷殿内，由官府清理后作为岁修补助。故明清(前中期)香社虽盛，却绝无参与碧霞庙工的记录。但此状况至清后期渐生改变，由于国衰财拮，而重修经费甚巨，如刘斯嵋所称：“罘罳、棼橑、宋廇、欂栌、黝垩、髹

① 参见《奏为泰山碧霞祠宇内山门等处被雷火焚毁事》，《光绪朝朱批奏折》第103辑，中华书局1996年版，第63～65页；《清德宗实录》卷七四，《清实录》第53册，中华书局1987年版，第140页。

② 参见《本省新闻：盘道修竣》，《山东官报》1906年第57期。

③ (清)杨士骧：《奏为陈明筹款兴修泰山山顶各庙宇事》，中国第一历史档案馆藏故宫朱批奏折(全宗号04-01-37-0147-012)。

④ (清)《吴廷斌题记刻石》(刻岱顶大观峰石壁)。

⑤ [法]沙畹：《泰山：一种中国信仰专论》，秦国帅、雷阳译，商务印书馆2024年版，第35页。

⑥ (明)尹龙：《重修泰山顶庙记》，弘治《泰安州志》卷六《文》，第22～23页。

⑦ (清)张延龄：《重修万仙楼碑记》，碑在万仙楼下。

饰之属，制必瑰伟而闳丽，每一补苴，费帑辄以万计。”①每次祠宇维修经费之奏请，往往报批复杂，核销困难，地方官吏为避周折，遂将请帑改为官捐，如道光五年(1825)讷尔经额《重修岱顶碧霞祠记》称：“周视祠宇，殿角残缺，西庑就圮，然未合遽请帑金，专章入告也，命有司即时营缮。”此次修缮资金之来源，碑言“其蠲金姓氏例载碑阴”，根据碑阴捐施题名，参与者自巡抚、盐运使至济东泰武临道，济南、泰安知府，历城、泰安知县及东平知州等，共16名，全部系省道府州县各级官员（捐银自40两至200两不等）。故虽非朝廷敕修，官方色彩仍非常明显。但再往后，清廷进一步裁减工程经费，咸丰元年(1851)户部奏请暂停工程，内阁奉上谕：“道光二十年(1840)曾奉谕旨，一切工程暂行停止。……圣训：凡京外各衙门，除坛庙紧要工程仍随时兴修外，其余一切工程均著暂行停止，以示限制，钦此。”②工程募捐对象便由官吏下延至民间，刘斯嵋撰《重修泰山碧霞元君祠碑记》称：“奉项不足，捐廉俸以济其事，所属牧令、众缙绅、商民，咸后先踊跃，愿来输助。”③《泰安张氏家谱》卷四《太学生京耀公墓表》云：“公素性俭朴，撙节爱养，旋成富厚。（道光）十九年(1839)修泰顶庙，邑尊姜（宫绶）谕公输钱叁十仟，公皆踊跃争先，殷勤将事。可不谓义乎？”④此二次庙工，已广募岱下富户，为此前未行之举。斯后兴工虽屡请帑，但民间资金无疑成为一项重要来源。现存山门及东西配殿铁瓦中不少有信士题名，如“□汤县、嘉祥县□□社住”“信士陈洪”“信女张门倪氏”“士传龙妻张氏”“善人吴省仙”“信士焦术丰”“信女郝门沈氏”“□□□□文昇”“信士周写”“成□、李弟、朱应桂，募缘弟子王真元”等，均出民间所捐施。《山东官报》述光绪时：“泰安去春岱顶庙貌将近坍塌，曾由该府县会衔出示晓谕，登岱香客量力捐输，以为集腋成裘之举。”⑤到了光绪末期，终有香社不假官府，自行承包修葺工程。清光绪二十九年(1903)《重修碧霞祠记》

① （清）刘斯嵋：《重修泰山碧霞元君祠碑记》（碑存碧霞祠山门东侧）；《泰山石刻大观》卷十六，线装书局2002年版，第105页。

② 中国第一历史档案馆编：《咸丰同治两朝上谕档》第1册，广西师范大学出版社1998年版，第171页。

③ （清）刘斯嵋：《重修泰山碧霞元君祠碑记》，《泰山石刻大观》卷十六，线装书局2002年版，第105页。

④ （清）张南金：《太学生京耀公墓表》，《泰安张氏家谱》卷四《墓表》，清咸丰壬子刊本，第48页。

⑤ 《本省新闻：岱顶候修》，《山东官报》1906年第30期。

云："盖闻泰山之灵，遐迩昭著，每值岁首，香客云集，惟正殿后碧霞元君圣像以及两配殿眼光、送生娘娘、灵官大帝、山门内外四帅四将，风尘满面，衣冠残破，目睹心伤，亟欲修补，但以钦工重地，未敢造次。商之好善诸公，佥云无非倾者扶之，残者补之，借旧增新，以肃观瞻，未谓不可。遂各量力捐资，敬谨将事。碧霞元君，眼光、送生娘娘，灵官各像均重塑金身，四帅、四将皆新换衣冠，两配殿神龛、供桌，各栅栏一律油画，两配殿各献幔帐一架，东配殿上顶渗漏过甚，修补坚固。"①此为今见祠中唯一民间重修碑记。此碑虽以祠为钦工重地，谦称己所修像仅属小补，但公然立碑庙庭，前此六百年中从未有之，显示朝廷的影响力已大为减弱，此一神圣空间呈"官退民进"之势。入民国后，碧霞祠朝廷致祭停止，"祀典久辍，库帑不颁"②。后世重修多采用官民结合形式。此为历史上碧霞祠工程变革之大略。

陈衡恪绘《碧霞祠图》

① 《重修碧霞祠记》（清光绪二十九年，原碑在碧霞祠后院功德林碑墙），袁明英主编：《泰山石刻》第4卷，中华书局2007年版，第1159页。

② 傅增湘：《岱岳重游记》，《中国公论》1942年第8卷第3期。

附：从后寝宫到神憩宫

与岱顶碧霞祠关系密切的，还有一座后寝宫，又名神憩宫。位于青帝宫以西，西倚望吴峰，北依丈人峰，前临碧霞祠，由山门、正殿和东西配殿组成。这座宫室的建立，源于古代礼制中的“前庙后寝”制度。据东汉蔡邕《独断》云：“宗庙之制，古者以为人君之居，前有‘朝’，后有‘寝’。终则前制庙以象朝，后制寝以象寝。庙以藏主（神主），列昭穆；寝有衣冠、几杖，象生之具。”这里所说寝，便是指宗庙之寝。自此各庙前置殿堂后立寝宫遂成通制。如岱庙后庭便置有寝宫三座（一正宫两配殿），奉祀东岳配淑明后。

岱顶碧霞祠亦为宫室建筑，仪门、正殿、配殿悉同礼制，但限于地势，正殿后已紧傍山根，无建立寝殿之余地，只得另辟蹊径，在碧霞祠北侧山崖上建起寝殿，虽隔涧遥望，形制却一脉相承。

这座寝宫始建年代不详，推测应在明中叶大举扩建碧霞宫之时。目前所知的最早记录，见于嘉靖时期，嘉靖三十六年（1557）姜宝《登泰山记》云：“山顶有碧霞元君祠……寝殿乃后殿名，塑一女像，寝于床而覆以衾。”[①]此后在明人游记中，这一寝宫屡屡出现，如万历时王衡《重九后二日登泰山记》云：“又上为玉女寝宫，愚民至貌像里服卧扑（褋）被中。”[②]胡瓒《东游记》云：“顶左为广生殿，殿后为寝宫，俗乃为卧像幞被状。”[③]王在晋《东巡登泰山记》云：“再东为寝宫，绣帷锦幕，丹毂朱轮，皆四方喜施，华腆富丽。”[④]虽间有士子讥议（如姜宝云“塑一女像，寝于床而覆以衾，应寝义，则惑矣。不但溷亵山灵，亦岂所以礼元君乎”），但亦不乏崇祀者，如万历三十四年（1606）于慎

① （明）姜宝：《姜凤阿文集》卷三，《四库全书存目丛书·集部》第127册，齐鲁书社1997年版，第487页。

② （明）查志隆：《岱史》卷十八《登览志》，马铭初、严澄非校注：《岱史校注》，青岛海洋大学出版社1992年版，第384页。

③ （明）胡瓒：《泉河史》卷八《疆域志》，《中国大运河历史文献集成》第44册，国家图书馆出版社2014年版，第469～470页。

④ （明）查志隆：《岱史》卷十八《登览志》，马铭初、严澄非校注：《岱史校注》，青岛海洋大学出版社1992年版，第418页。

行诣岱，“登醮于后宫（指岱顶后寝宫）”[①]。

明神宗对碧霞宫及周边庙庭大举兴修，后寝宫也括于其中。据《敕修泰岳大功告成赐灵佑宫金碑记》云：“灵佑宫祗奉元君。浴圣殿、神憩宫，悉为更始。”御制《泰山金顶御香宝殿铜钟赞文》亦云：“差官修理泰山工程金顶大工：玉皇宝殿、天仙宝殿、神憩宫殿、青帝宝殿、东岳宝殿、南天门等，上下盘路、八处牌坊。修工就绪。”[②]此次重修后，更额为神憩宫，即女神憩息之意。

至清又恢复后寝宫名，庙祀沿袭不改。清顺治年间续有修葺，据碧霞祠摩崖题记称：“顺治乙未（1655），巡抚耿焞、守道毕振基（姬）、知州傅镇邦重修玉皇祠、东岳殿、后寝宫。武举张所存督修。”其除正殿外，陆续增建东西配殿。外置周垣，渐成一独立庙庭。乾隆十三年（1748），乾隆帝东巡时，特赐额曰“德溥坤舆”。[③] 此后兴修相继，如嘉庆六年（1801）山东巡抚惠龄奏称“碧霞祠、元君后寝宫”等处“殿宇倾圮”，奉旨整修一新。[④]

后寝宫历由道士住持，见于隆庆王母池铁钟有“寝宫住持赵元蓬、张福聪、王常喜、赵常京”，天启铜碑有“寝宫道人卢高元、韩和玉、张高明、陈高林、王高太、张高齐”，乾隆五年（1740）铜磬题名有“后寝宫住持娄忠福、张仁保、焦本启”（磬今置于岱庙大殿）。又《泰山道里记》中称“西为后寝宫，明称神憩宫，女冠为元君卧像焉”，说明一度由女道士掌其祀。

后寝宫所设帷帐，始由香客捐施，入清改由宫廷造送。张体乾《东游纪略》云：“西即天仙寝宫，中有趺坐像，其茵褥帷帐，皆内府所颁也。”[⑤]奉祀规格甚高。

自明以来，后寝宫一直奉祀元君卧像。据姜宝文知嘉靖时已有此制。最初为塑像，后改为能起卧之木像，祀于东配殿中。此像曾引起近代外国游客的广泛兴趣，留下丰富记录。如奥地利人海司《山东与德国在中国属地》云：“在主殿的旁边，坐落着优雅的传统中国妇女使用的卧室。在一面墙上

---

① （明）邢侗：《东阿于文定公年谱》，《山东文献集成》第1辑，第10册，山东大学出版社2006年版，第746～747页。

② （明）《御制铜钟赞》，《岱览》卷十七《分览·岱阴》，第5页。

③ 参见（清）崔应阶、梁鸿翥辑：《东巡金石录》卷八，清乾隆间刻本，第3页。

④ 参见（清）惠龄：《奏为查验泰山庙宇工程事》，中国第一历史档案馆藏朱批奏折（全宗号04-01-37-0053-004）。

⑤ （清）张体乾：《东游纪略》卷上，《四库全书存目丛书·史部》第128册，齐鲁书社1996年版，第678页。

绘有如真人大小少女着衣雕像，其盘髻束足，很可能是圣母的侍女。上面描述的漂亮的侍女，安静地坐在一个大的棚床之上。”[①]美国传教士柏根（Paul D.Bergen）《游历泰山》云：“我们是被允许看一眼元君的寝宫的。元君非常明显坐在床榻一侧，形象比一般人要高大，穿着华丽的丝绸，跟其他普通的神像并不一样。”[②]英国威海卫长官洛克哈特《山东之行（及访问胶州）密报》云：“我们被引入内殿参观女神像，其像端坐寝宫之中，穿戴如同真人。她将在此坐到新年，才被置于榻上，直至下次祭拜。胶州知州告诉我，当其先前登顶祭拜泰山娘娘时，曾有幸被特许观看躺卧神榻之像。”[③]

每年四月，还有木像“起床”仪式。据法国汉学家沙畹《泰山》记云：“元君卧睡于帘后床上的东配殿。元君的卧姿静休会持续整年，不过当雨季来临时，这种状况就会改变，如守庙道士向我们解释的那样，因为元君像如果还保持卧姿的话，她的衣服会因潮湿而腐烂。此时，人们会‘请她起来’，将她搬离睡床，立在桌子前面。我正是在这样一种姿势下见到了神像。神像表现的是一位年轻女性，但工艺粗糙，特征模糊。面部和双手镀金，镀金帽子上的玻璃珠坠垂至脸前，四支假花插于发髻。一件蓝色、绿色和红色组成的色彩艳丽的长袍，一条饰有明亮镜片的袍带，一块手持的黄色手帕，构成元君神像的服装，使之与伟大的女神相比，更像是一个盛装的民女。”[④]贝克（Dwight Condo Baker）《泰山：中国圣山东岳》也称：“唤醒元君的有趣仪式每年在夏季雨季到来之前进行一次。如果她整年都在安睡，她的衣服就会发霉腐烂，所以每年她都会被抬起来透透气。到了合适的那天，即四月十八日，道士们来到寝宫诵读祷文，敲击乐器，邀请女神从长时间的休眠中醒来。当用足够的时间甩掉倦怠之后，元君被邀请从睡床的帷帐之后出来。然后，元君被隆重地安放在茶桌旁边，她在这里可以欣赏风景，感受新鲜空气。”[⑤]

---

① ［奥］海司：《山东与德国在中国属地：1898年从胶州到中国圣地以及从扬子江到北京》，（莱比锡）韦伯出版社1898年版，第162、165～166页。

② ［美］柏根：《游历泰山》，《中国记录者与传教士期刊》，1888年，第541～546页，转引自［新加坡］苏瑞隆：《西方学者对泰山文化的研究》，《齐鲁文化研究（总第二辑）》，齐鲁书社2003年版。

③ ［英］洛克哈特：《山东之行（及访问胶州）密报》，香港诺罗尼亚公司1903年版。

④ ［法］沙畹：《泰山：一种中国信仰专论》，秦国帅、雷阳译，商务印书馆2024年版，第48～49页。

⑤ ［美］贝克：《泰山：中国圣山东岳》（*T'ai Shan: An Account of the Sacred Eastern Peak of China*），商务印书馆1925年版，第111～112页。

对此日本学者小南一郎曾有论述:“建造这样的像,反映了碧霞元君在春季的苏醒受到重视。横卧的碧霞元君,可以说是深居的女神,在深居期间蓄储生命力。这位女神苏醒的时候,这世界就充满了生命力。就在这时,人们参拜碧霞元君庙,领受新苏醒的生命力。”①何乐益书中也有类似记述:“大殿附近的一座小神殿,有碧霞元君的替身,这非常罕见。在一张挂有布帘的床上,碧霞元君一年中的九个月都在睡觉。但是信众会在雨季请碧霞元君起床,以免女神的长袍因潮湿而毁坏。每年的四月十八都有唤碧霞元君起床的仪式,念着祈祷文、弹着乐器的道士们进入女神的房间,最后将神像放在椅子上。碧霞元君睡觉时盖的被子、穿的长袍、头上有铜吊坠的镀金头饰,都是女性祭拜者送给女神的礼物。总的来说,碧霞元君非常友善,如沙畹所言:‘她更像身穿节日盛装的普通农妇,而非贵妇或公主。’”②

清末碧霞木像年久渐朽坏,光绪三十二年(1906)济南信众议加重制,乡人王价藩《岱顶寝宫重修木像记》云:“岱顶庙祀碧霞元君,庙后北折而西,曰寝宫。神为卧像,以木为之,登岱者虽咸知敬礼,究未悉创自何代,肇自何人也。惟其庙势据山巅,云蒸雾湿,神像之庄严,久非旧观矣。迹创设之心,像以木为固,深望后人随时更新,踵事增华也。若听其朽坏尘封,乌乎可!□等有见于此,于丙午岁(1906)在济垣邀集同志,议更新旧像,不谓登高一呼而四山响应,不数月已蒇其事成,勒石谨志颠末。”③可惜内战中后寝宫遭兵燹,报载1946年国军特务冒称八路军进入岱顶各庙,声称“奉上级命令前来破坏神像”,“捣毁铜泥神像廿八座,木刻神像及匾额悉被烧毁”。④元君檀香木像便在此事中被焚,同时衣袍、锦被、绣褥、龙床、凤枕、帐幔、仪仗等也均遭毁坏。⑤幸留下多帧照片,尚可以见其神仪旧貌。其中1913年法国摄影师帕塞所摄彩照尤为传神。

---

① [日]小南一郎:《女神の目覚め—碧霞元君と春の祀り—》,《说话论集》第13集,日本清文堂2003年版,第20页。

② [美]何乐益、[英]裴丽珠、[俄]米托发诺:《中国的风俗与岁时》,杨沁、王玉冰译,陕西师范大学出版社2023年版,第512页。

③ (清)王价藩:《岱顶寝宫重修木像记》,《泰岱文史丛稿》,泰山区档案馆,1993年,第31页。

④ 《伪装我军破坏庙宇,泰山上寺捉获特务》,《解放日报》1946年4月25日。

⑤ 参见山东省泰山管理处编:《泰山》,山东人民出版社1963年版,第39页。

不同装束的碧霞元君木像
（左图为1942年德国莫里逊摄，右图为1913年法国帕塞摄）

后寝宫在20世纪50年代渐遭毁圮，1957年于殿址建市政府第五招待所，也称岱顶宾馆。1978年改建为楼宇，1987年由市旅游局兴建为仿古二层四院建筑群，改称为神憩宾馆。“神憩”之名，犹是沿用宫殿旧额，留记了女神寝殿历史痕迹。

其他元君庙祀中也多设有寝殿或卧像。如灵岩寺明嘉靖二十八年（1549）殷隆碑载有“开手妆修泰山圣母东西两配、后寝宫”；后石坞透天门内建有圣母寝宫楼，壁嵌万历二十一年（1593）记碑称山东布政司参政等“修天空山黄花洞圣母寝宫楼一座”；济南玉函山、临清歇马亭元君行宫、河南鹤壁碧霞宫亦仿制元君卧像，歇马亭有万历四十七年（1619）曹当立撰《创修泰山元君卧像记》，称尼僧“募檀香数十觔，镂元君卧像一尊，覆以锦绣，幔以重帏”。[①] 山西辽州（今左权县）泰山圣母庙也都建有寝殿。以上庙制盖均受岱顶寝宫之影响。

① （清）徐宗干：《济州金石志》卷四，清道光刊本，第63页。

第八章　碧霞中庙：从天门禅堂到红门宫院

红门宫为岱麓著名佛宇，主殿祀碧霞，被视为元君中庙。《泰山道里记》云："北为元君庙。元君有上、中、下三庙，此其中庙也。"①宫今分东西两院，西院由正门、元君殿、且止亭、合云亭组成。正门为卷棚顶红门宫石坊，门坊一体，额题"红门宫"，其下有"瞻岩初步"四字。合云亭即南穿堂，位于院南，与元君殿相对；西配殿为硬山顶前出廊式，内祀送子娘娘。飞云阁为跨道门楼式建筑，供奉观音大士。东院为弥勒院，由山门、弥勒殿、东配殿、南穿堂组成，山门西向，主殿奉弥勒佛。由于地居山麓，进香称便，而庙旁"小泰山"更后来居上，成为香火鼎盛之区。其历史沿革在史志中多语焉不详，今试加考述。

红门宫图

（采自光绪刊本《泰山道里记》）

① (清)聂鈫：《泰山道里记》，《四库全书存目丛书·史部》第242册，齐鲁书社1996年版，第794页。

一、红门宫的前身——中溪神祠与天门禅堂

关于红门宫创始，最早可追溯至元代。元初王恽《游泰山杂诗》(十四首)末篇云："雪林虎迹过新蹄，石磴云霾步步低。多谢山灵相拥护，一杯无事到中溪。(原注：中溪神祠名在山门口)"[①]知其时入山第一祠为中溪神祠。按：元、明时泰山有三溪神庙，弘治《泰安州志》云："东溪神庙：在泰山之阳，去州北十二里。西溪神庙：在泰山之阳，与东溪神庙对。中溪神庙：在泰山之阳，去州北四里。"[②]中溪神祠祠址当在今关帝庙或红门宫附近。明中叶后碧霞元君与关公信仰大兴，其祠分别改建为红门宫与关帝庙。其他东西两庙亦废祀。此正所谓"神道亦乘除"[③]也。

红门何时辟为宫庙，亦史所未详。明天启六年(1626)泰安知州于可久《重建一天门碧霞元君行宫碑》称："一天门者，实梵呗熏缭发轫处。旧有行宫，莫详所昉。"是明末人已不知宫之创始。而何时由僧侣入主成为佛堂，更乏记录。考明嘉靖《泰山志》卷二《宫室》："飞云阁：在岳南址，曰红门，岁久圮废，今垒石为台，上有栋宇，下通梁道，犹阁之制也。"又："更衣亭：在岳之红门道左。且止亭：在更衣亭西。"[④]《岱史》(万历十五年刊本)卷十一《宫室志》所记相同。两书备录红门亭阁，独不及所祀神佛，疑在嘉靖至万历前期此地尚未被辟为梵寺。

今自明人于慎行诗中觅得一条相关史料，可佐证红门佛殿之创始。《泰山天门禅堂逢傅柱史金沙赠别》诗云：

> 含桃花欲落，山下遇君时。雨过空王殿，天晴岳帝祠。相看芳杜色，各有白云期。不似风尘路，匆匆叹别离。[⑤]

---

① (元)王恽撰，杨亮、钟彦非点校：《王恽全集汇校》卷二四，中华书局2013年版，第1174页。

② 弘治《泰安州志》卷一《祠庙》，第18页。

③ (明)钱谦益：《四月十一日登岱五十韵》，《牧斋初学集》卷十一，上海古籍出版社1985年版，第364页。

④ (明)汪子卿：《泰山志》卷二《灵宇》，《泰山志校证》，黄山书社2006年版，第256页。

⑤ (明)于慎行：《谷城山馆诗集》卷九，《明别集丛刊》第4辑，第4册，黄山书社2016年版，第99页。

此诗为于慎行登岱途中，偶遇友人傅光宅（号金沙）时所作。诗题“泰山天门禅堂”，因诗中有“山下”一语，所言“天门”当指岱麓一天门。禅堂为僧众坐禅之所，而“空王殿”亦言佛殿（或指今红门东院之弥勒殿）。根据于慎行此诗，可确知至当其行游时，红门宫室已建为梵宇伽蓝。

那么，于慎行此诗作于何年呢？据明邢侗《东阿于文定公年谱》：万历二十年“三月戊辰如岱”[①]。依《谷城山馆诗集》卷九所列篇目次序，《天门禅堂》诗盖作于本次登岱中。此后万历二十七年（1599）、三十四年（1606）于氏游岱，屡有饮于禅房、宴于禅堂之记录，当即此处。因此红门佛寺的创建时代，很可能在万历十五年（1587）至二十年（1592）之间，其院名称或即“一天门禅堂”。

二、性空禅师与红门宫

红门成为禅堂，可能与释僧性空（道勤）在泰山的活动相关。在明季泰山诸碑中，多次出现性空其人。如明于可久《重建一天门碧霞元君行宫碑》云：“僧兴旺，为性空师道勤高足。”又明张所闻《奉旨重修金桥碑记》云：“泰山渿河桥，古名金桥，旧规制狭隘，行涉不便。□（大）明万历甲□（寅）（1614）……敕赐鬼王禅师讳道勤者，奉旨重修。”佚名《泰山金桥庵主僧兴殿碑记》云：“维殿（僧兴殿），乃鬼王大禅师次授衣钵者。往岁，禅师持修戒行，布满宸京；而殿即绍厥心印，树表法门。姑无甘露为心，菩提成柱，允符慈，便宗风，其诸种种功德，阐扬岱里。如建渿河之金桥，慈航普运；设济众之茶庵，净土宏开。又如演龙会于七七，启大千之聋聩；闭禅关于四载，缚心意之□□（毒龙）。以至拔幽度物，一切善果，敷岱云而衍汶水，□不亦觉帝之功臣，象教之赤帜乎。”

综上碑记，知禅师性空于万历间曾活动于泰山，募修金桥等工，红门宫僧乃传其法嗣。惟其僧事迹不见于史志，来历莫明。今有幸在北京碑石中

① （明）邢侗等：《东阿于文定公年谱》卷下，《山东文献集成》第1辑，第10册，山东大学出版社2006年版，第704页。

觅得《鬼王庵碑记》[①]，可借以考清其人身世生平。

据庵碑“鬼王庵创自故明性空禅师。师山东人，法名道勤。初披剃于本籍之灵山寺，极心禅学”，知性空里籍山东，出家于灵山寺。今考泰山周边有灵山，清《宁阳县乡土志》载“山有古刹，唐时胜境也”。古刹于唐称妙峰寺，金称寿峰寺，俗称灵山寺，今寺中钟鼓楹柱有镌联曰“小楼曾建灵山寺”。可知灵山寺名久播众口。则性空乡里可能在宁阳一带，故于泰山胜迹特致关心。

碑又称性空“一日过东直门外三里屯，盖乱葬坑之类，弥望皆青磷白草。……偶见路傍敝庵，推扉入视，寂无人语，因暂憩少间，瞑目趺坐”。此即后之鬼王庵，在京郊东直门外，民国时尚存。“庙内法物有泥质佛像六十七尊，木质佛像二尊”，“另有石碑两座”。[②] 其一当为康熙《鬼王庵碑记》，另一方待觅。性空鬼王禅号，即由此庵而来。

性空之至泰山，与明内宫奥援相关。民国王亨豫《岱臆》云：“金桥下桩有残碑，阳文中刻‘宣文明肃贞寿端献’，旁有‘□躬洪福’，字径三寸余，不知何碑。”考碑中八字，系万历三十四年(1606)明廷为慈圣太后所加尊号。是金桥之役与慈圣太后关系殊密，惟其事未得其详。今据碑云“及万历年间，太皇太后梦僧人，名号与师同，差内臣咨访，得师引入，见容止宛与梦合。后大异之，亲询师来历。奏对毕，又问师平日有何道德，师奏曰：‘臣僧凡事随分而行，不知何者谓道，何者谓德。’后曰：‘虽然如此，毕竟曾作何事?’师即将每夕施食荐拔孤魂奏之，后嘉悦，随出内帑，特遣内臣监造，庵遂焕然一新。又谓师能救众鬼，是为鬼王，因敕赐‘鬼王庵’额，更赐师名鬼王和尚。一时宠眷之隆，与夫香火之盛，真所仅有也”，推知性空修金桥时尝奏请慈圣太后，获得赐金，故工成敬刊尊号于桥畔以纪恩。另太后命修灵应宫时，性空亦恭铸铜钟，以祝圣寿。[③]

考明性空其人身世经历，可进一步追索其泰山法迹。缘于性空以荐拔孤魂得名，故于传说中通往幽冥之金桥(奈河桥)特加关注，因利用慈圣太后

---

① (清)米汉雯：《鬼王庵碑记》，康熙三十二年(1693)立，在北京东直门三里屯，《北京图书馆藏中国历代石刻拓本汇编》第65册，中州古籍出版社1989年版，第21页。

② 北京市档案馆编：《北京寺庙历史资料》，中国档案出版社1997年版，第487页。

③ 参见陶莉：《明万历佛顶尊胜总持神咒铜钟考释》，《泰山学院学报》2023年第3期。

之荣宠，奏请懿旨，获赐帑金，倡为兴修。并借此桥工机缘，遣其弟子入驻岱麓红门宫。不仅使其宗派传衍于泰山，也使碧霞宫庙由此呈现释道交融之色彩，于泰山信仰文化影响尤巨。

三、红门宫的发展与影响

红门禅堂建立后，为香火计，别构殿宇以祀碧霞，遂被视为元君中庙。至天启间，性空弟子兴旺购地拓建宫庙，卒后由徒隆洲等继成其工。天启六年(1626)三月，泰安知州于可久为撰碑记，称："元君行宫遍宇内，其在岱岳肸蚃最著，淄素、男女、耄稚，率燃顶香、设臂供，梵呗薰燎，声震林谷，光彻昏旦，岁入镪币足佐县官，不亚楚太和。宰官采风问俗，骚史抽秘骋妍，复肩摩毂击至。余承乏兹郡，即礼瓣香，以风雨时、金革寝，至鲁至道，为告报祈。一天门者，实梵呗薰燎发轫处，旧有行宫，莫详所昉，岁久土木阤、丹雘剥，庭除更逼迮甚，登陟者不过而问焉。曲碌床、折脚铛，殊凉寂也！僧兴旺为性空师道勤高足，矢愿拓而新之，探衣钵二金，以天启癸亥(1623年)闰十月二十三日，易居民高大宾地半亩许，迁故址迤北如干尺，捍劳忍苦，良梓文石并有端绪，而衣钵若扫矣。亡何，疾作示化，顷呼其徒隆洲、隆涧，再三嘱竟兹后，以瞑吾目。二僧受命唯谨，余重悯之，佐以涓埃，不一年，信施云集，殿庑庖湢，渐次落成，贤圣尊像，经律幡灯，具种种庄严相，斋鱼钟鼓，訇呟闻数里。……爰重礼瓣香，纪其颠末，属洪君(泰安同知洪邦基)书而勒之石。"[①] 红门宫规模至此奠定。

红门宫辟为佛境后，其建筑佛教色彩有所彰显。其要者为改飞云阁为观音阁，改更衣亭为弥勒院。《泰山小史》"红门"条云："旧有飞云阁，今已圮废矣。"赵新儒注云："飞云阁后已重建，人行阁下，今称观音阁。"《泰山道里记》云："北为观音阁，旧名'飞云'，今上(乾隆帝)额曰'普门圆应'。东为更衣亭，凡士夫登岱者，至是易便服以行，今改弥勒院。"[②]民国我一《济泰游览记》云："宫之后，历阶而登，小阁一楹，位置最高，亦祀佛，额曰'通明一觉'。"

① (明)于可久:《重建一天门碧霞元君行宫碑》(2001年4月发现于红门宫，今嵌宫壁)。

② (清)聂鈫:《泰山道里记》,《四库全书存目丛书·史部》第242册，齐鲁书社1996年版，第794页。

康熙间建红门坊于前，题坊联曰“万壑泉声沉宝磬，千峰云影护禅关”，曰磬曰禅，皆意在标举宫为梵境。美传教士何乐益书中记述了红门宫内景象：“不管信奉什么神明，信众都在泰山上的佛教寺院红门宫烧香。这里有一种奇怪的现象：属于道教的碧霞元君祠，其中一个神殿供奉有两个菩萨像。远点的地方有弥勒殿，供奉着胖胖的笑佛。弥勒殿满足了朝圣者的休息需求，其附近有一个迷人的开放式凉亭，可供人们坐着喝茶，同时欣赏桃花峪上空的山峰景色。在远古时代，这里是更衣亭。更衣亭以及远点儿的回马岭使人想起古代帝王朝圣的图景，他们身穿华服兴奋地出发了，但是朝圣使他们疲惫不堪，在更衣亭过后他们不再穿着绫罗绸缎，而是像普通人一样徒步攀登最后一段陡峭的山路。弥勒殿旁有一座观音殿，里面的观音被称为‘南海大士’。但奇怪的是，观音似乎被忽略了，与碧霞元君相比黯然失色。”①

此后宫庙一直由曹洞宗僧人住持②，民国滕锡九《重修四禅寺碑记》称徂徕四禅寺盛时“众僧济济，不独附近安(庵)上、南留、西遥、佛婆庄各村寺僧胥为□(该)寺所分布，即红门宫及远方僧之凡为曹洞一派所传者，莫不多于此出焉”。历代可考住僧有清康熙时普德③，雍正时广惠④，乾隆时戒元⑤、戒伦⑥、光绪时心源、安稳、安长、安屏⑦，清末民初明通、固澄⑧、佛珍、佛昆⑨、永

① [美]何乐益、[英]裴丽珠、[俄]米托发诺：《中国的风俗与岁时》，杨沁、王玉冰译，陕西师范大学出版社2023年版，第509～510页。

② 参见孙家锋、张冶：《明清泰山红门宫建置沿革及其宗派传承考》，《2022年世界名山研究暨山岳文旅融合发展国际会议论文集》，2022年泰山学院印本。

③ 参见康熙五十年(1711)《重修关帝庙戏楼碑记》题名。

④ 参见(清)纪迈宜：《虚斋家传诗学，抵岱后，友人唱和纷然，独袖手不出一语，忽以佳篁见贻，古韵铿然，秀色可掬。篇中以永叔相推，余则何敢，君家乔梓，乃不愧眉山耳。连日集合云亭，亭为僧广惠所建，惟此一段，颇似瑯玡故事。惜余于投劾始来游，且无文章继醉翁，因和原韵及之，聊以解嘲》(《俭重堂集》卷四，《清代诗文集汇编》第243册，上海古籍出版社2010年版，第508页)。

⑤ 参见(清)江朴：《嘉庆重修关帝庙记碑》，清嘉庆十二年(1807)，在红门宫禅房门外侧墙。

⑥ 参见(清)赵浣《普照寺重修碑文》(今存普照寺筛月亭西)后有“僧会司沙让戒伦”题名。

⑦ 参见(清)范子澄：《合山会记碑》，在红门宫院内，立于清光绪十九年(1893)。

⑧ 泰安市博物馆藏民国九年(1920)云居寺万寿戒坛戒牒，中称：“内有法名固澄，号法林，年二十岁，系山东泰安府泰安县人氏，出家于本县红门宫，礼明通师。”

⑨ 佛珍见于民国十三年(1924)沧县同会题名碑；佛昆见于高宗岳撰，吕学泰等点校：《泰山药物志点校》，青岛海洋大学出版社1993年版，第28页。

智[①]等。许多住持兼任县僧会司长官(如戒元、戒伦)。今传有清乾隆刊《红门宫圣母灵签》木版,后署“清乾隆五十六年(1791)岁次辛亥仲春吉旦,泰安县知县嵇承群虔刊,住持僧会戒伦敬募”。庙签由知县与僧会联衔镌刊,恰可见红门宫地位之崇。

《红门宫圣母灵签》木版
(民间收藏)

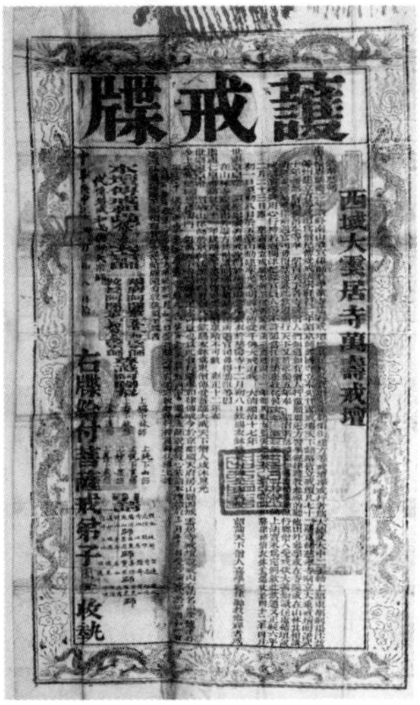

红门宫僧固澄戒牒
(泰安市博物馆藏)

缘红门宫为入山之始,便于登陟朝拜,故在泰山各庙中香火独盛。道光二十八年(1848)平阴知县张朴《泰山烧香竹枝词》其十一便写到这一状况:“近山三月始登山,当日早来当日还。朝罢红门心已尽,不须更向日峰攀。”自注:“山半凹有观音堂,俗呼红门,泰郡附近烧香者多至此而止。”[②]又同治年间金安清《泰山游记》云:“一天门……其地为元君下庙(应为中庙),香火至盛,凡不及登山者,即于此祀祷焉。东有僧舍。”[③]清道光十二年(1832)《范镇善信题名碑》云:“岱岳雄镇东方,礼视三公。碧霞居绝顶之上,红门为驻跸之宫,此登岱总会之区,元君之中庙也。故遐迩士女,辐辏云集,有不得谒

① 参见活佛:《韩复榘异想天开珍珠泉畔大宴僧尼记》,《福尔摩斯》1935年3月22日。报道中提及“泰山红门宫永智”,此人当系住持。末代僧为永柱(“文化大革命”中被逐,1981年改住普照寺)。

② (清)张朴:《信拈草诗集》,《北京师范大学图书馆藏稀见清人别集丛刊》第20册,广西师范大学出版社2007年版,第138页。

③ (清)金安清:《登岱诗记》,上海图书馆藏清刊本。

碧霞者，莫不礼红门。”民国十一年（1922）《灯油会记》碑中言：“泰邑每届六。腊月朔，无论城关乡镇，善男信女齐集红门宫天仙圣母尊前，旧俗所沿，名曰‘灯油会’，建醮一日，报答神庥，士女云集，香烟甚盛，相传日久，循办有年。”另据民国《山东政俗视察记・泰安县》所记：“四月八日妇女赴泰山顶，六月初一日赴红门宫，九月九日赴眼光殿等会烧香者，肩摩毂击，几无容足之地。”①则六月朔日为红门一独特香会。

正是由于这一原因，当清朝后期泰山庙寺大萧条时，红门宫犹能一庙独盛。嘉庆时程含章《谒泰山记》云：“红门为第一天门，泰山行宫在焉，故其殿宇独完，其他颓败者十居八九矣。”②另，红门宫盛时还置有“下院”，藏峰寺有残碑题“红门宫下院住持安□”。

更奇特的是，到了近代，红门宫外的“小泰山”石后来居上，其香火又超越了本宫。“小泰山”在宫墙后，石色黝黑，或称其形似泰山主峰，或称为碧霞元君的化身，故而得名。石壁原摹“小泰山”三字，今已漫漶。附近有小泰山庙，祀元君，以供年迈体弱不便登顶者就近进香。其名不知起于何时。民国李东辰《泰山题石选粹》云：“观音阁后近建小庙一间，曰小泰山，内祀元君像，老弱信民多祷于此，盖俗僧觅钱之一法也。”按《泰山题石选粹》撰写于民国乙酉（1945），其言“近建”，则小泰山庙之建当前于此；又云“俗僧觅钱之一法”，则可知庙乃红门宫僧众所构。又同时期的耿静吾《说岱》云：“观音阁北有殿宇一楹，祀元君，俗称小泰山，登山者多叩拜于此。”又严德一《西北铁路旅行》云：“（红门宫）左有大石梯，其上称小泰山。”③相关记录还有王文彬《采访讲话・泰山一日游》记民国二十一年（1932）六月游见：“山下小红门地方，有小泰山。”④更早于此者，为美国晏文士《山东——中国的圣地》，书中称：“在上山途中，儒释道等每个教派都建着自己的庙，它们各自的神职人员用各种迷信方式，吸引前来朝拜的人进神殿拜神龛。最著名的叫‘小泰山’，主要是不能远行登顶的老妇和姑娘光顾。”⑤又陆承贾、张大鉌《旅行泰安曲阜

① 张育曾、刘敬之编：《山东政俗视察记》，山东印刷局，1934 年，第 112 页。

② （清）程含章：《月川未是稿》卷三，《清代诗文集汇编》第 473 册，上海古籍出版社 2010 年版，第 525～526 页。

③ 严德一：《西北铁路旅行》，《教与学月刊》1936 年第 6 期。

④ 王文彬：《采访讲话》，三江书店 1938 年版，第 170 页。

⑤ [美]晏文士：《山东——中国的圣地》，美国《国家地理》1919 年第 9 期。

济南报告》中称："沿途所见，题石不一而足，曰'小洞天'，曰'小泰山'，曰'登高必自卑'，诸如此类，咸有深意存焉。"[①]二记皆上世纪初事，则其时已有小泰山之名。由于便捷方便，经过百年延续，小泰山已超过红门正殿，成为山麓最繁盛的元君香火地。

另外，红门宫虽非泰山大庙，但是其影响却远及外邑。在淄博博山凤凰山下便有红门宫，据称是仿照泰山红门格局而建。乾隆《博山县志》称："山麓新建祠宇台阁，名曰红门，高镇石梁之隅首，凭垣俯视，景入画图。"[②]民国八年(1919)《重修红门记碑》云："凤凰山东麓有红门，旧贯三楹，奉碧霞元君像，庙碑漫灭，不知为何代所建。有清之初，乡先达赵公振业撰书重修短碣，已不能详所自始。道光乙巳(1845)岁，又经乐公其慎敛赀增修，规模益壮。盖清初至道光二百余年间，势必累次重修，乃能保存而历久。"[③]据此博山红门似亦当肇始于明末(有称建于天启甲午年[1625])。[④] 济南玉函山泰山行宫下也有红门庙(俗称灵官庙)，庙址有清乾隆二十七年(1762)《重修泰山行宫题名碑记》，中云："历邑城南皆山也，有胜侔太岱，望之巍然而深秀者，玉函也。山行二里许，有一红门庙在，上接层峦耸翠，下连树林阴郁，左佛浴(峪)，右圣泉，其地虽圣母驻节之□区，实善人进香之要路也。"又曲阜九仙山也有红门宫，供奉九仙奶奶，系清康熙八年(1669)衍圣公孔毓圻创建，每年三月三有红门庙会。此外，莱芜大王庄永宁崮、圣井村云台山、茶业口南嵬石村龙山、东阿少岱山(今属平阴)、巨野金山等处碧霞祠宫庙，都在山下建有红门。均应是受泰山红门宫影响而兴起的同名庙宇。

---

① 陆承贾、张大鉌：《旅行泰安曲阜济南报告》，《北京高等师范学校校友会杂志》1916年第2期。

② 乾隆《博山县志》卷三《关梁》，第21页。

③ 赵卫东等编：《山东道教碑刻集·博山卷》(上)，齐鲁书社2013年版，第197页。

④ 参见淄博市政协文史资料研究委员会编：《淄博名胜古迹》，齐鲁书社1988年版，第221页。

第九章　碧霞下庙:从万历敕修到民国兴废

“元君三庙”之中,尤以下庙灵应宫规制最为弘阔。唯由于文献散佚,灵应宫历史沿革一直暧昧难明,今分别自中国第二历史档案馆与山东省档案馆发现民国时所纂《泰安灵应宫志略》[①]及日伪山东省公署《泰安灵应宫修葺案》[②]等史档,可借以考证其庙之沿革与变迁。

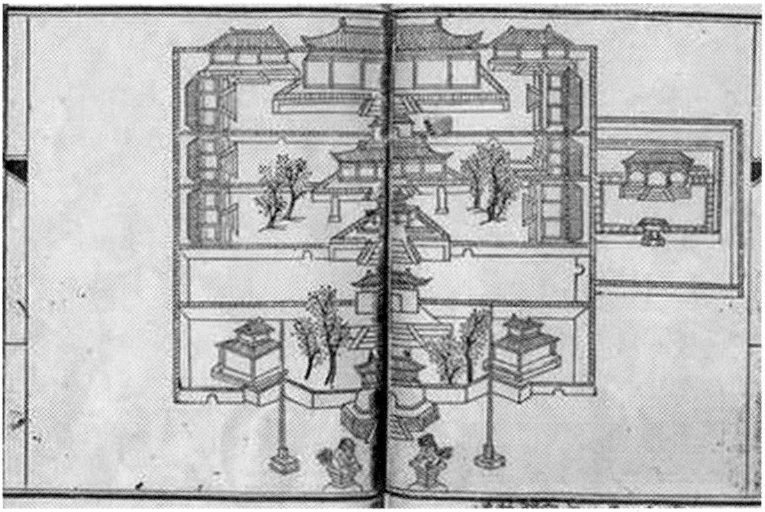

灵应宫图

(采自乾隆刊本《泰山全图》)

① 《泰安灵应宫志略》,收录于《伪山东省公署呈请修葺圣贤陵庙及泰山灵应宫等古迹案》内,中国第二历史档案馆藏档(全宗号二〇〇五,案卷号245),以下页本档简称《灵应宫古迹案》。

② 《泰安灵应宫修葺案》,山东省档案馆藏档(全宗号J101-22-0256-008)。此卷宗内有江楚杰、唐仰杜、王揖唐、杜中、张光沐等关于重修工程之往来函件。

一、明代创修与拓建

关于灵应宫之始，明万历时张邦纪《重修泰山灵应宫碑记》称其旧名“天仙圣母祠”，而于其庙始之年，仅云“创造年久”，而无具体时间。故清人《泰山道里记》谓“庙创无考”。[①] 近代文献上则有两种说法。一个是明永乐说，《泰安灵应宫志略》云：“父老传闻，系明永乐间道士周思德奉敕创建也，考无实据，故从略。”周思德，字素庵，浙江钱塘（今杭州）人。因善行王灵官法，颇得成祖恩宠，为其敕修天将庙以奉王灵官及主法祖师萨真君。成化中朝天宫竣工，周任提点，主持宫廷斋醮，俨然一朝国师。其编校《上清灵宝大成金书》，以规范道教斋醮道场，在各地道教科仪中被广泛使用。另一个是明正德说，民国李东辰《泰山祠庙纪历》云：“灵应宫：在社首山东南。向祀碧霞元君，创建于明正德间，北京咸侯宫之香火院也。”[②]按：明代有咸熙宫，在紫禁城西部，明嘉靖十四年（1535）改名咸安宫，为太后及太妃、嫔等人的居所。咸侯宫或即咸熙宫之讹。这两种说法，何种为是，因缺乏第一手文献，已难确考。但两说都认定灵应宫之建与明内廷关联密切，甚至称为内宫“香火院”，应予关注。周汝昌先生曾释“香火院”云：“什么又是香火院？就是寺观的费用，全由本府一家担承——那形式常常是专拨给一项田产，所收租赋，即归观院所有，这就是一种‘家庙’的性质。”[③]入明以后，碧霞元君信仰赢得朝廷之认可，洪武以来，屡敕修岱顶碧霞祠。各处行祠亦渐次兴建。如在泰安天书观旧址设元君殿，正德二年（1507）武宗御制告文，遣御马监太监苗逵诣殿致祭。[④] 明内廷为祭祀方便，在泰山脚下建造一座奉祀元君的皇家专庙，势在必行。灵应宫之创，应肇源于此。

嘉靖以后，灵应宫已在众多碑铭中留名。天书观嘉靖十二年（1533）铸铁塔上有题名：“山东布政司济南府泰安州泰山灵应宫焚修住持李泰辉、刘崇瑾、李顺□、王教臣、赵泰□；道士王希名、吴泰松（以下十五人略）。”又岱

① （清）聂鈫：《泰山道里记》，《四库全书存目丛书·史部》第242册，齐鲁书社1996年版，第814页。

② 李东辰：《泰山祠庙纪历》，山东省博物馆藏原稿本。

③ 周汝昌：《红楼小讲》，北京出版社2016年版，第196页。

④ 参见（明）朱厚照：《御制碧霞元君告文碑》，今移存灵应宫。

岳区夏张朱家庄全真观嘉靖二十三年(1544)《重修全真观碑记》题名有“灵应宫住持米景孜”。又泰安天保镇(今新泰天宝)嘉靖丙午年(1546)《重修广生神祠创建牛王山地庙记》后署“前泰山灵应宫羽士敬庵子封尚钦题额”。

明中叶后泰山元君三庙格局逐渐形成,灵应宫成为元君下庙。万历十九年(1591)李邦珍《重修东岳高里山神祠记》称:“南为灵应宫,元君下庙也。”[①]由此声名日著。

至隆庆时期,官府曾重修灵应宫宇,宫内有隆庆残碑,云:“(上残)祠前右为玉女碧(下残)……□□之一方之表镇,……不□□宫既建,公旋擢去。……系公旧衔,缘此询之张生重光(上残)是所宜首崇而先葺之者何?令(上残)次第议新之,爰相与度材,所自(上残)廪公赎所设措一未请于公帑(上残)九畴襄之。以隆庆六年十□十(上残)月十三日,正殿三楹抱庭一楹(上残)制稍增高阔焉。宫成,复偕李守(上残)帝位像为铜主,曰东华帝君……”由于碑文残缺过多,已难全面了解此次工役始末。但碑中有“玉女”及“宫”云云,系修元君庙祀无疑。碑中“旋擢去”之某“公”,据后提及之“孔子登临处坊”及“念庵先生”(罗洪先),疑指山东巡抚朱衡(朱衡在泰山建“孔子登临处”坊,并请罗洪先题跋)。“李守”即李逢旸,云南临安卫人,隆庆四年(1570)至万历二年(1574)任泰安知州。[②]《泰山搜玉集》卷首有“生员张重光编次”题名[③],又《北崖先生父子遗文》卷首图版《李逢旸致祭李钦碑》后署“郡庠眷晚生张重光书丹”[④],与碑中之“张生重光”当为一人。据此可知隆庆六年(1572)修葺灵应宫之役,主其事者有知州李逢旸与生员张重光等。

万历一朝,灵应宫迎来一次大拓建,《泰山道里记》云:“万历三十九年(1611)奉敕拓建,赐今额。有张邦纪碑。”[⑤]张邦纪[燕山左卫(今北京)人,万历进士,历官至礼部侍郎]《重修泰山灵应宫碑记》碑石已佚,文存《张文懿公

---

① 李邦珍碑已佚,见于(清)宋思仁《泰山述记》卷四《城内外诸胜》,第18页引。原未标文题,按万历十九年(1591)李邦珍有《重修东岳高里山神祠记》,明人常将高里社首与灵应宫并举(如张邦纪碑),故推所引李文应出此碑。

② 万历《泰安州志》卷四《秩官志》,第3页。

③ (明)袁稽:《泰山搜玉集》卷一,《四库全书存目丛书·集部》第313册,齐鲁书社1997年版,第3页。

④ 李恩泰编:《北崖先生父子遗文》卷首图版,泰安李氏敦睦堂1936年刊本。

⑤ (清)聂鈫:《泰山道里记》,《四库全书存目丛书·史部》第242册,齐鲁书社1996年版,第814页。

遗集》卷七，其碑翔实记述了拓建经过："（高里山）其下又有辞香岭，因四方朝山庶士无不至此辞香者。山旧有天仙圣母祠，慈仁普遍，法力森严，慧照神光，自然洞彻。人拜其下，输心控诉。我无用威，无往不威。山势若增其崔巍，地灵若资其繁荟者。其殿宇创造年久，修葺未易，非惟狭小，亦底倾颓。圣母闻之，请于皇上，乃捐内帑金钱修之。于是广大其规摹，壮丽其制度，大殿遵其旧址，而配殿、山门、神库、道房之类，井然咸具，焕然一新。甫兴工而众悦，再阅岁而告成。乃赐额曰'敕建护国灵应宫'。此一役也，始于万历三十一年（1603）三月朔，竣于三十三年（1605）四月十八日。"[①]

根据碑记，此次拓建的发起者为"圣母"，其人即万历之母慈圣太后李氏。史称李后"好佛"[②]，实际上她与"西大乘教"等民间宗教有着更深的渊源。而"西大乘教"尊奉碧霞元君，因此其神也得到慈圣太后的高度崇信。李氏成为太后之后，便不断谕发国帑，多次在涿州等地为元君建庙修祀："万历二年（1574），慈圣太后立庙涿州，祀碧霞元君"[③]；"皇太后传谕发帑金，修涿州碧霞元君庙"[④]。泰山灵应宫因属元君祖庭之一，又为皇宫之香火院，自倍为李后所关切，"请于皇上，乃捐内帑金钱修之"。此工因靡费巨大，而在明廷引发激烈论争："帝（神宗）将崇奉太后，诏建灵应宫，士晋（工科给事中何士晋，引者注）以非礼力争，且曰：'圣母所注念者，东宫出讲，诸王早婚，与遗贤之登进也，乃诸臣屡请不应。而不时内降者，非中贵之营求，即鬼神之香火，何也？'帝皆不省。"[⑤]本次重修神宗"命冯、崔二太监往督厥工，而又崔、萧二太监进天仙圣母圣驾"（《灵应宫古迹案》录张邦纪碑文，《张文懿公遗集》录碑无此语），显示了灵应庙工的皇家色彩。拓建后的灵应宫占地三十七亩，前、后殿堂五楹。前殿名护国圣应宝殿，后殿名万寿景命宝殿。庙基东至东更道，西至西更道，北至宫后门。全工告成，神宗特赐名"护国"庙额，称之为"敕建护国灵应宫"。

据张碑所记，灵应宫拓建之工兴于万历三十一年（1603），而告成时间，

---

① （明）张邦纪：《张文懿公遗集》卷七，《四库禁毁书丛刊·集部》第104册，北京出版社1997年版，第77～78页。首都博物馆藏《清拓明重修泰山碧霞元君灵应宫碑》，或即此碑之拓本。

② 《明史》卷一一四《后妃传》，中华书局1974年版，第3536页。

③ 《明史》卷二二一《赵参鲁传》，中华书局1974年版，第5824页。

④ 《明史》卷二二三《朱衡传》，中华书局1974年版，第5867页。

⑤ 《明史》卷二三五《何士晋传》，中华书局1974年版，第6128页。

《张文懿公遗集》录碑作万历三十三年(1605),《灵应宫古迹案》所录同一碑文中则作万历三十五年(1607)。前者应为事先预书工期,而后者应为立碑时据实改刻(按:除此点外,两者文字尚有多处差异)。万历三十九年(1611)最后告成立碑。《岱览》著录其碑云:"重修泰山灵应宫碑记。右赞善古燕张邦纪撰,太常寺少卿成纪胡忻书,英国公古瀛张惟贤篆。万历三十九年岁次辛亥孟夏十八日立。"[①]故泰山史志皆记作"万历三十九年拓建"。

明铸碧霞元君铜像

(左为原在灵应宫时旧照,右为今移岱庙时新照)

拓建工后,明廷又颁以《道藏》,以重其庙。《泰安灵应宫志略》云:"藏经楼……藏经系元板明补。"[②]明宫内眷、宦官、僧众等还曾募铸铜钟进献,以为李太后祝嘏。钟铸于万历三十四年(1606)九月,通高224厘米,腹围338厘米,口径130厘米,造型浑厚庄重。钟肩部之莲花瓣纹上铸有《佛顶尊胜总持神咒》铭;钟身上层分列四龙牌,分别铸以"当今皇帝万岁万岁万万岁"、"大明中宫皇孃孃王"(神宗孝端皇后王氏)、"大明东宫皇太子"(朱常洛)、"大明慈圣宣文明肃贞寿端献恭熹皇太后"(即李太后);四周为捐施者姓名,有东宫贵妃郭氏、荣惠宜妃、福王、福王妃邹氏、荣昌大长公主、瑞安长公主、东宫皇

① (清)唐仲冕:《岱览》卷二十《附览一·岱麓诸山》,清嘉庆十二年果克山房刻本,第18页。

② 《泰安灵应宫志略》,收录于《伪山东省公署呈请修葺圣贤陵庙及泰山灵应宫等古迹案》。

贵妃王氏（太子朱常洛生母王恭妃）及内府各衙门太监、乾清宫近侍内宫监、各衙太监等。周环大字题铸分别为“佛日增辉”“法轮常转”“皇图永固”“帝道遐昌”。此钟为泰山现存最大最精的金属鸣钟（今存岱庙铜器展室）。

《泰安灵应宫志略》云：“神龛修于天启。”知明末灵应宫仍有增构。

综上所考，灵应宫之创建年代，应不迟于明朝中期。初为皇宫香火院，与内廷关系甚密。万历拓建后日益鼎盛。清人《泰山纪胜》《泰山图志》称宫“明万历年建”[①]，皆是将拓建时间误为创建时间。[②]

二、清代移阙与迁像

入清之后，灵应宫仍继续保持繁盛。今宫门东西石狮，分别镌文云：“康熙五十□年四月初五日建立”，“本宫住持曹文庄、崔崇和、于文渊、牛智慧置”，《泰安灵应宫志略》并载宫有康熙年号石栏，其时当有重葺工役。该《志略》又云：“皇三子允祉书有‘灵应宫’匾额。”[③]按允祉为康熙帝第三子，历封诚郡王、和硕诚亲王。从皇三子为宫观题额，此次灵应宫重建已获得清皇室之护持（雍正朝允祉因与废太子亲睦被夺爵发配，故其为灵应宫题额事在清代文献中均予剔除）。乾隆帝屡次巡幸泰山，乾隆三十五年（1770）四月，山东巡抚富明安为迎帝南巡，于灵应宫东院恭建驻跸亭，又称“灵应宫座落”。[④]据《山东节次照常膳底档》，乾隆三十六年（1771）二月二十五日“卯正二刻灵应宫进早膳”[⑤]。为迎帝王临幸，灵应宫被整修一新，时人唐仲冕在《重修元君庙记》碑中赞称：“（元君）其祠不一，岱庙南有遥参亭，社首山有灵应宫，典祀亦盛。要皆朱甍赪栏，寝帷绮丽，翠柏窅窕，障其左右，于以象珠宫贝阙、琼楼十二之华，于以拟琪花翠竹、舞鹤蹁跹之致。故二庙之深邃崇闳，与岳

---

① （清）孔贞瑄：《泰山纪胜》，《四库全书存目丛书·史部》第255册，齐鲁书社1996年版，第6页；（清）朱孝纯：《泰山图志》卷四下《祠宇二》，清乾隆三十九年（1774）刊本，第8页。

② 2002年于泰城灵应宫崇台旧址出土明正德二年（1507）明武宗遣苗逵致祭碑，系清末自天书观移入，非灵应宫旧物，与创宫时代无关。

③ 《泰安灵应宫志略》，收录于《伪山东省公署呈请修葺圣贤陵庙及泰山灵应宫等古迹案》。

④ （清）金棨：《泰山志》卷三《盛典纪》，清嘉庆常州刊本，第32页。

⑤ 《山东节次照常膳底档》，中国第一历史档案馆藏，转引自林永匡：《清代宫廷文化通史》，上海文艺出版社2014年版，第253页。

顶祠几埒。”[①]乾隆朝诗人屡有咏灵应宫诗，描摹了宫宇壮观宏丽之景象。如张开东《灵应宫》：“绣郭西南路，平原灵应宫。危旛翔海鹤，古殿卧云鸿。金阙青霄外，琼台翠柏中。徂徕山色近，东望最葱葱。”[②]沈廷芳《铜楼歌》：“泰安城外古道院，殿宇插汉何清幽。入门老树互撑拄，中有突兀缥缈之飞楼。”[③]乾隆时刊《泰山全图》中有《灵应宫图》[④]，可见其时轮奂庙貌。

灵应宫建制在清代有所改变。其一为“金阙”移置宫中。“金阙”又称“金殿”，原立于岱顶碧霞祠中，后移遥参亭。清初李素《朴翁赵老伯老先生大人八旬初度叙》称：“先是泰山之上有金殿，明季移入遥参亭，而州城再破（指顺治变民滕天凤等破泰安州城），伯（乡宦赵弘文）曰：‘木受金克也。’遂毅然请之上台，移灵应宫中。”[⑤]自此铜殿成为灵应宫中一大胜景。乾隆年诗人杭世骏有《泰安灵应宫铜殿是明神宗造》诗：“九天光景结珑玲，八柱岧嶤耸泰青。环珮有时归窟宅，风雷镇日锁窗棂。乾封雨禅邀天瑞，琼笈琅函闷道经。古柏参覃遮不尽，满阶青雾昼冥冥。”[⑥]道光时铜荒，有司欲毁铜阙以铸钱，咸丰间翰林院编修蔡寿祺《泰安灵应宫铜楼歌》中述及此议[⑦]，“既而以质粗不任熔冶，乃止”。[⑧] 铜阙四壁似毁于此时（清末民初时铜阙四壁已“易以木”，见《重修泰安县志》卷二《舆地志·建置》）。清末英国传教士法思远（Robert Conventry Forsyth）游灵应宫时，曾对铜阙铸造工艺惊叹不已：“在第二个庭院内，在高台上立着一座铜楼，正如我们看到的一样，这座铜楼原来在山顶的娘娘庙前，后来在1770年时不知何为被挪到这里。它的构造和通常的木质建筑一样，但建筑通体都被镀以黄铜（除了门、窗、祭坛，没有一

① （清）唐仲冕：《重修元君庙记》，今存岱庙大殿院东侧。

② （清）张开东：《白莼诗集》卷十二，《清代诗文集汇编》第333册，上海古籍出版社2010年版，第530页。

③ （清）沈廷芳：《隐拙斋集》卷十三，《清代诗文集汇编》第298册，上海古籍出版社2010年版，第306页。

④ （清）《泰山全图》，上海图书馆藏乾隆刊本。

⑤ （清）赵弘文：《光碧堂稿》，清道光三十年翠瑞园刊本，第12页。

⑥ （清）杭世骏：《道古堂全集》卷三，清乾隆四十一年刻本，第3页。

⑦ （清）蔡寿祺：《梦绿草堂诗钞》卷九《望云集》，《清代诗文集汇编》第665册，上海古籍出版社2010年版，第275页。

⑧ 徐凌霄、徐一士：《凌霄一士随笔》第六九《泰山碧霞宫、五哥庙及铜庙》，山西古籍出版社1997年版，第75页。

样是其原有的)。屋顶是由四根铜柱支撑起来的,金阙四面装有很重的铜制构件,毫无疑问,原来这里是安装铜制门窗的地方。梁上精美的花纹装饰和屋顶的铜瓦,至今仍保持着当初镀金的光泽,这种镀金曾覆盖整个铜楼。经过测量,铜楼有 15 英尺长、11.5 英尺宽、约 18 英尺高。寺庙内是碧霞元君的铜像,端坐宝座,或在法坛上,并且在碧霞元君铜像的两侧有三个较小的铜像分别站在一个石头基座上。”①

宫庙格局的又一次大改变,为清末九莲、智上二菩萨像的“入住”。明万历帝尊其母慈圣李太后为九莲菩萨,崇祯帝又尊其母孝纯刘太后为智上菩萨,并于天书观建天庆宫,立像奉祀。入清宫殿因岁久失修,尽已倾圮,所奉铜像皆露处于外。咸丰五年(1855)泰安知县张延龄遂将铜像移奉灵应宫中,其幕宾王相芬为撰《敬迁九莲、智上二菩萨像于灵应宫碑记》称:“(天书观)塔迤北遍地瓦砾,内有铜像二,侍立女像各四,外又有坐像,状类美少年,亦范铜为之。而此间又并无半椽,所有铜像皆露处。据邑志云:……前明万历即(天书)观内建圣慈宫,尊孝定皇太后(即慈圣太后)为九莲菩萨;崇祯建智上殿,尊孝纯皇太后为智上菩萨,皆范铜为像。独美少年像,土人呼为某太子,无考。……乃者明社之墟,而圣慈宫、智上殿与之同归陆沉,所谓九莲、智上两菩萨像,暴露荒郊。……余居停寿泉张明府,以世家子,奏绩龚黄,所至有声。岁庚戌(1850)春,简命来守兹土……适公出,见菩萨像颠沛至此,曰:‘此守土者之责也。’爰捐廉鸠工于灵应宫前殿,奉安菩萨宝座□(于)元君左右,如配享然。所谓某太子者,亦移置后殿东楹,如前殿仪。道衲慨然曰:‘兴举废坠盛德,某忝系住持,敢不效□。’于是庙之山

灵应宫铜亭旧照

① [英]法思远主编:《中国的圣省山东》,转引自马修进、孟诗尧摘编:《清末外国人眼中的泰山景观》,《寻根》2014 年第 5 期。

门各工程，皆募化为之，亦焕然一新云。”[①]二菩萨像移入后，其奉祀体制为“前殿供奉天仙圣母碧霞元君，西向盘膝像为九莲菩萨，即明万历之母孝定皇太后也，东向盘膝像为智上菩萨，即明崇祯之母孝纯皇太后也”。[②] 自此，二菩萨像借住灵应宫百年之久（至1978年始移出）。俄国汉学家阿列克谢耶夫1907年游庙时曾记述所见景象：“碧霞元君周围是一些巨大而美丽的青铜菩萨塑像，其装束、发式、衣服、姿势都刻画得惟妙惟肖。”[③]法思远也记称：“在大殿内是十一个巨大的铜像，有一个坐在中间的神龛内，在大殿两端分别各有一个，另外是八个站着的侍者。在大厅两端的两座巨大的铜像分别代表的是万历和崇祯的母亲，分别将其册封为九莲菩萨和智上菩萨。在寺庙的后殿内是另外一些坐像。这里共有十二尊坐像，所有坐像都远高于生活中的尺寸大小，不仅铸造精良，而且雕刻精美。起初它们竖立在泰安西郊的汶阳桥附近天书观内，自从二三十年前，这座庙宇穷困得无以为继时，它们被转移到现在的地方。”[④]民初缪润绂尝瞻像后慨然有怀：“杰阁凌虚尚岿然，巍巍铜像自香烟。沧桑绝不关休戚，世最无情是上仙。”[⑤]（原注：灵应宫铜像甚伟，铸自有明。）

三、民国兵燹与复建

民国初期，灵应宫屡遭火灾。《重修泰安县志》卷二记灵应宫“前殿于民国五年（1916）毁于火，融化铜像二尊”[⑥]；又卷一记“（民国）十二年（1923）十一月一日，灵应宫火”。[⑦] 可谓祸不单行。中原大战后，马鸿逵部驻防泰安期间，灵应宫又遭军队破坏。王价藩《兵事日记》卷下云：“（民国二十年，1931）

① （清）王价藩等辑：《岱粹抄存》卷二，（清）王价藩、（民国）王亨豫辑录，齐焕美点校：《岱粹抄存合编》，山东人民出版社2018年版，第46～47页。

② 《泰安灵应宫志略》，收录于《伪山东省公署呈请修葺圣贤陵庙及泰山灵应宫等古迹案》。

③ ［俄］阿列克谢耶夫：《1907年中国纪行》，阎国栋译，云南人民出版社2001年版，第103页。

④ ［英］法思远主编：《中国的圣省山东》，转自马修进、孟诗尧摘编：《清末外国人眼中的泰山景观》，《寻根》2014年第5期。

⑤ （清）缪润绂：《游农桑会、灵应宫、白鹤泉杂咏四绝句》，《含光堂诗集》，《泰山丛书》本，曲阜师范大学图书馆1991年影印本，第9页。

⑥ 民国《重修泰安县志》卷二《建置》，第65页。

⑦ 民国《重修泰安县志》卷一《灾祥》，第58页。

二月二十一日，灵应宫大门前明建设，几三百年，被军人拆毁无踪。”[①]时后殿、配殿、藏经楼、道院也多毁圮。《泰安灵应宫志略》称：“现今木龛、石栏已归乌有，……殿前为东西配殿及藏经楼，均圮。藏经系元板明补，民国初年尚存数十册，经十九年（1930）兵燹，荡然无存。道院四处，均在宫之四隅，仅存东北一院，残破不堪。”[②]

不过，就在这兵戈云扰之时，灵应宫却有幸得到修复。关于此事，民国赵新儒《泰山小史注》云：“城西南灵应宫，亦明时大珰所建，久废。民二十年（1931）有清隆裕后大珰张某，捐资八千元重修之。”[③]所云“清隆裕后大珰张某”，即名闻一时之大太监小德张（张兰德，1876～1957，清朝末代太监总管）。小德张重修灵应宫，缘于民国二十年（1931）泰山之游。小德张与驻防泰安之马鸿逵父亲马福祥私交甚笃，鸿逵“幼年在西安行宫中一段时期，颇受他的爱护与照顾”[④]，故力邀其来游泰安。其间张曾至灵应宫，见前殿败废，因发心重修。小德张养孙在《太监小德张寓公生活》中忆其始末云：“1931年马鸿逵驻军泰安，……约请祖父到山东旅游，情不可却。……参拜岱庙时见庙殿顶端行将倒塌，当即许愿修建。回到天津后他委派永德木厂经理于子远带着工匠去泰安监修寺庙顶端，易瓦顶为铸铜顶，耗资约两万元。竣工后，特请戊戌（1898）末一科山东举人周召亭撰写碑文，碑文落款：隐名氏弟子修建。至今遗迹犹存。”[⑤]按：此文所述小德张修整泰山庙宇事基本可信，但误将灵应宫写成岱庙。小德张所立灵应宫碑已佚，幸碑文录存于《灵应宫古迹案》中，题为《灵应宫保存古迹记》，中称：“辛未（1931）仲春，道经岱麓，展谒灵应宫。访其故址，法像皆铜铸，慈容俨然。又精铸一铜亭，雕缕（镂）工巧，创制于万历中叶。越数百年，备极尊崇，岁久失修，殿宇倾圮。破瓦颓垣之下，荒烟蔓草之中，恍见庄严之相，暴露孑（于）日，受淋炙于旷野，心窃惄焉伤之。夫铜驼埋没，尚滋感泣；天龙护卫，宁忍沦弃？乃以两朝之名胜，曾无一椽之凭依，荆棘塞途，蒿莱满径，凡属含识，应共叹惋。况复

① （清）王价藩：《兵事日记》，《泰山丛书》本，曲阜师范大学图书馆1991年影印本，第91页。

② 《泰安灵应宫志略》，收录于《伪山东省公署呈请修葺圣贤陵庙及泰山灵应宫等古迹案》内。

③ 赵新儒：《新刻泰山小史》，民国二十一年（1932）泰安赵氏校刊本，第11页。

④ 马鸿逵：《马少云回忆录》，（台北）龙文出版社1994年版，第111页。

⑤ 张仲忱：《我的祖父小德张》，天津人民出版社2016年版，第196页。

案之碑碣，稽之志乘，考之东鲁古迹，均有显著之历史，顾可不急谋保存者乎？适是时少云马总指挥建纛是邦，政治民和，年丰岁稔，凡地方兴革事宜，靡废弗举，爰述鄙意，深表同情，谨依中央政府保存古迹之明令，倡捐佽助，命工经营。芟刈其榛莽，廓除其芜秽，聚法像于一堂，建数楹以复之。”碑末署“周兴南撰文，富汝新书丹。中华民国二十年八月十三日，隐名居士等立石”。据小德张孙子追忆，知“隐名居士”即小德张的化名。撰者周兴南（1879～1947），字召亭，莒县人。善篆籀，莒地之名碑多为其手书。书者富汝新，曾任宁夏护军使署副官，此时为十五路军将佐。灵应宫拓建出于明代宦官之手，而重建于逊清太监，亦属奇事。今灵应宫前殿面貌，应即小德张重修后之规制。

抗战军兴，泰安沦陷，日伪设立泰安道尹公署加以统治，隶属于伪华北政务委员会。民国二十九年（1940）九月，伪华北政务委员会委员长王揖唐抵山东视察，至泰安谒灵应宫，其时“殿宇仅有前殿及铜楼数楹尚存，余均已倾圮”[①]，为笼络人心，粉饰统治计，特捐洋万元，嘱伪山东省省长唐仰杜加以修复。为此唐令山东省民政、建设厅派遣技师往泰安实地勘估，泰安道署并委人撰写《泰安灵应宫志略》，抄存灵应宫碑石，绘制图纸等，呈报于华北政委会。经王揖唐批复后，于民国三十一年（1942）八月兴工重修，竣工于民国三十二年（1943）八月。完工后，立《重修灵应宫碑记》，今尚完好保存在宫院。记称：“庙在社首山东，为元君下庙。明代万历中敕建，神像皆以铜铸成。殿前铜亭一座，名曰崇台，姿态庄严，雕镂精巧，诚稀世之珍品，宜爱护于不敝。只以年久失修，殿宇倾圮，铜驼荆棘，感慨系之。岁癸未（1943），华北政务委员会王前委员长揖唐，本悲天悯人之怀，抱尊古重道之心，慨捐巨资，饬为重修；省长唐公珍重古迹，督促尤殷。遂鸠工庀材，整残补缺，美奂美轮，气象一新。”末署“泰安道尹杜杰[②]撰文，泰安道公署秘书王佐书丹”。限于日伪时期财力乏窘（预算“需洋四千五百元”），仅对倾圮处“整残补阙”，从重修前呈交伪华北政委会之“平面图”看，前殿、钟楼都是原有规制，并未

---

① 《伪山东省公署呈请修葺圣贤陵庙及泰山灵应宫等古迹案》，中国第二历史档案馆藏档。

② 杜杰（1899～1947），山东黄县（今龙口市）人，1943～1945 年任伪泰安道尹。参见《烟台人物志》，华龄出版社 1998 年版，第 320 页。

进行大的改造；部分建筑规格且有所减缩，如“明代三开间的山门，修复成单开间”。[1] 这是历史上灵应宫最后一次重修。现存于中国第二历史档案馆与山东省档案馆的“灵应宫案卷”，便是这次工程的原始文案，对研究灵应宫史弥足珍贵。

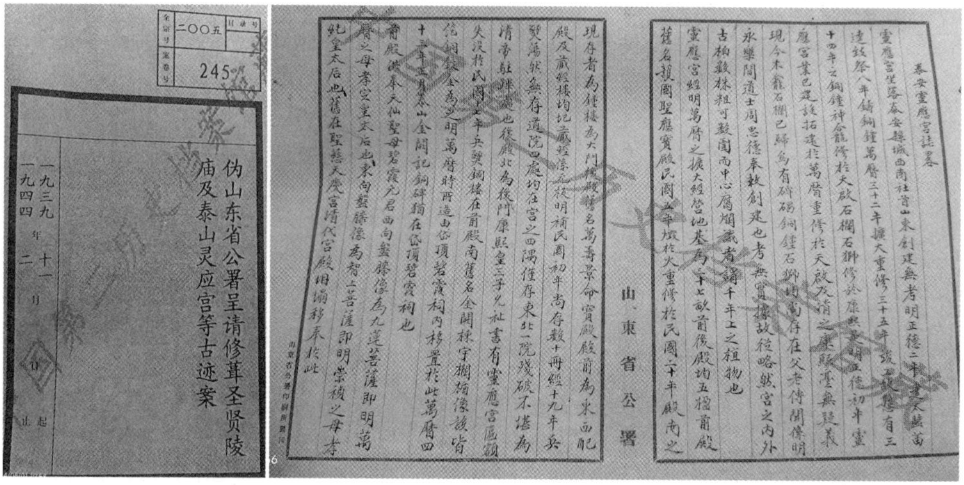

《泰山灵应宫志略》（中国第二历史档案馆藏档）

除去上中下三庙，泰山周边还分布着数以百计的“泰山行宫”（或名“元君行宫”“碧霞行宫”）。民国《重修泰安县志》卷二《舆地志》称：“泰山行宫：即元君庙，所在多有，如张侯扈鲁山、夏张太平山、徂阳员外庄、楼德镇二柳泉、西南乡李家店、放城东北五龙山、白峪地方慈祥岭、天平店皆是也。”今尚存者有桃花峪口、大陡山、祝阳大官庄、徂徕吴山、夏村水音堂等十余处，相关明清及民国碑记亦甚富。时代最近一方为 1950 年立于柴道河（柴草河）村之《创修泰山行宫记》，知新中国建立后仍有创庙，可见其延续之长。因庙祀繁多，不复逐一缕述，统附记于此。

① 朱宏伟：《〈重修灵应宫碑记〉考略》，《岱宗学刊》2004 年第 3 期。

第十章　碧霞洞府：从石室仙洞到后石坞庙

"试问黄华洞，何年栖碧霞。"[①]地处泰山奥区的后石坞，是一处碧霞元君信仰的圣区，此处"三面皆万仞峭壁，重重相抱。阁所倚为华盖石，色如积铁，耸立于右，……泰山幽胜无过于此"。[②] 相传为玉女修真之所，坞中有黄花洞、莲花洞及元君墓、白猿墓等众多胜迹。而这些玉女仙迹的形成，则与明中叶兴起的宝卷文学密迩相联，显现着民间信仰对泰山神圣空间塑造的重大影响。

一、从石室洞到黄花洞

泰山玉女本来是源于水、出于池，但因基于女仙洞穴传说的道教文化背景[③]，很快便与"洞"产生了密切联系。其最早出处可追溯至宋代王山《盈盈传》，其传述泰山玉女之居正在幽深洞府："忽有女奴召予，予（王山）乘醉偕行，约十许里，至一溪洞，洞门重楼，彩槛雕楹，桥环溪水，花木繁丽。"写王山诀别玉女场景，也是"恍然出一洞，但见苍崖古木，水声山色，皆非向来所历"。而玉女自作诗中，也有"水声寒隔洞天深，帐殿云闲少客寻"之句。[④] 可见至迟在北宋中期，时人已将玉女生活场景设置在深山古洞之中。

---

① （清）梅枝凤：《黄华洞（是碧霞元君修真处）》，（清）邓汉仪辑：《诗观二集》卷五，《四库禁毁书丛刊·集部》第 2 册，北京出版社 1997 年版，第 152 页。

② （明）冯时可：《登泰山记》，《冯元成选集》卷二二，《四库禁毁书丛刊补编·集部》第 62 册，北京出版社 2005 年版，第 2～5 页。

③ 徐胜男：《道教与唐前志怪小说专题研究》，巴蜀书社 2020 年版，第 398 页。

④ （宋）李献民编，程毅中、程有庆点校：《云斋广录》卷九，中华书局 1997 年版，第 68～70 页。

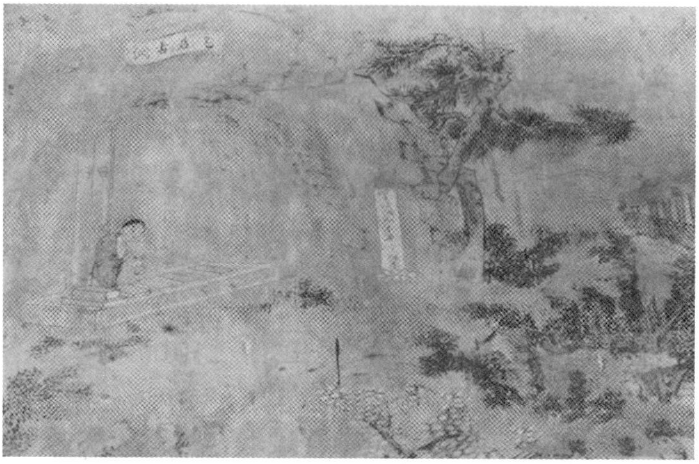

《碧霞元君初世图》

（北京北湖渠娘娘庙东壁壁画）

自明代中期始，玉女古洞修真的传奇，开始密集出现在宝卷作品中。《天仙圣母源留泰山宝卷》第三篇写千花公主往泰山得老人指点，言："这泰山顶上有座桃花洞，洞门朝阳，下有桃树千颗（棵），围绕洞门，堪可修行。"① 《泰山天仙圣母灵应宝卷》卷上《公主泰山成道品第九》中言："上帝闻听，敕封天仙玉女该雷部神将护送泰山上，脱凡入圣，永镇泰山。……知会灵官随云而起。云磨风响，把公主竟送上泰山桃花洞内，轻轻放。散了祥云，众神回位。公主睁眼看，别是一乾坤，四下观看，如天云一般。""舍身台台左傍崎岖小道，往前走看见了桃花洞门。进的洞观看罢盘膝打坐，用神功讽经咒功上加功。"卷下《许愿还愿泰山进香品第二十二》更描摹洞之神异："若过桥，游岸路，桃花洞门，是圣母修行处，浔道成圣。桃花洞，通南海，赴命归根。"②

随着信仰的发展与故事的传播，这一洞穴故事开始在地化。桃花洞虽有其地，然其位处岱顶③，与宝卷中设置的深山场景差异较大。修真洞渐被指实为泰山石室洞（也作石屋洞，为避与后石坞洞相混，以下均称石室）。石室起

---

① 马西沙主编：《中华珍本宝卷》第1辑，第8册，社会科学文献出版社2014年版，第308页。

② 《泰山天仙圣母灵应宝卷》，关于此卷情况，可参车锡伦：《〈泰山天仙圣母灵应宝卷〉漫录》，《民间文化论坛》2016年第1期。

③ （清）张謅《岱游记》上云："唐玄宗磨岩碑，碑下为桃花洞，道人指语余曰：'此碧霞元君修道处也。'"[（清）沈粹芬：《国朝文汇·乙集》卷四五，清宣统元年上海国学扶轮社石印本，第1页。]

源甚早，东汉马第伯《封禅仪记》最早记录此名，言岱顶“北有石室”。[①]《初学记·地部》引《列仙传》对此洞的描写进一步丰富：“岱宗石室中，上下悬绝，其中金床玉几。”[②]金床玉几的神奇场景，给人以极大的想象空间，道教太真夫人故事便以此为场景展开。《太平广记》卷五七《女仙二》引《神仙传》：“太真夫人，王母之小女也，年可十六七，名婉，字罗敷。……马明生随夫人执役。夫人还入东岳，岱宗山峭壁石室之中，上下悬绝，重岩深隐，去地千余丈。石室中有金床玉几，珍物奇玮，人迹所不能至。”[③]后起的泰山玉女传说，便与此紧密萦绕在一起。

较早出现这一联系的，为明正德时人陈寰，其《访碧霞遗迹》诗云：“昔日元君修道处，太山北面石崖巅。洞中灵像双龙跃，云里丹光五色旋。鸾影恍疑来翠辇，钟声遥听隔苍烟。胜游顿觉玄机悟，便欲南归作地仙。”[④]诗言洞在“石崖巅”，指石室洞处于岱北山顶崖壁。更为详核的记述，则为嘉靖初人姚奎，其《游石屋记》记所历云：

> 泰山东数里许，有石屋，世传碧霞元君炼真之所。予公暇欲往观焉。从者曰：“径隘不可舆。”乃易服帽貂，以韦带结腰，短策芒鞋，命道士刘教弘为前导。行三四里，无复蹊径，披蒙茸，攀巉岩，偃偻而上，愈进愈险，下瞰巅崖，惊汗浃背。又三里，盘旋转一冈，而石屋在望矣。有羽士四人，瘫然而迓予青松绝壑间，前牵后拥，乃获济焉。瞠目纵眺，上有削铁奇峰千朵，前有夷地可半亩。入其中，窈然而深，朗然而虚明。石窦涓涓，凝结玉柱，大十围，高丈余，晶莹可鉴。崖有元君手印，玉指宛然，后有石床，则元君偃息处。左偏一窍透绝顶，顶有石楼，可坐三四人，冰滑不能升，跻攀数磴而下。力疲卧石床，毛骨洒洒。[⑤]

关于姚奎所记之地，后人多指为后石坞附近之黄花洞（或莲花洞）。《岱览》便将此文系于“后石坞元君庙”条下。实则其描写此洞状况，如言前有夷

---

① （清）孙星衍辑，周天游点校：《汉官六种》，中华书局1990年版，第176～177页。
② （唐）徐坚等：《初学记》卷五《地部上·泰山》，中华书局1962年版，第96页。
③ （宋）李昉：《太平广记》卷五七，中华书局1961年版，第350页。
④ （明）陈寰：《陈琴溪文集》卷八，明万历刊本，第6页。
⑤ （明）张应遴编：《海虞文苑》卷十三，明万历三十八年刻本，第10页。

地半亩，洞有元君手印、石床、石楼等，均与黄花洞或莲花洞地貌不合，应是另有其地。2008年9月夏笔者在南天门景区李健君导引下，曾登上尧观顶（又名天空山、玉女山）山腰石洞，此洞进深1.6米，宽3米，高1.8米。窟口南向，内置神龛，又亘片石似长几，应即传说中之石床，洞顶重叠似层楼[①]，与姚奎所写悉合符契，恍悟当日姚游者乃是斯洞。此洞史志中均以"八仙洞"标记，如明钟惺《岱记》云："石壁百仞，松腋之左，右而半上得八仙洞。"[②]《泰山纪胜》云："八仙洞：由丈人峰下山阴，道迤逦而东，洞在北山之岩。危若鹘栖，鸟道一线，松阿结茅屋数椽，点尘不到，若或有隐君子焉。"[③]此洞应即汉以来所传之石室，《泰山道里记》云："八仙洞危若鹘栖，即马第伯所云'石室'也。"[④]盖得其实。亦即最初传说中的玉女修真之所在。

根据姚记，其时石洞中还有道士驻守。今八仙洞东侧有石屋废基，门辟西向，或即当日道房。洞口外西壁有摩崖题刻痕迹，惜漫漶严重，不可识读。

岱阴八仙洞照片

除了石室洞，此时前后出现的玉女修真之洞府还有朝元洞（即朝阳洞），明张新《睹碧霞君香火之盛有感》诗有"谁信朝元容膝地，仙凡只在此中分"[⑤]

① 周郢：《八仙洞记》，《岱砚余墨》，山东友谊出版社2013年版，第81页。

② （明）钟惺：《岱记》，《隐秀轩集》卷二〇，上海古籍出版社1992年版，第398页。

③ （清）孔贞瑄：《泰山纪胜》，《四库全书存目丛书·史部》第255册，齐鲁书社1996年版，第4页。

④ （清）聂鈫：《泰山道里记》，《四库全书存目丛书·史部》第242册，齐鲁书社1996年版，第804页。

⑤ （明）张新：《白㙐集》卷五，日本内阁文库藏明刊本，第7页。

句(自注:“朝元洞乃元君修炼处”)。清初张泰来《岱宗纪略》中言:“(朝阳)洞即元君行宫,后有空岩,似维摩十笏,莫测其里,云是元君炼丹处。”[①]也是演绎洞府修真场景。

但一处神圣空间的最终形成,必须应合信众的各项要求,便于谒拜为一重要条件。石室洞“危若鹘栖,鸟道一线”,上下悬绝,山路险绝,攀跻极难。恰如姚奎《游石屋记》中所言:“人之游泰山者,每以道左日穷为尽,于斯罕到,孰知石屋之多奇乃尔哉!”此种地形状况大不利于香火,使司香者生存困难。而桃花洞、朝元洞皆“地不容膝”,没有发展空间,另辟蹊径势在必行。这样在嘉靖以后,同在尧观顶下但位置相对显畅的黄花洞(加上莲花洞)开始进入人们视野。嘉靖《泰山志》中记玉女洞时已两说并举:“石屋,一在玉女山半,一在山趾,相传为玉女修真之所,景最奇胜。”[②]隆庆末王之纲《玉女传》引《玉女卷》更出现了完整的玉女修真黄花洞情节:“玉叶貌端而性颖,三岁解人伦,七岁辄闻法,尝礼西王母。十四岁,忽感母教欲入山,得曹仙长指,入天空山黄花洞修焉。天空盖泰山,洞即石屋处也。三年丹就,元精发而光显,遂依于泰山焉。泰山以此有玉女神。”[③]

此后黄花洞遂替代了原石室洞,成为新起的玉女修真处,接受崇信者的礼拜。而原石室洞于明末以后,被人新冠以“八仙洞”名,与玉女脱离了联系,以致声名不彰。隆庆六年(1572)周藩胙城王府辅国将军朱睦梙于黄花洞旁建元君庙[④],更将这一空间定型,成为此后四百年中岱阴碧霞信仰的中心。

---

① (清)张泰来:《岱宗纪略》卷上,清康熙间谟觞石室刊本,第9页。

② (明)汪子卿:《泰山志》卷一《山水》,《泰山志校证》,黄山书社2006年版,第7页。

③ (明)查志隆:《岱史》卷九《灵宇志》,马铭初、严澄非校注:《岱史校注》,青岛海洋大学出版社1992年版,第153～154页。

④ 朱睦梙:生平未详。河南尉氏县所出明嘉靖《周藩胙城宣靖王墓志》,记其“嫡第五男睦梅”,或即此人(承孙堪先生惠示墓志)。

后石坞图

（采自乾隆《泰山图志》）

二、从元君墓到白猿墓

后石坞中最为奇特的设置当属元君墓。关于此墓来历，传统的说法均引民国赵新儒《泰山小史注》之说："碧霞元君墓，为明时大珰所为，甚可笑。盖当时重修碧霞宫，易元君像，以旧像埋此也。"①更早于赵氏的记录还可举出清末民初汪孟舒之记载，其《泰山游记》云："东为碧霞元君墓，明时大珰修宫易新像，而以旧像葬此云。"②此二说当有所本，或是据明代墓石。考明代碧霞宫业历次大修，唯有万历庙工由宦官董理，故知这次瘗埋旧像，当为万历末期之事。

另外，泰山女神像从宋真宗敕立，到元初道士张志纯重立，均用玉质（以与玉女相对应），至万历改立易质为铜而瘗玉像，此为碧霞神祀之一大变革。

虽然万历朝有建立冢墓之事，但元君墓并非起于此时，至迟在隆庆朝已

① 赵新儒：《新刻泰山小史》，民国二十一年（1932）泰安赵氏校刊本，第 22 页。

② 汪孟舒：《泰山诗画游记册》，和记印书馆 1934 年版，第 13 页。

有墓之传闻。明隆庆时人吕元《泰山元君行祠碑》云:“元君著灵泰山稔矣,祠者率天仙玉女之,而暗于其所自出。惟平原管辂独谓炎帝长女元君毕遐[①](引者识:今传管辂语无此事),生而灵异,知天地盈虚阴阳消息,未笄而殁,墓在泰山。恒出云气,状彩倏变,土人神之,祷辄应,爰奠祠于山。元君,后世大长公主谓也。讳毕遐,讹传碧霞。帝□,元君弟也。初姜姓,太岳佐禹,封吕,遂姓吕氏,主祭者吕氏嗣云。夫辂明易善筮,名重三国,言岂妄欤!然则元君为炎帝女也,审矣。”[②]又万历时人宋仕《重修碧霞行宫记》云:“旧闻岳顶有玉女池,池侧故有玉女冢,说者不一。”[③]吕、宋两家所叙,说明在明代中期(隆庆之前),已有玉女葬身泰山云气绕墓等种种灵异传闻流行于世。故泰山元君墓及相关传说来源,值得进一步追溯。

《天仙圣母源留泰山宝卷》中浓墨重彩地写到千花公主(即后之元君)舍身求法的情节:

> 说罢来在志心石上,公主合掌当脑,望空祝赞曰:额苍天!我千花则为众生难度,才上泰山苦修,饥吃树叶,渴饮清泉,一十二年,无限苦楚,何时是尽!恋到几时脱身?告罢虚空,闭目噙口,望着涧下一跳,慌了当处神祇,托娘娘尸灵轻轻落地,有二位仙童将尸首埋葬已毕,用木刊成形相,洞中侍奉香火。老母真性归空,坐定九品莲台。回上天宫。
>
> 公主舍金身,撇下二仙童。至今留显迹,历代永标名。[④]

这段情节实是后世诸多泰山胜迹的张本。如清张奇逢在《禁止舍身碑》中一再述及舍身与元君之联系:“查泰山顶偏东高崖,不知作俑何人,假南朝梁武帝舍身同泰寺之说,立名舍身崖,哄动香客,为游山计。世人不察,误传

① 毕遐(霞)公主说在山东亦有流传。乐陵王母殿村世传战国时有魏国公主毕霞,于魏亡后与姐毕仲举家逃至姑母平原夫人所居乐陵城,易名魏王城。并在城畔建王母殿,奉西王母。毕霞后游泰山,受封碧霞元君。后世在王母殿村建祠奉祀,久圮。参见《碧霞元君故居》,《德州晚报》2023年5月9日。2006年村民据此传说,在村外易地新建“碧霞元君故居”景区。碧霞乐陵说的出现,有其鲜明的文化背景。明清时乐陵作为连接直鲁的枢纽站,是京津碧霞香客的必经之处,势必促进其信仰在本地生根。而本县境一直有颇多女性故事与遗迹流传,如《乐陵县志》所载“七女坟”“三女冢”即是。当明清碧霞信仰深入本域后,遂与原有女性传说相交融,逐渐形成具有乐陵色彩之女神形象。碧霞乐陵故居说源头当在于此。

② 光绪《余姚县志》卷十一《典祀》,第27页。

③ 乾隆《平原县志》卷十《艺文上》,第49页。

④ 马西沙主编:《中华珍本宝卷》第1辑,第8册,社会科学文献出版社2014年版,第389～390页。

圣母登仙之处，谓一投崖，可以成仙，可以报亲。”[①]今知在宝卷故事中，舍身出于元君，是其成仙之路，由此引发后世崇信者的效仿（舍身崖首见于元王奕《和徐中丞容斋旧泰山一百四韵赀见》：“投崖匹夫勇。”[②]明以后乃与元君成仙故事相结合）。其投崖之处“志心石”，也作“试心石”，也便成为考验人心诚伪之地。[③] 明乎此点，则知泰山这一风俗的盛行，大致与此段宝卷情节相关。

在故事中，千花公主的尸身被仙童收起，“埋葬已毕”。在其他版本的异闻中，也可能有类似情节（如前引吕元述炎帝长女故事）。后石坞元君墓应是根据这类宝卷故事而设置的。

这座传说墓，后来逐渐得到官方认同。延至万历末，督工太监在碧霞祠役中，置旧玉像于斯，高其邱冢，将此传说进一步实体化。此后历代重修，如清雍正间，兖州总兵李建功重修此墓，并立石碣曰：“敕封天仙圣母碧霞元君故墓。镇守山东兖州总兵官□建功重修。雍正十三年(1735)十月十五日。”此后道光七年(1827)，道员麟庆也曾修葺，所撰《修补泰山钦工石路并后石坞山径祠墓记》中云：“碧霞元君祠墓世所崇奉，亦鞠为冷烟荒草。无他，以其崎岖难行耳。庆谨志之。兹复属魏公(祥)，于后石坞相度创开石径，并将元君祠墓重加封葺，以奉香火，缵遗训也。”官方人士的不断参与，将此遗迹逐渐经典化。

另外，元君墓也开始出现在文士笔下，乾隆时朱云爆《岱宗大观》述后石坞景象云：“其东愈高，有元君墓，倘李长吉(贺)所谓‘几回天上葬神仙’者

---

① (清)张奇逢：《禁止舍身碑》，碑在遥参亭。

② (元)王奕：《玉斗山人集》卷二，(清)沈家本编：《枕碧楼丛书》，知识产权出版社2006年版，第476页。

③ 明《泰山志》卷一《山川》云：“试心石，在仙桥石西，崖石顶半出崖外，二石钩连，下则悬崖万仞，人登践之即摇动，天下之险莫加焉。愚民云：人践之，则必恐怖动心，惟诚则无动，故云试心。少白李尊诗刺愚痛切，志见《登览》。”明人尝有冒险登石以祈愿者。光绪《沾化县志》卷二《人物·孝友》云：“李兰，号入轩，母有疾，焚香告天，愿以身代。徒步走祷泰山。有试心石，孤峭下临万仞，兰侧身飞跻其巅，吁而呼曰：‘鬼神鉴我微诚，愈母病，甘挤我绝涧，委骸胔为蛇虺食。’旁观万人，无不骇愕奔救。其长吏闻之。因修槛避人，更名曰重身石。”

耶?”[①]又李鼎元《重登泰山》诗中有“元君墓有无,俎豆已不朽。”[②]民国蒋灵生《泰山导游》云:“碧霞元君墓,在黄花洞东,相传以葬玉像。曰玉女,曰元君。一而二,二而一也。”[③]这都是对这一遗迹的述咏。

元君墓形制,在泰山史志中罕有记录,唯清末民初缪润绂《步游后石坞作歌》中言:“何人起筑仙坟高,千年蜕骨埋蓬蒿。”[④](自注:东偏有碧霞元君墓,石塔约高丈余,为志乘所不载)可知元君墓系仿以佛教墓塔形制,此当因清代由尼僧主庙之故。又韦润珊《泰山纪游》:“庙东有泰山圣母坟,以石叠成,方形而尖其顶,恍如埃及之金字塔然。”[⑤]原塔毁于近世,今墓为 20 世纪 80 年代所重砌,长、宽均为 2 米,高 1.2 米,条石砌成。[⑥]

古代泰山史志纂修者多为正统儒士,对民间宗教文本疏于了解,故于元君墓之源起疑惑不解:“吾闻天仙不蜕,今有墓,何也?”[⑦]“后人于其地立元君墓,傅会滋甚。”[⑧]如果我们转入民间宗教文学的视角,则可清楚洞悉其墓后的文化源流。

如果说石坞内的元君墓还有一定史志依据(大珰葬像),而同处一地的白猿墓可谓“羌无故实”。唯一的记述见于清人徐镔(徐河清)《后石坞》诗,其中有“乳滴玉女泉,花开白猿墓”句[⑨],可知至迟嘉庆时已置此陪葬冢墓。又新近发现一帧民国“泰山碧霞墓”老照片,清晰可见白猿墓前壁嵌一石碑,足见此墓曾立石记。

李梦在文中已揭出其与宝卷白猿故事的联系[⑩],卓有见地。不过,这只“埋葬”坞中的白猿,并非从宝卷中凭空跃出,而是有着独特的泰山文化背

---

① (清)朱云爋:《岱宗大观》,《泰山丛书》本,第 25 页。

② (清)李鼎元:《师竹斋集》卷八,《续修四库全书》第 1475 册,上海古籍出版社 2002 年版,第 543 页。

③ 参见蒋灵生:《泰山导游》,《津浦铁道月刊》1932 年第 2 卷第 4、5 期合刊。

④ (清)缪润绂:《含光堂诗集》,《泰山丛书》本,第 13 页。

⑤ 韦润珊:《泰山纪游》,《史地学报》1923 年第 2 卷第 2 期。

⑥ 参见王方俊等编著:《泰山大观》,山东友谊出版社 1987 年版,第 185 页。

⑦ (清)唐仲冕:《岱览》卷十七《分览五・岱阴》,清嘉庆十二年果克山房刻本,第 4 页。

⑧ (清)聂鈫:《泰山道里记》,《四库全书存目丛书・史部》第 242 册,齐鲁书社 1996 年版,第 803 页。

⑨ (清)余正酉:《国朝山左诗汇钞・后集》,《山东文献集成》第 1 辑,第 43 册,山东大学出版社 2007 年版,第 309 页。徐镔又名河清,字华冶,昌邑人,清咸丰壬子(1852)进士。

⑩ 参见李梦:《宝卷与泰山后石坞:仪式文艺与信仰生活的互塑》,《民俗研究》2023 年第 2 期。

景。在宋元以降的稗史诗章中，多次出现猿猴形象。元人赵文昌《灵岩寺题壁》"红鹤飞来山隐隐，元猿啼罢月苍苍"，张蔚《赠堂头长老》"野鹤驯洞曲，老猿嗥松阴"，张士明《游灵岩》"野猿啼町疃，海鹤舞庭除"，明人杨祜《登岳》"霜猿纷叫啸，风木怒鸣号"，李逊学《奉和太府徐公赋灵岩二十四景排律》"鸡鸣天上晓，猿啸洞中天"，李文芝《过清泉寺》"幽鸟啼春昼，山猿啸石颠"，李养正《前登岱》"老猿坐树如呼侣，怪石张牙欲噬人"，孙慎行《忆登泰山作》"山丘贪爱满填胸，野魅孤猿向人笑"，谢肇淛《石棚》"驯虎寒同卧，饥猿午共斋"，赵勋《五大夫松》"霜侵月影来丹鹤，雁尽秋空隐白猿"，萧协中《玉女山》"玄猿援树啼，苍鹤伴岩舞"①，说明在泰山上确有一延续千年的猿猴传说。其源似可追溯至宋金之际记录的灵岩开山故事中。据金皇统二年(1142)陈寿恺《济南府灵岩寺祖师观音菩萨托相圣迹序》云："我祖师(法定)其始西来，欲兴道场于兹也……则有黄猴顾步，白兔前跃，俄惊双鹤飞鸣，其下涓涓，果得二泉。"碑中所刊法定像，画面中有"前有蛇引路，一猿捧果回顾"。这个为高僧驯化的山猿，被诗人题为"听经猿"或"投法猿"。泰山最早的猿猴故事，或由佛教所引发。

明清时期，由于碧霞信仰走向鼎盛，泰山原有的各种神异传说纷纷与女神故事相缩合，白猿便由此加入碧霞神府之列，成为其中的"金灵童子"。②明代《天仙圣母源留泰山宝卷》第九品《公主泰山成道》详细写到白猿献桃情节：

> (公主)惊恐不敢离洞，三日三夜，无吃饮食，肚中饥饿，自己嗟叹，感动山神、土地，说与白云洞通背白猿："今有古佛泰山受难，何不进贡?"猿猴听说，不敢怠慢，手提花篮献五样鲜果，来到洞门站立。公主正坐忽见猿猴，便问你来做甚么？白猿曰："我来进贡。"笼内中取出时新五样鲜果仙桃，放在面前。公主又问："你住何处?"猿曰："我住凹凸岭莺(鹰)愁涧白云洞，那里无甚么好物，将几个山果前来进奉。"我佛菩萨观见禽言，观他有仙体，"我今与你起个名字，叫做金灵童子，辨我修行，后将真经为记号，为月空归家认祖，谢我佛圣恩。"

① 以上悉据袁爱国:《全泰山诗》，泰山出版社2012年版。

② 马西沙主编:《中华珍本宝卷》第1辑，第8册，社会科学文献出版社2013年版，第325～326页。

公主到洞中，饥饿痛伤情。猿猴来献果，端坐立头功。①

这一段情节，成为碧霞故事中的著名场景。河北怀来鸡鸣驿明绘壁画西侧下第八幅，榜题“桃花洞白猿献果得道”。清绘《娘娘分身图》画册，中一幅为《白猿献桃》。② 白猿与鹿女作为元君左右侍者，其形象深入人心。

明代以后，这只神秘的白猿仍频频出现在各种小说戏曲中，成为泰山女神的重要传信者。清初苏庵主人小说《归莲梦》第一回中写道：“原来那老者不是常人，是本山中积年得道的白猿。因他在真如庵中时常听法，故此认得莲岸。是晚，莲岸……叫老者问道：‘老师，后面石屋里是何宝贝放出光来？’老者道：‘啊呀，这光被你看见！也罢，我实对你说。此中有一卷天书，是洞府仙曹留藏的，着老夫看守。经今五百余年，不曾出世，故此夜夜有光。’”③到了清代乾隆年间沈起凤所作杂剧《报恩猿》，对此猿事迹进一步增饰，成为“盗取月府秘书，于泰安修炼”的妖猿，其为书生解救雷劫后，演绎了一场知恩图报的公案大戏。伴随这些故事，泰山也出现了白猿洞等多处遗迹。《岱览》卷三十二《叙览·陶山》云：“又南为啸猢谷，有白猿洞。又南为孝福岭，二山相连，或云‘孝福’即‘啸猢’，音相似也。”④

《娘娘分身图》之“白猿献桃”
（北京白云观藏图）

从玉女洞到元君墓，再到白猿冢，通过对这些遗迹的考索，我们找到了泰山文化在传统经史之外另一处重要源头——大量关于碧霞元君的讲唱文本。这些文本诞生后，由于宣唱广泛，普及妇孺，耳濡目染，深入众心，当信

① 马西沙主编：《中华珍本宝卷》第2辑，第8册，社会科学文献出版社2013年版，第318～320页。
② 中国道教协会编：《道教神仙画集》，华夏出版社1995年版，第114页。
③ （清）苏庵主人：《归莲梦》，太白文艺出版社2000年版，第6页。
④ （清）唐仲冕：《岱览》卷三二《附分览·陶山》，清嘉庆果克山房刊本，第23页。

众朝山进香时，必会产生谒访故事中各处灵迹的强烈意愿。泰山上下一系列碧霞神圣标记物，便是为了适应这一信仰需求而衍生。

如果我们将视域从后石坞一域推广到整个泰山地区，就会发现，自明代民间宗教勃兴之后，民间信众根据其信仰需求，对泰山祭祀空间进行了一番大改造，极大变易了原来以国家祭祀及释道教义组成的格局。众多庙宇虽表面上仍罩以国祀或佛道教牌记，但其背后体现的却是民间信仰观念（如王母池七真殿所列主神并非全真七真，而是小说《升仙传》中诸神）。明清时期泰山“民俗山”的特点，正生动体现在此番变革之中。后石坞这一神圣空间的形成，为我们深入研究民间信仰文本与仪式的“反塑”，提供了一个极其鲜活的例证。

三、从道姑庙到尼姑庵

后石坞自周藩宗人建元君庙后，兴修相继。万历十八年（1590），山东抚按、司道委派善士刘满圆等人修后石坞盘道，翌年山东布政司参政、代管都转盐运司甘一骥及盐运司同知徐琳委人修建黄花洞圣母寝楼；崇祯八年（1635），山东右参议分守道吴廷简修四王天亭。[①] 附近民众也广泛参与了庙宇增修。[②] 由此往游者日众，遂成岱阴胜境。

后石坞自明隆庆立庙，即由女冠住持其中。初主事者为“道姑王崇泰”，名见于后石坞禁约碑。王母池隆庆三年（1569）铁钟题名“山东济南府泰安

① （明）曹臣：《游黄华洞记》，《文几山人集》卷四，《明别集丛刊》第5辑，第27册，黄山书社2016年版，第694页；（清）王曰高：《岱岳游记》，《槐轩文集》卷五，《清代诗文集汇编》第105册，上海古籍出版社2010年版，第522页。

② 后石坞庙壁嵌一方施财题名碑，前为“泰安州施财善人姓名”，后为“莱州府昌邑县施财善人姓名”，未标记年代。然列有王翠兰、王翠华及齐芳之名，按刘家疃村《泰安刘氏族谱》明万历十五年刘需《三义庙记》云：“其王君翠兰、翠华、齐君芳皆与力也。”三人除见于此碑外，还分别载于道光《王氏族谱》、光绪《泰安齐氏家谱》中，系泰安东境静封保（今渐汶河村）附近民人。可证后石坞庙碑立于万历时，说明石坞创庙后不久，便在民间产生广泛的影响，吸引大量善信组织襄助庙工，使香祀在明末形成一个高潮（《泰安齐氏族谱》由徂徕西埠前村齐森林先生提供）。

州城北王母池看香道姑”下有“王崇太”名[①]，“泰”“太”字通用，当即此人。王崇泰应是隆庆初建后石坞庙时，应请由王母池移驻坞中。此后驻坞女冠还有单教云、单教雨等。崇祯间叶承宗游坞有诗，题为《壬申(1632)春莫同刘充实、殷尔调、李禹门、陶铭彝及奕绍、翊明、受兹诸弟登岱，至黄花堑，饮甘露泉，北有高阁，女道士焚修其中，望而不见，但令老妪捧藁本茶数盂相啖耳，因赋一绝》[②]；崇祯八年(1635)丁耀亢所作题《石室访女冠不遇》[③]；清初徐田《游黄花洞》：“羡彼羽衣人，渥颜服石髓。”[④]均言后石坞时由女道士住持。清康熙二十一年(1682)颜光敏《历下纪游》云：“山前石阁，下为石室两重，……女冠张氏建。”[⑤]康熙八年(1669)赵弘文有《黄华洞赋赠张仙师》(自注：戊申九月)[⑥]，此一张仙师当即此人。

就在道姑主坞之时，坞中同时亦有尼栖居，出现道、尼同驻之特异现象。如万历时吴同春《续游泰山记》云黄花洞“独居此者止老尼数人”[⑦]，祁承㸁《岱游记》云“二三老尼居之”，崇祯时艾容《岱记》云洞“主老尼数人”，池显方《泰山记》云：“黄华洞即天空山元君修真处，……岱中栖静，莫逾此者，惜为尼所据。”又《岱吟》(八首)有“最爱黄华洞里，松清石古泉甘。惜为道、尼所据，云是玉女旧庵”。[⑧] 顺治时卢纮《黄花洞》诗亦称“山尼闲似懒，圃叟老忘年”。[⑨] 由此可知明清之际尼僧与石坞早生因缘。故坞内建筑多现梵相，如坞有“四王天亭”，即源于佛典须弥山四王天信仰。

---

① 钟铭文为：“大明国隆庆三年岁次□月吉日，募化弟子陈常寿，徐教□、袁教□、张教□，徒侄王教春；山东济南府泰安州城北王母池看香道姑陈常寿募化十方，贵宰善人施舍资财造大钟，种万宰大道，声明四方。庵主叶崇炉，徒子崔敖清，徒弟韩□□，造钟把总丁文照，男丁衡，写火柴彦□，菅崇安、刘师父、□师父、王崇太、志云。”

② (清)叶承宗：《泺函》卷三，清顺治叶承祧友声堂刻本，第20页。

③ (清)丁耀亢：《逍遥游》，李增坡主编：《丁耀亢全集》，中州古籍出版社1999年版，第637～644页。

④ (清)徐田：《栩野诗存》(五言古)，《山东文献集成》第4辑，第27册，山东大学出版社2011年版，第78页。

⑤ (清)颜光敏：《历下纪游》(附《南游日历》后)，南天大学图书馆藏原稿本，第147页。

⑥ (明)赵弘文：《光碧堂稿》，《山东文献集成》第4辑，第26册，山东大学出版社2011年版，第692页。

⑦ (明)查志隆：《岱史》卷十八《登览志》，马铭初、严澄非校注：《岱史校注》，青岛海洋大学出版社1992版，第393页。

⑧ (明)池显方：《晃岩集》记卷十五，崇祯十四年(1641)刻本，第23页；诗卷十，第4页。

⑨ (清)卢纮：《四照堂诗集》卷三，《四库未收书辑刊》第7辑，第22册，北京出版社1997年版，第441页。

明清鼎革之际，道姑单教云被庙工谋害，后石坞庙祀中断数十年。至清康熙四十二年(1703)，有尼普慧在地保帮助下入驻(见元君殿壁嵌后石坞恳请执照碑)，由此后石坞庙正式由道庵易为尼庵，普慧被香众奉为"泰山后石坞掌教祖师"(元君殿壁嵌康熙《王谦等题名碑》)。民国《续修平原县志》卷十二《杂志》载录石坞庙尼一段传说："东北刘敬堂庄(今平原县东北刘庄村)旧有茅庵，住持尼也。师弟二人，师年三十许，弟约二十，皆有姿。附近无赖艳之，时往来庵中语言挑戏。尼甚恐惧为所污，师若弟日夜焚香，默祷祈神祐护，忽一夜大风，飘其殿宇、神座、器具、鸡犬等事，凌空远去，安顿泰山后，庵式依然。师弟犹梦睡未觉也。及晓开门，环视峰峦嵯峨，莫知所为。觅樵子询之，知为岱岳后石坞焉。至今该庵住持尚传谓来自平原云。事近荒唐，末(未)敢遽信。邑拔贡李润深言，有士人刁逢田者，年近八旬，素无妄言，来城而述其事，谆嘱纪录云云。至诚感神，天祐贞人，理之所有，不必为事之所无也。"[①]《续修平原县志》所述异闻，实为尼僧入主泰山后石坞庙之曲折反映。志称"至今该庵住持尚传谓来自平原云"，如是，则普慧宗绪所出，可能在平原一地。

另外《醒世姻缘传》第四十回中有一段描写："只见走进一个六十多岁的尼姑，说道：'我是泰安州后石坞奶奶庙的住持，要与奶奶另换金身，妆修圣像。随心布施，不拘多少，不论银钱。福是你的福，贫僧是挑脚汉。你修的比那辈子已是强了十倍，今辈子你为人又好，转辈子就转男身，长享富贵哩。阿弥陀佛，女菩萨，随心舍些，积那好儿好女的。'"[②]此言尼为奶奶庙住持，或是女尼主坞场景之传形。

岱阴黄花洞元君庙建成后，为防不法之徒骚扰侵害，特立禁约碑以护庙产。2005年9月后石坞出土一方残碑，其文云："总理泰山(下缺七字)判王为禁约事：……近访得无藉棍徒窥□(上缺)洞旷野，(下约缺五字)心，骚扰侵害，艰阻善念，深可痛恶！除已往不究，(上缺)山柴，四至界分：东至□棚，南至涧南崖，西至□，(上缺)道姑王崇泰等照旧斫割，以为焚修之资，敢有

① 民国《续修平原县志》卷十三，第3～4页。此故事的最早文本见(清)徐芳：《藏山稿外编》之《飞来庵记》，欧阳健、欧阳萦雪主编：《全清小说·顺治卷》(6)，文物出版社2020年版，第398页。据云，其事发生于甲午(1654)六月。

② (清)西周生著，翟冰校点：《醒世姻缘传》，齐鲁书社1993年版，第308页。

（上缺）□害者，许道姑报知泰山巡逻官并民壮地方人（上缺）凭问究，禁治不恕。”详记为后石坞女道为地方恶棍扰害事，此石年号已残，根据碑末“焚修道姑王崇泰、单教云”名，其事当在明万历间。不知是否为史志中所记之禁约碑。

天启三年（1623）黄以升《泰山游记》可与前引禁约碑所呼应：“下台循后寝宫而西，为黄华洞之游。洞去顶十余里，石坊曰‘碧霞修真洞天’。……洞有尼，曩狂客漫扰玄门之戒，故扃扉未启。余呼曰：‘吾闽人道学，为登眺来，幸勿拒。’则二三园丁，鹤鬓癯然出迎。此处另辟一境，门内万松亭临绝壑，石峰如丈人拱对。再入为文昌楼，丹垩殊精。后为洞，则巨石迭架如幔，罅处皆松，上镌‘华盖’二字盈丈，又有‘云根灵液’字。洞底泉从中瀑结冰双干，如以琉璃玉柱撑穹屋，绝奇。傍尚涓涓，询此柱六月乃消。左诛茅为舍，栋础甚雅，想诸尼避客处。余临洞大叫：‘即玉女难逢，犹期出胡麻饭，饱入桃花去也。’西石梯数仞，腰处有亭，有测景盘，低昂交斜，鼓鬣和音，如螭如鸾，无一非松。至梯尽处为玉女庵，凭栏仰瞩，政对封禅台鸱吻。大都岳高路邈，登者多聚灵应宫，而兹洞为岱第一奇胜，非我辈人不及披寻。园丁谓余：‘径中雪几许，自腊至春，未有客到，即吾侪薪米粗给，亦未有出洞门跬武者。’益动我幽遐之思。”[①]以升字孝翼，福建龙溪人。崇祯举人，遍历天下名区，多所题咏，有《蟫窠集游名胜记》。

据此两则史料，可自后石坞自辟为庵后，因住持之道姑、尼姑皆为孱弱女子，故数为不法之徒所扰害。虽官府出示禁约加以保护，但侵扰仍不断发生，被迫关闭庵门、雇佣园丁以自保。这反映了明末泰山僧道生活之艰难。

后石坞建庙后，又在门家庄（今黄前镇门庄）置有下庙[②]，因拥有大片庙产，曾经引发激烈的地土争端。明清鼎革之际，看庄家人朱四将单教云谋害，强霸庙田。顺治间单徒吴真元具控抚院，将朱四捕拿论罪，重住坞庙，但

---

① （明）黄以升：《蟫窠集游名胜记》卷四《记·山东》，明末刻本，第4～6页。

② 门庄尼庵位于门庄村（古名门墅）东南，倚土丘名波罗场（今尚突出于水面），庵在其下平地上，其北有尼姑林，遗址均已淹于黄前水库内（采访村民）。民国学者王亨豫曾至其地，其《茹荠秘记》云：“西至门墅、麻塔，南至堑汶、姚庄、田村、古太平镇，方百里之内无不有其足迹。……于寺观得二王庵、全真观、龙泉观、广福寺、洪福寺、白云寺、麻塔寺。……而百里内如下港、如郭庄、如裴家峪、如门墅、堑汶河，或山水、或园林、或竹箭、或老松，游目涉险，其风趣之美，真足偿逋逃之苦矣。”元代道士于门家墅建会仙庵，或在此地。

不久又被朱六驱逐。清康熙五十年(1711)《后石坞恳请执照碑》(今嵌后石坞元君殿外墙西壁)中有这样的记录:"后石坞住持尼僧普慧,为恳恩讨照,以杜后患,以雨香火事。切照门家庄庄产一处,其地八十亩七分,原系后石坞下院,有碑可凭,四至可据,旧系师祖单教云住持。后被看庄家人朱四于明末清初时,竟将师祖谋害,将产强霸为业。祖徒吴真元于顺治年间,为师报仇,具控抚院,将朱四拿问正法,断产归庙。至僧师叔吴真元继钵管业,又被朱六播恶,将僧师叔逐回,后石坞复行霸去,莫敢言喘。……叩乞正堂仁明太老爷恩准金批,用印钤盖,赏尼执照,永随衣钵,传流后世,庶香火不绝。神人□感激切,上禀本州正堂徐太老爷(肇显)批行准照。"后石坞庄田几经讼争,前后近百年,系泰山地土之争中一著名公案。

唯执照碑中所言,均出坞尼,朱氏一方则无相关证词。如讼案中的朱四、朱六,碑石皆讳其名。近于黄前镇门庄村南发现清宣统二年(1910)所立《朱氏谱碑》(张兴廉撰书),备录自朱永相以下世系。[①] 二世下分国风、国调、国雨三支,三世列兄弟凡八人,分别为威、厚、长、端、伦、琢、朴、桧。诸人与《执照碑》中朱四、朱六年代相合,推知其人约为朱端、朱琢。唯案中人朱吉谱碑未录其讳,推测或为五世思祥之别名。参以口传佐证,朱氏约自明末朱永相迁至门家庄,管理庙田,其后子孙蕃衍,族势壮大,尝因土地权益数与坞尼争讼(内中曲直还待再考)。明清之际,寺庙与宗族之间的田产纠纷系一普遍现象,在沿海的莆田,由于地方宗族势力的壮大,寺庙在与宗族争夺田产的过程中往往落败,表现出田产从寺庙转移到宗族的情况。[②] 但后石坞地亩案却是一个反例,表现出此类案件的复杂性。

此后二百年中,后石坞庙地仍时有纠纷。近日自泰安市警史馆发现一方《泰邑南隅关帝白衣二庙住□□□□案庙产碑记》(原立岱庙西南白衣堂),记录了发生在乾隆五十一年(1786)的又一讼案:后石坞庙住持尼姑际

① 朱氏谱碑云:"考之泰山之左,金山之阳、洞家沟之庄后,有祖讳永相之墓在焉。系鈉善公十七世之祖也。生有三男,国风、国调、国雨,只缘世远年湮,询诸父老及旧谱与续修之谱,均未能详述其生平,亦不知德配何氏。设非勒诸贞珉,不惟神无所依,将来子孙指何奉祀?是以鈉善公与族长相能、思祥、思生、富之、顺之、成之、温之,族弟鈉生、鈉序、鈉常、鈉祥,胞弟鈉仓,族侄汝善等,欲立碑碣,以垂永久。"

② 郑振满:《莆田平原的宗族与宗教——福建兴化府历代碑铭解析》,《历史人类学学刊》2006年第1期。

敬因年景不济，招人看守石坞，自移门家庄照料庄禾。地保彭荣禀控僧会司，称尼不在山看守庙，致松被伐，僧会戒伦遂罚其修后石坞庙工，并命其同支派之关帝庙、白衣堂住持尼沾福、沾禄助修。际敬辩称事因地保及尼同喜借贷不遂、借端讹诈而起，引发讼案。泰安知县嵇承群委典史宗琦审理，其谳称："查讯□罚际敬修□后石坞庙工，及际敬禀控诉□之由，据□□□□地保□□捏控，以致僧会罚修后石坞庙工等语，质之同喜，借端索诈，究无实据，理应详请议处，以儆将来，姑念女流无知，□□□(免)议。□(查)后石坞□□(地处)半山之中，工程重大，重修整齐，□□□□万两，际敬情受门家庄山坡地数十亩，俱系庙□香火，伊亦不敢□卖一空，以修十分之一。若照僧会议罚□□□□，兹□念其穷苦，暂免兴修□□□，俟丰年稍余，陆续□补修整。余属无干，全行释□(放)。"经嵇承群核准定案。此案反映了庙尼与乡保、僧会司之间矛盾重重，是了解清代泰山社会生活的难得史料。

直至近代，后石坞下庙一直由尼姑世守经营。同治时李榕《游泰山记》云："后石坞松岩幽邃，为天空山，为黄花洞，洞有泉泠泠。旁结茅屋数间，为僧寺斋厨。僧居山下，春时香火盛，来住数月，余时则佣人守之。"[①]光绪时濮文暹《游岱随笔》记后石坞云："本老尼住持之，今易以一野叟守香火焉。"[②]知此时尼姑已多驻下庙。此后缪润绂《步游后石坞作歌》云："神前休怪出家人，深锁云房下尘界。(自注：住持二尼，日久下山未返)"[③]民国汪季文《岱岳游记》云："(后石坞)庙中本有比邱尼三人，因僻处谷中，极鲜游客，香客又均至岱顶即止，无以养生。故均住山下耕种。"[④]末代住持尼弘经率徒四五人，驻守至20世纪50年代。故老云院内有佛殿、禅院，又有井曰八宝琉璃，上覆以亭。1958年建黄前水库，门庄寺及寺田数十亩悉没于水。2004年5月水库维修泄洪，库底庙址尽露，碑记五方及龟趺岿然犹立，井口亦历历可见。及获讯息往观时，惜已重湮于水。不知何年能复睹此波底诸碑，而再勘此一段石坞公案。

---

① (清)李榕：《游泰山记》，《李申夫先生全集·十三峰书屋文稿》卷一，《近代中国史料丛刊》第573册，(台北)文海出版社1970年版，第21～23页。

② (清)濮文暹：《游岱随笔》，《见在龛集》卷二十，《清代诗文集汇编》第717册，上海古籍出版社2010年版，第268页。

③ (清)缪润绂：《含光堂诗集》，《泰山丛书》本，第14页。

④ 汪季文：《岱岳游记》，《旅行杂志》1933年第11号。

第十一章
碧霞别庙:从诸神宫观到元君殿堂

在泰山庙宇中,多处存在神主转移现象,如天书观原奉祀昊天(天书主人),草参亭原遥奉东岳神,梳妆院、万仙楼原奉祀西王母。但明中叶之后,这些庙廷悉数改祀碧霞元君。这反映了此数百年中元君在泰山一枝独大的神道格局。

一、从天书观到元君殿

天书观是泰山一处重要庙宇。北宋大中祥符元年(1008)六月,宋真宗宣称在泰山下获得天书,七月下诏在其处兴建殿宇以资纪念。《新定九域志》云:"天贶殿:在泰山下。大中祥符元年(1008)封禅,有期再降天书于此。"[①]又《玉海·宫室·殿》云:"祥符泰山天贶:祥符元年七月乙酉诏泰山灵液亭北天书再降之地建殿,以天贶为名。"[②]

宋真宗封禅泰山时,曾专门行幸此殿。后续行拓建,《宋史·张傅传》云:"知奉符县,时方修会真宫、天书观及增治岳祠,以办事称。"[③]扩展为一座大型观院,名"天书观",又名"乾元观"。工成后委派道士主持观务。[④] 真宗诏兖州长吏以"天书"降泰山日(六月六日),诣观建道场设醮致祭,永为定

---

① (宋)黄裳:《新定九域志》卷一,魏嵩山、王文楚点校:《元丰九域志》,中华书局1984年版,第545页。

② (宋)王应麟:《玉海》卷一六〇,江苏古籍出版社1987年版,第2943页。

③ 《宋史》卷三〇〇《张傅传》,中华书局1977年版,第9975页。

④ 参见(宋)释文莹:《湘山野录》卷下《向敏中为东岳奉册使》,中华书局1984年版,第59页。

式。后以其日为“天贶节”，令诸州皆设醮祭。[①] 此后每年官府天贶祭礼皆于此举行，此观成为与泰岳庙、会真宫并列的三大宫廷庙宇之一。

可惜好景不长，“祥符天子旧明堂，秦汉丰碑宿草荒”。随着宋真宗天书闹剧的告终，其各种遗迹为世人唾弃。天书观由此坠入低谷，甚至成为“湮秽食豨”之所。[②] 观内《天贶殿碑》《钱伯言纪游碑》等名刻亦纷纷外迁岱庙，渐现一派衰替之象。

但入明之后，借元君香火之泽，天书观枯木逢春，再度辉煌。因明初碧霞祠庙祀除岱顶外，中庙红门宫、下庙灵应宫还未肇建，山下尚乏分香，难以适应信众需求。于是人们便在废弃的天书观中增祀碧霞元君神位，以充山下祭场。据成化二十二年(1486)山东布政司左参议尚䌹《游泰山记》云：“出城之西门，礼玉女殿，即宋天书观。”[③]知时天书观已改玉女殿。明《泰山志》中更明确记云：“天书观，即乾元观，今榜曰碧霞元君行宫。”[④]

天书观成为碧霞庙祀后，地位迅速飙升，成为明廷御祭之所。正德二年(1507)闰正月，武宗颁御制告文，遣御马监太监苗逵诣天书观元君殿致祭，以祈康健(告文碑嵌观内元君殿东壁，清咸丰时移存灵应宫)。[⑤] 可见在明代中期天书观已成为皇宫香火祠院。直至万历敕建灵应宫后，致祭重心方有所转移。

由于明廷的尊崇，天书观香火在嘉靖朝达到极盛。特别是在河南地域有着极大的影响。嘉靖元年(1522)开封府太康等县信士近百人，捐铸天书观铁钟(钟今置岱庙正阳门上)。嘉靖十二年(1533)三月，信众等募铸铁塔十三级，献于天书观。现存塔体有铭文 168 则，捐资者来自河南怀庆、开封等府，中有武陟县 1198 人，修武县 93 人，原武县 2129 人，阳武县 339 人，归德府 109 人，河内县 477 人。河南藩王也积极襄助庙祀，如铁塔上有郑王府宗人 80 人题名，又周府永宁王(朱勤烛)为碧霞元君造像，祀于天书观，并撰

---

① 参见(宋)赵恒：《天书降日前七日令兖州长吏设醮诏》，《全宋文》卷二三六，第 11 册，上海辞书出版社、安徽教育出版社 2006 年版，第 436 页；(宋)李焘：《续资治通鉴长编》卷七一，中华书局 1980 年版，第 1606 页。

② 参见(明)汪子卿：《泰山志》卷二《灵宇》，《泰山志校证》，黄山书社 2006 年版，第 241 页。

③ (明)汪子卿：《泰山志》卷三《登览》，《泰山志校证》，黄山书社 2006 年版，第 532～533 页。

④ (明)汪子卿：《泰山志》卷二《灵宇》，《泰山志校证》，黄山书社 2006 年版，第 241 页。

⑤ (清)唐仲冕：《岱览》卷十六《分览五・岱阳之西下》，清嘉庆果克山房刊本，第 15 页。

书记碑(勒天书观内元君殿西壁)[①],都使天书观声名闻于一时。

入清后,泰山女神各庙皆繁盛不替,惟天书观虽处城闉,却迅速衰败,三百年中乏人重修,香火冷落,最终废为丘墟。盛衰更替之因实非寻常。

观照史实,天书观在晚明时曾发生一场重要变革,即慈圣、孝定两太后入祀之事。万历四十二年(1614)神宗生母慈圣太后李氏死,神宗宣称"圣母升遐,宜与元君在(天)帝左右"[②],命中使在天书观建九莲殿,改额为天庆宫。又崇祯十三年(1640)思宗追尊其母孝纯皇太后刘氏为智上菩萨,令于天书观建殿奉祀,与九莲同祀一处,更观名为圣慈天庆宫。时人萧协中《天书观》中有"圣慈宠锡悬新榜,添得名蓝擅胜标"之咏。[③] 盖欲借民间崇信之碧霞神威,以神化朱明皇室,由此天书观貌轮奂非常,壮丽无加,在碧霞诸庙中媲美顶庙,丽冠行祠。清初严书开《乙未东游日记》中述其闻见:"至天书观,观有铁塔,其天仙殿后,有殿曰天庆,供九莲菩萨,盖肖李太后遗像;有殿曰智上,供智上菩萨,盖肖毅皇帝(朱由检)生母追谥某皇后遗像也。"[④]住持观务者史和训,也具有"明光宗替道"的皇室身份。其状确如时人左佩玹在《敕建智上菩萨宝刹碑》所言:"圣孝格天,右文母以菩萨之号,增青山以黄屋之尊。"[⑤]这使天书观色彩一变,具有了明宫香火院之性质。

明亡之后宗庙废祀,而这座宫观依附碧霞信仰,依然延续香火,对此顾炎武在《圣慈天庆宫记》中指出:"然自国破以后,宗庙山陵之所在,樵夫牧竖且或过而慢焉,而此二殿独以托于泰山之麓、元君之宫,焚香上谒者无敢不合掌跪拜,使正名之曰皇太后,固未必其能使天下之人虔恭敬畏之若此。"[⑥]韩鲜朴圭寿《孝定皇太后画像重缮恭记》称:"亭林之言……盖亦遗民沈痛悲

① (清)唐仲冕:《岱览》卷十六《分览五·岱阳之西下》,清嘉庆果克山房刊本,第15页。

② (明)方从哲:《敕建泰山天仙金阙碑记》,南炳文、吴彦玲辑校:《辑校万历起居注》,天津古籍出版社2010年版,第3125～3128页。

③ (明)萧协中:《泰山小史》,清乾隆刊本,第40页。

④ (清)严书开:《乙未(顺治十二年)东游日记》,《严逸山先生文集》卷六,《四库禁毁书丛刊·集部》第90册,北京出版社1997年版,第369页。

⑤ (清)严书开:《乙未东游日记》,《严逸山先生文集》卷六,《四库禁毁书丛刊·集部》第90册,北京出版社1997年版,第369页。

⑥ (清)顾炎武:《顾亭林诗文集·文集》卷五,中华书局1983年版,第100页;(清)屈大均《书圣慈天庆宫记后》,《屈大均全集》第3册,人民文学出版社1996年版,第163～164页。

苦之情，则惟幸母后之像，俨然依旧尔。”①

由于宫祀二后，以致成为怀明者之心灵凭借。与傅山等遗民关系密切之诗人陈僖，其《天书观》诗云：“钟簴已移三百祚，香花犹祀九莲灯。惟依岱岳看沧海，不共金人泣废兴。凄绝西山旧时路，秋风禾黍暗诸陵。”②中多含故宫麦秀之音。黄宗羲之孙黄千人，也在《天书观》诗中潜露故国之思：“法座九莲瞻有赫，民财万镒耗无余。寒天桧柏森阶墄，薄暮云霞映珮裾。香供底须留不敝，可堪故国已邱墟。”③直至清末，天书观中的晚明痕迹仍牵引诗人之胜国怀思，如咸丰时王轩《天书观铁香炉歌》云：“华表千年夜泣血，十二铜人吊寒月。荒山一尽飞青磷，蚀尽前朝百炼铁。香炉尺半高嶙峋，土涩苔斑生古春。素腹阴识未销铄，纪年崇正（祯）时甲申。炉火初然劫灰起，国步苍皇已颠趾。……物理盛衰那得知，诬天佞佛同一嗤。君不见孝陵魂魄思陵泪，岁岁春官常祭祠。”④诸作大都将天书观视同十三陵，为亡明之表征，具有颇重的政治意味与民族色彩。

天书观种种明室印记，在清前期极易触碰到统治者敏感神经。虽然清廷从未有禁祭明陵宫庙之诏令，但康雍乾三朝遍索明裔，不断以“赞扬故明，毁谤本朝”⑤罪名大兴重狱、威胁迫害怀明士人。此种政治环境定会导致道士逃亡，香客裹足，很少有香社敢再触碰这一危险地带，以防无端罹祸，天书观衰败势所必然。且因乏人管理，灾异频发，如乾隆十一年（1746），火焚天书观大门。⑥ 不及百年，“巨丽”⑦恢阔的皇家观宇，便圮为瓦砾、掬为茂草了。早在乾隆中叶，古文家姚鼐游泰山时目睹天书观寥落景象，后其在《长椿寺观明刘孝纯太后像》诗中追咏云：“君不见前有九莲菩萨容，奉之乃在东岳

① ［朝］朴圭寿：《瓛斋集》卷四，韩国民族文化推进会：《影印标点韩国文集丛刊》（312），（首尔）景仁文化社1974年版，第20页。

② （清）陈僖：《燕山草堂集·七言律》，清康熙刻本，第468页。

③ （清）黄千人：《餐秀集》卷一，浙江图书馆藏清乾隆刻本。

④ （清）王轩：《顾斋遗集·耨经庐诗集》卷五，《山右丛书初编》（三），上海古籍出版社2014年版，第163、171页。

⑤ （清）范韩：《范氏记私史事》，《中国野史集成》第39册，巴蜀书社1993年版，第333页。

⑥ 参见（清）聂鈫：《泰山道里记》，《四库全书存目丛书·史部》第242册，齐鲁书社1996年版，第808页。

⑦ （清）张体乾：《东游纪略》卷上，《四库全书存目丛书·史部》第128册，齐鲁书社1996年版，第675页。

宫。松楸石屋深阴雨，神鬼虚檐交冷风。兴亡死后谁能必？富贵生前迹已空。”[①]嘉庆间金石家黄易游岱，在《岱岩访古日记》中更记录其残状：“游天书观，神宗所范九莲菩萨、怀宗所范智上菩萨、侍天女四像，极工伟，各为母后创造。庙貌崇大，今栋圻垣颓，谁复过问。”[②]咸丰时王轩《天书观铁香炉歌》亦描摹道：“世代沧桑一朝换，心香更孰焚残瓣。孤月秋归阿母魂，斜阳晚入空王殿。僧房雨塌门深闭，宿草苍凉赐碑翳。”[③]所言“谁复过问”正反映了时人战兢禁足的心态。在乾嘉泰山庙貌群呈轮奂藻丽之外，破败的天书观成为一个不和谐音符。

延至咸丰间，天书观菩萨殿已庑无片椽，神像暴露。王相芬在碑中描述：“乃者明社之墟，而圣慈宫、智上殿与之同归陆沉，所谓九莲、智上两菩萨像，暴露荒郊，并求屋之而不得也。而人能无心恻欤？”[④]所幸此时清廷对故明的防禁已弛，咸丰五年(1855)，太后二像得改迁灵应宫，以求借殿蔽身。从此结束了奉祀于天书观的历史。尔后清光绪时将遗址改建为小学堂，完全改变了观宇性质。明清鼎革对泰山庙宇的影响，尤在天书一观中有明晰的显现。

二、从草参亭到遥参亭

岱庙前庭遥参亭，原名草参亭。宋话本小说《杨温拦路虎传》中岳庙赞云：“草参亭上，垆内焚百和名香。”[⑤]《水浒传》及元杂剧《双献功》亦多次出现“草参亭”。成化二十二年(1486)山东布政司左参议尚䌹登岱，其《游泰山记》云：“庚午黎明诣草参亭，拜东岳祠。”[⑥]弘治《泰安州志》卷一《祠庙》云：“(岳庙)岱岳门正南有草参亭，前达通衢，亭有铜镜一面。”[⑦]可知宋元以迄明

① (清)姚鼐:《惜抱轩全集·诗集》卷二，中国书店1991年版，第343页。

② (清)黄易:《岱岩访古日记》，《历代日记丛钞》第33册，学苑出版社2006年版，第599页。

③ (清)王轩:《顾斋遗集》卷上，《山右丛书初编》十二，山西人民出版社1986年版，第33页。

④ (清)王相芬:《敬迁九莲、智上二菩萨像于灵应宫碑记》，(清)王价藩、(民国)王亨豫辑录，齐焕美点校:《岱粹抄存合编》，山东人民出版社2018年版，第46～47页。

⑤ 程毅中辑校:《宋元小说家话本集》，齐鲁书社2000年版，第120页。

⑥ (明)汪子卿:《泰山志》卷三《登览》，《泰山志校证》，黄山书社2006年版，第532页。

⑦ 弘治《泰安州志》卷一《祠庙》，第17页。

初，亭皆名草参。

其改名遥参，已是明嘉靖朝之事。明吕颙《遥参亭》诗云："参亭人共挹，易草以遥名。"下自注云："旧名草参，老亲（吕经）参政分守时改云。"[①]吕经任布政使司右参政，在正德十六年至嘉靖三年（1521～1524）间，则其改亭名当在此数年中。嘉靖八年（1529）修《山东通志》卷二一《宫室》已称："遥参亭，在泰安州岱庙前。"那为何时人要将草参易为遥参呢？此盖亭祀主神发生变易所致。

按：明《泰山志》卷二《灵宇》云："庙前有亭，曰遥参亭，前为遥参门，门之前为御街，宋东封警跸之地，而实为庙之第一门也。旧榜曰草参门。门中有台，台再成，台上有亭，亭重檐四面，十有六角，崚嶒绮丽。前榜曰'岱宗'，盛中丞秋林书，为岳榜诸书之最。在昔有事于岳者，先拜于亭而后入庙，故曰草参。今有司遇祝釐于庙，罢则仪从由亭门而出，犹古之制也。亭今列屏鉴，方圆各一，高六尺许，鉴前雕座置元君像，四方来谒顶庙者亦先拜焉，故又曰遥参亭云。"[②]

根据明《志》所述，此亭之设，原作为岱庙崇祀之序曲——信众凡恭诣庙廷、致祀岳神者，皆须先于此演习参拜（以免正式行礼时失仪），再入岱庙举行正礼，故名草参。《志》称"有事于岳者"，则其祭拜之对象，明显为泰山主神东岳帝。从成化朝山东巡抚盛颙亭榜所题"岱宗"字，亦可见此亭之崇祀性质。但到了明中叶，随着碧霞元君信仰影响之扩大，信众开始在亭中增置元君神像，由此成为女神香众到泰后先期拜祀之场所（官府且因此在亭置香税征收处）。自此亭"遂与庙隔"[③]，不再是岱庙之附属建筑，而发展成为一处独立的神圣空间。原来香众初祭于亭，是针对岱庙正祀，故名曰"草"；现在神主更易，香众祭此，不再是祀庙预演，其瓣香所向，则是远对于岱顶之碧霞宫（即《志》所云"顶庙"），作为朝拜元君的肇始。正因亭祀内蕴的改变，所以时人才易"草"为"遥"，以合其实。

作为泰山轴线门户的遥参亭，自斯遂脱离原东岳神祀典，一变为碧霞之重要庙庭。明万历元年（1573）九月，沈藩镇康王（朱恬焯）向遥参亭进献铁

① （明）汪子卿：《泰山志》卷三《登览》，《泰山志校证》，黄山书社 2006 年版，第 524 页。

② （明）汪子卿：《泰山志》卷二《灵宇》，《泰山志校证》，黄山书社 2006 年版，第 216 页。

③ （清）聂鈫：《泰山道里记》，《四库全书存目丛书・史部》第 242 册，齐鲁书社 1996 年版，第 790 页。

香炉（今移岱庙大殿露台之上），正面即铸文称“东岳泰山碧霞元君圣前”。崇祯二年（1629）四月，泰安州同知王辅臣等于遥参亭内置“碧霞元君圣像”①，入清又于亭壁绘元君成道壁画②，皆进一步彰示此亭之主祀。乾隆四十六年（1781）乾隆帝为遥参亭大殿赐额曰“资生普润”③，亦为致颂元君护生保育之辞。嘉庆五年（1800）琉球册封使李鼎元《使琉球记》中记其参拜之行云：“决意登岱恭谒碧霞元君祠，……限于王程，不能待晴，于遥参亭元君像前礼拜。”④

乾隆时唐仲冕《重修元君庙记》碑列举岱下元君行宫已将遥参亭与灵应宫并列：“顾其（元君）祠不一，岱庙南有遥参亭，社首山有灵应宫，典祀亦盛。”此后地位更跻身于元君中下庙之上，如亭内民国初所立《泰邑合山会姓氏碑志序》中言：“遥参亭碧霞元君殿，实即泰山第一行宫也。”从草参亭到遥参亭，一字之易，实反映了碧霞信仰兴起后对原岳神空间的冲击，关系甚钜，不容忽略。⑤

三、从王母殿到元君堂

最早主祀泰山的女神为西王母，汉乐府《步出夏门行》有句云：“过谒王父母（指东王父、西王母），乃在太山隅。”⑥又汉魏之际曹植《仙人篇》有“东过王母庐”之句，知汉代泰山已建有王母庙宇。岱麓王母池为其祭祀中心，唐廷屡遣道士诣此“瑶池投告”（见鸳鸯碑）。宋代泰山玉女崇祀肇兴，但因西王母神恩深入人心，新生之玉女信仰不得不托附其下，北宋末李谔《重修王母瑶池记》中遂有王母侍女之说：“昔者黄帝建观于是，名曰岱岳。尝遣女七人，云冠羽衣，修奉香火，以迎西昆仑真人。”⑦所述“西昆仑真人”即王母道

---

① （清）孙星衍：《泰山石刻记》，《古学汇刊》本，第 23 页。

② （清）金甡：《题遥参亭》，《静廉斋诗集》卷十三，《清代诗文集汇编》第 299 册，上海古籍出版社 2010 年版，第 192 页。

③ 乾隆（黄钤）《泰安县志》卷七《祠祀》，第 3 页。

④ （清）李鼎元著，韦建培校点：《使琉球记》卷一，陕西师范大学出版社 1992 年版，第 23 页。

⑤ 遥参亭明清时悉由道士住持，泰安申村《侯氏族谱》载十五世侯铤之子仁贵“在遥参亭出家”。

⑥ （宋）郭茂倩编：《乐府诗集》卷二七，第 3 册，中华书局 2017 年版，第 795 页。

⑦ 弘治《泰安州志》卷六《艺文》，第 36 页。

号，而黄帝所遣七女，被后人视为碧霞元君形象之源。明人杨时乔《泰山文碑刻》云："近日尹(龙)、王(之纲)二君据李谔《瑶池记》：'黄帝建岱岳观，遣女七，迓西昆真人。'玉女其一。"[①]《泰山道里记》云："按元君之祀，传述不一，其以为黄帝所遣玉女者，《瑶池记》也。"[②]直至明代所出宝卷《玉女卷》中，仍有玉叶"尝礼西王母"之传说。[③]

但明代玉女神升格为碧霞元君后，其在泰山声势已远逾王母，于是出现一独特现象，即除王母池这一祖庭外，其他金母庙祠悉数"易帜"，改祀碧霞。如泰山中路之万仙楼，址奠"王母堤"上(名见壁嵌崇祯"朝山进香碑记")，系西王母醮地，故明万历间创此楼，"上祀王母列仙，中祀元君"。[④] 元君应为附祀性质。但至清咸丰间，泰安知县张延龄所撰《重修万仙楼碑记》中已专叙碧霞而不提王母，其先言楼"中祀元君，其像犹在"，又言重修"楼成，仍祀元君，配以送生、眼光诸神像。於乎！此地俯临孔道，接下界之香烟；斯楼位镇离宫(指南方)，奉元君以汤沐。而且祀送生，则螽也振其羽，顿开欢喜法门；祀眼光，则睫不巢夫螟，普渡光明世界"。1907 年法国汉学家沙畹登楼时见"台上中央供奉着泰山女神碧霞元君及其两位陪祀"。[⑤] 说明此际主祀之女神早已悄然变易。

又明万历间周藩奉国将军朱勤鲲于泰安城北建楼阁，称梳妆院。周府左长史周国庠撰《白云观新建王母阁碑》记之。[⑥] 此碑即以王母阁名，所主祀者必为西母无疑，其额梳妆院系取王母梳洗河故事。但入清后，此院主神亦易为碧霞元君，沙畹记此庙称："方形的塔楼是位于庙宇后方的建筑；在底层殿堂的西侧，人们供奉着碧霞元君及其手执纸制眼睛的两位侍从；……上面供奉的是咳嗽娘娘。塔楼的前方，内中供奉着一尊拥有分身的女神像。我们今天称这位神灵为泰山老母或无生老母；……从根源上来看，这位女神应

① (明)杨时乔：《杨端洁公文集》卷八，《四库全书存目丛书·集部》第 139 册，齐鲁书社 1997 年版，第 744 页。

② (清)聂鈫：《泰山道里记》，《四库全书存目丛书·史部》第 242 册，齐鲁书社 1996 年版，第 799 页。

③ (明)王之纲：《玉女传》，(明)查志隆：《岱史》卷九《灵宇纪》，马铭初、严澄非校注：《岱史校注》，青岛海洋大学出版社 1992 年版，第 153 页。

④ (清)唐仲冕：《岱览》卷十一《分览二·岱阳上》，清嘉庆十二年果克山房刻本，第 29 页。

⑤ [法]沙畹：《泰山：一种中国信仰专论》，秦国帅、雷阳译，商务印书馆 2024 年版，第 61 页。

⑥ (清)唐仲冕：《岱览》卷十二《分览二·岱阳中》，清嘉庆十二年果克山房刻本，第 36 页。

为西王母。对此，明万历三十七年(1609)的一通碑记可为证明，因为碑记叙述了王母阁的创建，并树立于此。因此，这座寺庙原本是一座西王母庙，碧霞元君后来增祀于此，而西王母本身则在不知不觉中转变成了泰山女神。”①梳妆院中女神，至此时已悉为碧霞及其分身。对此清代诗人张开东称为“昔年王母殿，此日元君堂”②。

在漫长的泰山信仰史上，女神庙中发生的这番神主变易，实为一有趣的文化现象。

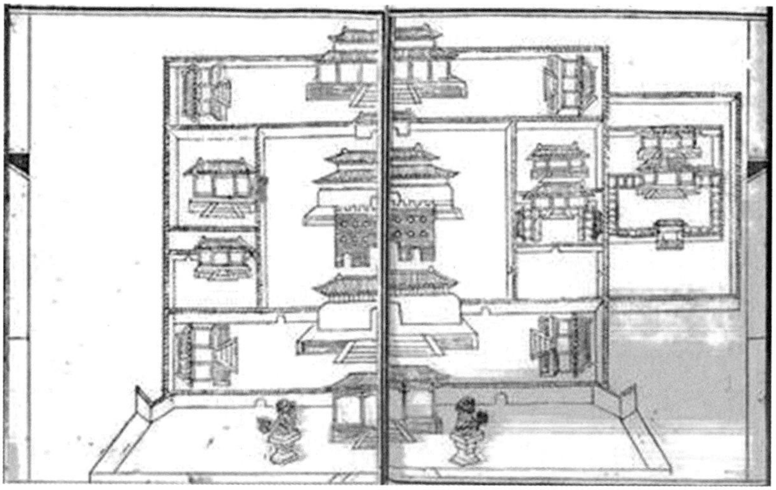

梳妆楼图

（采自乾隆刊本《泰山全图》）

① ［法］沙畹：《泰山：一种中国信仰专论》，秦国帅、雷阳译，商务印书馆2024年版，第87～88页。

② （清）张开东：《梳妆院》，《白莼诗集》卷十二，《四库未收书辑刊》第10辑，第27册，北京出版社1997年版，第413页。

第十二章
碧霞佛院:从长清香路到元君行宫

明代以来兴起的碧霞元君信仰及泰山香社活动,对灵岩寺发展产生了一定影响,其中炒米店灵岩下院之建立尤为关要。今试对相关问题作一论述。

一、泰山香路连接灵岩

自明代伊始,泰山碧霞元君信仰开始大兴并深入民间。逐渐由泰山一域,传播于天下。各地形成大量香社组织,遍及今河北、江苏、浙江、安徽、河南、山西等地。几乎与此同时,明朝政治地理形势也发生重大改变,明廷由南京迁都北京,济南也首次成为山东省府,由此北京—济南—泰安沿线道路成为一条重要官道。明代毕自严《三叟同游记》称:“至湾德(今长清万德街道)始转而东,则泰山路矣。……庚申抵泰安。”[①]京畿、直隶及山东德州、青州等府卫进香民众,率由此道奔赴泰山。济南以南的长清张夏谷道(济南—张夏—万德—泰安),由此成为一条熙攘的泰山香道。清康熙十六年(1677)方象瑛《赴都日记》中记其见闻云:“将止长城(今长清万德街道长城村),酬香者蚁集,乃徙湾底(今长清万德街道万德村)。”[②]

建于方山之阳的灵岩寺,由于与万德香道近在咫尺,成为众多香客顺道

① (明)毕自严:《三叟同游记》,《石隐园藏稿》卷三,《明别集丛刊》第5辑,第2册,黄山书社2016年版,第61页。

② (清)方象瑛:《赴都日记》,《健松斋集》卷七《记》,《清代诗文集汇编》第128册,上海古籍出版社2010年版,第120～121页。

谒访、投宿、餐饮的处所，登泰山、访灵岩成为一时风气。如成化间《大灵岩寺造像记》云："兹者天津右卫善信直沽孙海、邵通，于成化庚寅(1470)正月三日各秉虔诚，敬赍香信，登泰岱绝顶，谒天仙玉女碧霞元君，因便道复得履灵岩福地，竟日历览其胜。"[①]嘉靖三十九年(1560)，直隶河间府肃宁县北尚村会首安金，领名香头及旗下二百余人"同赴泰山，各进明香，敬诣灵岩山崇善寺"[②]。另有多碑亦述"朝参圣母完功，随喜灵岩"；"朝泰山进香，赴灵岩寺修醮"事。来到灵岩的香客登岱，原以京津为主，延至明中末叶，由于影响所及，大量山东南部州府及河南、山西等地香众也纡道至此。如嘉靖二十六年(1547)归德府商丘县、凤阳府宿州香社"因登泰顶，道经灵岩，修会一中"[③]。日本石野一晴据灵岩进香题记，分析信众南至江浙，北至天津、北京，东至登州府，西至山西，范围广阔；虽农村地区居多，但都市、城镇也有不少。这从一个侧面反映明中后期经济发展兴盛状况。[④]

众多香客进香泰山之余，往往施金寺中。万历朝国子监祭酒戴洵《雁荡灵岩寺疏序》云："余尝游岱宗，亦有灵岩寺，亲见河南北、淮东西及关陕、川蜀之人日接踵至，施舍不倦。"[⑤]如成化六年(1470)天津右卫善信孙海等"辄起诚心，许造释迦文佛一尊"[⑥]；万历十年(1582)历城章丘会首滕魁领百人"起谒泰顶之进香，敬诣灵岩之设供"。对此马丛丛指出："多数香会既朝圣泰山，也赴灵岩斋僧供佛。资金充裕的香会将朝山与斋僧(或建醮)相结合。……明代后期华北地区的民众掀起进香朝山的高潮，而斋供灵岩在资金充裕的香会社团中成为一段重要的程式。"[⑦]众多泰山香社进入灵岩寺，极大地促进了寺院经济的复苏，也使灵岩寺与碧霞元君信仰开始紧密相连。

---

① (明)李褒远：《大灵岩寺造像记》(灵岩寺千佛殿东墙壁南)，《长清碑刻》中册，济南出版社2020年版，第568页。

② 张用衡：《泰山石刻全解·灵岩寺卷》，山东友谊出版社2018年版，第80页。

③ 上引诸碑，均见叶涛：《泰山香社研究》，上海古籍出版社2009年版，第93页。

④ 参见[日]石野一晴：《17世紀における泰山巡禮と香社・香會：靈巖寺大雄寶殿に殘る題記をめぐって》，《东方学报》2011年第86卷。

⑤ (明)戴洵：《雁荡灵岩寺疏序》，《雁山志》卷四，《中国佛寺史志汇刊》第2辑，第10册，广陵书社2006年版，第322页。

⑥ (明)李褒远：《大灵岩寺造像记》(灵岩寺千佛殿东墙壁南)，《长清碑刻》中册，济南出版社2020年版，第568页。

⑦ 马丛丛：《山东灵岩寺史研究》，山东大学博士学位论文，2020年，第101～103页。

二、碧霞信俗影响灵岩

泰山香社所奉主神碧霞元君，是以生育女神形象呈现于世间，“祈嗣者必祷于是”①。随着碧霞信众纷纷拜谒灵岩，祈子风俗也盛行于禅寺。寺碑载嘉靖二十八年(1549)殷隆“开手妆修泰山圣母东西两配、后寝宫、玉皇大帝东岳天齐阴间天子、温关二大元帅、勾愿司、左青龙右白虎山神都土地、灵岩后土、圣母各庙神祇见新”。此次殷隆于泰山妆修圣母诸神像后，又诣灵岩续妆灵岩后土圣母，两者同为主嗣女神。

灵岩许多题记中，也明确写到祈嗣活动。如万历四十三年(1615)题记云:“山东东昌府聊城县六里八甲人士，见在李大夫营居住，奉佛还愿，保安信女郭门李氏，同男郭一兰、男妇陈氏，因为乏嗣，今于圣母位前祈讨一子，以得平安。无伸可报，今发虔心，不昧前愿，施舍僧帽一百顶并鞋一百双，敬诣灵岩寺钟楼云房，散施僧众。祈保儿男，长命百岁，永受安泰。”对此叶涛《泰山香社研究》中有深刻解读:“这是至今所见民间泰山求子的时间最早的文字记录。郭门李氏与儿子、儿媳一起向圣母碧霞元君求子，愿望得以实现，为了‘不昧前愿’，向灵岩寺的僧众施舍僧帽一百顶，鞋一百双。这则史料至少为我们提供了三个方面的信息:万历年间民间已有向泰山碧霞元君求子的习俗;他们求的是碧霞元君，但还愿时却来到灵岩寺施舍，这说明了灵岩寺和泰山在民间信仰上一体化的特点;另外，这则史料还告诉我们，民众的信仰是不分佛道的，他们求的是碧霞元君，还愿却在佛寺灵岩，再一次证明了民间信仰非佛非道、亦佛亦道的特征。”②秦永洲也认为此点“说明了民间信仰的模糊性”③。

这一碑石显示，灵岩寺已与碧霞元君信仰有机结合。而此时出现的碧霞为观音化身说，也进一步促进了两者的融合:“岩比普陀栖大士，殿同南岳拱夫

① (明)谢肇淛:《五杂组》卷四，上海书店出版社2001年版，第66页。

② 叶涛:《泰山香社研究》，上海古籍出版社2009年版，第282～283页。

③ 秦永洲:《山东社会风俗史》，山东人民出版社2011年版，第548页。

人。"[①]在佛教信仰中，观音垂慈人间、护生送子，而佛典言观音垂分身百千万亿，以种种善巧方便示现，佛徒遂视元君为观音化身之一[②]，明万历杨时乔《泰山文碑刻》述此传说："又云（碧霞）东岳金虹太乙定父所生，化身为观音，常在世。"[③]万历平原知县高知俭《重修泰山圣母行宫记》云："碧霞元君圣母现焉。圣母实非女相，为广度众生，故显巍巍母身，乃南海水月观音之一化象也！缘此众生烦恼，炽盛恣心，行恶自他，俱损正法，不可化导，深可恸愍，故应运降灵，乘时设教。"[④]

这一传说在当时广泛传播，甚至衍化出观音岱顶变身说法情节。清初《南巡惠爱录》中云："至山顶，即泰山主陈州娘娘——即碧霞元君宫殿，惟见殿阁巍峨，金容灿烂，庄严净度，俨若灵山，即观音大士变身说法处也。"[⑤]民间流行的宝卷文本，也充分吸纳了观音元君传奇。明嘉靖二十七年（1548）刊印的《天仙圣母源留泰山宝卷》，就讲述观音老母为解救众生之苦而下凡投胎人间，卷中写道："观音老母在南海叹世不尽，想我在家发下度世大愿，普救众生，心中自思，怕违本愿，脱化凡身。我见泰山生的巍峨秀气，无人在此修行，罢罢！我投凡壳，与后人做个修行样子。"[⑥]于是降生为千花公主，并受太白金星指路点化，前往泰山修行，最终成为"天仙圣母"。清人韩锡胙《碧霞元君庙碑》在考述元君身世时亦举此说："近世佞佛者云，观世音千百亿化身，在南为海神天后，封碧霞元君；在北为泰山玉女，亦封碧霞元君，皆一人也。"[⑦]这段故事还被高僧引为说法机锋，如清康熙三十三年（1694）所刻释德存辑《五峰纬禅师关东语录》卷四云：清初辽东名僧智纬尝曰："人皆知妙高山碧霞元君是泰山圣母，享朝廷香火，与天地同终始，不知即是观音大

① （明）陶允宜：《碧霞元君》，《岱史》卷十八《登览志》，《岱史校注》，青岛海洋大学出版社1992年版，第303页。

② 各地民间女神被纳入佛教神系，乃一普遍现象。如福建太姥神被奉祀入本山佛寺，称之为"太姥菩萨"，为近似事例。

③ （明）杨时乔：《泰山文碑刻》，《杨端洁公文集》卷八，《四库全书存目丛书·集部》第139册，齐鲁书社1997年版，第744页。

④ 民国《续修平原县志》卷十一《艺文上》，第12页。

⑤ （清）沈汉宗：《南巡惠爱录》卷上，台北图书馆藏康清熙刊本，第31～34页。

⑥ 马西沙主编：《中华珍本宝卷》第1辑，第8册，社会科学文献出版社2014年版，第36页。

⑦ （清）韩锡胙：《碧霞元君庙碑》，《滑疑集》卷七，《清代诗文集汇编》第339册，上海古籍出版社2010年版，第96页。

士欲度脱世间譬珥辈，化现此天女身而为说法者。然则天地有终始，元君无终始可知矣。若必定认着此元君不是大士，则与善财童子往妙高山参德云比丘，四维寻觅七日不可得见者何异？……据山僧看来，东西两妙高山，一碧霞元君，一德云比丘，与观音大士同出而异名，实无彼此。”正是针对这一说法的引喻。而灵岩自宋以来便传为“观音菩萨昔所化现”，列为“观音道场”。① 因与碧霞信仰交融，促成元君崇祀于灵岩寺院。

三、灵岩下院碧霞行宫

碧霞香社的活动促成了炒米店灵岩下院的创建。炒米店（今长清区崮云湖街道炒米店村）是碧霞元君传说中的一处重要地点，明代宝卷《天仙圣母源留泰山宝卷》第三篇讲述了千花公主前往泰山，路过炒米店时因乞讨水浆而引发的一番经历：

千花主辞员外又往前行，顺大道往前走自己登程。走多时见路傍石碑一座，到界碑睁睛看上下观论，行行字写的真山东大路，往前是泰安州泰山相通。……往前去一村庄我去到此，寻口水且充饥度我光景。进村来沿街化无人舍水，绕街走两三遭谁肯发心。满村庄就无个贤良男女，一村庄那讨个慈悲之人。见一人挑过水上前就舀，满口穗劈手夺泼在埃尘。公主见眼噙泪恓惶无奈，这等人不学好怎得出尘。愚痴人迷真性贪尘作业，不回头不向善怎度衆生。这地方久以后辈辈无水，至如今炒米店万古留名。

鸡鸣驿元君故事壁画

公主多磨难，此村人不善。何日

① （宋）张劢：政和七年（1117）灵岩题记。

到泰山，哭过炒米店。①

这一段凄惋的故事传播甚广，河北怀来县鸡鸣驿泰山行宫壁画上便有专幅绘此情节。②

宝卷中所写公主赴泰山的沿路经行，实际上便是香客进香途程的投影。世称“炒米店在长清南，往泰安道上，南北冲途”③，清康熙时炒米店泰山行宫香客题名碑称：“邑东之佛公店（即炒米店）地接南北，通衢地也”。《醒世姻缘传》对此描述道：“西南五十里内，便有一个炒米店……这个所在又是通泰安的大路，春秋两季往泰安进香的，一日成几十万人经过到了这个地方。”④便是当时的真实状况。明成化年间“齐河善人魏福明尝侍□□登泰岱绝顶，谒天仙玉女碧霞元君祠，路出经此”，因于村南创修广惠桥。⑤“泰山顶昭真□（祠）住持李志宁、高福友”皆参助此工（《新建广惠桥记》碑阴题名），反映了此香路与碧霞祠关系之紧密。

《新建广惠桥记碑》碑石

灵岩寺也与炒米店关系殊深，在上述广惠桥碑记中即出现了灵岩寺住持至珍、理然，上座理香、悟干、可瞻，监寺妙果及徒弟悟银诸僧之名。寺僧为了适应信众需求，承接更多的香客，争取更大的捐资，特在此香路建立下院。据清初长清教谕王宏任《长清佛公店凿井记》：“灵岩下院者，古炒米店泰山行宫也。”⑥《灵岩志》卷六《佛公

① 马西沙主编：《中华珍本宝卷》第1辑，第8册，社会科学文献出版社2014年版，第300～302页。

② 参见怀来县人民政府编著：《鸡鸣驿壁画》，河北人民出版社2018年版，第7页。

③ （清）王贤仪：《家言随记》卷三《辙环杂录》，《四库未收书辑刊》第5辑，第9册，北京出版社2000年版，第570页。

④ （清）西周生著，翟冰校点：《醒世姻缘传》，齐鲁书社1993年版，第214页。

⑤ 参见（明）孙瑜：《新建广惠桥记》，明成化十一年（1475）立于炒米店。

⑥ 道光《济南府志》卷六八《艺文四・长清》，第20页。

店灵岩下院说》也持此说。[1] 道光《长清县志》载:“佛公店灵岩下院:县治东北二十五里。旧名炒米店,因巡抚佛公开井得水,改名佛公店。其院乃泰山神行宫也。”[2]唐宋以来,大型佛寺多置下院,作为分支机构。历史上灵岩寺曾设置多处下院。如元丰四年(1081)灵岩寺僧立房产地产碑中称:“莒镇此□下院,系本寺差徒弟僧惠批拨土住持。”[3]元碑所列灵岩寺下院有神宝寺[4]、泗水涌泉寺、锦川圣佛寺、德州李博寨福圣院、锦川涌泉寺、济南洛津报恩院、匡山云禅院等。[5] 所建下院虽多,清一色属于佛寺,但与上列下院不同,炒米店下院却名为“泰山行宫”。明清以来,各地所建泰山行宫甚多,皆为奉祀碧霞元君的祠庙。如明万历间沛人符会仪《泰山行宫记》云:“泰山行宫者何?碧霞元君祠也。”[6]明末清初卢世漼《修泰山行宫记》云:“吾(德)州南郭旧有碧霞元君祠,途之人咸目为泰山行宫。”[7]故此下院所奉当为碧霞女神。民间将此庙俗称“泰山奶奶庙”,亦完全可以印证此点。

炒米店下院的始建年代,在史志中未有明确记录。炒米店行宫寝殿墙今嵌明万历年间《重修寝宫碑记》碑,中云:“清亭县治东约二十里许,地名炒米店,南通岱岳,北拱神京,海岱至上游也。南有泰山行宫,后有寝殿,不知创之何时。”[8]这说明行宫之创建早于明万历。很有可能炒米店原有泰山行宫,至明中末叶开始归灵岩寺管理,成为寺之分香。

炒米店行宫住持僧人,系由灵岩寺委派,《灵岩志》称“其宫中住僧,代系灵岩寺法眷”[9];《长清县志》也称宫由“灵岩寺分僧住持”[10]。其中康熙间院僧为永泰,按《灵岩志》卷首所列撰志人有“寺僧永泰、普润、永持、清瑁、永禄、

---

① 参见(清)马大相:《灵岩志》卷六《杂述志》,山东友谊出版社 1993 年版,第 195 页。

② 道光《长清县志》卷十《祠祀志》,第 7 页。

③ 碑今在般舟殿遗址前东侧,张用衡:《泰山石刻全解·灵岩寺卷》,山东友谊出版社 2018 年版,第 129 页。

④ (元)《长清灵岩寺下院榜示碑(1306 年)》,蔡美彪编:《元代白话碑集录》(修订版),中国社会科学出版社 2017 年版,第 140 页。

⑤ 参见(元)张起岩:《大元泰山灵岩禅寺创建龙藏之记》,在灵岩寺辟支塔西南侧。

⑥ 万历《沛志》卷十三下《艺文志》,第 52 页。

⑦ (清)卢世漼:《尊水园集略》卷一,清顺治十七年卢孝余增修本,第 17 页。

⑧ 钱欢青:《古村落里的济南》,山东文艺出版社 2017 年版,第 222 页。

⑨ (清)马大相:《灵岩志》,山东友谊出版社 1993 年版,第 195 页。

⑩ 道光《长清县志》卷十《祠祀志》,第 7 页。

永昶、洪代、清震、清玉、清注、宗智、永瑞、演奇、净瑞商订”[①]，知其曾为灵岩僧首。永泰尝向山东巡抚佛纶建言，促成炒米店水源开发。据上引《长清佛公店凿井记》“（炒米店）每以无水为苦，前人卜地凿井，终弗及泉，此炒米店所由名也。康熙壬申（1692）之秋，巡抚佛公视工阙里，旋省时问及此方疾苦，住僧永泰即以无水对；复问地名，即以炒米店对。公曰：何谓也？曰无水故耳。公曰吾与汝凿井及泉，可易旧名矣”[②]，此僧永泰可谓一言兴邦，造福乡县，留名于史册。

灵岩寺下院处于古官道东侧，多“游人至止”[③]，“常于此息舆马”[④]，寺院可为香客旅行提供各种服务，所以香火相沿。寺僧对行宫的管理，一直延续至清末。经采访村民，得知在抗战前宫中比丘已去，庙产改由村老董理，故民国碑志中已无僧众记录。民国二十八年（1939）《重修泰山行宫吕祖祠碑记》称：“此行宫延年日久，殿阁神像光暗不明，有善士皈依徒郭井王三姓同心，不忍坐视袖手，发愿重修行宫，与母增光……工将成，忽然中日交锋，损坏殿阁。”此为下院最后一次修葺。此后渐废。

据村民介绍，泰山行宫因位于村之南头，又称“南大庙”。庙坐北朝南，占地十余亩，原有天王殿、钟鼓楼、主殿、寝殿、禅房等，庙貌钜丽，蔚为壮观。此庙除祀碧霞元君及配祀送子、眼光、痘疹娘娘外，还附祀“影山娘娘”，影山当指长清境内之无影山，县志载“山在汉卢区翟庄西南（今归德镇翟庄），山势平坦，俗传时至正午人到此山无影，故名”。[⑤] 影山娘娘乃是受碧霞信仰影响兴起的地方女神，如同马山之马山圣母（俗称马山奶奶），在民间都被视为碧霞元君的分身，“马山圣母乃天仙玉女也……为一邑生民之主，永享万世之祀”[⑥]。长清碧霞行宫中多有以此类分身陪祀者[⑦]，为神系增加本土色彩。

---

① （清）马大相：《灵岩志》，山东友谊出版社 1993 年版，第 5 页。

② 道光《济南府志》卷六八《艺文四 · 长清》，第 20 页。

③ 道光《济南府志》卷六八《艺文四 · 长清》，第 20 页。

④ 道光《长清县志》卷十《祠祀志》，第 7 页。

⑤ 民国《长清县志》卷一《地舆志 · 山》，第 22 页。

⑥ （明）《重修丰施侯祠记》（碑立马山丰施侯庙西侧），《长清碑刻》下册，济南出版社 2020 年版，第 1066 页。

⑦ （明）《碧霞元君行宫记》（嘉靖七年），碑在长清万德街道长城村南山神庙。

炒米店行宫每年三月有香火会，热闹非凡。[①] 今虽盛况不再，幸遗墟犹存，成为历史上灵岩与碧霞信仰结合的见证。

炒米店泰山行宫遗址

① 郭廷瑜：《“南大庙”学堂：湮灭的泰山行宫》，《齐鲁晚报》2015年5月8日。

第十三章
碧霞金石:从天仙玉印到铜碑玉碣

岱顶碧霞祠中珍藏有历代所奉玉印、铜碑、玉碣等文物,内容皆与碧霞信仰密切相关,今分别予以考证。

一、"天仙照鉴"玉印

"天仙照鉴"印,相传系宋真宗加封泰山天仙玉女时所制。清顺治十一年(1654)获于山中。其印连纽高四寸八分,重九十六两,玺印正面,镌有"天仙照鉴"四个迭篆。据清人孙阶芝描述:"是印重九十六两,纽镌狮子形,红玛瑙色。高二寸八分,四围六寸四分。下起方座,高二分,横二寸一分,四方计八寸四分。印身白色,除印纽外高二寸二分,横四寸四分,四方计一尺七寸六分。"①著名学者张尔岐《蒿庵闲话》卷一记录:"顺治甲午,或于泰山得玉印一,献之官。径四寸许,文曰'天仙昭(同照)鉴'。疑是封元君时物。尝见其摹本。"②

"天仙照鉴"印

为何时人将玉印疑为"封(碧霞)元君时物"呢?其据乃在印上"天仙"之文。据明人陆采《览

① (清)孙阶芝:《天仙照鉴玉印题跋》(民间收藏)。

② (清)张尔岐:《蒿庵闲话》卷一,张翰勋等点校:《蒿庵集·蒿庵集捃逸》,齐鲁书社1991年版,第306页。

胜纪谈》卷一《玉女》载："宋真宗封太山，……封为天仙玉女碧霞元君。"[①]古代帝廷向诸神加号建庙，多赐以神印或庙印。如宋真宗天禧元年(1017)十二月十八日，"诏辅臣于滋福殿观新刻五岳圣帝玉宝及皇帝昭受乾符之宝，命择日迎导赴会灵观奉安。仍令礼仪院详定仪注以闻。宝并金柙、玉钮，制作精妙"[②]。又南宋洪迈《夷坚志·夷坚支癸》卷三记有"太山府君印"："吕辩老为德州平原县酒官。因筑务墙，役工取土，得一印，刻文曰'太山府君之印'。非铁非铜，似玉石之类，制作极精，篆法尤古。"[③]即是一例。由于"天仙"为元君名号，玺印又出于泰山，"天仙照鉴"乃被世人认定为元君之宝印。红门宫清咸丰《刘凤仙等香社题名碑》中便描绘有元君掌印治山的场景："泰山碧霞元君，披琼函以缮性，握玉印以阐珍。"

至于玉印之时代，学者诸说不一，有谓汉制，有谓宋制。后世多认为系宋代之物。清人冯云鹏于《金石索》卷五中云："'天仙照鉴'相传为秦时物，案《文献通考》：泰山玉女祠侧有石像，宋真宗东封易以玉，砻石为龛，置旧所。此印当为大中祥符时赐物。"[④]近代学者袁克文《辛丙秘苑》考云："东岳庙藏有玉印，方三寸许，高亦如之，经火煅毁，色赤而黯。文曰'天仙照鉴'。盖道家所用，制作在唐以后，俗谓为汉印，谬矣。"[⑤]

玉印出土后，庋于岱顶碧霞祠中。康熙朝大臣张榕端奉旨祀岱，曾亲睹玉印，《海岱日记》记云："抵碧霞元君庙，祭毕，章守(泰安知州章履成)至，启大殿锁钥，出二匣，一金银婴孩十余枚，元宝二；一碧霞元君之石印径数寸，镂'天仙照鉴'四字。"[⑥]时人以印具灵异，纷祈道士钤印于黄表，以求祛病镇邪。清人沈维材《登岱记》记称："有印刻玉为之，文曰'天仙照鉴'，或云可以祛邪治病，然官为典守，固不若《五岳真形图》用石摹刻为可易购也。"[⑦]泰山

---

① (明)陆采：《览胜纪谈》卷一，中国国家图书馆藏明嘉靖刻本，第15页。

② (清)徐松辑：《宋会要辑稿》，中华书局1957年版，第1831页。

③ (宋)洪迈撰，何卓点校：《夷坚志》，中华书局1981年版，第1241页。

④ (清)冯云鹏、冯云鹓辑：《金石索》(上)，书目文献出版社1996年版，第727页。

⑤ 袁克文：《辛丙秘苑·寒云日记》，山西古籍出版社1999年版，第44页。

⑥ (清)张榕端：《海岱日记》，《四库全书存目丛书·史部》第128册，齐鲁书社1996年版，第443页。近人邓之诚《骨董琐记》曾引述此条。

⑦ (清)沈维材：《樗庄文稿》卷九，《四库未收书辑刊》第10辑，第21册，北京出版社1997年版，第280页。

典籍中也有类似记载，《泰山述记》卷二云："'天仙照鉴'……今人皆印之以镇邪。"[①]《岱览》卷九云："右印方三寸五分，四边阑各阔四分，每字方一寸三分半，文类缪篆，近符箓。相传能辟邪，印者多，亦渐漫漶矣。"[②]这一玉印信俗，后来还被日本学者涩川玄耳与美国旅行家盖洛（William Edgar Gcil）分别记入所著《岱崂杂记》[③]与《中国五岳》[④]中。

乾隆五年（1740），碧霞祠大火，殿宇宝器一时俱焚。所幸"天仙照鉴"印浴火而未泯。《泰山述记》卷二记云："祠内传留玉印一颗，方径四寸许，篆刻'天仙照鉴'四字，不知有自何代，或称宋祥符时，与玉像并造。顶庙灾，为火所炙，损坏一角。"[⑤]《岱览》卷九中记述："庚申庙火，铜铁融烁为液，而秦篆石乃毁于儓棚工役之手，惟玉印独完。玉印，传自祥符时与玉像并制，文篆'天仙照鉴'，螭纽绀色，从煨烬得之，一角少损。"[⑥]又云："乾隆五年六月二十四日，山顶碧霞祠灾，从煨烬拾出十八件……，破损石印一颗，篆刻'天仙照鉴'四字。"[⑦]《古玉图谱》称："碧霞祠旧有玉印，文曰'天仙照鉴'。……乾隆庚申，祠毁于火，前代碑刻如秦相二十九字俱经亡失，此印出诸煨烬，完好如故，有呵护之者。"[⑧]

玉印经历劫难后，为妥善保存，改庋于县库中。阮元任山东学政时，曾于库中目验原印，其《小沧浪笔谈》卷三记云："泰安县库有玉印黝然，方三寸七分，高三寸余。无钮，为碧霞元君印。阳文'天仙照鉴'四篆字，形色古朴，实为宋以前物。"[⑨]法思远主编《中国的圣省山东》也记称："但是宋代的遗迹——泰山娘娘的图章幸免于难，仅受了轻微的损害，保存至今，据说，藏于泰安城的府库当中。"[⑩]西人狄考文、慕稼谷书中也提到这一方玉印。

---

① （清）宋思仁：《泰山述记》卷二，乾隆庚戌（1790）泰安县署刊本，第 26～27 页。
② （清）唐仲冕：《岱览》卷九《分览一·岱顶中》，清嘉庆十二年果克山房刻本，第 24 页。
③ [日]涩川玄耳：《岱崂杂记》，东京玄耳丛书刊行会，1925 年，第 25 页。
④ [美]盖洛：《中国五岳》，沈弘等译，山东画报出版社 2006 年版，第 126 页。
⑤ （清）宋思仁：《泰山述记》卷二，清乾隆庚戌（1790）泰安县署刊本，第 26～27 页。
⑥ （清）唐仲冕：《岱览》卷九《分览一·岱顶中》，清嘉庆十二年果克山房刻本，第 24 页。
⑦ （清）唐仲冕：《岱览》首编七《颁赐》，清嘉庆十二年果克山房刻本，第 7 页。
⑧ （清）金棨：《泰山志》卷十九《逸事记》引，清嘉庆常州刊本，第 18 页。
⑨ （清）阮元：《小沧浪笔谈》，《丛书集成初编》，商务印书馆 1936 年版，第 74 页。
⑩ [英]法思远主编：《中国的圣省山东》，转引自马修进、孟诗尧摘编：《清末外国人眼中的泰山景观》，《寻根》2014 年第 5 期。

唯同治时孔广陶日记中云："道人出观'天仙照鉴'玉印，径四寸许，复损一角。"[①]言时犹在碧霞祠，与徐述不合，或祠中所藏系仿品。

清末民初，玉印改交道士奉庋于岱庙。民国三年(1914)袁克文登岱，即见之庙中。后兵燹中下落不明。今泰安市博物馆藏"天仙照鉴"仿印两方：一为石印，通高 6.9 厘米，印面边长 11.6×11.6 厘米，方钮，印面阳文篆刻"天仙照鉴"。[②] 另一为木印，规制与石印略同，惟纽饰有雕龙，横镌小字为："大清光绪丙午年(1906)闰四月敬刊。"

道光八年(1828)三月，泰安知县徐宗干还将篆印镌之碑石存于岱庙。这方玉印碑除了镌以"泰山玉印文"碑题及"天仙照鉴"篆印外，还缀以徐宗干所撰跋、铭及《玉印考》。跋云：

> 山顶碧霞祠旧有玉印，印重九十六两，高二十二分，上有狮纽，连座高四寸八分。乾隆庚申祠毁于火，移贮县库。道光辛巳，县署灾，复出诸煨烬，终无磨灭，都人士以为可以辟邪，争钤印焉，久将漫漶不可识，爰摹勒于石，而系以铭。

铭文用小篆书刻，其文云：

> 有灵在天，无欲则仙；昭尔善恶，鉴尔蚩妍。山精木魅不敢前兮，呼云雨于泰山之颠。

碑之左半部，分别用楷书小字与隶书大字，书写了两篇"玉印考"：

> 右印或以为秦时物，或以为宋真宗时物。《文献通考》云"玉女祠侧有石像，真宗东封易以玉"，此当为大中祥符时赐物，是则与玉像并刊者与。曰："天仙者何？以天神而衮冕像之，曰天尊、曰上帝；以地祇而翟茀像之，曰元君、曰天仙。东方主生，崇祀岱岳，固其宜也。今玉像久毁，金石多残缺，而斯印独存，题名记所谓"铁碑铜鼓融为汁，而玉印独完，唯一角少缺"者是也。宰斯土者，递相授焉，尝综考图志而为之辨，并识于后，以质博古者。"(以上小字)

---

① (清)孔广陶：《鸿爪前游日记》卷三，《广州大典》第 31 辑，第 15 册，广州出版社 2015 年版，第 68 页。

② 刘秀池主编：《泰山大全》，山东友谊出版社 1995 年版，第 763 页。

按"照鉴"乃告神之词，非所以为赐也。以意度之，帝无侈陈天书、崇尚符瑞。其时侍从诸臣必虔，有为"群仙下降东岳见形"之说以献谀者，故御制《谢天书铭》云"梁父仙闾"，又《广生赞》云"群仙之府"。可知此印必系当日咒告时所用，用毕仿金绳例瘗于土中，为后人掘地得之耳。正与用金铸宝，曰"天下同文"，以封石磩，同一张皇夸大之意。若云赐物，则天书降于太山，正当用"天下同文"金宝赐镇泰山，以示千古盛事，又何必别制一玉印哉？是为辨。时道光戊子清和月，崇川徐宗干书。（以上大字）

徐宗干在《玉印考》中对玉印来历提出了新说，认为印文上的"照鉴"二字，乃是致祭时告神之辞，而非朝廷赐仙之号，故此印应是宋真宗向泰山玉女进呈祝祠时所钤之物。玉印碑镌成后，嵌于岱庙鲁班殿壁。清同治时人李天隐《北游日记》卷下中便记录此碑："延禧之北一室，祠公输子。墙外刻碧霞宫玉印，印文'天仙照鉴'。疑宋真宗物也，重九十六两。原在山上宫内，历遭回禄未毁，今存县库。"[①]

民国时岱庙道院改造，碑遭毁弃，仅存残段，后移嵌于岱庙汉柏院东墙南首上。今残碑高约100厘米，宽56厘米：上半部右角残毁，直角边长各50厘米；下半部左角残毁，直角边长各约15厘米。印文仅存一角，而铭文也残失近半。所幸的是，此碑初立时曾被广泛传拓。法国汉学家、远东学院北京中心研究员范华（Patrice Fava）2009年来泰安参加"东岳论坛"时，曾向与会者展示此一拓本。

另，近年一些与玉印相关的古物也陆续重现世间。如嘉庆朝篆刻名家陈鸿寿（曼生）尝手制紫砂壶，该壶用段泥制作，呈米黄色，正面刻有行书十八字"竹烟松风蕉叶雨，茶香琴韵读书声。曼生仿古"。壶底则镌以"天仙照鉴"篆印，作为底款。又互联网发布一方铸有"天仙照鉴"印文的铜砚，其上共有两方印鉴，其一即元君印。下有"樵江"款识。按：光绪时人曾耀南，号樵江，广东茂名（今高州市）人，光绪进士，历任驻美国、日本、秘鲁使馆参赞。据此推测铜砚应是清末之物。另在辽宁中正拍卖有限公司"2012秋季艺术品拍卖会"上，展出一幅玉印书轴，轴高53厘米，宽36厘米，上端为"天仙照

① （清）李仲昭：《天隐北游日记》，民国二十年（1931）杭州文艺书店铅印本，第30～31页。

鉴"印文,下面系民国十九年(1930)一月五日天津高崇佑所录跋文。高崇佑清末时任咨议局联合会审查员,民国初任张北县知事,可知此轴乃出民初高氏旧藏。另有网友公布一张旧时墨迹,上题"天仙照鉴"大字行草,无年代款识,但是每字之上均有模糊印章,所钤即泰山玉印文。又山西运城博物馆藏水墨淡彩人物横幅,上写"天仙照鉴"四大字,高 2.51 米,长 2.6 米。为清张积素绘。其与泰山玉印之关系待考。[1] 另传有清孙阶芝题跋本。又《小说丛刊》1915 年第 13 期刊有《泰山玉印摄影》印拓(并附泰安县印),下有□庵题跋,中云:"壬子(1912)闰夏,余来泰安,□敬观焉,且薰沐再拜,拓以丹砂,袭而藏之。"这些与元君玉印相关文物的出现,足见"天仙照鉴"印影响之巨大。

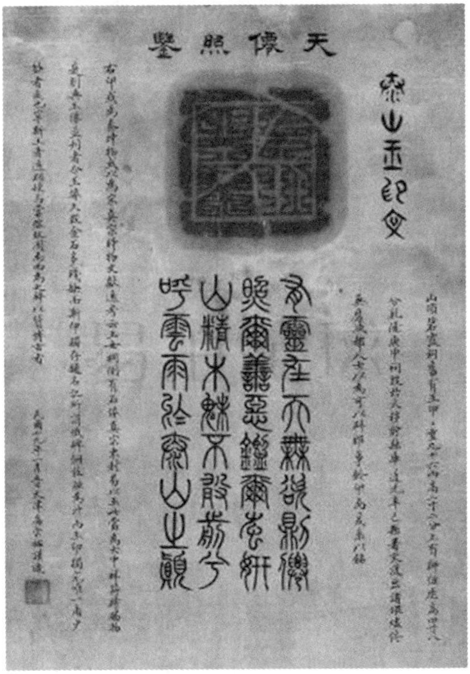

"天仙照鉴"书轴

(辽宁正中拍卖有限公司刊图)

---

① 运城市地方志编纂委员会编:《运城市志》,生活·读书·新知三联书店 1994 年版,第 471 页。

附：清代诗人吟咏玉印

嘉庆五年(1800)诗人陈文述登泰山时，有感于碧霞玺印这段传奇经历，为赋《天仙照鉴玉印歌》：

鬼神守护蛟龙镇，琼云夜冷燕支晕。仙阙双衔玉女碑，神霄争捧天仙印。天仙当日礼昆仑，羽帔云冠第一人。不向鼎湖随法驾，黄花古洞坐修真。功成身跻群仙位，此印何年出天赐？仙心如月照人间，先天篆出清虚字。六庚符佩太元篇，五岳图珍紫绶悬。应有蛾眉司玉牒，绿章印罢夜朝天。劫火昆冈焚不得，依然翠夺芙蓉色。试看沉檀宝匣中，一拳分得仙霞碧。乞得朱文玉一方，灵飞珍重夜焚香。眼前岂独仙凡隔，肘后纶金我未黄。①

嘉庆年间，常熟士人蒋因培(字伯生)出任泰安知县，去任之时箧中携有“天仙照鉴”之印蜕。及归故里，遍示亲友。其中有五位女诗人鉴赏之余，濡彩笔而赋丽句。一组唱和诗题为《碧霞元君天仙照鉴印为蒋伯生大令因培赋》。首唱者系席佩兰，字月襟，江苏昭文(今属常熟)人。翰林院庶吉士孙原湘之妻。工诗善画，有《长真阁集》。其诗为七古长篇：

一方奇玉桃花色，七十二君夺不得。宛转双螭为护持，天仙长爪曾磨拭。霞帔星冠映黼帷，电辎环卫月軿随。天齐自占瑶妃位，日观宁容玉女窥。灌坛圣德虽殊众，灵风岂入飞熊梦？西海郎君事渺茫，东方巨镇神严重。玉策金缄受自天，龙文凤篆手亲钤。泉洶香井胭脂洁，云护神房锁钥严。亢父知生梁父死，红沫棱棱盖仙旨。捧出云封五色光，稷邱君与崔文子。琅函题罢洞天春，宝露重研紫粉新。授简西池王母使，传书南岳魏夫人。汉家寡妇终投玉，刘娘子印谁收录？惟此天仙一片琼，未容凡手纤尘触。人间偷印赤灵符，熏以芝兰袭绣襦。还防深夜六丁下，来攫真形五岳图。②

① (清)陈文述：《颐道堂诗集》卷二，《续修四库全书》第1504册，上海古籍出版社2002年版，第544页。

② (清)席佩兰：《长真阁集》卷六，《江南女性别集初编》，黄山书社2008年版，第560～561页。

席诗从玉印形色写起，转入对玉女神格的追述，“霞帔星冠”“电辎月軿”极言玉女装束仪卫之庄严。以下历叙玉女曾入灌坛令姜尚（飞熊）之梦（出《博物志》）等种种异闻。然后揭出此印应是玉女受之天帝，为钤盖仙旨之至宝。最后写此“天仙一片琼”偶然流布人间，应善加护持，莫为“六丁（火神）”所攫去。继唱者为李秀，字餐花，系席佩兰之闺友。其诗亦系七古：

蒋侯生是神仙命，风骨棱棱太山令。归装并无郁林石，印得天仙一方印。捧来五色生云霞，传观欲遍好事家。未须真形图五岳，只此四字驱百邪。嵩山玉玺天雨得，常山璧珪拔树出。此印不传何自来，或曰秦章或宋笔。不如前说一举空，金箧玉策归天公。天孙上承茅土封，采玉于日割白虹。石斧细琢烦丰隆，模云作篆蟠雌龙。日精炯炯贯当中，颜色尚作扶桑红。庚申之岁（乾隆五年）火不戢，秦碑宋龛一时失。神呵鬼护玉一方，化作火中鹊飞出。历劫百亿钤万千，棱角微缺神彩全。沉沉县库闷鱼钥，夜半灵光犹彻天。（郁林石：孙吴陆绩为郁林太守，罢归无装，舟轻不可越海，取石为重。人称其廉，号郁林石）[①]

李诗与席作角度不同，写得别开生面。先叙蒋因培去官归乡，不运郁林石，独携此玉印印文，传观诸家。此下传述此印驱辟群邪之神异，又对玉印来历加以探讨，认为世传印出秦出宋，均不可从，应是天帝颁赐碧霞之珍。最后结以玉印历劫不泯，今虽秘存县库，犹灵光烁烁。

三唱者为谢翠霞，字丽仙，系席佩兰之侄妇。其诗为七绝，凡四：

敕赐蓬元帝子居，云窗雾阁闷清虚。钤来丹篆桃花色，应寄西瀛一纸书。

云雷古篆赤虹蟠，敢作寻常印谱看。封取兰金泥一合，竹王山鬼胆俱寒。

秦碑久付祝融收，独许黄神玉箸留。凤尾鹤头齐压倒，不须更数祝温柔。

太令前身蒋子通，曾除录事给三宫。宦囊挈取神仙字，绝胜鹅城两

---

① （清）席佩兰：《长真阁集》卷六，《江南女性别集初编》，黄山书社 2008 年版，第 560～561 页。

袖风。①

首篇言玉印为天帝敕赐蓬元（道家称泰山为蓬元）帝子（传玉女为泰山之女）之物；次首言玉印之灵异，能镇鬼伏魅；三首写秦碑焚毁，“黄神（印名，古登山者所佩，以避虎狼）玉箸（篆书名）”独存，篆书风神，压倒凤尾鹤头（笔法之名），更远胜宋初铸印名家祝温柔。末首写蒋因培宦绩如水，金石风流，为世所仰慕。

同作题咏之闺秀还有曹贞秀，字墨琴，长洲（今江苏苏州）人，为文士王芑孙继室。其《写韵轩小稿》中有《泰安蒋令尹因培求题碧霞元君玉印文四首》，诗云：

天孙一谪岱峰巅，凤懒龙娇不计年。剩有镌琼丹篆在，金碑铜鼓共流传。

西牛茫昧证前闻，劫火烧余阙角文。欲例晋祠征圣母，谁同郢唱注湘君。

香税新除典祀崇，珠幡金葆赐琳宫。大圭三尺温凉玉，比似祥符又不同。

秘笈曾经上界藏，珍留县库印砂床。蒋侯青抱神仙骨，玉箸萦云压宦囊。②

曹贞秀四诗撷取众多元君掌故来刻画玉印，首篇言元君主泰山久历岁月，玉印与碧霞宫“金碑”（明万历、天启朝所立铜碑）、“铜鼓”（嘉靖朝所铸铜鼓）共传世间；次篇传述元君出“西牛国”神话及玉印历劫而残之经历；三篇转写当代乾隆帝诏除泰山香税及恩赐玉圭之盛典；末篇则述蒋公携印文还乡之雅事。

另有钱塘女诗人汪端，字允庄，幼聪慧，有“小韫（谢道韫）”之称，有《自然好学斋诗钞》。集中亦有四绝《书碧霞元君玉印拓本后》：

谁访真灵玉女家，仙章珍重篆昭华。鹅溪绢晕桃花色，疑是天门落紫霞。

---

① （清）席佩兰：《长真阁集》卷六，《江南女性别集初编》，黄山书社 2008 年版，第 560～561 页。

② （清）曹贞秀：《写韵轩小稿》卷一续增，《江南女性别集初编》，黄山书社 2008 年版，第 406 页。

壁月长悬翠羽凉，青腰佩印策娇凰。不乘华顶莲舟去，留得琴心付玉姜。

天敕兰金镇玉台，绿章琼牒手亲开。衍波笺写清虚字，应付盈盈押尾来。

黄华古洞修真处，第七人中第一仙。倘是轩皇亲授箓，芝泥红过四千年。[①]

第二首中之“玉姜”，系用《列仙传》中秦始皇宫女毛女玉姜隐华山之典；其第三首中之“盈盈”，系用宋《盈盈传》玉女招才媛掌文牍之传说。隶事用典功合工稳，富艳精工。诸家联唱，流播吟坫，为玉印平添燃脂芳韵。

二、碧霞祠明代铜碑

“洒酒空蒙南北吊，黄金碑下哭山陵。”这是明末遗民阎尔梅《泰山》诗中的名句。诗中所咏之“黄金碑”，指的乃是岱顶碧霞祠中的两通明代铜碑（俗称金碑）。两碑分列香亭前之东、西，东碑为万历四十三年（1615）立《敕建泰山天仙金阙碑记》，西碑为天启五年（1625）立《敕建泰山灵佑宫记》。两碑通高 3.72 米，宽 1 米，厚 0.395 米，用红铜冶铸，为厚壁空腹处理。其形制装饰略同：趺为梯形，首为方形。趺首皆饰高浮雕式二龙戏珠，碑身则绕以线刻行龙，装饰绚丽，铸造精细。在铸制技巧、装饰工艺、形体设计诸方面都展示了极高的技术水准。建筑专家陈从周称：二铜碑“允推明代小型碑之极则，为研究明代手工艺及碑制之重要实例”[②]。

“玉女泉犹冽，铜碑字半销。”（清谢振定《碧霞元君祠》[③]）明代铜碑虽镌刻精制，但碑文却“俱已磨损不可读”[④]，究其原因，乃是泰山一种民俗行为。《岱览》卷九云：“俗谓二碑磨钱，配之可却病，故下截刓损特甚。”[⑤]清乾隆朝

---

① （清）汪端：《书碧霞元君玉印拓本后》，《自然好学斋诗钞》卷二，《清代诗文集汇编》第 578 册，上海古籍出版社 2010 年版，第 718 页。

② 陈从周：《陈从周园林随笔》，人民文学出版社 2008 年版，第 107 页。

③ （清）王昶：《湖海诗传》卷三十六，商务印书馆 1958 年版，第 1031 页。

④ 民国《重修泰安县志》卷十四《艺文志・金石》，第 15 页。

⑤ （清）唐仲冕：《岱览》卷九《分览一・岱顶中》，清嘉庆十二年果克山房刻本，第 32 页。

诗人朱筠《泰山》曾咏及此俗："幢幢碧霞庙，铜碑万历末。离娄与高禖，神道阴教设。列县走季女，手摩字深没。至柔刚为摧，拊之甚剥刮。"①清人聂剑光《泰山金石考》曾称："家藏旧墨本尚可读，然所录亦多缺文。"②但此墨本久佚不传。故两铜碑之文字，不仅历代志书皆未著录，今人著述中仍付之阙如。今借助相关文献，试对两碑残文进行补校。

天启铜碑（西）

万历铜碑（东）

《敕建泰山天仙金阙碑记》 此碑文共34行，满行约55字。现碑下段每行约磨灭20字。但万幸的是，此碑原文留记于《明神宗实录》。③ 经比勘，两处文字全同，铜碑所缺95字均可以《明神宗实录》为据予以补足。今将原碑校录于下（下划线之文均为据《明神宗实录》所补）。

（额）敕建泰山金殿碑记

敕建泰山天仙金阙碑记

朕自御极以来，岳渎百神，祀典咸秩。矧泰岱为群岳长，镇我东方，

① （清）朱筠：《笥河诗集》卷五，《续修四库全书》第1439册，上海古籍出版社2002年版，第531页。

② （清）唐仲冕：《岱览》卷九《分览一·岱顶中》，清嘉庆十二年果克山房刻本，第32页。

③ 《明实录》第63册，台北"中研院"史语所1967年影印本，第9889～9892页。

斯万物始交之地，凡昭姓考瑞，登封降禅，咸兹在焉。碧霞元君名号所从来远，相传黄帝肇建岱岳观，命元君云冠羽衣，迓西昆真人，焚修玉洞，随证仙真。斯事寥邈，不可考已。宋真宗东封，清泉示异，玉像是崇。以迨于今，自京畿至方国，莫不祇事。恭惟我圣母慈圣皇太后，保祐朕躬，广建功德，尝于京师重葺东岳庙，朕欣承慈旨，靡爱斯工，美哉轮奂，庙貌赫矣。日者圣母目眚，朕心靡宁，夙夜冰竞，露祷于昊天上帝，复命内臣持节以祀东岳泰山之神、天仙碧霞元君，祀事孔明，慈颜以豫，目眚遂蠲。则是泰山元君既赫厥灵，绥我圣母以及朕躬，贶莫大焉。朕闻无言不酬，无德不报，况兹灵庥，慈闱之倚藉，而肸向之显异者哉？是用秉虔皈依，思荅明贶，出内帑金钱若干，镀金为像，范铜为殿，筑石为台，奉元君奠居焉。爰锡嘉名曰天仙金阙，为门四，东曰苍华，南曰丹凤，西曰皓灵，北曰玄通。其泰山后门曰北天。命内官监太监崔登等往董其役。经始于万历四十一年四月二十六日，越明年四月初四日己于事而竣。朕惟古者成民而致力于神，功成化洽，瑞应毕至，乃有事于泰山。朕耿躬凉德，醇化未登，不敢侈七十二君之事。惟是祇奉慈闱，获邀灵感。兹复不天，圣母升遐，宜与元君在帝左右。朕追慕方殷，深惟圣母弥留之际，惟恤菑赐赦民事为竞竞。泰山奠位于东，其德主仁，其气主生，肤寸之云，泽及万国，惟泰山为然。尚其匡佑我民，雨旸时若，年谷丰登，使各有宁宇，无逢其灾害，朕一人实嘉赖之。元君庙食，亦且与国祚共相绵远，岂不休哉！朕所为酬往德而因乞灵者如此，庶几承圣母之志，无至陨越，且俾朕孝思，亦得垂之无穷云。乃勒碑纪其事，而铭之曰：峨峨岱宗，表兹东土。触石兴云，遂遍寰宇。亦有元君，游彼帝乡。仙阶秘灵，玉策耀祥。日观崇祠，天齐巍阙。英爽洋洋，昭哉对越。匡我慈圣，怀柔百神。神之听之，降福振振。靡叩不通，靡呼不赫。爰兹禋祀，慈颜有怿。景贶既彰，拥其明庥。庙食无疆，巨鬯一卣。乃命中涓，乃出内帑。奕奕新庙，是蒸是享。寝成孔安，永宅厥灵。幽感神衷，明德惟馨。眷予一人，受命不殆。既佑文母，燕及四海。燕及伊何，惠我黍庥。遏禳凶札，敛时休嘉。降福孔多，岁时有饬。于万斯年，与国罔极！

万历四十三年岁在乙卯孟春之吉

赐进士出身资善大夫礼部尚书兼东阁大学士□□□□(方从哲奉)敕撰

奉政大夫礼部郎中兼司经局正□□□□(汪民敬奉)敕书

内官监太监……

御马监太监……

御马监太监……

司设监太监……

尚膳监左少监……

御马监右少监……

内官监左少监……

旨督理工程

(碑阴额)圣孝至诚　永垂亿世。

《敕建泰山灵佑宫记》 此碑文共35行,满行约102字。现碑下段每行约磨灭23字。而此碑文在各种史籍又全无著录,难以校补。唯谛视全碑,见其每于提到神祇、帝后名号处,例作敬空提行,故下截虽悉遭磨损,但所缺文字有限(统计约缺85字),而上下文意尚可贯通。今将原碑校录于下。

(额)敕建泰山灵佑宫记

敕修泰岳大工告成赐灵佑宫金碑记

赐进士出身、陕西布政使司左布政使、分守甘肃道、赐一品服俸□□□(杨楷)撰文

赐进士出身、广西布政使司右布政使□□□(杨莹钟)书丹

赐进士出身、贵州按察司分巡普静道兵备副使□□□(李思恭)篆额

宇宙奇观,首推五岳,惟泰以宗称。伏羲之观,蔑以尚也。代而下也,登封降禅,七十有二君,大都徒事夸诩,矫诬神明。云光天书之诞,金简玉书之藏,祇以贻污青史,取姗永世已耳!恭维神宗皇帝,大宝久膺,为百神主。凡当祭神祇,咸秩无文。盖已道贯幽冥,德洽河岳矣。而大孝尤迥迈千古,敬事慈圣皇太后惟谨,百顺以娱,万寿以觞,惓惓终身,胡止五十之慕。曩以慈目偶眚,露祷请代,夙夜靡宁。念东岳为生

物之府，元君为福世之神，授节遣官，升中告虔，用申祈保。已而慈目旋明，捷于影响，盖至诚感格，无远弗届，纯孝孚契，靡叩不灵也。神庥既赫，报礼随崇，特遣中使五员，允发帑金，普修泰岳。以李公忠总督工程，□差（以下约缺二十三字）铜殿巍峨，开建瑶台，金阙高拱。门聚四灵之秀，光腾九彩之祥。修玉皇顶尊崇上帝，青帝宫、东岳庙俱已改观，灵佑宫祗奉元君。浴圣殿、神憩宫，悉为更始。祝国皇经堂、五岳会真堂，已创起矣。又高大天门，所以耸瞻仰也。岱庙峻极殿、蒿里森罗殿，已增崇矣。（以下约缺二十四字）天庆宫至九莲殿，皆其特修。三灵祠新同灵官庙，且御香亭一时鼎建。更设斗坛以肃瞻礼，置坊牌以分地方。岳庙神宇、蒿里仙间，内外上下（以下约缺二十四字）。见者慈圣、神宗相继升举，八方士女稽首嵩呼，赞扬无量功德，则慈圣之灵将与元君为左右，神宗之孝且与岱岳并悠久矣！举古今之孝，集为大成；创宇宙之观，结为奇构。视七十二君，岂第云泥相去乎？神之听之，自介肹蠁，繇是而麟定呈祥，螽斯□□（衍庆）。金瓯永固，坐抚禹甸三千；玉历常绵，远迈周年八百。四灵毕至，万福攸同。斯时，宗藩国戚、官士军民，无不乐助工役，欣庆太平，沐神庥于无既矣。于都哉！是役也，始于万历叁拾玖年辛亥之叁月，迄肆拾叁年陆月落成。钦颁帑金，俱中使出入，会计分明，全真玄贞惟乘时劝课而已。工既竣，勒记岱顶，敕赐灵佑宫，昭答神贶。范铜为碑，以金渗镀，明载事源，永垂不朽。故为文而系之铭曰：岩岩岱岳，雄镇青方。天齐大帝，圣化洋洋。元君炼修，碧霞正位。福善祸淫，于昭不昧。神宗御宇，克尽怀柔。岳渎奉职，通显厥休。慈圣目眚，随祈辄效。大修泰宗，钦颁弗校。材搜天下，技尽人官。鼎新革故，独擅名山。桂栋鳌撑，梅梁蜿控。丹磴云浮，金瓶斗纵。圣明大孝，千古孰俦。神之默佑，茀禄来求。穆穆皇皇，瓜瓞无艾。宜君宜王，本支百世。四夷稽颡，重译献珍。天山瀚海，永绝烟尘。（下缺十二字）□民士女。民为邦本，本固邦宁。纯嘏禋祀，日升月恒。爰勒金碑，巍巍常奠。鬼神呵护，星河夜绚。

大明天启五年岁次乙丑六月朔日。

钦差督理泰山工程各衙门太监等官：张忠、叶忠、李忠、闫政、齐芳、陈永寿。

山东济南府泰安州知州臣于可久、同知臣洪邦基、州判臣程明允、吏目臣任三重、道正司赵正全叩头建立。

（碑阴额）圣德神功永垂亿载。（题名略）

现存二碑于撰、书（含篆额）者名氏处均已残缺，但据史籍尚可作考补。

万历铜碑撰书者名氏，见于文献著录，《岱览》卷九云："《敕建泰山金阙记》铜碑：右碑为万历四十三年正月大学士方从哲奉敕撰，礼部郎中汪民孜书丹，额题'敕建泰山天仙金阙碑记'。碑阴亦有额曰：'圣孝圣诚永垂亿世'。并真书。"①按：方从哲（？～1628），字中涵，其先德清（今属浙江）人。隶籍锦衣卫，家京师。万历十一年（1583）进士。授庶吉士，屡升国子祭酒。四十一年（1613）以礼部尚书入阁，次年为首辅，独掌内阁七年。卒赠太傅，谥文端。《万历起居注》载：万历四十二年（1614）十一月庚申（十二日），上谕内阁："朕先年朝谒圣母，恭见圣目少安，药饵罔效，朕寝食弗宁，谨以斋沐竭处（诚）露祷上帝，复命内官祈祷于东岳泰山之神、天仙碧霞元君，祈祷之日，圣目即愈，朕感其灵应，无所酬答，于是谨发诚心，发内帑，择于万历四十一年四月二十六日大吉开工，命内官监等衙门太监等官崔登、叶忠、林潮、齐芳、陈永寿、李忠管理鸠工，铸造镀金天仙碧霞元君圣像，并铜梁柱瓦，范铜宝殿一座，额名'天仙金阙'，供安圣像。石台基，四券门，东门名曰苍华，南门名曰丹凤，西门名曰皓灵，北门名曰玄通，泰山后门名曰北天。逐一崇建，至于四十二年四月初四日落成，宜当用文恭纪其事，以彰神之弘慈灵应、福国庇民，朕之孝诚，永垂万古尊崇之意。卿撰拟碑文来看。"②是时阁揆即方从哲，故铜碑由其拟稿进呈。但实际执笔者另有其人，在韩日缵《韩文恪公文集》卷首《拟御制文》收有此篇③，与铜碑文字全同。日缵字绪中，广东博罗人。万历三十五年（1607）进士，时翰林院检讨，故为首辅代拟碑文。

《岱览》所述书丹者"汪民孜"于史无考，疑其笔录有误，其人应为汪民敬。万历三十九年（1611）七月壬寅，"以山东右参议张大续、户部郎中汪民

① （清）唐仲冕：《岱览》卷九《分览一·岱顶中》，清嘉庆十二年果克山房刻本，第32页。

② 南炳文、吴彦玲辑校：《辑校万历起居注》，天津古籍出版社2010年版，第3125～3128页；《明神宗实录》卷五二六，《明实录》第63册，台北"中研院"史语所1967年影印本，第9889～9892页。

③ （明）韩日缵：《韩文恪公文集》卷首《拟御制文》，明崇祯刻本，第1～3页。

敬等十二员为书写官”。[①] 民敬后以题大行慈圣宣文明肃贞寿端献恭熹皇太后铭旌及尊谥册宝，屡被赏赉。是其人为明廷专司书写大典文字之官，铜碑字出其手，当属可信。据此，万历铜碑之撰、书者名氏可分别补为“方从哲”与“汪民敬”。

但此碑在格式上有其特异之处，此碑题为“奉敕撰”，今见历代臣工奉敕所撰碑，皆是撰者用第一人称，作颂扬君上之辞（如宋人曾肇“奉敕撰”之《东岳庙碑》）。今万历铜碑通篇皆用明神宗口吻，此类文字虽由文臣拟稿，依例应署“御制”，而此碑却缀方从哲名，洵为特例。

天启铜碑撰书者名氏残毁已久，《岱览》著录称：“《敕修泰岳大功告成赐灵佑宫金碑记》，赐进士出身、陕西布政使司左布政使、分守甘肃道、赐一品服俸（原注：缺数字）撰文，赐进士出身、广西布政使司右布政使（原注：缺数字）书丹，赐进士出身、贵州按察司分巡普静道兵备副使李思恭篆额（原注：文未录）。天启五年岁次乙丑六月朔日。”[②]仅记篆额者李思恭之名（今李名也已残毁），而撰书者名并缺。唯原碑两者题衔并存，尚可据此推考其为何人。

撰者署“赐进士出身、陕西布政司左布政使、分守甘肃道”，今考时任陕西左布政使者为杨楷。按：天启五年正月丁丑，“升湖广右布政使杨楷为陕西左布政使”。[③] 又天启五年十一月癸亥，“升陕西左布政使杨楷为都察院右佥都御史巡抚湖广”。[④] 杨楷字完素，屏山（今属四川沐川）人。万历二十三年（1595）进士，天启五年（1625）正月至十一月为陕西左布政使。历官至湖广巡抚。

书者署衔“赐进士出身、广西布政司右布政使”，今考时任此职者为杨莹钟。按《明熹宗实录》卷三三：天启三年四月丙戌，“升广东按察使杨莹钟为广西右布政使”。[⑤] 又卷六六：天启五年十二月乙亥，“升广西布政使司右布政使杨莹钟为本省左布政使”。[⑥] 杨莹钟（1566～1653）字亮闳，福建长泰人。万历三十二年（1604）进士，天启三年（1623）正月至五年（1625）十二月为广

① 《明实录》第62册，台北“中研院”史语所1967年影印本，第9139页。
② （清）唐仲冕：《岱览》卷九《分览一·岱顶中》，清嘉庆十二年果克山房刻本，第32页。
③ 《明实录》第68册，台北“中研院”史语所1967年影印本，第2526页。
④ 《明实录》第69册，台北“中研院”史语所1967年影印本，第3074页。
⑤ 《明实录》第68册，台北“中研院”史语所1967年影印本，第1737页。
⑥ 《明实录》第69册，台北“中研院”史语所1967年影印本，第3108页。

西右布政使。官至广西左布政使。据此，天启铜碑之撰、书者名氏可分别补为“杨楷”与“杨莹钟”。

篆额者李思恭，字伯安，长清人。万历二十六年(1598)进士。历任陕西西宁兵备道和贵州威清兵备道。卒祀乡贤。长清五峰北宋村天启七年(1627)《重修玄帝庙碑》有思恭题名，系衔为“陕西副使”。

又，清同治时学者窦士镛《登岱记》中云：“元君庙后殿院中有铜碑二，高可三丈许，螭盘鳌负，按之以手，铿訇有声，一为明万历间制，一天启间制，末行皆有‘一品蟒玉’及‘司礼监兼惜薪句(司)’字，名皆磨灭不可辨认。盖俱当时巨珰所为。”[①]按今碑无“一品蟒玉”及“司礼监兼惜薪司”字，惟文末宦官题名7行，姓名全毁，今参照天启铜碑及万历四十二年(1614)《弘济妙经》铜钟铸名，可推知内官太监应为崔登，其余数人分别为张忠、叶忠、李忠、闫政、齐芳、陈寿等。

两方铜碑，反映了明末碧霞元君信仰与泰山变迁的诸多史实。万历碑中详述修建“金阙”(也称金殿)的情况，展示了明廷对碧霞元君的崇祀盛况。万历一朝，明皇宫与泰山关系尤密。不仅明神宗本人频频遣使致祭，宫眷内侍也与泰山联系甚多。王皇后、郑贵妃、皇三子、大太监田义等各遣人诣岱，或建醮，或焚祝，或立碑，或刻经。神宗生母慈圣太后更是元君的狂热崇拜者。她曾多次要求朝廷修整碧霞庙宇，泰山元君下庙灵应宫便是直接在其支持下重兴的。慈圣太后生前被宫人奉为“九莲菩萨”，其死后神宗又宣称“圣母升遐，宜与元君在(天)帝左右”，在内廷刊布的《太上老君说自在天仙九莲至圣应化度世真经》中，神化太后“神游东岱，逍遥胜境，位并碧霞”[②]。神宗为了取媚于元君，使生母祀岱获神之“认可”，乃诏发内帑，遣内官监太监崔登等在岱顶碧霞宫“镀金为像，范铜为殿，筑石为台，奉元君奠居焉”，额其铜殿曰“天仙金阙”。其工经始于万历四十一年(1613)四月，竣事于次年四月。殿“仿制武当，突兀凌霄，辉煌映日”[③]。《敕建泰山天仙金阙碑记》便是为此而树立。《国榷》卷八二记云：“(万历四十二年十一月)庚申，立太山天仙金阙碑。”[④]后金殿在明末动乱中移于山下(今存岱庙)，铜碑却仍立故

① (清)窦士镛：《登岱记》，《清文海》第96册，国家图书馆出版社2010年版，第233页。

② (明)佚名：《太上老君说自在天仙九莲至圣应化度世真经》，明万历四十四年(1616)刊经折本。

③ (明)萧协中：《泰山小史》，清乾隆刊本，第10页。

④ (明)谈迁：《国榷》卷八二，中华书局1958年版，第5076页。

址，留记了这一金阙旧踪。

天启碑中缕叙万历、天启之际在泰山上下的各项庙工，除金阙外，先后出现的名称有玉皇顶、青帝宫、东岳庙、灵佑宫（即碧霞祠）、浴圣殿、神憩宫、祝国皇经堂、五岳会真堂、天门、岱庙峻极殿、蒿里森罗殿、天庆宫、九莲殿、三灵祠、灵官庙、御香亭、（北）斗坛、坊牌等，可见斯时工程之浩繁，规模之盛大。其中祝国皇经堂、五岳会真堂、浴圣殿皆不见于他书，是考察泰山宫庙建置的有用材料。特别是碑中出现的“岱庙峻极殿”之名尤为重要，古籍中皆记明代岱庙大殿称为仁安殿，据此碑乃知万历之末已改额为峻极殿，系记明代殿名变革的唯一史证。

另外，在天启铜碑碑阴中，出现了大量的各界信众题名[①]，包含宗藩（如周、鲁、德、福、瑞、惠、桂诸王）、外戚（如德府仪宾玄大任）、乡绅（泰安籍太仆寺少卿萧协中）、地方官员（如泰安附近州县知县、县丞、学正、主簿）、太监（如副掌坛太监梁之洪）、军将（如肥城所千户史廷宾）、士子（如泰安附近州县生员、贡生）、善士、妇女、僧人（如红门僧永进、兴殿、隆洲）、道人等，其中太监与道士人名尤众。前后出现的太监多达十余人，是宦官势力膨胀的生动反映。“副掌坛太监梁之洪”在泰山一直活动到崇祯朝，是明思宗加封碧霞元君的具体执行者。道士题名中涉及了“顶上各庙”“寝宫”“南天门”“蒿里山”等多处道观，可见当时泰山道众分布情况。道名中最著者当属“全真玄贞”，其人即著名的五峰山观主周玄真，其交结宫掖，跻身“后宫宗人”，时泰山庙工即由周氏具体督掌。[②] 繁多的铜碑题名，反映了不同群体对碧霞元君崇祀的参与，是明末社会信仰活动的真实记录。

三、碧霞祠乾隆玉碑

碧霞祠中不仅有“金碑”，且有“玉碑”，指的是分列院之东、西的乾隆记碑。清人王增年《碧霞宫》诗中咏道：“壮丽金涂殿，光明玉作碑。”自注：“宫

① 参见宗世强等：《泰山碧霞祠明代铜碑碑文校录考诠》，《泰山学院学报》2022 年第 3 期（录碑阴题名）。

② 参见周郢：《陶山护国永宁宫与万历宫闱——兼述新发现的周玄贞史料》，《中国道教》2013 年第2 期。

内有二碧玉碑，高几二丈，广三尺余，厚一尺余。”[①]程含章《谒泰山记》云：“碧霞祠……左右碑亭各一，石明如镜，高宗纯皇帝藻翰存焉。大哉！文裁云汉，字割天章，古未曾有也。”[②]又清盛《谒岱记》中描述：“（碧霞祠）殿东偏玉碑高一丈七尺，厚一尺三寸，比云南玉质尤坚，西偏石碑光明如镜，其石似非山中物，山与天齐，人力甚难转运，不审何术至此？碑文俱出高宗御笔，煌煌天语，读之肃然。”又裴荫森《七省纪游》称：“紫（碧）霞宫，庙中有玉碑，碧色，高有丈余。传闻贡自外（国），纯庙命封泰山作镇。”[③]

碧霞祠西御碑亭

今碧霞祠院两侧，各建一座御碑亭。东亭所立为乾隆帝《重修泰山神庙记碑》[碑阴刻戊辰（即乾隆十三年，1748）《登泰山依皇祖诗韵》诗]，西亭所立镌有乾隆帝的四首《登泰山依皇祖诗韵》，时为“丁丑（即乾隆二十二年，1757）首夏”与“壬午（即乾隆二十七年，1762）孟夏”，碑东西侧则分别勒《登泰山作》各一首。一般认为，这两座御碑亭诗碑便是世所艳称的“碧霞玉碑”。

现今所立这一对“玉碑”，观之却令人疑窦丛生。其一，东亭碑系用白玉镌制，称之“玉碑”自无疑义，而西亭碑却是青石质，与“玉碑”之称名实不符。其二，根据昔人记录，古时香众有玉碑磨钱之俗。清人王贤仪《辙环杂录》云：“登山者皆碑上磨钱为小儿佩，云避邪。碑字磨损成凹。”[④]故两碑下截文字悉皆磨灭。今东碑下部文皆磨毁，而西碑虽通体有残损处，但下截并无明显磨损之痕，与昔人所记全然不合。其三，最关键一点，是根据泰山史志所录，西亭中所立之碑为乾隆帝《重修碧霞元君庙碑记》，清《泰山志》

① （清）王增年：《妙莲华诗草》卷三，清同治刻本。

② （清）程含章：《月川未是稿》卷三，《清代诗文集汇编》第473册，上海古籍出版社2010年版，第526页。

③ （清）戴文葆：《射水纪闻》，河北教育出版社2005年版，第325页。

④ （清）王贤仪：《家言随记》卷三《辙环杂录》，《四库未收书辑刊》第5辑，第9册，第556页。

卷一《天章纪》云:"《重修碧霞元君庙碑记》,乾隆三十五年(1770)。恭勒岱顶碧霞祠殿前西碑亭。"[①]又《重修泰安县志》卷十四《金石》云:"《重修碧霞元君庙碑记》,乾隆三十五年(1770)御制,勒岱顶碧霞祠西碑亭。"[②]而不是今见之"丁丑""壬午"登岱诗碑。

据以上三点,将今置于碧霞西亭中之乾隆诗碑视之为历史上的"碧霞玉碑",显然是张冠李戴。那么,历史上真实的"碧霞玉碑"又是如何呢?从史籍所记中尚可理清其来龙去脉。

镌刻着乾隆御制《重修碧霞元君庙碑记》的这方碑石,据清人笔记中所记,乃来自新疆和阗(今新疆和田)。清人王贤仪《辙环杂录》云:"岱顶东岳庙(应为碧霞祠)有绿玉御碑,高约二丈,宽八九尺,厚三尺许。乾隆初,自和阗运岱,十年方至顶,非神助不能。"[③]乾隆御碑用和阗碧玉立之泰山,与乾隆平定新疆的盛世武功密切相关。

乾隆二十三至二十四年(1758~1759)间,乾隆帝出兵西域,平定南疆大小和卓叛乱,而此战役又对玉石文化产生直接影响,由于新疆正式归入清廷直辖,和阗之玉作为贡品开始大量运往北京。此即民初张治仁《泰山游记》中所云:"忆乾嘉人著述,曾载乾隆底定回疆时,和阗贡玉二万方,皆逾二丈。"[④]玉料送达内廷后,择其优者分制御用器物,重要者要上奏皇帝裁决用途。乾隆为此特制碧玉诗盘赋诗纪盛:"和阗昔于阗,出玉素所称。不知何以出,今乃悉情形。……回域定全部,和阗驻我兵。其河人常至,随取皆瑶琼。驿致贡天闾,瑟若孚胜呈。"[⑤]

就在此"和阗进玉"的高峰阶段,为庆祝六十整寿,乾隆帝开始了对泰山的大规模整修,工程重点之一即碧霞祠:"敕工官,往会所司,支内帑金,庀材增葺,闳垲完致,所以答神贶,所以祈神禧,胥于是焉。在其经始,则己丑(乾隆三十四年,1769)季春。其葳成,则庚寅(乾隆三十五年,1770)孟冬也。"竣

① (清)金棨:《泰山志》卷一《天章纪》,第10页。

② 民国《重修泰安县志》卷十四《金石》,第62页。

③ (清)王贤仪:《家言随记》卷三《辙环杂录》,《四库未收书辑刊》第5辑,第9册,北京出版社2000年版,第556页。

④ 张治仁:《泰山游记》,《湖北文征》第12卷,湖北人民出版社2014年版,第427页。

⑤ (清)弘历:《清高宗御制诗》第5册,《御制诗二集》卷八九,《故宫珍本丛刊》,海南出版社2000年版,第337页。

工后为纪此盛典，乾隆御制《重修碧霞元君庙碑记》立碑于祠。碑料即选取和阗绿玉。玉材由新疆起运，辗转万里，前后十年，方达岱顶。镌制之后"光明如镜"，成为碧霞祠中一大胜景。清人王钟霖感叹："至东西墀下观御碑，……其和阗玉者高丈余，宽五六尺，厚亦二尺……不知当时费几十万人力，十几年工夫始运至岱顶也。"①

碧霞祠碧玉碑为乾隆盛世的产物，而伴随着晚清国运衰替，也惨遭厄运。

先是光绪三年(1877)九月，碧霞祠被雷击起火，玉碑受损。据山东巡抚文格奏称："东西御碑亭均被延及，碑身亦有酥裂之处。"②又陈锦《登岱记》也记灾后之碑："残玉枯脆，触指如粉。"③继之又被外国侵略者掊击毁坏——清末德国借巨野教案首先侵入山东，并迫使清廷签订《胶澳租界条约》，使山东变为德国之势力范围。此后德人赴岱顶绘制军事地形图，图谋占据泰山。据时人诗记："所忧迩胶岛，强敌势焰雄。筑险图兹山，觊觎患何穷！"自注云："闻道士述：德人尝住顶间，相视巅崖，绘图作建筑要塞守御状。"④而碧霞祠乾隆碧玉碑便在此时遭德国入侵者之毒手。民国初年张肇崧在《登泰山诗》之八及注中独家披露了这一秘闻，云："吾观碧霞宫，巍列碑西东。有两为和阗，璞俱碎乾隆。"自注云："乾隆帝登岱十回，不敢封禅，曾就碧霞宫筑东、西二亭，各立和阗黑玉碑。光绪间被德人击断，守者讳言火毁，今下截尚存，堆聚碎者数段。予求道人得小片。"(引者按：张氏言德人毁黑玉二碑，疑误。东亭为白玉碑，未毁尚存)

张肇崧言"守者"不敢向人诉碑毁之实情，而虚称碎于火灾，士龙《登泰山记》云："其时舆人导士龙观碧霞祠宫右侧碑亭中见碑已碎裂，据称系于二日前所崩解天火烧毁云。"⑤而傅振伦《重游泰山记》则疑为磨碑致碎："西碑已纷碎，相传是真玉碑，故人争磨之，残碎至此。"⑥时人胡志岩也曾目睹碎

① (清)王钟霖著，周生杰，周恬羽整理：《王钟霖日记》，《中国近现代稀见史料丛刊》第4辑，凤凰出版社2017年版，第26页。

② 中国第一历史档案馆编：《光绪朝朱批奏折》第103辑，中华书局1996年版，第63～65页。

③ (清)陈锦：《登岱记》，《勤余文牍》卷三，《续修四库全书》第1548册，第569页。

④ 张肇崧：《鲁邹圣迹记·登泰山诗》之十，北京共和印刷局，1916年，第30页。

⑤ 士龙：《登泰山记》，《会报》1928年第4期。

⑥ 傅振伦：《重游泰山记》，《地学杂志》1931年第4期。

碑，其《东鲁八日游记（上）》中云："近大门两旁，各建玉碑亭，一为清乾隆年间《泰山神庙碑》，其一已碎，不能辨一字，碑阴冷若冰，抚之可澄心静虑焉。"[①]约在民国时，碧玉断碑已被撤走，故胡祖荫《泰山社会教材》中只称玉碑一方："有铜碑两座，是在明朝时代铸的；玉碑一座，是在清朝时代建的。"[②]

与碧玉碑相类，立于东亭之白玉碑相传亦遭日本人破坏。据民国女作家凌叔华《泰山曲阜游记》记述："由南天门约行三里始到碧霞宫，这算是本山最大的庙宇了。……院中有明万历立的铜碑，碑亭内有同时立的玉碑。铜碑已歪，玉碑是白玉的，中间有一条大裂缝，庙里人说是日本人想搬走敲破的。未知真相如何。千里的疆土，都白让人拿走了，这一块玉碑算得什么！"[③]今存之白玉碑上断痕犹在，或可证实此传闻不虚。

根据张肇崧诗注，可以认定乾隆碧玉碑毁于近代德国侵略者。那今立于西碑亭中的乾隆诗碑从何而来呢？今目验西亭下之石碑，碑阳刻乾隆题于"丁丑首夏"之《登泰山四依皇祖诗韵》与"壬午孟夏"之《登泰山五依皇祖诗韵》两诗。碑东西侧则分别勒《登泰山作》。证之文献，乾隆此题诗确曾立于岱顶，但其地点不在碧霞祠，而是在日观峰下乾坤亭。据《泰山道里记》云："平顶南为乾坤亭，……内有碑，丁丑首夏、壬午孟夏御制《登岱》诗各二首，勒碑两面，碑两侧亦有诗二首。"[④]乾隆黄钤修《泰安县志》卷一上《御制诗文》亦载：《丁丑首夏恭依皇祖登岱诗韵二首》"勒碑乾坤亭内"，《登泰山作》"勒乾坤亭碑东侧"，《过泰山五依皇祖诗韵》"勒乾坤亭"。[⑤] 今见清末老照片，乾坤亭址有丰碑，其碑体与今立碧霞西亭之碑制全同，遂悟出西亭之碑乃是自乾坤亭移来。大概是因碧玉碑毁而亭空，后遂将已毁乾坤亭下之乾隆诗碑迁置于此（时间当在20世纪30年代）。因移碑时未作说明，久而久之，人们遂将此乾隆登岱诗碑误认定为乾隆《重修碧霞元君庙碑记》之碧玉丰碑了。

乾隆《重修碧霞元君庙碑记》不仅碑石早毁，且从未见拓本流传。2014年9月偶逢泰安收藏家高怀玉老先生，其言及家传有乾隆帝碧霞祠碑拓本，不久发来所摄图片。经细加对勘，认定确为乾隆三十五年《重修碧霞元君庙碑

---

① 胡志岩：《东鲁八日游记》（上），《旅行杂志》1936年第4期。

② 胡祖荫：《泰山社会教材》，《儿童教育》1935年第6期。

③ 凌叔华：《泰山曲阜游记》，《国闻周报》1934年第41期。

④ （清）聂鈫：《泰山道里记》，《四库全书存目丛书·史部》第242册，齐鲁书社1996年版，第802页。

⑤ 参见乾隆（黄钤）《泰安县志》卷一上，第21、29、30页。

记》原拓，且字口清晰，内容完整，应是早期拓本。碧霞祠玉碑虽毁，而原拓犹存，日后可据以复镌重立，以存此泰山名碣。

乾隆《重修碧霞元君庙碑记》（剪裱本首、末页）

附：《碧霞元君护世弘济妙经》碑石

《太上老君说天仙玉女碧霞元君护世弘济妙经》，是成书于明代的一部关于碧霞元君的经典。其经托言于“太上老君”，备述碧霞元君之身世、职司，诵经功德以及辅忠助孝、善恶果报之理。经文不见于《正统道藏》《万历续道藏》《藏外道书》，仅见于明万历四十二年(1614)钦差总督泰山金殿等处工程御马监等衙门太监张忠、内官监太监崔登、管理太监李忠等所铸岱顶后寝宫铜钟之上(铜钟今存岱庙)。据研究，此经系藏外遗经，价值甚高。[①] 笔者近又获这一经籍的石刻文本——在肥城湖屯镇小泰山碧霞宫西壁嵌有两方修庙碑记。其南侧一方为明万历十八年(1590)乡人张自玉《起盖娘娘行宫》碑记，碑文如下：

肥城古郡鸾台迤西三十里，地名曰北申社，迤北小泰山，起盖娘娘行宫于万历元年。因为灾疾不安，发心修整神像，得佑平安，不负前愿。

① 范恩君：《碧霞元君护世弘济妙经考辨》，《昆嵛山与全真道》，宗教文化出版社 2006 年版，第 496～501 页。

弟子张自玉发心修盖完满，缴还愿心。

盖闻永寿二年三月初三日，与□王屋洞天，集诸仙众，大会说法。忽东祥云瑞霭，异味馨香，仙音嘹亮，采珣层播，鹤驾羽骆[辂]，执扇晶帘，将临法所。驻驾习云，帘卷扇胞，现一女仙。云肩羽衣，绣霞裙，登云珠履，百宝翠冠。从容迓步，径诣道前，禀珪长跪，上白曰：天尊曰：臣者，西天方教斗母精运，元气发现，金连[莲]化生吾身。归隐岱岳，修炼年久，意如初兴，幸逢正果。功成道会，感蒙保奏。受敕天仙玉女碧霞元君护世弘济真人。永镇泰山，助国裕民，济厄救岩[险]，尝[赏]功伐罪，重若天仙。敕封玉女，护世威严。神兵时卫，鬼官俟宣。诛锄奸盗，扶厄济险。平治水火，天地齐年。何灾不减，何福不迁？遵承帝命，永结绵绵。包含岱岳，玄之又玄。（以下题名略）

经与铜钟经文比对，发现小泰山碑“盖闻”以下，所录即《经》中文字。两者对勘，碑石录经文开头一段，即直接原经末“（受命）天仙，敕封玉女”陶山东峰小泰山等文字，碑记只撷取有关元君形象及神职的描写，而略去关于度脱泰山鬼魂的内容。所录仅全经三分之一，显然是一节略文本。所录经文与铜钟文字除个别歧异，如钟“祥云瑞霞”，此作“祥云瑞霭”，“驻驾习云”，此作“驻驾习尘”，“功成道合”，此作“功成道会”，其余大致相同，说明两者同出一源。

石刻经文的发现具有以下价值：其一，碑文无年月，据文中“小泰山起盖娘娘行宫于万历元年（1573）”。当立石于此后不久。较之铜钟铸造，时间上要早四十年。足以说明《经》文的产生时代应在万历之前。其二，小泰山碑记为乡间信众所为，其引录此经，说明经文在乡村流布甚广，很可能是民间道徒所作。后来经文虽被传入皇宫内廷，铸之御制铜钟，但其性质与出于“敕撰”之《九莲经》等并不相同。

小泰山《弘济妙经》拓本 （王新华摄）

下篇　信俗考论

第十四章　碧霞神诞：从四月十八到三月十五

传说中碧霞元君之生辰，最早见于经籍者为“四月十八”，后因清廷在此日遣使致祭，并施行“封山”制度，导致民间改于“三月十五”举行圣诞庆典。这一变革，反映了朝廷与民间对碧霞元君主祀权的争夺。

第十五章　碧霞信俗：从朝山香社到香客大店

泰山香社源起于宋元，明中叶后由于碧霞信仰大盛，其活动达到顶峰。泰山成为与武当、普陀齐名的全国性朝山进香圣地，历五百年而不衰。其香社组织形式、香众构成、进香风俗及香客店经营等，都成为泰山民俗文化的重要内容。

第十六章　碧霞香税：从宫祠香钱到入山山税

所谓“香税”，乃是明清时期官方对朝山香客征收的一个特殊税种。从北宋开启泰山香钱之管理，明代开始征收入山税，清代裁革香税并确立碧霞祠扫殿制度，至近代泰安府重征入山香税等，香税制度千年中屡有变革，对泰山信仰文化深有影响。

第十四章
碧霞神诞:从四月十八到三月十五

传说中的碧霞元君的“生辰”,有“三月三”“三月十五”“三月二十五”“四月初八”“四月十八”“四月二十”等多种说法,其中的“三月十五”与“四月十八”影响最大,碧霞神诞的由来与变化,是泰山信仰文化中一个值得探讨的内容。

一、“四月十八日”说考

碧霞元君“诞辰”之说始见于明初,天顺朝许彬《重修玉女祠记》中云:“每岁诞辰,以香愿来者,无远弗届。”[①]嘉靖间贡生杨金《碧霞元君诞日》诗云:

仙子乘龙不记年,到今初度世犹传。
鹤胎元自白云落,凤阙今多紫气连。
夜半磬声惊雁翼,海中蜃雾接香烟。
芝舆时御飞廉至,袖拂天花堕殿前。[②]

而将圣诞指实为“四月十八日”,最早的载录见于明代中期出现的宝卷《玉女卷》:“汉明帝时,西牛国孙宁府奉符县善士石守道妻金氏,中元七年甲

---

① 弘治《泰安州志》卷六《文》,第31页。
② 赵愚轩辑:《青州明诗钞》卷二,《山东文献集成》第2辑,第40册,山东大学出版社2009年版,第540页。

子四月十八子时，生女名玉叶。”[①]由于宝卷作为一种讲唱文学样式宣于妇孺，传布尤广，“四月十八”说遂不胫而走，流为丹青，载入经籍，成为世俗公认的“娘娘圣诞”。

明万历甲寅(1614)内官监所铸岱顶后寝宫铜钟(今存岱庙)上镌有《太上老君说天仙玉女碧霞元君护世弘济妙经》，中云：“天母运合，玉阙真仙。金莲发苞，御制熊然。孟夏十八，化现母前。修真合道，受命天仙。敕封玉女，护世威严。”成书于明代、收入《万历续道藏》的《元始天尊说碧霞元君护国庇民普济保生妙经》亦称：“是时元君已证太一青玄之位，观见众生受此沉沦，慈悲不已，为化女流，普度群生，于四月十八日分真化炁，现是慈颜，陟降泰山，静居上境，复炼元真。”[②]

这两部关于碧霞元君的道经，都将圣诞定于“四月(孟夏)十八”，可见此说在明代影响之大。明徐应秋《玉芝堂谈荟》卷一“神圣降生日辰”云：“四月……十八日，碧霞元君生。”即采此说入书。此圣诞还有种种神异传闻，清朱梅叔《埋忧集》卷七《赵孙诒》记碧霞元君帨辰：“赵孙诒，字诵莪。父寄庵，止生此子。幼清羸。……后值父讳日，生彻奠泣曰：‘祭而丰，不如养之薄也。’妪曰：‘不孝儿亦知有今日乎？然相见固不远矣。’生惊问何从得见，妪笑而入。生随入，见一婢方以黄锡涂纸陌作冥镪，妪即就几上取蛱蝶罗刻金缕为步屧。生闻(问)作此何为，妪曰：‘后日为碧霞元君帨辰，儿父当往祝，路必由此，将以寄祝耳。’”[③]故事中元君圣诞不独人间致祭，仙界群吏亦有朝觐之仪。

为什么当时在泰山信仰中会出现元君圣诞之说？而圣诞日期又会设定在“四月十八”呢？这与当时信仰观念与社会心态多所关联。

随着各种神祇信仰的“人格化”，给予所奉之神一个如世人一般的生辰，以便每年定期举行盛大祀典，使之成为教门节庆，已是各大宗教的通例。碧霞元君自不例外，伴随着明代成化、弘治以后元君信仰的大兴，各种娘娘身世故事也频频产生，其中以民女修炼升仙的版本最为盛行。元君前身既为

---

① 《岱史》卷九《灵宇纪》录隆庆时人王之纲《玉女传》引。按清康熙朝泰安同知张奇逢所立《禁止舍身碑》所引与此略有不同，其碑云：“矧读顶庙碑文内载《玉女卷》云：天仙圣母本石□[氏]，西牛国奉符县人，生东汉明帝永平七年甲子四月十八日子时。”两者出生之年号有异而日期一致。

② 《道藏》第34册，文物出版社、上海书店、天津古籍出版社1988年版，第744页。

③ (清)朱梅叔：《埋忧集》，广益书局1911年版，第172页。

世间凡人，其具有一个“生辰”也就顺乎人心、合乎事理。

而这一日期之设定为“四月十八”，又与春夏祭祀民俗有关。庙会活动以春季居多，对此高有鹏指出：“这也是以我国所处地理位置和特殊的社会历史条件为背景而形成的文化特色”“春日庙会居多，一是为春耕做准备，二是为了夏收前做准备，这是春日庙会最直接的意义。”[①]“四月十八”恰值春夏之交，既迎合了民众春祭的习俗，同时也与泰山神圣诞“三月二十八”东岳庙会相衔接。

由于“四月十八”圣诞说的定格，自明代中晚期始，每逢此日都有规模盛大的碧霞香会。明末刘侗等《帝京景物略》卷三云：“岁四月十八日，元君诞辰，都城士女进香。……月一日至十八日，尘风汗气，四十里一道相属也。”入清仍沿而不替，小说《醒世姻缘传》《林兰香》，戏曲《女弹词》都曾细致描述过“四月十八”香会的场景。另据红学家周汝昌先生考证，《红楼梦》第一回中所写“过会的热闹”，所指的正是四月元君香会。[②]

延至清代，“四月十八日”为元君圣诞说被清廷正式认可，列为定制。清康熙时敕编《御定月令辑要》卷九，于“四月十八日”下即“增”入“碧霞元君诞”一条（明人旧本无此条）。乾隆帝《诣西顶广仁宫瞻礼有作》（乾隆戊戌，1778）诗于“碧霞自昔号天仙，圣母当时每致虔”句下自注：“四月十八日俗传为天仙诞辰，圣母（孝宪太后钮祜禄氏）昔年每亲诣西顶，虔致瓣香。”[③]届时在宫内也要举行庆贺活动。近代王芷章《清升平署志略》第四章《分制》载：“四月十八日为碧霞元君诞辰，京师颇重此节，例向南顶进香。故宫中亦受影响，而有演戏之事，园内则在广育宫（殿），宫内则在广生楼。”四月十八日，除帝后前来瞻拜听戏，有时宫人还在广育殿附近的聚远楼和福海北岸的松风阁“过皇会”以作庆贺。乾隆二十四年（1759），乾隆帝发布诏旨，正式开启遣使泰山致祭元君制度。清《泰山志》卷三《盛典纪》载：“岁四月十八日，为碧霞元君诞辰，皇帝遣内侍御大臣一员进香。”这一典礼，一直延续至清末方告中止。[④]

---

① 高有鹏：《庙会与中国文化》，人民出版社 2008 年版，第 71 页。

② 参见周汝昌：《红楼家世》，黑龙江教育出版社 2007 年版，第 73 页。

③ （清）弘历：《御制诗四集》卷五十，清乾隆嘉庆武英殿刻本，第 7 页。

④ 民国《重修泰安县志》卷六《政教志·礼俗》，第 10 页。

二、"三月十五日"说考

自"四月十八"圣诞确立后，天下碧霞祠庙，近至直隶，远至辽东、江南，对此皆遵行不易（史证甚多，此不具举），独独元君信仰的祖庭——东岳泰山，后来却改易为"三月十五"。

关于"三月十五"圣诞日期的最早记录，或是清人陈偕灿诗，其《〈登岱图〉为墨樵题》云："我亦攀萝同士女，瓣香曾礼碧霞君。"自注："己丑（1829）余道出泰安，一登岱岳，时值碧霞神诞，士女朝真，相望于道。"[①]按：陈偕灿诗集卷二有《泰安道中望岱岳》，其前二首为《覆车》，中云："仲春月之七，侵晨出道右。"此为自淮阴北行之作，行至泰安，应已近三月。故所记"神诞"，应非四月，而在三月。凌叔华《泰山曲阜游记》说："阴历三月十五是娘娘生日，济南府及各处来进香的很多。"[②]相关的记载还有民国十三年（1924）入斗母宫为尼之正品的口述："（庙内各神的）圣诞节分别是……碧霞元君三月十五日。"[③]另外傅振伦《重游泰山记》亦言："时值夏历三月中旬，为泰山庙会之期，善男信女，远道而来朝山进香，相望于途。"[④]所述三月中旬之庙会，亦当为"三月十五"前后的元君香会。据上各记，泰山元君圣诞"三月十五"说出现时间，应不迟于清代中晚期。

那么，为何自明代确立的元君圣诞至清代在泰山一地又出现了变化？其背后似有深层历史原因。

如前所考，"四月十八"既被纳入清廷祀典，由宫廷侍卫或省府大吏代为进香，其礼仪繁缛，兴师动众，势所难免。《养吉斋丛录》载称进香侍卫沿途"骚扰驿站"，钦差到来后，沿山自必随处缉查，圣诞之日，碧霞祠更当禁绝游人，专候御香。清济南人解鉴著《益智录》卷二《宋蕙娘》云："乾隆壬辰（三十

① （清）陈偕灿：《鸥汀渔隐诗集》卷五，《清代诗文集汇编》第567册，上海古籍出版社2010年版，第606页。

② 《国闻周报》1934年第11卷第41期。

③ 正品：《五十八年的尼姑生活》，泰安市政协文史资料研究委员会编：《文史资料选辑》第2辑，1982年，第127页。

④ 《地学杂志》1931年第4期。

七年,1772),某抚宪奉旨登岱祭碧霞元君,至泰安,择日致祭。县尹某立即出示,凡遐迩进香之人,不许是日上山,且使人扫除殿宇,务令清洁。至期,县尹先行,复于大殿大肆陈设毕,始请抚宪拈香。"[①]即此状况之写照。可见无形之中,"四月十八"这一天,已为皇帝所垄断。普通进香庶众无奈望祠兴叹,绝难一奠心香,群体祭祀活动只能另选时日。

按照地方传说,"三月十五"系碧霞元君"换袍日"。即这一时段,春夏代序,天气转暖,神仪上之旧帔渐敝,信众往往醵资织服,于此日群聚碧霞祠等处,行换袍之礼。此俗由来甚久。明弘治十二年(1499),两宫太后"使使诣泰山进神袍"[②],太后所奉当为女神,可知明前期宫闱已有向元君献袍之俗。又嘉靖六年(1527)崔文奎《重修天仙玉女碧霞元君宫记碑》称:"我朝崇重之典犹盛,有宝香异品之颁,有华冠锦袍之锡。"嘉靖十六年(1537)明世宗曾"差官赍袍",奉于泰山碧霞宫[③],亦可为证。惜上举献袍数事,均不知其月日。而至万历时,已明确于三月中举行。如于慎行万历二十年(1592)"三月戊辰,如岱。……庚午(初十日),朝于岱庙。谒元君于巅,献袍服"。[④]其献袍时间便在三月望日前夕,可见"三月十五"之俗至此时已经定型。

此后泰山献袍蔚为风习,万历《岱史》称碧霞祠扫殿获物有"幡盖、袍服、纱罗、缎币等项"。[⑤]红门宫附近清香社碑大多写到此一信俗,如道光十二年(1832)《范镇善信题名碑》称:"治东范镇善信数人,邀会邻里,连社祀神,首岁献袍,次载进幡。"道光二十五年(1845)《香会善信挂红袍碑记》称:"且夫人之有衣,以章身也。顾人有衣以章身,神独无衣以章身乎?今天下之善士,以袍献碧霞元君者已多多矣。……今有高兴官庄孙贵等,自嘉庆年间约香会一道,迄今屈指计之,大约有五百余名,各出资财,敬制洋红缎袍一件,献于碧霞元君。灿然可观,不啻天文;焕然一新,无殊云锦。"咸丰五年(1855)三月《刘凤仙等献神袍碑》称:"近有首事人等,鸠合善信男妇约计数

---

① (清)解鉴:《益智录(烟雨楼续聊斋志异)》卷二《宋蕙娘》,人民文学出版社1999年版,第50页。

② 《明史》卷一八一《刘健传》,中华书局1974年版,第4812页。

③ (明)贾名儒:《建碧霞元君庙碑记》,乾隆《鸡泽县志》卷二十《艺文》,第35页。

④ (明)邢侗等:《东阿于文定公年谱》卷二,《山东文献集成》第1辑,第10册,山东大学出版社2006年版,第704页。

⑤ (明)查志隆:《岱史》卷十三《香税志》,马铭初、严澄非校注:《岱史校注》,青岛海洋大学出版社1992年版,第189页。

百名，蚨聚资财缗钱，共得若干贯，虔制神袍一袭。彩色照人，白地裁光明之锦；光华眩目，黄绢绘宝相之花。匪谓衬霞帔珠冠，足壮庄严之像。”咸丰五年(1855)四月《北斗永善社题名碑》称：“惟有圣母娘娘冠袍带裙，如遇年久损坏，理应将物驾前焚化，仍由会中另行置备，更换严庄。”民国二十二年(1933)三月《信女宋善人发愿碑》称：“有信女宋善人，发愿醵资，进奉织绣锦袍十一袭，以助各室像之庄严。”

以上碑志多为三月立石，其中民国二十四年(1935)立《济南府西关同社人碑》写换袍事，更特笔标出三月十五这一吉辰：“民国二十一年，同赴岱顶敬献大匾一块，万民伞一把，袍五身。……又拟于民国二十四年三月十五日，在红门碧霞宫前建醮立石，以志不忘神庥云。”

柳芳梧先生《泰安城和城郊社戏传略》详载民国时换袍日风俗：“三月十五泰山顶，老奶奶换衣裳，碧霞祠唱社戏一天一晚上。三月十四日城乡、新泰、莱芜、淄博、德州、桑园等地，各路朝山进香的善男信女都到达泰山顶，晚上温台开戏，这时碧霞祠山门内外，钟、鼓楼上，东、西神门外，人山人海，水泄不通。这晚上不单唱戏，中间还加上为善男信女死去老人过金桥等迷信活动，做得活灵活现。第二天即十五日，再唱一天戏，并举行给老奶奶换衣裳。”[①]从中可见其礼俗之盛大。“四月十八”吉日既为官府所占据，信众聚会行香便更多地选取在“三月十五”这一“换袍日”上。久而久之，便口耳相授，将这一“良辰”传说成了元君圣诞。虽辛亥国变，清廷“四月十八”之礼废止，但“三月十五”在泰山一带却已相沿成习，深入人心，再难更易。[②]

① 泰安市郊区政协文史资料委员会编：《文史资料选辑》第6辑，1989年，第147页。

② 其他地域也间有以三月十五为碧霞诞之信俗。如巨野县金山康熙三十四年(1606)知县邱克承《丰乐亭记》云：“暮春望日，为元君诞辰。”(道光《巨野县志》卷十八，第42页)其源起待考。

第十五章
碧霞信俗：从朝山香社到香客大店

碧霞香社是泰山香社种类之一，是指以碧霞元君为奉祀主神，以到泰山朝拜为结社目的之民间信仰组织。叶涛先生《泰山香社研究》对此进行了全面的研究，不仅系统地描述了民众的进香活动，还揭示了以泰山香社为代表的中国民间信仰组织的基本形态。今在其研究基础上，补益各种史档文献，对碧霞元君香社组织与活动做进一步探考。

一、香社源起与转型

最早关于泰山香社的石刻，是五代《澶州建奈河将军堂记》及宋代《东岳高里山相公庙新创长脚竿记》。《奈河将军堂记》原立于泰安城南灵派侯祠，刻立于后晋天福年间。《新创长脚竿记》原立于蒿里山，刻立于北宋元丰三年(1080)。但两碑今均已不存(仅存拓片)。又宋淳化二年(991)所立《新修东岳天齐王庙碑铭并序》(碑在山东昌邑)中云："当村爰有社人丁焕等，于开宝四年春二月，再陈结社，共化众心。为朝岱宗而路远半千，奏钱马而常难就彼。遂乃选择胜地，召化维那。"[1]诸碑证明：以泰山神灵为奉祀主神的香社组织，在此际(五代宋初)已经发展到比较成熟的阶段。

今存最早的香社石刻，当为舍身崖"社头"题记。岱顶舍身崖下有元符二年(1099)题记："禹城县□阳乡南本社头朱□、郝进、杨崇，□应岳□，元符二年三月二十八日。"其中，"社头"系香社首领之名，如五代《澶州建奈河将

① 王蔚成主编：《昌邑文化博览》，齐鲁书社2000年版，第250页。

军堂记》中云："新澶州岳社头郭肇等，……结集岳社，化彼邑人。"足证这是一方香社题名。另外题名日期为"三月二十八日"，乃是传说中的东岳大帝神诞日，宋张师正《括异志》卷五《张太博》云："太山庙据县之中，令兼主庙事，岁三月，天下奉神者悉持奇器珍玩来献。"[①]又旧题宋王暐《道山清话》云："尝闻祖父言：每岁三月二十八日，四方之人集于泰山东岳祠下，谓之朝拜。"[②]这便是东岳庙会的由来。据此日期可知，题刻中的"禹城县□阳乡"香社，是为赴东岳庙会而来。故这一题刻也是关于东岳庙会较早记录之一。

宋代聚合社众称为"团社"，其形式在宋元话本《郑节使立功神臂弓》中有细致描述："只听得街上锣声响，一个小节级同个茶酒保，把着团书来请张员外团社。原来大张员外在日，起这个社会，朋友十人，近来死了一两人，不成社会。如今这几位小员外，学前辈做作，约十个朋友起社。却是二月半，便来团社。……员外谢了妈妈，留了请书，团了社，安排上庙。"接下来又写："员外同几个社友，离了家中，迤逦前去。饥餐渴饮，夜住晓行。不则一日，到得东岳，就客店歇了。至日，十个员外都上庙来烧香，各自答还心愿。"[③]话本中描述的"团社"场景，都可视为宋代进香风俗的实录。

五代、宋、元时期的泰山香社，无不是以泰山主神东岳大帝为崇祀对象。到了明清，崇祀之主神转变为碧霞元君，大规模泰山香社渐次涌现。"至明代中期，已经出现了以泰山进香为主要目的的香社，而且还有专门的名称，出现了'泰山香社''泰山香会'的称谓。"[④]此时不仅已有香社的名称，且有了较为完备的组织形式和仪式程序，以及相对固定的进香时间。这些香社不只参与人数众多，而且地域渐广，"徒跣不惮千里而之泰山进香者，动以百计"[⑤]。"市里小民，群聚为会，东祠泰山，南祠武当，岁晚务闲，百十为群，结社而往，谓之香社"[⑥]。民间宗教的介入，更大大增强了泰山香社的影响力。

延至明末，泰山已发展成为与武当、普陀山齐名之朝山进香圣地。泰山

① (宋)张师正：《括异志》卷五《张太博》，中华书局1996年版，第49页。

② (宋)王暐：《道山清话》，《全宋笔记》第2编，第1册，大象出版社2006年版，第104页。

③ 程毅中辑校：《宋元小说家话本集》，齐鲁书社2000年版，第5～6页。

④ 叶涛：《碧霞元君信仰与华北乡村社会——明清时期泰山香社考论》，《文史哲》2009年第2期。

⑤ (明)刘熙：《东岳碧霞元君庙记》，康熙《鼎修霍州志》卷九，第26页。

⑥ (清)顾炎武：《天下郡国利病书》三《山东备录上》引(明)于慎行《兖州府志》语(原标《青城志》疑误)，《顾炎武全集》第14册，上海古籍出版社2011年版，第1647页。

香社场景，甚至出现在外国使臣笔下。天启时朝鲜使臣洪翼汉述德州途中所见云："自数日来，所过路上，多少行人，顶戴小帖，金字曰'泰山进香'。男女老少，奔波腾沓，相系十百为群，梵呗之声不绝。"[①]又崇祯初朝鲜使臣申悦道记云："路逢泰山进香人，金符帖额，大群千余，小群百余，幢旗前罗，杠盖后随，填街塞路，昼夜不绝，以祈福利于天仙圣母碧霞真君云。"[②]

明末之社会大动荡波及泰山，予进香活动以严重影响，毕自严《三叟同游记》称："自余游览之初，越今仅三四十年，凋敝之状，日增一日，香火之来，年减一年，独齐鲁近地居民，祝釐祈福，犹稍稍相与点缀荒凉耳。"[③]又陈弘绪称："询之庙祝，云：崇祯己巳（二年，1629）以前，每岁香客多至八十万，少亦六十万，今不满四十万矣！畿辅、齐鲁以迄中州、江北，苦虏苦寇，半毙于锋镝，半窜于荆莽，何暇祷祀名山？"[④]但即便在兵燹饥荒之中，各地泰山香社仍未绝迹。时人陈其猷记称：万历四十四年（1616）正月赴京会试，出诸城境七八十里时，见"旌旗闪烁，裘马鲜丽，数簇人可六七百，头贴'佛'字，口称佛号，途人目之曰：'此善士也。岁不惜数千金，供泰山香火。'"[⑤]

清代立国后，战争平息，社会渐次安定，泰山进香活动迅速恢复，"岁祷岳者，或数百万人，或数十万人，或数万人"。[⑥] 时人邱嘉穗诗云："更配碧霞君，庙貌遍天壤。结队称进香，男女纷来往。税课抑不止，终日万人上。"[⑦]上海举人张永铨亦云："士女齐驱拥道旁，鸣钲击鼓列成行。胸悬朱匣描金就，尽说朝山进瓣香。"[⑧]汪懋麟诗云："河北频忧盗，山东乍有年。欢腾趋岱岳，

① [朝]洪翼汉：《花浦先生朝天航海录》，《燕行录全集》卷十七，韩国东国大学出版部，2001年，第108页。

② [朝]申悦道：《朝天时闻见事件启》，《燕行录续集》卷一〇六，韩国东国大学出版部，2001年，第171～172页。

③ （明）毕自严：《石隐园藏稿》卷三，《明别集丛刊》第5辑，第2册，黄山书社2016年版，第64页。

④ （明）陈弘绪：《寒夜录》卷中，《学海类编》，广陵书社2007年版，第237页。

⑤ （明）陈其猷：《饥民图题跋》（一作《大饥图序》），明万历刻本。

⑥ （清）吴云：《石堂记》，（清）释元玉：《石堂记》卷首，《清代诗文集汇编》第114册，上海古籍出版社2010年版，第577页。

⑦ （清）邱嘉穗：《岱下感怀二首用壁间韵》，《东山草堂诗集》卷一，《四库全书存目丛书·集部》第259册，齐鲁书社1997年版，第235页。

⑧ （清）张永铨：《山左竹枝词》（其一），《闲存堂诗集·蓟门游草》，《四库未收书辑刊》第8辑，第21册，齐鲁书社1997年版，第614页。

灯火接云天。男女荒群业，香花费万钱。”[①]

对于泰山香社，明清官府经历了从厉禁到弛禁再到鼓励的过程。明嘉靖二十七年(1548)九月，刑部尚书喻茂坚上奏朝廷，以白莲教一旦与朝山进香活动相结合，势必威胁朝廷，故奏请对此加以管制，“泰山进香者，毋令聚至二十人以上”。[②] 天启年间，泰山香社曾卷入山东白莲教起事。据朝鲜使臣赵濈天启三年(1623)《燕行录》记：“(潍县)路逢泰山进香之民，以万以亿，罔有纪极。鼓吹前导，旗麾后拥，所见不美，气像殊常。仍闻泰山进香，近处四五省之民，到秋争先上山，其丽不亿，故官赎其民，收银作粮，以助边兵，而滥觞之弊至于不测。壬戌(1622)年间，进香之民聚会作乱，势将难遏。今之兵部尚书赵彦以山东布政司行计擒斩其魁，仍以平定，以功升尚书云。”[③]缘于此香社一度遭朝廷查禁。崇祯年间，左都御史刘宗周所订“保甲之禁”谕令“不许越境烧香”，而其中“泰山进香，南海斋僧，尤禁”。[④] 清顺治十八年(1661)官府题准：“凡妇女不许私入寺庙烧香，违者治以奸罪，旁人能缉首者，罚本犯银十两给之。”[⑤]雍正二年(1724)清廷开始改变政策，雍正帝谕内阁：“妇女入庙进香，成群聚会，混杂行走，妄费无益；及入于别教，妖言惑众，理宜禁止者，曾降旨准行。但并未禁止民人于名山寺庙中礼拜也。今闻凡系寺庙，概行禁止，不许民人叩拜……皆与朕旨不合。”[⑥]由是香会渐行弛禁。雍乾之际，乾隆帝正式下诏废止香税，更有力地促进了泰山进香活动的发展。钱兆鹏《游泰山记》中记称：“途中遇四方进香者，扎黑巾，插五色旗，鸣锣击鼓，口唱佛号，焚香膜拜，后先相望。”[⑦]由于弛禁，清末民间还出现了大规模的泰山祭祀

---

① (清)汪懋麟：《过泰山三首》，《百尺梧桐阁集》卷七，《清代诗文集汇编》第151册，上海古籍出版社2010年版，第397页。

② 《明世宗实录》卷三四〇，《明实录》第45册，台北“中研院”史语所1967年影印本，第6193页。

③ 弘华文主编：《燕行录全编》第1辑，第8册，广西师范大学出版社2012年版，第377～431页。

④ (明)刘宗周：《保民训要·保甲之禁》，吴光主编：《刘宗周全集》第4册《文编下》，浙江古籍出版社2007年版，第381页。

⑤ (清)昆冈等：《钦定大清会典事例》卷七六六，《续修四库全书》第809册，上海古籍出版社2002年版，第433页。

⑥ 《世宗宪皇帝上谕内阁》卷十八，文渊阁《四库全书》本，第18页。

⑦ (清)钱兆鹏：《游泰山记》，《述古堂文集》卷八，《清代诗文集汇编》第406册，上海古籍出版社2010年版，第729页。

活动“合山会”，有研究者据此认定“光绪朝为清代泰山香社的又一繁盛时期”①。

二、香社组织

乡民“往往联会烧香，岁以为常，春夏之交，男妇杂沓，骈肩累迹，络绎于道。计每会所费，可供数人一岁之需，比闾皆然，牢不可破”②。关于香社组织情况，较早记述这一内容者为明崇祯间艾容所作《岱记》，内云：“山东、河北之民，至结社立领头，鸣鼓结旗，岁一祷。其社钱急于田租，借息权子母，而领头与为利焉。山中之道众食店，名以募化贸寓钱为生，然劫制行于其间，视弱者食之。”③

明末描写白莲教起义的小说《樵史演义》第四回中写教首丁寡妇以“往泰安州进香”为名，结社聚众：“好个丁寡妇，她在三百多人里，选了十个能事的，做了香头。造起泰山进香的十面旗来，每一个香头领一面旗去，招那进香的入旗。……定在二月十一二起身，赶三月初一日上泰山烧香。哄动了地方。一个小小郓城县里，也有白莲教，也有真正进香的，共有二千人，往泰安州进发。三十面大锣，五十面小锣，打着锣高声念佛，一路上好不热闹。”④《醒世姻缘传》第六十八回中出现的侯、张道婆则是“职业宗教经营者的平常村妇，她们承办公民的宗教建设事务；她们积攒基金、拉人入教，以姊妹社团形式将追随者联系在一起”⑤。

民间香社集资艰难，灵应宫光绪十六年(1890)碑中言：“然而小民捐资不易，是以结社数年，少有积蓄。”因此需详加筹划，民国《惠民县志》中对结社组织、经费筹集及使用作详细说明：“其组织办法，任何庄村，必须上人出首发起，出贴告白，声明有愿随香社者，定某月某日，在某处聚齐，补规。”下分列社规：“会齐社友□□，推一二人为社首，一正一副，召集封社，经管账

---

① 叶涛：《泰山香社研究》，上海古籍出版社2009年版，第130页。

② 乾隆(程志隆)《泰安县志》卷八《风土》，第4页。

③ (明)艾容：《微尘暗稿》卷十，日本内阁文库藏明崇祯刊本，第7页。

④ (明)陆应旸：《樵史演义》，时代文艺出版社2001年版，第30页。

⑤ [英]杜德桥：《17世纪小说中的一次进香之旅：泰山与〈醒世姻缘传〉》，乐黛云等编选：《欧洲中国古典文学研究名家十年文选》，江苏人民出版社1998年版，第290页。

目，发生息钱财。社满时，领导诸社友烧香还愿。□违犯社规，社友得一律服从。”又“社友不准中途退社”，“议定每月十五或初一封社，守定时间，踰刻不候。并议定每月封数目，凑齐整数，发放生息”，等等。

这一村乡结社形式，还引起外国传教士之注意。19世纪末来华之美国传教士明恩溥，在其《中国乡村生活》第十二节“宗教仪式的协作”中言会有“行山会”和“坐山会”两种形式，其中“行山会”属于长期性的香社组织，办会目的是策划去圣山的朝拜，而为了筹集进香泰山的款项，一般需要准备三年。组织香会的经理将征收所得会费外贷并收取利息（一般为月息百分之二或百分之三），等期限一到，本利一起收回。再用这些款项组织会员去泰山朝圣，沿途住宿和车马费用都从这一基金中支付。① 上述记录，均可与艾容文相印证，可见虽自明历清，但香社内部组织形式变化不大。英国学者杜德桥研究指出：“香客组织几乎在所有细节上都类似于现代的代办旅游项目的旅行社。一切都包括在内——交通、食宿、以抽税为目的的报名，最后的告别聚会和演出。甚至类似于代办旅游的优惠形式也存在于香客组织中。”②

另外，自清代始，泰安民间还兴起一种各香社联会朝山的祭祀形式，称合山会，亦称合山社。“合山”之名最早见于乾隆时香社碑，意为集合众会合祭泰山。《王钟霖日记》记咸丰八年（1858）九月岱游，“二十三日，玉皇阁作合山会，四外愚妇几三百来共（供）香火，亦以秋收丰稔作平安会矣，是以不禁”③。红门附近同治八年（1869）《合山社碑》、光绪十九年（1893）《合山会碑》中，香会题名各有百千人之众。遥参亭民国初所立《合山会碑序》中称：“邑东旧有合山会，在社者不下数千家，历年春季，齐赴来城，设坛建醮，以答神庥，行之既久，入社者亦日益众。”

---

① ［美］明恩溥：《中国乡村生活》，午晴、唐军译，时事出版社1998年版，第137～140页。

② ［英］杜德桥：《17世纪小说中的一次进香之旅：泰山与〈醒世姻缘传〉》，乐黛云等编选：《欧洲中国古典文学研究名家十年文选》，江苏人民出版社1998年版，第295页。

③ （清）王钟霖著，周生杰、周恬羽整理：《王钟霖日记》，《中国近现代稀见史料丛刊》第4辑，凤凰出版社2017年版，第31页。

三、香众构成

进香会社中，除一般民间乡众外，还有几个独特群体，值得专门列出。

香社中的太监、宗室与勋贵。明帝多遣宦官致祭，诱发太监结社进香热潮。较早的记录，为嘉靖十九年(1540)八月御用监太监李祺、内官监左少监陈镛、杜泰、奉御官杜金等组织众阉向岱顶碧霞宫进献大型铜香炉。万历朝近侍吕进朝等组织的香社规模更大，大学士王锡爵撰《东岳碧霞宫碑》称："万历庚寅岁(1590)，近侍诸臣吕进朝、孙成等百余人言于上曰：'臣等供事内庭，罔克补报，愿以公务之暇，恭一瓣香于岳顶。臣等无他祈祷，惟愿陛下万岁，国家永享太平，两宫圣母(指神宗嫡母仁圣陈太后与生母慈圣李太后)寿福山齐、圣子神孙茂介繁祉。'天子嘉其诚，许之。以春秋礼岳，祝釐三年，无所倦怠，至是思勒碑答神贶，用昭不朽。"[①]其社众竟达百人以上。

此后这类太监香社连绵不绝。如万历二十二年(1594)内侍郝相进香泰山，于碧霞宫立《泰安州进香题名记》铁碑。[②] 灵岩天王殿桥东有万历二十一年(1593)《泰山进香记碑》，系"太监张禄等立石"。[③] 万历三十一年(1603)司礼监太监田义等岁供冠服、香花于泰岱及蒿里二山神祠，立《供祀泰山高里祠记》，碑阴有众多宦官题名。又灵岩大雄宝殿墙嵌万历三十九年(1611)京都内府各衙门太监胡成等修醮题名碑，般舟殿东南断碑记乾清宫掌事御马监太监"泰山进明香，回诣灵岩"事。万仙楼香社题名碑中有"京都顺天府司礼监文书房太监王之心""乾清宫近侍尚膳监太监李承芳"及"钦差提督皇极殿门兼管琉璃窑工所内宫监太监李弘洛"等名。较有代表性者为斗母宫南石壁所镌《太监进香题名石刻》，记天启三年(1623)惜薪司总理内宫监太监刘文弼为"会首"，内宫、御马、尚衣、尚照(当为尚膳之误刻)等监太监共十人诣泰山进香。此记标有"会首"，可知其组织完全效仿民间社团。这些宦官

---

① 乾隆(黄钤)《泰安县志》卷十一《金石·明》，第46页。

② (清)孙星衍：《泰山石刻记》，《古学汇刊》本，第26页；(清)唐仲冕：《岱览》卷九《分览一·岱顶中》，清嘉庆十二年果克山房刻本，第29页。

③ (清)唐仲冕：《岱览》卷二四《附览四·灵岩上》，清嘉庆十二年果克山房刻本，第33页。

往来泰山，时肆虐骚扰，曾引发多重社会矛盾，被载入史志之中。[①]

明代封藩于各地的宗室，依例不能私自离开封地，但其名时常出现在各香客碑记中，推测应是被香社邀约列名，用以扩大影响，或是作为资助方，赞助进香活动。见于碑中者以河南周藩宗人为多，如《万仙楼香客题名碑》中有镇平王府奉国中尉朝緟、镇平府宗室、汝阳王府宗室坤亭、汝阳王府奉国中尉朝洁、汝阳王府奉国中尉朝□、王府辅国中尉□勤、管理府守辅国将军在镇长子肃法等。灵岩寺大殿进香题记中有天启四年(1624)周府鄢陵王府、原武王府宗室题名，天启五年(1625)鄢陵王肃汭，镇国将军肃□、肃涿等题名。后石坞香众碑有周藩奉国中尉等。众多宫廷女性也结社朝山，万仙楼壁嵌崇祯二年(1629)《衡府进香朝山酬神建醮施财碑记》列宫眷有“齐东五府许氏，会首侯门王氏，邵陵二长府宫人王氏、冀门朱氏、贺门周氏，同长子、次子，于奇，夫人赵氏、董门高氏、崔门董氏，邵陵二侍长李氏、宫人王氏、王门朱氏，衡王宫媵李氏，衡王第三女，衡府宫人刘氏、李氏、闫氏、杨氏、李氏、王氏、郗氏、李氏、王氏、庄氏、王氏、刘氏、杨氏、罗氏、侯氏，刘氏、冯氏、华氏、杨氏、刘氏，平度宫懿王妃杨氏，平度王、徐氏”。另一题名碑中有河南周府柘城昭定王恭人王氏、河南周府柘城昭定王侍长、东光县主、吴门张氏。灵岩寺大殿前进香题记壁刻有周府鄢陵庄和王(朱在狳)妃赵氏等。

除了宗室，还有不少勋贵也参加香社活动。泰安知州戴经墓志中提到，“玉女祠在岱巅，士大夫奔走徼福祠下无虚日……有尼自京师来致香泰山，某侯某副之，气焰极张。侯要公(戴经)见尼必拜，公笑曰：‘吾丈夫，肯为此尼屈?’”[②]这位侯爵，应系参加了此尼姑组织的香社，并充当其靠山。曲阜衍圣公府也参与了此类活动，《万仙楼香客题名碑》中有“□□袭封衍圣公夫人张氏”“□□冠服侯封衍圣公长男妇夫人殷氏”。

凡此种种，可见在晚明时风气所及，众多上层人士都加入香社组织，朝山队伍成分日渐复杂。而在清代，则绝少出现宗室勋贵的身影。此为明清香社之不同特点。

---

① 民国《南丰县志》卷十七《理学》，第4页。

② (明)吴鹏：《戴双湖(经)墓志铭》，《飞鸿亭集》卷十八，《北京图书馆古籍珍本丛刊》第107册，书目文献出版社1992年版，第671页。

香社中的妇女：由于碧霞神职以送子抚婴为主体，甚获得妇女群体之敬慕，所谓“闻圣母天妃、蚕娘龙女、仙姬小姑之说，喈喈慕悦”。[①] 成为宣泄情感、消解情绪的渠道。如明人马统《施敬辩》所言：“如今妇女之祈祠，进食打扇，敬无不至。又如呼号于岱山顶上女主之祠，不翅丧乃考妣。”[②]于是朝山队伍中女性香客遂成巨观。除有少数上层妇女参与其间外，队伍中更多的是民间女性，崇祯朝文士詹钟玉《游泰山记》称：“幼女少妇，随尼僧走数千里，亦有士人携室至者。”[③]《王钟霖日记》记咸丰八年(1858)九月“玉皇阁作合山会，四外愚妇几三百来共(供)香火”。[④] 泰山上还有多方专列女香客的题名碑，均反映了其盛况之一斑。

女性朝山队伍中，不乏余勇可贾的老妇，如明孙慎行《忆登泰山作》中言“黄花石阙竦天居，百岁老妪奔健利”。[⑤] 她们还引起了外国人的注意，“有个法国传教士遇见上山朝拜的人，一帮来自 300 英里外的河南南部的老妇女，……她们之中最年轻的 78 岁，最老的已达 90 高龄”。[⑥] “在山顶附近处，我遇到一个下山来的神清气爽的老太太，我跟她在一起简单地交谈了一下。她 74 岁，已经登上过顶峰，也许她是代她女儿或者媳妇来许愿的”。[⑦] 而更多的则是妙女幼妇，其进香倩影时时出现于诗人笔下：“只为大罗真有路，因教少妇不知羞。”[⑧]“胡姬上马巧安排，窄窄弓弓两瓣鞋。约伴同参玉女去，发心自愿舍金钗。”[⑨]“貌似桃花鬓似云，销金抹额石榴裙。一派管弦齐上马，手持香办礼

---

① (明)孙绪：《沙溪集》卷四，文渊阁《四库全书》本，第 13 页；蒋维锬、郑丽航辑纂：《妈祖文献史料汇编》第 1 辑《碑记卷》，中国档案出版社 2007 年版，第 56 页。

② (清)黄宗羲：《明文海》卷一一七，文渊阁《四库全书》本，第 2 页。

③ (明)詹钟玉：《游泰山记》，《燕台文选初集》卷二，《四库禁毁书丛刊·集部》第 122 册，北京出版社 1997 年版，第 342 页。

④ (清)王钟霖著，周生杰、周恬羽整理：《王钟霖日记》《中国近现代稀见史料丛刊》第 4 辑，凤凰出版社 2017 年版，第 31 页。

⑤ (明)孙慎行：《云宴斋集》卷二，《四库禁毁书丛刊·集部》第 123 册，北京出版社 1997 年版，第 208 页。

⑥ [美]卫三畏：《中国总论》上册，陈俱译，上海古籍出版社 2014 年版，第 63～64 页。

⑦ [英]海伦·理雅各：《理雅各：传教士与学者》，《朝觐东方：理雅各评传(外一种)》，段怀清、周俐玲译，广西师范大学出版社 2011 年版，第 619～620 页。

⑧ (明)公鼒：《登岱八首》，《浮来先生诗集·七言律》卷三，《明别集丛刊》第 4 辑，第 80 册，第 725 页。

⑨ (明)蔡复一：《进香曲》，《遯庵全集·诗集》卷十，商务印书馆 2018 年版，第 214 页。

元君。”[①]“游女下山轿，衣飞五色鲜。树间穿蛱蝶，云际落秋千。髻拥金珠朵，手施梨枣钱。”[②]“红裙绿屩翠罗裾，袅娜燕姬惯跨驴。落照深林遥相掩，执鞭人指渡前渠。”[③]“碧霞宫殿望崔嵬，海日扶桑曙色开。一朵山桃花插鬓，侧轮车上进香来。”[④]而所祈也是形形色色——“大姨有婿相扶将，小妹如花只傍娘。大姨烧香蚕抱子，小妹烧香蚕嫁郎。”[⑤]刘晓艺在论述这一现象时特别感叹：“如果没有这层宗教的外衣，很难想象明清‘城乡富家女眷群’是怎样才能走出闺阁，成为登山临水的旅行者的。”[⑥]这也正是香社对妇女群体的魅力所在。

因为常年禁锢在乡村、家庭，泰山之行成为女性香客难得放飞自我的良机，许多私情、恋情都由此滋生，以至于诗中有如此慨叹：“几家娇妻跨驴背，问谁执鞭是阿夫。夜寒杂卧茅店里，白壁曾闻青蝇污。”[⑦]明清笔记中出现的各种借进香偷情情节，如“莱郡叔嫂二人，素通于室。结伴进香岱岳，碍众目不能遂其欲，乃与嫂谋，登岱日，伪为疾作者。届期，行及山畔，嫂呼腹痛不可忍。咸信之，令叔扶归逆旅，遂偕至岩穴深处私焉”[⑧]；“曩登泰山，见娼女与所欢皆往进香，遇于逆旅，伺隙偶一接唇”[⑨]；“每岁泰山进香时，士女往来如织，有男女二人于半山僻处苟合”。[⑩] 正是此一现象的真实反映。

---

① （明）徐熥：《进香词》，《幔亭集》卷十三，明万历二十九年刻本，第 14 页。

② （清）冯云鹏：《泰山纪游二十二首》，《扫红亭吟稿》卷五，《清代诗文集汇编》第 479 册，上海古籍出版社 2010 年版，第 623 页。

③ （清）钱兆鹏：《泰山进香曲》六首，道光《泰安县志》卷十二，第 30～31 页。

④ （清）舒位：《泰安道中绝句》其二，《瓶水斋诗集》卷四，上海古籍出版社 1991 年版，第 142 页。

⑤ （明）蔡复一著，何丙仲点校：《遯庵全集・诗集》卷十，商务印书馆 2018 年版，第 214 页。

⑥ 刘晓艺：《衣食行：〈醒世姻缘传〉中的物质生活》，上海古籍出版社 2019 年版，第 296 页。

⑦ （清）谭尚适：《朝山歌》，《登岱草》，清嘉庆二十三年刻本，第 3 页。

⑧ （清）王椷：《秋灯丛话》卷一《秽行遭神谴》，黄河出版社 1990 年版，第 14 页。

⑨ （清）纪昀：《阅微草堂笔记》之《槐西杂志》，华文出版社 2018 年版，第 346 页。

⑩ 清梁恭辰《北东园笔录》卷四《淫报》：“杨雪椒光录（庆琛）在山左藩任，闻其幕宾云：每岁泰山进香时，士女往来如织，有男女二人于半山僻处苟合，旋为人撞见，方思逸去，而下体已联为一，欲强分之，即痛不可忍。既而观者愈众，有识其为某处人者，告其家，往视之，则嫂叔也。其家人急以被裹二人舁回活埋之。夫人生一举一动皆有鬼神览观，况名山显赫之区，而敢不顾伦常，肆行淫秽，得不受此恶报乎？”

四、香会时令

清初王沄《漫游纪略》称“香客之至也，以二时”。[①] 大致可分为春、秋两个时段，一般称之为“春香”与“秋香”（或春赛、秋赛）。乾隆时山东巡抚富尼汉奏泰山各处庙宇情形称：“臣查泰山进香之期，每年二月至四月为春赛，八月至十月为秋赛，香客云集。”[②]《醒世姻缘传》描述：“春、秋两季往泰安进香的，一日成几十万人。”[③]但在具体时日安排上，明清时期有所不同。

距泰山较远的香社，一般在正月便启动行程。清康熙十二年（1673）正月廿二日，黄遇主自京南下，于禹城境见“进香泰山者，往来如织”[④]；清乾隆时王跕柱《上元日泰安朱太守招同人剧饮赋谢》诗云：“摩肩香客春成市（自注：凡谒岱者，土人谓之香客，春日尤众），逐队村娘夜踏灯。”[⑤]同治时李仲昭记称：“每岁朝山以正月初四日始，北自关东，西至河南，南至江南，东际海滨，道路相属，旅店宿客常千人。”[⑥]孔广陶称：“时（正月廿六日）朝山者累之如贯，虽邻省亦结队来。”[⑦]宣统三年（1911）正月山东巡抚孙宝琦电奏：“向例泰山四月封山，自正月起，各省香客络绎。”[⑧]

二月后，进香队伍日加聚集。清末诸可宝《泰山进香词》其一云：“岱宗肤寸吐春云，香客年年一例勤。二月娱晴好天气，碧霞宫里拜元君。”[⑨]张朴《泰山烧香竹枝词》其四云：“到处丰登庆有秋，农家乐乘早春游。舆连大小丛旁午，妇子欣欣笑语稠。”（自注：“正二月间，远方香客先到。车马盈路，人语喧哗。”）

---

① （清）王沄著，樊尔勤校：《漫游纪略》，新文化书社 1934 年版，第 15～16 页。

② （清）富尼汉：《奏报遵旨修建泰山各处庙宇情形》，台北故宫博物院藏宫中档奏折（编号：故宫 050811）。

③ （清）西周生著，翟冰校点：《醒世姻缘传》，齐鲁书社 1993 年版，第 214 页。

④ （清）黄遇主：《纪游杂草》之《癸丑年南旋纪行》，清康熙刊本，第 9 页。

⑤ （清）王跕柱：《柱舟游草》卷上，清光绪刻本，第 31 页。

⑥ （清）李仲昭：《天隐北游日记》卷下，民国二十年（1931）杭州文艺书店铅印本，第 30 页。

⑦ （清）孔广陶：《鸿爪前游日记》卷三，《广州大典》第 31 辑，第 15 册，第 67 页。

⑧ （清）孙宝琦：《为泰山香会移期所有封山典礼届期再举行各节奉旨恭录咨明事致内务府等》（宣统三年正月二十日），中国第一历史档案馆藏总管内务府档（全宗号 05-13-002-000377-0023）。

⑨ （清）诸可宝：《泰山进香词》，《璞斋集・诗三》，《清代诗文集汇编》第 758 册，上海古籍出版社 2010 年版，第 703～704 页。

其六云："二月不寒不暖辰，多方云集尽城闉。"[①]三月至四月十八日元君圣诞前夕，会迎来进香高峰。特别是泰安周边香社，大都选择在这一时段朝山。明万历于慎行《登泰山记》："若三四月，五方士女，登祠元君，以数十万。"[②]《醒世姻缘传》中亦云："四月十八顶上奶奶的圣诞，比这白衣奶奶的圣诞更自齐整，这是轰动二十合属的人烟。"[③]清道光张朴《泰山烧香竹枝词》其十一云："近山三月始登山，当日早来当日还。朝罢红门心已尽，不须更向日峰攀。"[④]英国女画家艾米丽·乔治亚娜·坎普(Emily Ceorgiana Kemp)《中国的面容》云："通常的进香时节(2 月和 3 月)，一天有多达一万人上去。"[⑤]

四月下旬之后，香客渐稀，明人陶汝鼐崇祯十年(1637)闰四月十四日登岱，其《游岱岳五首》序称："入夏(当为仲夏)人不礼岳，岩径寂然，仅山半有鸣蝉三两声助其静游耳。"[⑥]乾隆二十四年(1759)，由于朝廷确立四月十八日遣使致祭制度，届期实施"封山"，严禁香客入山，致使"春香"提前至四月八日结束。清同治时李仲昭记称："至四月八日乃封山也。"[⑦]艺人谢大玉口述也证实了这一说法，书场每年"从一月山会唱到三月"，至皇帝下旨封山，艺人便转往济南演出。[⑧]

清朝初年，在原有香期之外，又一度增加了"夏香"。康熙朝张奇逢《筑墙禁止舍身记》中称："州境居民每岁六月六日，老幼男妇登顶瞻拜者类数万计，俗名曰'团圆香'。康熙丁酉(1717)季夏，是日登顶者倍盛往岁。"[⑨]后来可能因为这个季节易遭山雨，不便登顶，多止步于山麓。红门民国十一年(1922)《灯油会记》碑载："泰邑每届六、腊月朔，无论城关乡镇，善男信女齐集红门宫天仙圣母尊前，旧俗所沿，名曰'灯油会'。建醮一日，报答神庥，士

---

① (清)张朴:《信拈草诗集》,《北京师范大学图书馆藏稀见清人别集丛刊》第 20 册,广西师范大学出版社 2007 年版,第 138 页。

② (明)于慎行:《谷城山馆全集》卷十六,《明别集丛刊》第 4 辑,第 4 册,黄山书社 2016 年版,第 436 页。

③ (清)西周生著,翟冰校点:《醒世姻缘传》,齐鲁书社 1993 年版,第 523 页。

④ (清)张朴:《信拈草诗集》,《北京师范大学图书馆藏稀见清人别集丛刊》第 20 册,广西师范大学出版社 2007 年版,第 138 页。

⑤ [英]艾米丽·乔治亚娜·坎普:《中国的面容:一个英国女画家尘封百年的记忆》,晏方译,中国工人出版社 2009 年版,第 36 页。

⑥ (明)陶汝鼐撰,梁颂成点校:《陶汝鼐集》,岳麓书社 2008 年版,第 128 页。

⑦ 参见(清)李仲昭:《天隐北游日记》卷下,民国二十年(1931)杭州文艺书店铅印本,第 30 页。

⑧ 《梨花大鼓名家谢大玉》,《德州风物志》,山东人民出版社 1987 年版,第 97 页。

⑨ (清)张奇逢:《筑墙禁止舍身记》,康熙《泰安州志》卷四《艺文志》,第 21 页。

女云集，香烟甚盛，相传日久，循办有年。”①

进入八月底后，泰山再次迎来进香高潮，明万历时沈一贯《游泰山记》云：“四方祷祠无乏，九月至于四月尤盛。”②王衡《重九后二日登泰山记》中记云：“午夜为士女上山，呗诵淫淫然。”③崇祯时魏洁沐《新建青山行宫记》记云：“每八月至来年四月，行人相续不绝，登山如市。”④虽称“秋香”，但往往在初冬达到高峰，《岱史》所记碧霞宫踩踏事件，便发生在万历十四年（1586）十月十八日。⑤

春秋两季之外，则是泰山进香的沉寂期。清乾隆时山东巡抚法敏奏称：“其伍、陆、柒、捌、拾壹、拾贰等月，不特并无香客上山，抑且并无民人来往。”⑥这一进香时段，自明代确立，延续六百年之久。

五、进香风俗

香社集合人众既齐，便开始燃烧信香，宣告启程。其进香礼俗颇多趣味。

赍香。香客出行前，先期制作或购买长香，装贮于特制香匣或锦囊，悬胸负背，以示崇敬。《醒世姻缘传》中言：“蓝丝细裹着束香，搁在肩膀上面。”程穆衡记称“一板箱方广二尺许，香贮焉”。⑦ 张永铨《山左竹枝词》其一：“胸悬朱匣描金就，尽说朝山进瓣香。”⑧纪迈宜《泰安进香词二十七首》其四：“夜深号佛买长香，上下林峦列炬光。”⑨清盛《行路口占》：“朝山香客志虔诚，纸锞香资背负行。”⑩皆是对此一风俗的吟述。

---

① 《灯油会碑》：立于泰山红门宫北侧小碑林。

② （明）沈一贯：《游泰山记》，《喙鸣文集》卷五，《续修四库全书》第1357册，上海古籍出版社2002年版，第206页。

③ （明）王衡：《缑山先生集》卷十，《明别集丛刊》第4辑，第86册，黄山书社2016年版，第227页。

④ （清）光绪《曹县志》卷十七，《艺文续志·碑》，第9页。

⑤ （明）查志隆：《岱史》卷十四《灾祥志》，《岱史校注》，青岛海洋大学出版社1992年版，第194页。

⑥ （清）法敏：《题为泰山殿钥香钱请分别交县库道正司收存并恩赏银两停给事》（乾隆元年十二月初一日），中国第一历史档案馆藏题本（全宗号02-01-04-12864-002）。

⑦ （清）程穆衡：《燕程日记》，上海古籍出版社1983年影印本，第230页。

⑧ （清）张永铨：《闲存堂诗集·蓟门游草》，《四库未收书辑刊》第8辑，第21册，北京出版社2000年版，第614页。

⑨ （清）纪迈宜：《俭重堂诗》卷三，《四库未收书辑刊》第8辑，第26册，北京出版社2000年版，第569页。

⑩ （清）清盛：《谒岱记》，清光绪金衢严道署刊本，第16页。

驴骡齐进。香客出行，或雇驴骡，或乘牛车。由于泰山附近山路崎岖，故驴骡较为安适。《醒世姻缘传》第六十八回中言："都骑的通是骡马。会里雇的长驴，来回是八钱银子。"清人程穆衡记其泰安道中所见："路逢进香者，男妇累累，蓬头併面，或乘牛车，或骑驴。"[①]诸可宝《泰山进香词》其三云："进香牌小挂当头，大车四轮牵五牛。团坐同声呼圣号，鞭丝一指上齐州。"其四云："大石如拳小石丸，土冈节节间沙滩。阿婆走熟烧香路，车子何如驴子安？"其六云："山径穿螺故曲纡，贫家联步富骡车。脚夫妄测行人意，夹道声声呼雇驴。"[②]据此知进香农妇多跨驴。津浦线通车后，火车成为香社进香新式交通工具，往往"两个或三个'旅行团'（即香社）共同包下开往泰安的低速列车的一节三等车厢"[③]，这使泰山香客数量日增。

大张社旗。古人结成泰山香社，首挑一帜，行进时前张会旗，后打尾旗，旗上要标明香社名称与结社地点，作为本社的标志。有的还加盖官府信印，以壮行色。如明末《樵史演义》第四回中有一段叙述："造起泰山进香的十面旗来，每一个香头领一面旗去，……那旗上都写着'风调雨顺，国泰民安'八字，求知县每一旗上用一颗红印。"[④]这种风俗延续数百年，千里香途中色旗招展，成为泰山进香的一大景观。

这番场景，在古人笔下多有描摹。如明屠隆《江南竹枝词十首》其十云："手把黄旗红抹额，泰山东去礼元君。"明天启时朝鲜使臣洪翼汉述途中所见德州香客进香场景云："绣竿锦旗，指束手擎，玉箫金管，殷地鍧天。怪而问之，则山西、山东土俗，例于秋后进香泰山祈福。"[⑤]又崇祯初朝鲜使臣申悦道记云："路逢泰山进香人，金符贴额，大群千余，小群百余，幢旗前罗，杠盖后随，填街塞路，昼夜不绝，以祈福利于天仙圣母碧霞真君云。"[⑥]入清后旗色不

---

① （清）程穆衡：《燕程日记》，上海古籍出版社1983年影印本，第230页。

② （清）诸可宝：《泰山进香词》，《璞斋集·诗三》，《清代诗文集汇编》第758册，上海古籍出版社2010年版，第703～704页。

③ ［美］贝克：《泰山：中国圣山东岳》（*T'ai Shan: An Account of the Sacred Eastern Peak of China*），商务印书馆1925年版，第10页。

④ （明）陆应旸：《樵史演义》，时代文艺出版社2001年版，第30页。

⑤ ［朝］洪翼汉：《花浦先生朝天航海录》，《燕行录全集》卷十七，韩国东国大学出版部，2001年，第108页。

⑥ ［朝］申悦道：《朝天时闻见事件启》，《燕行录续集》卷一〇六，韩国东国大学出版部，2001年，第171～172页。

替，康熙朝于振翀《进香客》："鼓渊渊，旗扬扬，庄农男妇来烧香。"雍正朝纪迈宜《泰安进香词二十七首》其二十七云："黄旗竞向车前插，知是烧香士女归。"[①]乾隆朝孔宪圭《烧香曲》云："一车一旗风飘飏，朝山进香书煌煌。"[②]谭尚适《朝山歌》云："芳春行行汶阳道，来往裙钗塞路隅。扬幡大书朝山字，剪裁白纸散青蚨。"[③]嘉庆朝钱兆鹏《泰山进香曲》六首："车如流水望迷离，摆动春风五色旗。"[④]

从记载看，会旗制式在清代以前多为长方形红旗，清代以后多为三角形黄旗，也有兼用五色者。突出标志则是旗上的朝山文字。会旗后设一绣幢，挂满写有会众姓名的小布条，俗称"万民伞"。[⑤]

这一风俗直至民国仍沿袭不易。民国二十年(1931)傅振伦《重游泰山记》中记述："至于男子朝山，则随僧道鼓吹而已。有手持直角三角形之黄旗者，其上大书'朝山进香'四大字，右侧书'莱邑义峪庄'诸小字。"揭明其形制为三角形，与其他旗帜有所区别。民国《惠民县志》(稿本)中更对其功用作了具体说明："社首尚得制上一对旗子，上书'某省府县村泰山进香'，盖执以号召社友群众者。遇住宿时，尤须有人持之前行，觅得店房，插在门首，俾后来者易于寻觅。"[⑥]

神舆。会旗之后，有的香社还安置神舆或香亭。明末朝鲜使臣洪翼汉述途中所见德州香客进香场景云："彩兜金舁，肩揄背负，刻小佛像于其上，列在四隅，饰以五彩，极精巧。"[⑦]《航海朝天图》中绘有一幅画图，系一十七人队列，各执旗幡伞盖，并抬一高大神舆，迤逦而行。其上标注"泰山进香"。[⑧]

---

① (清)纪迈宜：《俭重堂诗》卷三，《四库未收书辑刊》第8辑，第26册，北京出版社2000年版，第569页。

② (清)孔宪彝：《阙里孔氏诗钞》卷十二，《山东文献集成》第3辑，第41册，山东大学出版社2009年版，第206页。

③ (清)谭尚适：《登岱草》，清嘉庆二十三年刻本，第3页。

④ 道光《泰安县志》卷十二《选辑·诗》，第31页。

⑤ 梅莉：《明清时期的真武信仰与武当山朝山进香》，湖北人民出版社2006年版，第181页。

⑥ 王加华：《一个鲁北县份的泰山乡社——以民国〈惠民县志〉相关记载为中心的分析》，《全球视野下的泰山文化》，新华出版社2018年版，第283页。以下引民国《惠民县志》均据此文。

⑦ [朝]洪翼汉：《花浦先生朝天航海录》，《燕行录全集》卷十七，韩国东国大学出版部2001年版，第108页。

⑧ 《航海朝天图》，韩国国立中央博物馆馆藏(番号：本馆8613)。

清人程穆衡记云："前负香亭供元君号。"[①]《聊斋志异》遗稿《吴令》篇后有附文，述碧霞元君辇游风俗："(临清)州人崇奉碧霞元君。歇马厅外行宫十余所，各雕木为像，寿节辇游街衢，远达乡郭。制仪伟，作百戏，穷工极巧，奢丽非常。夜则张灯，蜡烛之费，日不下数百斤。鼓乐喧哗，月余不息。观者至二百里外，水陆舟车，络绎不绝。作剧者自列肆贩贾，以至陶冶梓匠，肩挑食力之俦，届期胥舍业，着优人衣，涂花面，间傅粉作妇人妆。抚辇随行者数百人，衣冠齐楚，顶戴萤然，或亲举乐器，沿街吹击，意洋洋甚自得。此俗习惯已久。惟旱潦岁歉，辇舆不出，否则男妇丛杂，一郡若狂矣。"博山清光绪三十二年(1906)《泰山社新造碧霞元君神辇记碑》："自古神之有辇，所以妥神灵以昭神道者也。随时祈报，有辇则神如在矣；奉盛祭祀，有辇则神来飨矣。……社众乃慨然有感曰：'神无常享，享于克诚，吾人既竭诚以敬神，盍备辇以迎神乎？'是以倡率香社，公议捐资，新造碧霞元君神辇一驾。聊以伸进香之真诚，即以肃接驾之体统也。"[②]上述皆此祭俗之反映。

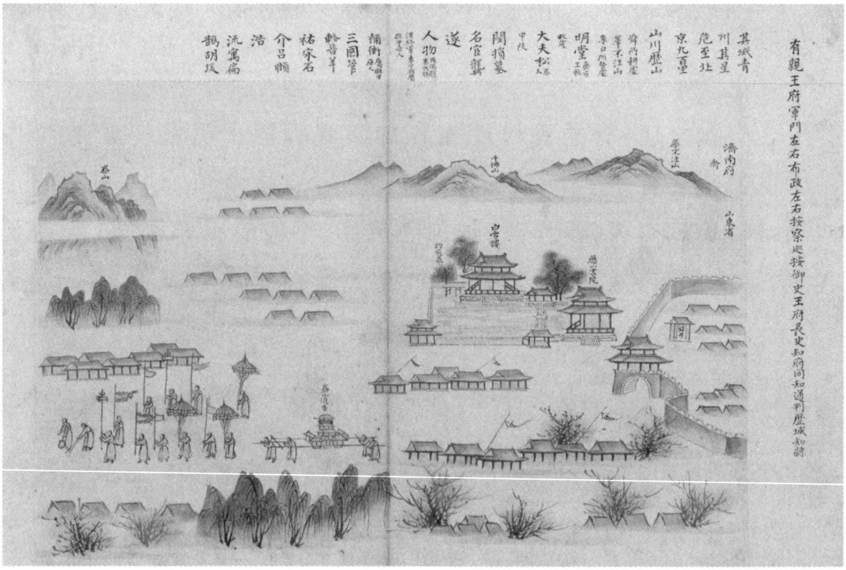

朝鲜使臣所绘进香图

(1624 年绘，韩国国立中央博物馆藏图)

---

① (清)程穆衡：《燕程日记》，上海古籍出版社 1983 年影印本，第 230 页。

② 赵卫东等主编：《山东道教碑刻集・博山卷》(上)，齐鲁书社 2013 年版，第 335 页。

灯火朝山。古代香客朝山有一独特习俗，与普通游客截然相反，即大多选择子夜出行，黎明上香。清高珩《朝岱》"香火逐群礼泰山，半夜鸣金催社侣"语可证[①]（清廷碧霞致祭采用夜间寅时，清盛《谒岱记》云："寅正二刻上祭"[②]，很可能来自民间祭祠旧俗）。由此沿盘光焰相继，泰山成为一座"不夜山"。

较早写到这一风俗者，为明嘉靖朝王世贞。其《游太山记》云："三鼓起，启堂之北扉而望，若曳匹练者，自山址上至绝顶，又似聚萤数百斛囊中，光熠耀不定。问之，乃以兹时士女礼元君，灯鱼贯而上者也。其颂祝亦隐隐可听云。"崇祯朝张岱《岱志》进一步描述了此壮观场景："出门，天未曙，山上进香人，上者下者，念阿弥陀佛，一呼百和，节以铜锣。灯火蝉联四十里，如星海屈注，又如隋炀帝囊萤火数斛，放之山谷间，燃山熠谷，目眩久之。"[③]当日盘道飞光，历历如绘。

清代香社延续旧仪，仍然是夜行居多。如顺治朝严书开《乙未东游日记》云："四鼓自馆舍东南行，望山麓士女络绎登进，灯光万点，莹莹然如星移、如萤熠。"[④]申涵光《登岱》其八云："殿阁盘空界，灯香出绛霄。"[⑤]康熙朝吴源起《四岳游记》云："进山二里许，红门一路火炬迎送，俗名火龙，远望盘旋如龙也。"顾彩《登岱》："半夜万众登，鱼贯非一队。磷磷列炬光，里里晶蛇蜕。"[⑥]高孝本《登岱》云："鸡鸣越城阍，盘回入山麓。遥空如聚萤，列炬照岩谷。"[⑦]汪懋麟《登岱行》云："绛阙直出九霄上，火龙夜挂千崖巅。"《过泰山三首》其三云："欢腾趋岱岳，灯火接云天。"[⑧]雍正朝纪迈宜《泰安进香词二十七

① （清）高珩：《般阳诗钞·栖云阁诗》，《山东文献集成》第3辑，第39册，山东大学出版社2009年版，第88～89页。

② （清）清盛：《谒岱记》，清光绪金衢严道署刊本，第3～7页。

③ （明）张岱著，夏咸淳校点：《张岱诗文集》，上海古籍出版社1991年版，第238页。

④ （清）严书开：《乙未东游日记》，《严逸山先生文集》卷六，《四库禁毁书丛刊·集部》第90册，北京出版社1997年版，第369页。

⑤ （清）申涵光：《聪山集》卷三，《清代诗文集汇编》第70册，上海古籍出版社2010年版，第33页。

⑥ （清）顾彩：《往深斋集》卷一，《清代诗文集珍本丛刊》第169册，国家图书馆出版社2017年版，第505页。

⑦ （清）高孝本：《固哉叟诗钞》卷六，《四库全书存目丛书·集部》第260册，齐鲁书社1997年版，第212页。

⑧ （清）汪懋麟：《百尺梧桐阁集》卷二、七，《清代诗文集汇编》第151册，上海古籍出版社2010年版，第353、397页。

首》其四云："夜深号佛买长香，上下林峦列炬光。"[①]乾隆朝胡德琳《乙未(1775)夏五夜登泰山得诗》四首："腰笄作蟹行，把炬粲萤聚。"[②]乾隆程志隆修《泰安县志》卷八《风土志》"市廛"对此作了生动概括："每当香客云集，铙鼓喧阗，直达红门以上，夜半灯火两行，如繁星之布半天，亦岱麓之奇观也。"

有趣的是，除了香客自秉烛出行，山中人员（主要是丐者）还提供"照明服务"。清人诗文中不乏相关记录，如清初王曰高《岱岳游记》云："四鼓后，……遵路而西。稍北则见火光一带，自上而下，蜿蜒天半，乃贫儿秉炬以照行人因索施钱者。"孙嘉淦《南游记》云："贫民男女数千，宿止道旁，然炬以丐钱。"[③]同治时张德彝《三述奇》云："有老幼男女乞丐无数，小儿赤身，老妪跪而叩首，口内祝言不断。有举灯笼者，然火把者，罗列道中以讨钱。"[④]

这一香火朝山，固然景象壮观，但对泰山生态造成不利影响。一是山中树木被用为燃具，屡遭滥伐，清初王沄《漫游纪略》卷三《齐鲁游》云："余先在州治中，夜望山间，火光蜿蜒若烛龙，自上属下，终夕不绝。问之，曰：'为元君供香火者也。'诘朝，升舆登山，行久之，私怪山中曾无拱把之木。既见道旁遗燎，及丛枝櫪列，云以照行客，乃知木皆薪之，夜间所睹即是物也，宜其为童山矣。"[⑤]二是易引发火灾，知县徐宗干《新建坎桥碑记》中称："泰民之害安在，火患是也。山谷之间，茅茨比栉，一炬而延数家。"[⑥]可能地方官府对此有所整顿，光绪以后，此类记述渐少，或燃灯夜行之风稍息。

呼佛号。进香礼仪之一是登山时高呼"佛号"。所谓"佛号一宣，少长咸应"[⑦]，山道之上，呼声此起彼伏，日夜不止。此项风俗明代中叶已经盛行，如嘉靖朝杨抚《三十六盘》"三十六盘天上路，梵音胡拜是何人"；汤惟学《晨起》"何事喧嚣却人世，云关千百梵王声"；[⑧]万历朝米万钟《己未春日重登岱岳赋

① (清)纪迈宜：《俭重堂诗》卷三，《四库未收书辑刊》第8辑，第26册，北京出版社2000年版，第568页。

② (清)胡德琳：《碧腴斋诗存》卷六，《袁枚全集》，江苏古籍出版社1997年版，第59～60页。

③ (清)孙嘉淦：《南游记(外三种)》，《山右丛书初编》第4册，上海古籍出版社2014年版，第12页。

④ (清)张德彝：《随使法国记(三述奇)》，湖南人民出版社1982年版，第300～301页。

⑤ (清)王沄：《漫游纪略》卷三，新文化书社1934年版，第15～16页。

⑥ (清)徐宗干：《新建坎桥碑记》，道光《泰安县志》卷十《职官・宦迹》附录，第21页。

⑦ 合山会记：碑在红门宫院内，立于清光绪十九年(1893)。

⑧ (明)杨抚、汤惟学：《泰山纪游》，明代刊本，第18、13页。

得八律》“金声佛号破山颜，也许书生疑帝关”；天启朝吴玄《登岱四律》其二“子夜隔山传梵语，祝釐声彻九霄闻”[①]等诗句，都印证了此一现象。

延至清代，仍袭承不易。顺治朝王沄《漫游纪略》卷三《齐鲁游》云：“愚夫愚妇，上下口诵佛号，与乞丐呼号之声，喧然应和，至动山谷。”康熙朝于振翀《进香客》：“庄农男妇来烧香。风雨栉纚不辞苦，号佛彻夜声悲凉。”孙洤《登岱》其七：“额边齐榜进香符，佛号连声不断呼。”[②]雍正朝纪迈宜《泰山进香词二十七首》：“夜深号佛买长香，上下林峦列炬光。将到红门声更沸，东西路合岱宗坊。”乾隆朝王苏《杜家庙早行遇谒岱者数十辈》：“经诵千名佛（自注：谒岱者皆诵佛号），山留一瓣香。”钱兆鹏《泰山进香曲六首》：“青巾芒履跪山陬，五步胡膜百口咻。却对灵祇呼佛号，前人踵接后人头。”[③]道光朝张朴《泰山烧香竹枝词》其九：“绝顶一登天地喜，阿弥千万唱云端。”（自注：“朝顶烧香时，多大声群呼，声满山谷。”）[④]《醒世姻缘传》第六十九回对“号佛”场景亦有生动描述：“安下圣母的大驾，一群妇女跪在地下，一个宣唱佛偈，众人齐声高叫‘南无救苦救难观世音菩萨！阿弥陀佛’，齐叫一声，声闻数里。”[⑤]

因此，泰山香社有了“佛号会”的别名，经石峪路口北石壁有阳信香会题记，额大题“佛”字，即为石证。

至于香社所呼佛名，则为“阿弥陀佛”。对此明人有所述论，王锡爵言：“予往行齐鲁道中，顶斋戒弥陀者声闻数千里。”郑汝璧《睹记》亦言：“礼元君而震念‘弥陀佛’，殊不可解，岂西方机缘入东震旦深耶？”这种诵念弥陀的仪式，本为各地香社的成规，如明代杭州胜莲社“各念阿弥陀佛号千声”，武当山进香中亦是“沿途鸣锣称佛号”，“先一人曰‘南无阿弥陀佛’，群应之曰‘无量寿佛’。远者百余里，近者数十里，必一路呼号至山”[⑥]，相沿成习，与所叩主神并无直接联系。不过从另一方面看，亦反映了佛教与民间信仰的交融。

---

① （明）吴玄：《众妙斋集》第2册，《日本内阁文库藏稀见明人别集汇刊》第30册，广西师范大学出版社2021年版，第284页。

② （清）孙洤：《担峰诗》卷四，清康熙刊本，第15页。

③ （清）道光《泰安县志》卷十二《选辑·诗》，第30～31页。

④ （清）张朴：《信拈草诗集》，《北京师范大学图书馆藏稀见清人别集丛刊》第20册，广西师范大学出版社2007年版，第139页。

⑤ （清）西周生著，翟冰校点：《醒世姻缘传》，齐鲁书社1993年版，第529页。

⑥ 胡朴安编：《中华全国风俗志》下编《湖北·黄陂迷信谈》，河北人民出版社1986年版，第322页。

拴娃娃。香客进香泰山，所祈之事繁多，如明王锡爵引述信众之言："元君能为众生造福，如其愿。贫者愿富，疾者愿安，耕者愿岁，贾者愿息，祈生者愿年，未子者愿嗣。"[①]但最为集中者莫过于祈子，祈祷之处包括碧霞祠、红门宫等一系列元君庙堂，斗母宫尤被视为灵应之地。

斗母宫古称龙泉观，由道士主观，原与求子之俗关系不密。至明末清初女尼入住宫室后，开始塑起送生神像。如清康熙十二年(1673)《斗母宫新建白衣殿记碑》中言："又于正殿之东，新建配殿一座，内塑白衣、送生、子孙等像，以尽出家报答君亲、师长、檀越之志。"乾隆四十四年(1779)《重修(斗母宫)前后殿东西配殿记》更言："次修后殿，中塑子孙圣母。各皆黝垩巍焕，艳丽宏敞，一切□(求)子求孙，无不响应。"此处所言子孙圣母，当即碧霞分身育德广嗣元君。斗母宫遂被香众视为又一处碧霞元君行宫。

此点在清代斗母宫香社碑中有明确表述。立于清乾隆四十四年(1779)《高恩等进香碑》言："京都顺天府南路厅文安县信士弟子香头高恩……等，暨领四府八县各里各甲众善人，献蜡进香于泰山圣母位前。而斗母宫更为灵应，求子得子，求孙得孙，凡会中善人之资其福者甚众，故特建碑以颂功德于不朽云。"立于清乾隆五十四年(1789)《刘义厚等捐资题名碑》云："顺天府文安县信士人刘义厚同母高氏，捐舍资财，助造泰山娘娘大驾。功成上顶，特建碑于斗母宫，以志一时之诚敬。伏维泰山，鲁邦所尊，天仙座镇，圣母遥临，躬居碧霞，号称元君。聪明正直，福善祸淫。灵官护法，元女垂箴。功施寰宇，德济生民。虔心顶礼，宜子宜孙。"立于民国十九年(1930)《泰山行宫记碑》云："兹有善士徐松岩者，为母病五次朝礼碧霞元君，……因复发愿，献神袍五十身，朝山三十余次。今功已圆满，欲立石以志其异。"三碑都明确将斗母宫作为碧霞庙庭，民国记碑更径称之为"泰山行宫"。清末复于后殿专祀元君(林纾记斗母宫"中祀天妃"可证)，俨为宫之主尊。其他诸神配置如送子观音、送身娘娘等亦多与子孙相关，再加上生子众多的斗母星君(北斗七星之母)，可谓集送子诸神于一堂。甚至宫内建筑墙体砖都雕绘麒麟送子图案，极力彰显此一庙宇特点。

由此之故，自清中叶开始，斗母宫成为祈子者麇集之地。清人曾衍东

① (明)王锡爵:《东岳碧霞宫碑》,乾隆(黄钤)《泰安县志》卷十一《金石·明》,第46页。

《小豆棚》卷七《僧道部·常静莲》云:"岱岳斗姥宫……客则以祈嗣为名,神前拜祷。"①彭云鹤《相思引·初见幼侄》词云:"能得佳儿千里外,堪征先兆十年前(自注:戊戌(乾隆四十三年,1778)春,同家雪嵋代伊求嗣于泰山斗母宫)。"②潘守廉《泰山求子》:"佳名斗母点天宫,清净佛门自不同。也学俗人求得子,暗中默祷育飞熊。"③而且由此形成了拴娃娃等众多风俗。道光时徐宗干《求嗣》云:"富媪群生母,红门万丈开。今日抟人去,明年抱子来(题注:山麓斗母宫、红门宫等处,抟土为娃,士女求子者,以红丝扣之,然祷嗣于山,古人固有行之者)。"④同治时胡恩燮《患难一家言》中记云:"至斗姥阁下舆小憩。庙祝悉优婆夷,略如无锡惠泉之风,客至陈食榼,导余至送子观音前拈香。余见殿上结草皆满,尼欲与余结亲家,余愕然,询舆人,知此间风俗,凡求嗣者,尼以泥孩数百,听客检取,检定出银,系其颈,得子后为尼之徒,预起乳名,署券与客。余方乏嗣,仿其俗而行之。"⑤民国初林纾《娃娃老账》记云:"泰岱之斗母宫,尼僧最盛。……庙中祀天妃,座中列泥童十数。祈子者投钱于炉下,尼为诵经咒,指一泥童,尼为命名,或曰'准有',或曰'准得',即奉尼为师。祈子者摩泥童子之首,呼曰:'准有,从阿爹归也。'出时,署名于簿籍,题曰:'某人求子,永保千秋。师某人,徒某人,即准有也。保人某人。'保人者,证其得子后必酬尼以金。籍上大书曰'选娃娃老账'。"⑥民国《惠民县志》记泰山香社云:"及朝山归来,人多不如来时之规矩,群到斗母宫拴儿拴女,鬼混一阵。"近代斗母宫住持正品也对拴娃娃过程有所叙述:"拴娃娃者用红头绳(绳两头拴有一对制钱)拴定小泥娃娃,师父用帖子写上娃娃的名字和本人的名字,交给拴娃娃的人带回家去。拴娃娃者要交一吊至五吊钱(富宦人家交的多),如带去所拴的泥娃娃,得交五元或更多的钱。"⑦

---

① (清)曾衍东著,盛伟校点:《小豆棚》,齐鲁书社2004年版,第111页。

② 张宏生主编:《全清词·雍乾卷》第10册,南京大学出版社2012年版,第5556页。

③ (清)潘守廉:《对凫绿影》,民国二十三年(1934)排印本,第10页。

④ (清)徐宗干:《斯未信斋诗录》卷四,《清代诗文集汇编》第593册,上海古籍出版社2010年版,第430页。

⑤ (清)胡恩燮:《患难一家言》,江庆柏等整理:《南京愚园文献十一种》(上),南京出版社2015年版,第297~298页。

⑥ (清)林纾:《畏庐小品》,北京出版社1998年版,第316页。

⑦ 正品口述,严文圣笔记:《五十八年的尼姑生活》,中国人民政治协商会议山东省委员会文史资料研究委员会编:《文史资料选辑》第15辑,山东人民出版社1983年版,第171页。

其俗不独行之民间，仕宦亦多遵信者。清梁恭辰《北东园笔录续编》卷一“梁督部”云：“梁晚香先生（肯堂）……先生之长子某，尝祷于泰山碧霞元君祠，而生小槎，后由部郎出守顺德。凡祷于碧霞君者，例以祠中土偶归供宗祠中。”近代名公张勋、孔令贻于此宫求嗣灵验，进一步扩大了斗母宫影响，渐次成为泰山之上最为重要的求子神庙堂。

拈香献祭。香社朝山时“沿路遇庙烧香，逢寺拜佛”。[①] 泰山沿途叩拜较多的寺庙有红门宫、万仙楼、斗母宫、水帘洞旁元君庙、壶天阁后元君庙、朝阳洞、岱顶碧霞祠及山后后石坞、山下灵应宫等。碧霞祠为主祭之所，宝卷中描述了致祭场景：“进殿内，朝金面，参拜圣母。金圣母，银娃娃，供在殿中。手拈香，口祝赞，进香还愿。先卦（挂）幡，后上袍，焚化钱粮。”[②]民国《惠民县志》称：“直莅绝顶，朝奶奶金面，发钱粮号佛，打金银眼。”其中较有特色的仪式为“打金银眼”，香客往大铜钱孔中投掷小钱，以卜吉凶。清人孔宪圭《烧香曲》描述：“更有一户锁琅珰，金钱斗大悬中央，以钱击钱乞儿郎。青钱堆积三尺强，拜者致祷词正长。”[③]除了掷铜钱，其他祭品也多投于殿中。斯坦利（Charles Alfred Stanley）记云：“主殿的内门由重重的木门组成，通过此门，人们从更远或更近处抛入祭祀的物品供奉给安放泰山奶奶灵魂的寺庙。如果你没扔进去，唯一要做的事就是再扔一次，这样你就及时地收获好运，帮你实现诉求。礼物主要是铜钱、布或纸做的小鞋子，有时是银子或大约飞碟一个样大小的烤饼。在我们登山那一天，大寺庙地上散落有十英寸厚的礼物，大约都是表达这类诉求。中国人说透过这道门扔进的礼物，有时候能埋到一个站人的肩膀上。”[④]

民众进献之物除上述钱币、衣鞋外，还多有各种祭器什物。如红门小泰山咸丰碑信女张孟氏、陈张氏等“自五年为始，敬献钟鼓；六年，敬献黄罗宝伞；七年，敬献龙凤旗幡；八年，敬献幻门幡杆”。民国乙卯（1915）历城北斗永善香社献有“龙拐铜荷花提炉两对，铜风烟炉两对并铜盘”等。这类实物

① 民国《惠民县志·泰山香社》。

② （明清之际）《泰山天仙圣母灵应宝卷》，中国社会科学院文学研究所藏本（李梦提供）。

③ （清）孔传铎：《阙里孔氏诗钞》卷十二，《山东文献集成》第3辑，第41册，山东大学出版社2009年版，第206页。

④ [美]斯坦利：《泰山和孔子墓》，转引自田芬：《17世纪以来西方人眼中的泰山》，山东大学出版社2021年版，第89页。

尚存多件，泰安市博物馆藏青花云龙纹瓶，其识文称："江西饶州府浮梁县景德镇信士程时振，敬造大宝花瓶壹副，在于泰山顶上娘娘御前恭还供奉，专保父亲程珊寿命延长，兄时恭、弟时启合门皆吉，及自己买卖往回平安，百事遂意，福有攸归。万历己亥年(1599)孟秋月吉日书。江西饶州府浮梁县景德镇信士程时振施舍。"[①]又今碧霞祠大殿置铜磬，其铭文称："大清国山东东昌府博平县城西北离城四十里时家庄，弟子黄万兴敬献铜磬壹口，磬重一伯(佰)余斤。上太安州娘娘庙供用。光绪二十二年(1896)五月初三日吉立。"

另外，自明末以来民间盛行向碧霞元君求签的风俗。小说《梼杌闲评》中有"碧霞元君显圣降灵签"回目(第一回)。红门宫、碧霞祠中均置有此类灵签，以供香客求取与神灵"交流"。其俗延至清末民初，民国作家老太婆(许兴凯)《泰山游记》中详述在碧霞祠求签过程及灵签内容。[②] 另岱庙藏民初刊《东岳灵帝灵签》，功用格式与碧霞签类似。

火池焚楮币。古人祭泰山，最初祭品或用牺牲，或用果品，或用香烛。至唐代纸钱渐行，《旧唐书》卷一三〇《王屿传》载玄宗时王屿任祠祭使，"每行祠祷，或焚纸钱，祷祈福祐，近于巫觋。"宋人岱顶避风崖题刻："青州何子通诣顶献香纸。"[③]又元丰时有《东岳永安香纸经文醮会社建之记》。皆系以纸钱祭泰山的较早记录。由于这一风俗盛行，纸钱成为东岳庙会上的畅销品。甚至出现凿纸钱的绝技，南宋曾三聘《因话录·绝艺》载："蒋大防母夫人云：少日随亲谒泰山东岳，天下之精艺毕集。人有纸一百番，凿为钱，运凿如飞，既毕举之，其下一番，未尝有凿痕，其上九十九番则纸钱也。"[④]

碧霞信仰兴起后，沿用此纸祭习俗。此后又出现了一纸钱形式，即用锡箔制成元宝状，俗称金银锞子；另有一种用作祭祀的纸制神像，名纸马。泰城各店多制作销售于香客，俗称纸马店。乾隆十年(1745)"二月二十八夜间，南关居民魏天冲纸马铺内起火"[⑤]。道光刘煜熙《鲁中十景一卷》云："店

① 吕成龙：《中国古陶瓷款识》，紫禁城出版社 2004 年版，第 89～90 页。

② 老太婆(许兴凯)：《泰山游记》，北平读卖社 1934 年版，第 37～38 页。

③ (宋)《岱顶避风台题名十二种》，《山左金石志》卷十八，《历代碑刻丛书》第 15 册，江苏古籍出版社 1998 年版，第 164 页。

④ (元)陶宗仪：《说郛》卷十九，《说郛三种》，上海古籍出版社 1988 年版，第 352 页。

⑤ (清)喀尔吉善：《奏为泰安济宁先后火警酌加抚恤事》(乾隆十年三月二十日)，中国第一历史档案馆藏宫中档朱批奏折(全宗号 04-01-01-0117-016)。

内有金银大锞二个，专卖上山烧香之客。令一人背负跟随上山，又用钱一千文。”[①]光绪薛于瑛《登泰山记》云：“余登泰山时，见金马、纸钱堆满名山。”[②]道光时张朴《泰山烧香竹枝词》其二自注：“山上沿路茶棚内，多道士供备金银锞宝。”[③]民国蒋维乔《山东游记》云：“余等来此，舆夫亦以为香客，时时絮语，谓来此必买纸锭进香，可获福佑。”[④]

日本学者桑原骘藏《考史游记》记云：“自岱庙（东岳庙）前经过，出登封门，即泰安府北门，其间出售纸钱的店铺鳞次栉比，登岳者购之供奉于碧霞宫。纸钱似兴起于唐代，今清国风俗，送葬祭神皆用之。”[⑤]同时期日本间谍宗方小太郎《北支那漫游纪》言香客店主诱卖元宝香纸：“予刚抵客店……店伙来予室，从容问曰：闻老兄明日有泰山进香之事，我已预备元宝香，明早为兄携从。予问曰：元宝香（用金银色纸制成之香，呈元宝形）价钱几何？曰：约一串文。”[⑥]

香钱焚烧地点，集中在岱顶碧霞祠之火池。《泰山道里记》云：“大门外为焚帛炉，又曰火池，远近谒者焚楮币于此。”[⑦]王钟霖《家言随记》补注中述道士言：“元旦至除夕，岱间炉不断火。”[⑧]因锡纸镕化后可以回收，故池灰一直为道士重要经济来源。乾隆时毛大瀛《谒碧霞元君祠》诗云：“君不见，火池赤光照天地，远近之人焚束币。守祠道士见欲狂，灰烬中间有美利。”（自注：“祠前有火池，为远近祝釐者焚帛之所，每日焚至数万，道士扫其灰烬复为陶铸，可得上品锡数百觔。”）[⑨]故争利甚烈。雍正十二年（1734）十一月，京来道纪司郭有奇、侯贤礼与本庙道纪司牟位兴“夺官纸炉锞灰，并恳分庙祝银两”，据刑部题本

---

① （清）刘煜熙：《鲁中十景一卷　尼山八景一卷》，上海图书馆藏原稿本，第34页。

② （清）薛于瑛：《薛仁斋先生遗集》卷八，《清代诗文集汇编》第624册，上海古籍出版社2010年版，第860页。

③ （清）张朴：《信拈草诗集》，《北京师范大学图书馆藏稀见清人别集丛刊》第20册，广西师范大学出版社，第137页。

④ 蒋维乔：《蒋维乔自述》，泰山出版社2022年版，第203页。

⑤ ［日］桑原骘藏：《考史游记·山东河南游记》，张明杰译，中华书局2007年版，第125～137页。

⑥ ［日］宗方小太郎：《宗方小太郎日记（未刊稿）》上册，甘慧杰译，上海人民出版社2016年版，第50～52页。

⑦ （清）聂鈫：《泰山道里记》，《四库全书存目丛书·史部》第242册，齐鲁书社1996年版，第799页。

⑧ （清）王钟霖著，周生杰、周恬羽整理：《王钟霖日记》，凤凰出版社2017年版，第367页。

⑨ （清）毛大瀛：《戏鸥居诗钞》卷六，清嘉庆七年刻本，第8页。

称："该州岳庙内纸炉锞灰变价一项，向系本庙道纪司所得，有京来道纪司二人欲夺此项利息。"[①]官司一直打到朝廷。

立碑送匾。雍正朝纪迈宜《泰安进香词二十七首》其二十："大碑小碣矗如林，苔青藓绿纷相侵。叮咛莫将名姓蚀，留表黔黎答报心。"[②]香社勒碑记名更为一时风尚，明张岱《岱志》中言："又有进香姓氏，各立小碑，或刻之崖石，如'万代瞻仰''万古流芳'等字。"[③]现灵岩寺大雄宝殿壁有题记 180 余条，红门小碑林有 35 方，灵应宫有 28 方，王母池有 6 方，连同其他各庙总数超过 400 方[④]，集中反映了明清以迄民国香社的繁盛景象。除立石碑外，还有立阴碑制度，即将纪事姓名写于纸碑，祭毕焚化。[⑤] 香社所献匾额亦多，碧霞祠东殿眼光殿有民国三十六年(1947)"受安之佑"匾，后旁有商号及善众题名，多达 165 位。[⑥]

进香后的狂欢。"上山竭蹶下山轻，三百青蚨沽一斗。"[⑦]香客完成进香礼仪后，立即从斋戒清修，转入世俗的狂欢，"荤酒狎妓，惟所欲。"[⑧]这其间最吸引香众的项目有三，一是宴饮纵欢，一是征歌观剧，一是购买土物。

香会中的戏曲曲艺活动，在文献中多有记述。宋元丰《东岳永安香纸经文醮会社建之记》云："至清明日，社众开启，鼓乐闻作，□东西三庙，沿路□圣帝及□殿呈戏献曲。"元杂剧《小张屠焚儿救母》第二折《紫花儿序》云："作戏敲锣，聒耳笙歌，不似今年上庙的多。"碧霞祠、关帝庙、王母池、城隍庙皆建起戏楼(乐舞楼)，一逢香会，弦歌箫鼓相闻。张岱《岱志》记岱庙所见："戏台四五，数千人如蜂如蚁，各占一方。锣鼓讴唱，相隔甚远，各不相溷也。"

---

① (清)允礼(总理事务兼总理刑部事务)等：《题为会议山东参革泰安知州纪迈宜贪劣不职一案依律定拟援赦免罪事》(乾隆元年八月二十四日)，中国第一历史档案馆藏内阁题本(全宗号 02-01-07-13514-004)。

② (清)纪迈宜：《俭重堂诗》卷三，《四库未收书辑刊》第 8 辑，第 26 册，北京出版社 2000 年版，第 569 页。

③ 参见(明)张岱：《娜嬛文集》卷二，紫禁城出版社 2012 年版，第 68 页。

④ 张用衡、马东盈：《泰山石刻史》，山东人民出版社 2019 年版，第 319 页。

⑤ 参见叶涛：《"勒夫阴碑"臆断——泰山香社碑刻新考之一》，《泰山学院学报》2021 年第 1 期。

⑥ 参见王子正史：《泰山名匾》，方志出版社 2023 年版，第 163～164 页。

⑦ (清)高珩：《朝岱》，《般阳诗钞・栖云阁诗》，《山东文献集成》第 3 辑，第 39 册，山东大学出版社 2009 年版，第 88～89 页。

⑧ (明)张岱：《陶庵梦忆》卷四，上海古籍出版社 1982 年版，第 39～40 页。

《岱览》亦载："每当祈赛云集，布幕连肆，百剧杂陈。"①清末岱庙内有茶馆、茶棚近十家，据西人记称："庙院阔地皆为茶摊、拉洋片摊、江湖郎中及唱戏说书者所占据。"②

演出场地除庙宇外，多集中于西关。清赵国麟《游泰山记》："郭西天书宫外，新演梨园。"③张朴《泰山烧香竹枝词》其六云："喧阗无限笙歌会，同乐升平太古春。"(自注："香客多住西关，十锦杂耍，并四乡玩戏，俱设场于此。")④香客店也成为重要舞台，张岱记称时一店之中"演戏者二十余处，弹唱者不胜计"⑤。《醒世姻缘传》第六十九回："到了店家……摆酒唱戏，公同饯行。当中坐首席的点了一本《荆钗》，找了一出《月下斩貂蝉》，一出《独行千里》。"⑥嘉庆时王培荀《乡园忆旧录》卷五描述："山下多旅店，专待进香之人。入其宅，五花八门，院院有戏。"

一些名艺人也纷纷至泰安作场献艺，明末袁中郎即记述了"齐有优娥"，"馆于泰山之逆旅"。⑦ 清末犁铧大鼓女艺人谢大玉驰誉香会。甚至还有外邦异族艺妓躬与盛会，"胡女复弹筝傅粉，歌呜呜以撩行客"⑧。"泰山讴"(即后世之莱芜梆子)之形成，也与泰山香会紧密相关。

《天仙圣母源留泰山宝卷》中言："住一晚，到早辰(晨)，去买人是(事)。整行礼(李)，离店家，回路登程。"⑨《醒世姻缘传》中亦云："天下的货物都来赶会，卖的衣服首饰、玛瑙珍珠，甚么是没有的？奶奶们都到庙上，自己拣着相应的买。"⑩民国《惠民县志·泰山香社》云："及朝山归来，……到泰安城里，一游岱庙，买一些土物(多儿童玩品)，匆匆言归。"泰安土特产以铜制品、

---

① (清)唐仲冕：《岱览》卷六《总览三·岱庙上》，清嘉庆十二年果克山房刻本，第 9 页。

② [英]慕阿德：《泰山》，《皇家亚洲文会北华支会会刊》第 43 卷，1912 年，第 8 页。

③ (清)赵国麟：《登泰山记》，《拙庵近稿》，《山东文献集成》第 2 辑，第 32 册，山东大学出版社 2009 年版，第 322 页。

④ (清)张朴：《信拈草诗集》，《北京师范大学图书馆藏稀见清人别集丛刊》第 20 册，广西师范大学出版社 2007 年版，第 138 页。

⑤ (明)张岱：《陶庵梦忆》卷四，上海古籍出版社 1982 年版，第 40 页。

⑥ (清)西周生著，翟冰校点：《醒世姻缘传》，齐鲁书社 1993 年版，第 532 页。

⑦ (明)袁中郎：《德充符》，《袁中郎全集》卷十二，《四库全书存目丛书·集部》第 174 册，齐鲁书社 1997 年版，第 530 页。

⑧ (明)祁承㸁：《澹生堂集》卷十二《记》，国家图书馆出版社 2012 年版，第 177 页。

⑨ (明清之际)《泰山天仙圣母灵应宝卷》，中国社会科学院文学研究所藏本(李梦提供)。

⑩ (清)西周生著，翟冰校点：《醒世姻缘传》，齐鲁书社 1993 年版，第 523 页。

白蜡幹及儿童玩具最为知名。泰安县城内有“铜器行街”，铜店聚集，制作精良，成为馈赠佳品。《醒世姻缘传》写香社离泰安时，店主宋魁吾送了香头老侯、老张每人“一个十二两重的小杂铜盆”。[①] 高珩诗有“归遗儿女买铜钲”[②]之咏。本地所产白蜡幹，亦成为集市上抢手货品。诸可宝《泰山进香词》其十二云：“下山何物入归装，腰脚新疲意态强。买得西关白蜡幹，先教替杖后为枪(原注：土物以白蜡幹为最)。”[③]最受欢迎者，莫过于品种丰富的儿童玩具，清邑人乔子忠有《作哨》诗云：“西北楼旁黄土壤，捏成鸟兽声声响。幼曾业此以为生，直到于今常泣想。”[④]甚至被外国游历者所关注。美国学者贝克(Dwight Condo Baker)记称：“在回家的途中，香客们总是满载从这座圣山的灌木丛路边购得的纪念品，有龙头拐杖，给孩子的玩偶和哨子，还有给留在家中的妻子的锡制护符和耳环。”[⑤]故刘晓艺在论述泰山吸引会众的因素时，其一便是“兼作购物之旅的便捷性”[⑥]。

狂欢即毕，香客腹充眼饱，行囊满满，踏上归程。一年一度(或数年一度)的香社活动，至此画上休止符。

六、香社地域

“铁瓦铜楹佳丽地，进香人自九州来。”[⑦]泰山香社不只参与人数众多，而且分布地域渐广，“山东西、河南北，岁时道路，不绝于行”。[⑧] 明谢肇淛称：“渡江以北，齐、晋、燕、秦、楚、洛诸民，无不往泰山进香者，其斋戒盛服，虔心

① (清)西周生著，翟冰校点：《醒世姻缘传》，齐鲁书社 1993 年版，第 533 页。

② (清)高珩：《朝岱》，《般阳诗钞·栖云阁诗》，《山东文献集成》第 3 辑，第 39 册，山东大学出版社 2009 年版，第 88～89 页。

③ (清)诸可宝：《泰山进香词》，《璞斋集·诗三》，《清代诗文集汇编》第 758 册，上海古籍出版社 2010 年版，第 703～704 页。

④ (清)乔子忠：《乔子遗书》卷二，《泰山丛书》本，第 115 页。

⑤ [美]贝克：《泰山：中国圣山东岳》(*T'ai Shan: An Account of the Sacred Eastern Peak of China*)，商务印书馆 1925 年版，第 10 页。

⑥ 刘晓艺：《衣食行：〈醒世姻缘传〉中的物质生活》，上海古籍出版社 2019 年版，第 288 页。

⑦ (明)陈第：《泰山夫人庙》，《五岳游草》卷五，《四库禁毁书辑刊·集部》第 57 册，北京出版社 1997 年版，第 421 页。

⑧ (明)孟思：《重修碧霞元君行宫记》，《孟龙川文集》卷十五，《明别集丛刊》第 3 辑，第 48 册，黄山书社 2016 年版，第 240 页。

一志，不约而同。”[①]今从泰山现存几处（红门宫、万仙楼、斗母宫、灵应宫）香社碑林（灵岩香社碑因部分未涉碧霞崇祀，暂不列入），梳理其中所体现的香客地域[②]，并与史志相互印证。

泰安本土的香社碑，几乎囊括了泰山周边全部村落。如红门宫道光二十六年（1846）碑香众来自新店、郗家官庄、北墠等庄，咸丰五年（1855）碑香众来自鲁东冶、崅峪等庄，同治八年（1869）碑香众来自城东曲沟地方南王庄；遥参亭民国“合山会”碑，系聚合了杏园、大河峪等周边上百村庄。万仙楼、灵应宫碑上还频繁出现新泰、肥城、莱芜等周边属县。

山东其他州府如济南府、东昌府、兖州府、青州府、莱州府、登州府，也悉数出现在香社碑中。这也可在方志中获得印证，如明王用中《新城县泰山行宫记》云：“新城（今山东桓台）者畿辅近邑，民生于斯，多好义事神。每岁冬春，率跋涉徒跣，经千里而之泰山进香，动数百人。”[③]清初王鸿绪《禹城道中》有“摩顶焚香续续人”句（自注：“见进香泰安者甚多”）。[④] 临清“俗尚泰山进香，自二月初起，至四月中止。回香之日，亲友具酒出迎”。[⑤] 博山光绪三十二年（1906）《泰山社新造碧霞元君神辇记碑》：“吾泉河头庄，自前有泰山进香一社，至今犹仍。”[⑥]《樵史演义》所写明末白莲教首所组香会，地点便在郓城县。邹平泰安会延续至民国。[⑦]

明清京师（顺天府）为碧霞元君重要信仰区，来自该区的香社众多。见于碑者有漷县、武清、房山、宛平、良乡、大兴、文安、香河、永清、东安、固安、霸州、昌平州等。如斗母宫南院清乾隆四十四年（1779）《高恩等进香碑》称：“南瞻部州大清国京都顺天府南路厅文安县信士弟子香头高恩，锣主李维良，驾主刘子利，蜡主马士伟，管事人刘美盛、张子立、董大贤、谷永增、金子福、马德荣等，暨领四府八县各里各甲众善人，献蜡进香于泰山圣母位前。”

---

① (明)谢肇淛：《五杂组》卷四，上海书店 2001 年版，第 66 页。

② 张冶、宫延鹏：《泰山万仙楼明代香客题名碑分析初探》，《泰山学院学报》2022 年第 2 期。

③ 民国《新城县志》卷十六《金石》，第 11 页。

④ (清)王鸿绪：《横云山人集》卷十六，清康熙刻增修本，第 12 页。

⑤ 乾隆《临清州志》卷十一《风俗》，第 51 页。

⑥ 赵卫东等主编：《山东道教碑刻集 · 博山卷》(上)，齐鲁书社 2013 年版，第 335 页。

⑦ 参见卢资平：《邹平三十年代前后几种农民自发组织》，《邹平文史资料选辑》第 6 辑，1991 年，第 180 页。

京师以外的直隶州府，见于碑者则有河间府、保定府、大名府、真定府、顺德府等各属州县。明谢肇淛《麈余》言："万历癸卯(1603)正月，大名民有结伴往泰山进香者，其首周某。"[①]康熙五十七年(1718)直隶总督赵弘燮奏河间府有一批旗人男妇，"自称皇姑，奉旨泰安进香"[②]。以上即为事例，怀来县鸡鸣驿壁画所绘碧霞元君修道经游场景，应是本地香社进香之旅的写照。

除去北直，应属河南信仰最盛。天书观、后石坞、三阳庵(观)三处尤受到豫众崇奉。据天书观铁塔题名，其捐铸者主要来自开封、怀庆二府。[③] 万仙楼碑上的香社题记则遍及开封府、归德府、彰德府、汝宁府、怀庆府、卫辉府、彰德府等属下州县。三阳观以开封府香社居多，清康熙三十二年(1693)信士题名碑云："大清国河南开封府陈留县各保不同人氏，见在城西南任家寨居住，奉道朝山，□香恭叩天仙圣母，祈福保安。"其香道多走东平、肥城一线。扈鲁山(今肥城孙伯镇)万历三十四年(1606)《重修天仙圣母行宫碑记》称："矧斯山麓，又系直隶、河南诸省朝山进香之通衢。"

来自山西的香社也不乏其例，如万仙楼碑上有平阳府、太原府、潞安府、大同府。平阳府霍州碧霞元君庙有明刘熙庙记称："迩年以来，郡人当岁首率裹粮徒跣，不惮千里而之泰山进香者，动以百计。"[④]

另一个信仰重镇则在东北地区，早在明末万仙楼碑上便有沈阳卫与穆家堡人题名，二地系辽东卫所、堡寨。清代，随着"闯关东"的兴起，大量山东移民入居东北，促进了泰山香社遍地开花。红门宫碑林内民国"义和香会还愿碑"称："民国八年(1919)四月，香会等人在奉天西丰县高立木子、黄草牌、齐家堂、小孤山相聚营生，深明在外作(做)事环境之下，非团结不为功，随于是月联络同乡，假香会名义来团结，即许愿于岱岳圣母佃(殿)前：大家如平安完全归家，愿许在岱岳圣母佃(殿)前悬木扁，建立石碑。"另一"善与人同"碑称："民国十年(1921)仲暮之春，吉林省滨江县瘟疫流行，死者不计其数，见者注目寒心。有泰莱贾君联斌、郑君书箴等于斯生理，诚心祝祷，祈碧霞元君之灵应护佑苍生，不惟祷者，俱无灾恙，祷后而瘟疫随止。乃各捐资财，

① (明)谢肇淛：《麈余》卷二，明万历刻本，第22页。

② 中国第一历史档案馆编：《康熙朝汉文朱批奏折汇编》第8册，档案出版社1985年版，第105页。

③ 张剑葳：《泰安天书观铁塔》，《中原文物》2015年第2期。

④ (明)刘熙：《建东岳碧霞元君庙记》，康熙《鼎修霍州志》卷九《艺文》，第26页。

树碑而以答神庥。”此皆为“闯关东”在泰山香社上的投影。

在江南地区，泰山香社也有广泛分布。见于明万仙楼碑中有来自南直淮安府、徐州（江苏）、凤阳府、池州府、徽州府（安徽），浙江杭州府、衢州府、绍兴府及江西抚州府等地的香众。

西北地区此类香社相对较少，但在碑中偶有其踪，如万仙楼碑有陕西西安府、巩昌府（位于今甘肃省）等香客题名。

从题名碑来看，香客的主力在山东，其次则为北直隶、河南、江南地区。对香社地域的分析研究，非本节所能容纳，但仅从上所罗列，亦可足见其辐射面之广、参与者之众。《醒世姻缘传》言：“那云南、贵州、川湖、两广的男人妇女都从几千几万里家都来烧香。”①以上几处地点尚待实证，但据今学者考，广东、四川、甘肃、湖北、湖南、云南、贵州、福建均有碧霞庙祀②，其地存在泰山香社或非虚妄。

七、香客大店

上述游人香客的竞相来临，使得泰山旅店业应运而生，盛极一时，且逐步形成了自己的经营特色。其客店风貌，犹如一幅多姿多彩的“清明上河图”。

目前所知关于泰山旅店的最早记载，见于《魏书》卷六七《崔光传》，载北魏景明、延昌间，青州治中崔敬友“置逆旅于肃然山南大路之北，设食以供行者”。所说肃然山，在今莱芜寨里镇王许村附近。崔敬友在肃然山设置逆旅，说明当时泰山附近旅客日多，交通畅达而繁荣。唐宋以后，前来泰山的达官、庶众日多一日。宋人苏辙《游泰山四首》之《初入南山》诗中有“云木散山阿，逆旅时百室”之句。《岳下》诗中更详细描摹了当时城郭服务业的空前繁盛：“春深草木长，山暖冰雪溃。中巷无居人，南亩释耕耒。车徒八方至，尘坌百里内。牛马汗淋漓，绮纨声猝䌨。喧阗六师合，汹涌众流汇。无复问谁何，但自舍耽爱。龙鸾画车服，贝玉饰冠佩。骅骝蹴腾骞，幡旆飞晻暧。

① (清)西周生著，翟冰校点：《醒世姻缘传》，齐鲁书社 1993 年版，第 524 页。

② 参见王元林、孟昭锋：《明清时期碧霞元君信仰的地域扩展》，《贵州文史丛刊》2012 年第 3 期。

腥膻及鱼鳖，琐细或蒲菜。游憧愧无赍，技巧穷殊态。”[①]元初东平人赵天麟在《太平金镜策》卷四《停淫祀》中也记述：“今乃有倡优戏谑之流（民间艺人），贷殖屠沽之子（商贾），每年春季，四方云聚，有不远千里而来者，有提挈全家而至者。”[②]旅游与进香活动出现前所未有的高峰。

当时旅店以民间开办的香客店和寺庙中设立的馆舍为主，其中香客店尤为繁盛。《水浒传》第七十四回中描绘云：“（东岳）庙上好生热闹，不算一百二十行经商买卖，只客店也有一千四五百家，延接天下香官。到菩萨圣节之时，也没安看人处，许多客店都歇满了。”[③]元杂剧《黑旋风双献功》中还具体写到泰山附近的火炉店：“小可是这火炉店上一个卖酒的，但是南来北往官员士庶人等，都在我这店中安歇。”[④]这虽是小说戏曲铺张之言，但宋金元时旅店繁荣却是事实。金代杨伯仁《大金重修东岳庙碑》中记载：“庙之西南隅，旧设舍馆，宾客往来，皆止焉。郡吏时率倡乐以娱之，……终夜喧哗。”[⑤]足见其时泰山旅店中分外热闹的景象。

明代旅店受到官府的鼓励和保护，当其盛时，仅城中便有数百家。嘉靖五年（1526）泰安州学正李镕《姚别驾总巡泰山记》载，东昌府通判姚奎司理香税时，免除旅店科税事：“附城为客邸者数百家，前此尝科敛之。先生曰：‘蜗涎自润，顾欲渔猎之耶？吾不忍也。’”[⑥]旅店不仅设于州城，而且遍布山中，后来发展成远近知名的天街“市庐”。

泰山香客店无比繁荣的景象，在当时文学作品中有较多的反映。晚明张岱在《陶庵梦忆》卷四作了生动细致的描述：“客店至泰安州，不敢复以客店目之。余进香泰山，未至店里许，见驴马槽房二十三间；再近有戏子寓二十余处；再近则密户曲房，皆妓女妖冶其中。余谓是一州之事，不知其为一店之事也。投店者，先至一厅事，上簿挂号，人纳店例银三钱八分，又人纳税

---

① （宋）苏辙撰，陈宏天、高秀芳点校：《苏辙集·栾城集》卷五，中华书局1990年版，第95～97页。

② （元）赵天麟：《太平金镜策》卷四，《四库全书存目丛书·集部》第21册，齐鲁书社1997年版，第670页。

③ （元）施耐庵：《水浒传》，人民文学出版社1975年版，第1016页。

④ （元）高文秀：《黑旋风双献功》，《全元曲》第2卷，河北教育出版社1998年版，第198～199页。

⑤ （金）杨伯仁：《大金重修东岳庙碑》（于立岱庙大殿前庭），《山左金石志》卷十九，《历代碑志丛书》第15册，江苏古籍出版社1998年版，第191页。

⑥ （明）汪子卿：《泰山志》卷三《登览》，《泰山志校证》，黄山书社2006年版，第535页。

山银一钱八分。店房三等，下客夜素、早亦素，午在山上，用素酒果核劳之，谓之接顶。夜至店，设席贺，谓烧香后，求官得官，求子得子，求利得利，故早贺也。贺亦三等：上者，专席，糖饼、五果、十肴、果核，演戏；次者，二人一席，亦糖饼，亦肴核，亦演戏；下者，三四人一席，亦糖饼、肴核，不演戏，亦弹唱。计其店中，演戏者二十余处，弹唱者不胜计，庖厨炊爨亦二十余所，奔走服役者一二百人。下山后，荤酒狎妓，惟所欲。此皆一日事也。若上山落山，客日日至，而新旧客房不相袭，荤素庖厨不相溷，迎送厮役不相兼，是则不可测识之矣。泰安一州与此店比者五六所，又更奇。"[①]又所撰《岱志》中也有类似记述："离（泰安）州城数里，牙家（旅店从业人员）走迎，控马至其门。门前马厩十数间，妓馆十数间，优人寓十数间。向谓一州之事，不知其为一店之事也。到店：税房有例，募轿有例，纳山税有例。客有上中下三等。出山者送，上山者贺，到山者迎。客单数千，房百十处，荤素酒筵百十席，傒优弹唱百十群，奔走祗应百十辈，牙家十余姓。"[②]所叙客店之繁盛，真令后人叹为观止。明毕自严《三叟同游记》中则记云：崇祯十年（1637）三月"庚申，抵泰安，自香店外无寓客者"[③]。至此泰安之旅店业已成为香客店的"一统天下"。

明清易代使旅店业受到严重影响，至康熙年间始行复苏。雍乾之际，清廷下诏废除香税，致四方进香人众激增，泰山旅店再次呈现繁兴之势。乾隆二十五年（1760）张体乾所著《东游纪略》记叙香客店景象："傍午抵泰安，寓城西刘氏客馆，馆可容千余人。主人云：邻宋氏馆且容三千人不止也。颜黄门（之推）曰：河北不信万斛之舟，江南不信千人毡帐。谅哉斯言。"[④]客店规模之大，让张体乾为之惊诧称奇。嘉庆时王培荀《乡园忆旧录》卷五亦描述："山下多旅店，专待进香之人。入其宅，五花八门，院院有戏。计其一家，出水之沟七十二，客枕积累，盈三四间屋，邻省无远弗至，终年不绝。"[⑤]这种盛况一直延续到清末。清李仲昭《天隐北游日记》卷下云："每岁朝山以正月初四日始，北自关东，西至河南，南至江南，东际海滨，道路相属，旅店宿客常千

① （明）张岱：《陶庵梦忆》卷四，上海古籍出版社 1982 年版，第 40 页。

② （明）张岱著，夏咸淳辑校：《张岱诗文集》，上海古籍出版社 2014 年版，第 236 页。

③ （明）毕自严：《石隐园藏稿》卷三，《明别集丛刊》第 5 辑，第 2 册，黄山书社 2016 年版，第 61 页。

④ （清）张体乾：《东游纪略》卷上，《四库全书存目丛书·史部》第 128 册，齐鲁书社 1996 年版，第 674 页。

⑤ （清）王培荀：《乡园忆旧录》卷五，齐鲁书社 1993 年版，第 262 页。

人，搭台唱戏，至四月八日乃封山也。”[1]托名鸿都百炼生之《老残游记下编》第二十五章《黑龙潭边风云变色，蒿里山内宾主偕游》言：“到了（泰安）南门大街，生意铺面却甚齐整，人烟也甚稠密。并有几处旅店饭馆，房屋宽敞，装修华美。清虚道：‘此处街面，却有点南边的风景。’老残说：‘你不见这里的街道极宽吗？这就是南北的通衢了，所以才有这些旅店饭馆，因是专做过往客商的生意，自然与别处不同了。’”[2]

经过百余年的经营发展，规模宏大的府城香客店已多达八家。刘汉卿店，即张体乾所云“城西刘氏客馆”，在大关街南，其店之戏班最为著名，民间有“待要听，刘汉卿”之说。“邻宋氏”即宋海扬店，建于大关街南侧，店以清初泰安富商宋机名号而起名，“机字云客，号海扬，庠生，以孙垤贻赠儒林郎。住大关”[3]。机父宗洙在泰城拥有众多宅邸及商产，故机与弟权（号和扬）皆营香客店业。乾隆初纪迈宜参革案卷中提及纪氏家人“常至东关（疑应为西关）宋海扬、宋和扬店内宿娼”[4]。客房皆上等瓦房，时谚有“住瓦房，找海扬”。乾隆五十九年（1794）诗人李鼎元游岱时，居于“泰安城西之宋园”[5]，即海扬店舍。张大山店，坐落在北关青龙街北。店头张姓，城东南上高村人，“大山”是其店号，子孙三代相继经营。夏金章店，位于铜器行街。徐默阳店，位于财源西街、大车档对过之路北。刘岱（载）阳店，位于通天街，灵应宫所存光绪十七年（1891）东光进香碑，立碑者即“店东刘载阳”。王炎店，位于财源街，旧协祥酱园西北。唐家店，位于泰城北门外傅公街（此街北通岱宗坊），岱庙配天门西侧所存宣统二年（1910）昌邑香会碑，立碑者为“点（店）主唐德明”。另时泰安客店有香客、行客之分，道光时刘煜熙记称：“泰安府：西门外系香客店，专住烧香之客，一切甚不妥便；南门外吕祖阁前系行客店，专住过往客商，极便当。”[6]

诸店以各地香客为接待主体，中多设供神小庙，香客到店先上香磕头，

---

① （清）李仲昭：《天隐北游日记》卷下，民国二十年（1931）杭州文艺书店铅印本，第 20 页。

② 佚名：《老残游记下编》，百新公司 1916 年版，第 4 页。

③ 《泰山宋氏宗谱》卷二“十世宗洙支”，清咸丰刊本，第 26 页。

④ （清）允礼等：《题为参革泰安知州纪迈宜贪劣不职一案依律定拟依赦免罪事》，中国第一历史档案馆藏内阁题本（全宗号 02-01-07-13514-004）。

⑤ 薛春龙：《黄易友朋往来书札辑考》，生活·读书·新知三联书店 2021 年版，第 481 页。

⑥ （清）刘煜熙：《鲁中十景一卷　尼山八景一卷》，上海图书馆藏原稿本，第 40 页。

以示报到。清人赵怀玉《登岱七十韵》诗注即记:“逆旅主人多奉泰山神,将登山,必先致告。”[①]客房分不同等次,单独院落专接仕宦缙绅,此外便是群房,是普通香客的下榻处,每屋大通铺可宿三十余人。张大山店最盛时有五六十间厅房,共占地八大亩,可容纳香客五六百人。店内伙食亦分三等,上等的有鱼翅、海参大席,中等为鸡鱼鲜菜,低等的则是大锅菜。各店员役众多,统一着装,内务外联,迎来送往,各司其职。服务周到,礼数周备。在经营上也颇具特色,每年秋后,店主都要选派有联络才干的店伙,携带土特产分头前往各府县,拜会当地香火会首,招引朝山时下榻本店。甚至通过地方头面人物为之“拉客”(具体事例可见《赵仁圃相国两世苔芩录》中田同之致赵函)大年初一凌晨,各店店伙手持大书“某某店拜”的朱红封套,或持标有店名的木牌,提携店名灯笼,侍立四厢驿道以迓远客。《醒世姻缘传》第六十九回便写到此场景:“行至泰安州教场内,有旧时下过的熟店宋魁吾家差得人在那里等候香客。看见老侯两个领了许多社友来到,宋魁吾差的人远远认得,欢天喜地地飞跑迎将上来。……众人跟着到了店里。”[②]道光时张朴《泰山烧香竹枝词》其三云:“店主遥从远道迎,万千帖子著分明,黄旗接得先行到,开口平安问几声。”(自注:“山下有专住烧香店户,四外先行张贴名号,并差人远接香客。”)[③]客到后,设酒洗尘,次日拂晓送客上山,香客下山,店主还要设宴为客人“道喜”,离店时再备盛宴饯行。每值春夏,进香人众,接连不断,各店上下彻夜不眠,人员分班轮流值役,进店者、上山者、下山者,应接不暇。[④]

香客店不但承接食宿,还同时办理娱乐、“引山”(导游)、雇舆等相关服务。旺季时再搬请戏班,演唱大戏。如张大山店中即设有戏楼,招邀莱芜艺人到此作场,有身份的香客还可点戏选曲。到时把碧霞神轴悬挂在大厅正中,恭请“赏戏”。除了游赏娱乐,香客店还承办为香社立碑撰记等事宜,在灵应宫所存清代香社碑中,便保留了不少相关记录:康熙二十六年(1687)高密进香碑,立碑者为“店主张云霄”;光绪十六年(1890)与十九年平原等地进

① (清)赵怀玉:《亦有生斋集》卷八,《清代诗文集汇编》第419册,上海古籍出版社2010年版,第160页。

② (清)西周生著,翟冰校点:《醒世姻缘传》,齐鲁书社1993年版,第531页。

③ (清)张朴:《信拈草诗集》,《北京师范大学图书馆藏稀见清人别集丛刊》第20册,广西师范大学出版社2007年版,第137页。

④ 参见吴延文、萧宝万:《张大山香客店》,《民俗研究》1989年第4期。

香碑，立碑者均为“店东王灿章老店”；光绪十七年（1891）东光进香碑，立碑者为“店东刘载阳”。

香客店以诚信重义为经营理念。其中流传着店主义救弃儿的传说：明朝州南白峪庄有名徐大用者在泰城开店，一天有东平州人携子来店，让代他上山将子投崖，以还当年救母舍子之愿。大用声称已将孩子舍下山崖，其实暗中收养，长大后交还其父。据明人宋焘《泰山纪事·人集》“舍身崖纪异”称：“此儿后有成立，且富于财，年年来谒元君，且拜店主人徐翁为再生之父也。”[①]又《重修泰安县志》载有“淄川杨国泰宿（姜）禄店中，病乏资，禄养之三年。及愈，予以资本，为生活计”。[②] 唐家店也流传着类似一则故事，说每年都有一位南路老香客来，其人甚贫，店主热情相待，不收店钱，后老香客说因年迈不能再来，为表酬谢，留一药方，治幼儿病很见疗效。可谓香客店主行善之报。

清末因社会动荡，香客店经营渐蹶而不振。据时人卢汉倬记：“（嘉庆）甲戌十九年（1814），初馆金星庙，夏迁于宋氏老店。同窗名传文（宋海扬后人）。家居、厅舍、廊宇整齐，台榭周回。后二十年（道光十四年，1834）再过其地，余破屋数椽，瓦石满地，不胜慨然。”[③]宣统二年（1910）津浦铁路开通后，不断有新型旅馆出现[④]，与传统的香客店展开竞争。《泰山游览志·旅舍》中记云：“泰安自津浦通车后，来游者益众，而营逆旅业亦是乎日进，旧时专供香客之宿止，如宋海扬、刘汉卿、刘岱阳等所谓八大店者，强半衰歇矣。”[⑤]在这些新兴起的旅店冲击下，“艳闻”数百年的泰山香客店渐成为历史陈迹。

---

① （明）宋焘：《泰山纪事·人集》，《四库全书存目丛书·史部》第232册，齐鲁书社1996年版，第628页。

② 民国《重修泰安县志》卷八《人物志·乡贤》，第40页。

③ （清）卢汉倬：《卢星舫自著年谱》，《泰山丛书》本，第3页。

④ 据民国十二年（1923）《泰山指南》记载，当时泰安的新式旅店有铁路宾馆（火车站旁）、大生（岱庙西）、泰来（岱庙前通天街）、德兴（西街）、茂兴（西关彩云街）、诚兴、泰阳旅馆（均在菜园街）、大升、泰东（均在城内）等。

⑤ 王连儒：《泰山游览志·杂录》，泰安砺志山房1933年版，第148页。

第十六章
碧霞香税:从宫祠香钱到入山山税

所谓“香税”,乃是明清时期官方对朝山香客征收的一个特殊税种。当时征收香税之名山虽有多处,但若以税额之巨、影响之大而论,当首推东岳泰山。因之泰山香税便成为备受史家关注的论题。明清时记述者已不乏其人,而开研究先河者为民国学者王亨豫先生之《泰山香税考》,惜原文已佚。[①]此后相关研究有日本汉学家泽田瑞穗先生之《泰山香税考》[②],其文不仅对泰山香税置废始末及征收数额作了考论,还对正德开征香税之前的元明香钱问题予以关注,并特别留意了香税裁革后的“扫殿”制度,均为他家所未涉及。北京大学韩光辉先生《泰山香税考》[③]系统考释了泰山香税的源起、税额、征收和使用情况;南开大学成淑君先生《“自是神人同爱国,岁输百万佐升平”——明代泰山碧霞灵应宫香客经济初探》[④]则从一个侧面分析了香税对于国家和地方经济的积极作用。台湾彰化师范大学蔡泰彬先生《泰山与太和山的香税征收、管理与运用》[⑤]不仅以详尽的史料探析了泰山与太和山香税的意涵以及征收、管理与运用情况,且首次区分了两种泰山香税(入山香税与顶庙香钱)的不同性质,认为“前者为强制性,对朝山香客课征一定金

① 其目见王亨豫:《岱臆》,山东省博物馆藏原稿本。

② [日]泽田瑞穗:《泰山香税考》,《中国的民间信仰》,东京工作舍 1982 年版,第 298 页。

③ 韩光辉:《泰山香税考》,《泰山研究论丛》第 5 集,青岛海洋大学出版社 1992 年版,第 189～191 页。

④ 成淑君:《“自是神人同爱国,岁输百万佐升平”——明代泰山碧霞灵应宫香客经济初探》,《济南大学学报》(社会科学版)2003 年第 3 期。

⑤ 蔡泰彬:《泰山与太和山的香税征收、管理与运用》,《台湾大学文史哲学报》第 74 期,2011 年。

额的税款；后者则是随香客意愿，自由奉献神明，没有定额”，颇具启发意义。

这一题目的最新研究，则有台北“中研院”史语所邱仲麟先生之《明清泰山香税新考》。[①] 其文一个突出特点，是利用多种数据库对四部文献作了几尽竭泽而渔的检索，搜罗之富，远超前贤。该文在掌握丰富资料的基础上，对泰山香钱被官方监管及入山报名香税始征的时间、混施香钱之扫殿盘点制度的发展、万历至雍正间香税的税率变化、总巡官与分理官的设置情况、山东地方官府香税分配款的运用等等重加考索，使乱若丝棼的香税沿革渐次明晰。

然纵观前辈与时贤的泰山香税考论，虽已深入其阻，唯缘于一些重要史料的缺项，致香税几个关键环节仍眉目不清。笔者依据最新发现的资料（上述诸文皆对泰山石刻资料关注较少，而此尤为本文援引重心所在），对诸家研究作了订补（因邱仲麟文最后出，且史料搜采最为完备，故本篇主要以邱文作为订补对象）。主要有以下几个创新点：据宋人杨万里所撰《杨公墓志》，考证北宋时泰山香钱之管理体制；据明人黄瓒《公务疏》，揭示明代地方官府与宦官围绕香钱征收之争斗；据康熙《重修观音殿碑》及《泰安施氏家谱》，考出清入关伊始曾设置“管理香税总巡厅”，香税管理遂由山东省下移至泰安州之史实；据王士俊密折及“开山洪恩碑”，考析康熙时山东官吏开山免税的举措，为王士俊奏请废除香税之先声；据乾隆上谕档，指出香税裁革不久，碧霞祠扫殿即行恢复举行，后作为“封山礼”中一个仪程一直延续至清末；据新发现的税票实物，证实同治年间泰安府重征入山报名香税，且随着清末财政大权的转移，其税由“国家税”改为“地方税”。兹依次对诸事考述如下。

一、宋元香钱之制度

泰山香钱的征收，可溯源至宋代。泽田瑞穗与邱仲麟两先生均注意到北宋赵鼎臣《游山录》中所言东岳庙“决水池中所投物，籍而归之观中，县吏察焉”[②]，认为这是政府管控泰山香钱的较早记录。邱文并据《宋会要辑稿》

---

① 邱仲麟：《明清泰山香税新考》，《台大历史学报》第 53 期，2014 年。

② （宋）赵鼎臣：《游山录》，《宋代日记丛编》(2)，上海书店出版社 2013 年版，第 624 页。

所记大中祥符二年(1009)"泰山庙每岁四方之人所献物色,……其后本处官吏取为月俸",将其制远溯至真宗一朝。

而据笔者新发现的史料,北宋泰山香钱的管理权历经了由东岳庙令、奉符县令到袭庆知府的演变过程。其证见于南宋杨万里所撰《中奉大夫通判洪州杨公墓表》:

> 公讳存,字正叟,一字存之。……公幼日诵数千言,未十岁,能属文。既冠,第元丰八年进士,授郴县尉。……授知袭庆府奉符县。奉符,岱岳祠廷在焉,仕者相传,以为膏腴之邑,令与祠官同掌其利,故前令多墨。公为置策书,凡四方之民捐金钱以奉香火者,皆书之,属之祠官,隶之府廷。[1]

按:杨存,江西庐陵人,元丰八年(1085)进士,历官至洪州通判,钦宗立(1126),授朝议大夫致仕,归吉水故里,建炎戊申(1128)正月九日卒,寿七十一。《中奉大夫通判洪州杨公墓表》作者杨万里为其曾侄孙。墓表载存知奉符县时,东岳庙香火钱系由东岳庙与奉符县行双重管理,故而前任知县得以伙同庙令上下其手,大肆贪黩。杨存到任后,改革旧制,设置"策书"(登记簿),凡捐施财物皆由庙令负责记录在案,而财物则"隶之府廷",即将香钱的管理权移交袭庆府,"已无与焉",奉符知县不再参与管理。又墓表称杨存"授知袭庆府奉符县",按兖州改袭庆府事在政和八年(1118),则杨存改制时间应在政和之后。这次改制虽事出偶然,却反映出岳庙香钱在官府财政中日渐重要,最终促成其管理权上移。

金代五岳庙管理体制发生变更,废除庙令而属之道士。《大金集礼》卷三十四《岳镇海渎·杂录》载大定之制:"大定十三年(1173),送下陈言文字:该嵩山中岳(庙)乞依旧令本处崇福宫道士看守。礼部拟定:委本府于所属拣选有德行名高道士二人看管,仍令登封县簿、尉兼行提控。蒙准呈。续送到陈言文字:该随处岳镇海渎祠,……乞选差清高道士专一看守。契勘岳镇海渎系官为致祭,祠庙合依准中岳庙体例,委所隶州府,选有德行名高道士

---

① (宋)杨万里:《中奉大夫通判洪州杨公墓表》,《杨万里诗文集》(下),江西人民出版社 2006 年版,第 1999 页。

二人看管祠庙。”[①]东岳庙由道士住持，为庙制一大变革。此时香钱是仍归州府还是委之道士，史料中缺乏记述。但时至元代，却是尽更宋制，将阖庙香资悉付之道士。[②] 这除去泽田、邱氏文中所引顾炎武《山东考古录》之说外，更有第一手资料堪为证凭。元代政书《通制条格》卷三十《营缮》“岳祠”条云：

> 至元二十九年(1292)三月，中书省。御史台呈：近为东岳庙荒废不曾修理，合从朝省选差有德清洁道士，主管祠事。仍与本处官司，一同收管每岁香钱，公支使用，其余污滥道众，悉皆遣退。行据集贤院备道教所呈：“除差廉干道官充提点，及将不应道士遣退外，据香钱一节，累奉圣旨节该，令本庙住持提点道官管领，就用增修庙宇。”[③]

御史台本意是要求本地官员与道士同掌香钱，但集贤院援引圣旨，香钱令本庙住持提点道官管领，将州府排除在外，足证顾炎武所说“是时香钱，固未尝以入官也”[④]。又元人徐世隆《岳阳重修朝元观记》云：“天倪承命，遂鸠工抡材，虽时经凶年，亦勉力成之，其费皆出会真常住，岳顶香资，掌教所助净财，支用殆尽。”[⑤]天倪即泰山住持道人张志纯，其修庙动支经费中包含“岳顶香资”，可见是时泰山香钱确由道士所掌握。

二、明代香钱之争夺

明代征收泰山香税(入山门票)，传统的说法是启于正德十一年(1516)山东镇守太监黎鉴之奏请。邱仲麟先生对此作了周密考证，认为“自成化初年起，泰安州官员开始加以监管(包括东岳庙与玉女祠等)。这笔宗教性的捐款，至晚在弘治年间已被官方征用，成为地方财政的预备金”。而“黎鉴应该是欲直接掌握泰山香钱的征收，而非‘创造’入山报名香税的制度”。

---

① (金)张暐等：《大金集礼》，文渊阁《四库全书》本，第 264 页。

② 参见《泰山东岳庙圣旨碑(1324 年)》，蔡美彪编：《元代白话碑集录》(修订版)，中国社会科学出版社 2017 年版，第 206 页。

③ 方龄贵：《通制条格校注》，中华书局 2001 年版，第 742 页。

④ (清)顾炎武撰，王晓真译注：《山东考古录译注》，中国文联出版社 2002 年版，第 36 页。

⑤ 陈垣等编：《道家金石略》，文物出版社 1988 年版，第 650 页。

邱文关于黎鉴“欲直接掌握泰山香钱的征收”的这一推论，笔者在明人黄瓒疏中获得直接证据。这条文献不仅有助于了解东岳庙香钱制度，还可借以洞知碧霞宫香税开征的原因，故不避冗长，引录于下。

《公务疏》：正德十一年六月初一日，节准工部咨：该本部题：看得太监黎鉴乞降敕旨，自请提督收受香钱，雇觅夫匠置买物料修理庙宇一节。但该司查有前项题奉钦依已经咨行都御史黄瓒会同委官修理，再难别议。其称三月之久，不行会同修理，切恐都御史黄瓒到彼未久，况巡抚一方，政务繁冗，或文移未到，宜再查催。仍照前奉钦依事理钦遵，不许自分彼此，致误政务。及称前项香钱折支各官俸给估价太轻，合候命下之日，本部仍咨都御史黄瓒行令布政司，今后折支俸价，务要估计时直两平折算，不许任情轻重，亏损官钱，致招物议未便等因。该本部题奉圣旨：“泰山香钱既所委官不能体悉公议，还着镇巡等官，或亲临、或差人不时点视，毋得乘机浪费。会案官日久不报，着回话来。其神所有废，以时修理，钦此。”钦遵合咨前去。烦照本部题奉钦依内事理，钦遵及转行钦差镇守山东兼管临清御马监太监黎鉴并布按二司、守巡等官一体钦遵施行等因。备咨到臣。卷查正德十一年三月二十一日，先准工部咨为乞恩存留香钱修理岳庙山路以崇香火事，该本部题看得镇守山东地方太监黎鉴奏称岳庙道路，年久倾颓，要将本庙岁收香钱，颇勾修理，不须动扰地方，买办物料，及要降敕提督修理一节，为照东岳泰山为国家应祀正神，庙宇损坏，固当修理，但本山香钱，递年俱系山东布按二司、巡守官员督同州府委官人等收受毕，日量留供应香火外，其余钱粮俱送本布政司贮库，以备军卫有司并王府官吏准折俸价支用。缘今山东连岁兵荒，官民困敝，仓库空虚，全赖香钱，较之往年，十无二三，所据前议，相应区处。合无候命下之日，本部备行巡抚山东副都御史黄瓒公同镇守太监黎鉴，会委彼处布按二司、巡守官员，督同府州委官，将正德十一年本山香钱照旧收掌。查本山庙宇道路等处损坏若干，合用工料若干，从公估计明白，就委巡守官督属量支香钱，收买物料，雇请夫匠，依式修理，刻期完报。其余香钱仍送布政司作正支销，不许别项花费。如此庶工程不误，事体归一，实为两便。及据乞要降敕提督，本部查无事例，臣等未敢轻议，等因。该本部题奉圣旨：“是这庙宇道路，递年有损坏的，着镇守巡抚等官，督同该委官员支给香钱修理，务要坚完。钦此。”钦遵合咨前去，烦照本部题奉钦依内事理，钦遵转行镇守山东地方兼管临清御马监太监黎鉴并山东布按二司、该道守巡等官壹体钦遵施行，等因。备咨到臣。已于本月二十二日备仰布按二司转行镇守、巡按衙门并该道守巡官员一体钦遵，知会施行去后。随于本月二十九日取据布按二司转呈钦差镇守山东兼管临清御马监太监黎鉴、巡按山东监察御史张羽知会缘由，依准在卷，待候该道守巡官员亲诣查勘前项庙宇道路等处有无损坏若干，合用工料若干，估计明白呈报，臣方行公同镇守太监黎鉴委官会案督并修理。查得……（以下述因各职官调动及紧急公务等情，不录）凡此之类，皆地方事之大且急者，其他琐屑，不敢尘渎圣听，缘此事务繁冗，以致各将前项庙宇估计修理缘由迟误呈报。臣除将布按二司违慢首领官并司道承行该吏提问究治，仍催督该道守巡官钦遵查勘，应否修理庙宇道路等处，损坏若干，合用工料若干，估计明白，至日公同镇守太监黎鉴会委修理，及行令布政司，今后折支俸价，务要估计时直，两平折算，不许任情轻重，亏损官钱，查访得出参究外，为照臣猥以庸劣，误蒙圣恩，擢任巡抚，任事以来，有地方重大之责，一应禁约时弊，节缩民财，凡臣职业所当为者，罔敢因循故息，以负朝廷任使。顾以禀赋愚戆，动辄龃龉，虽臣之心每尝自讼，未之能改。且自以为项庙修理，系干动支钱粮，必须估计停当，然后会行，庶几论定见审，不致临时无据，缘此少淹旬日，非谓不与之会也。况转行知会，此亦文移常体，非谓必须亲自移文，然后乃为知会，其不然也审矣。但臣失于未曾先达其情，专候勘报，以致迟慢，诚为有罪。如蒙伏望皇上弘天地之量，霁雷霆之威，特赦将臣罢黜投窜，或容令臣会同修理，臣不胜待罪殒越之至。缘系该部查催，及奉钦依“泰山香钱既所委官不能体悉公议，还著镇巡等官或亲临、或差人，不时点视，毋得乘机浪费，会案官日久不报，着回将话来。其神所有废，以时修理事理”，以此具本，专差承差武昂亲赍谨具奏闻，伏候敕旨。[①]

这篇公文，系镇守山东太监黎鉴与工部及山东巡抚黄瓒关于泰山庙工的一番争议，其中涉及了泰山香钱的管理，尤为关键。首先说黎鉴之题奏。明初朝廷大量派遣太监镇守各地，而“正德时，随着官僚政治的腐败和宦官势力的扩张，镇守中官的设置更加泛滥”，“设置旧额被突破、委任程序被打破、镇守中官对地方事物进行全面干预并直接参与地方叛乱、在各地掀起搜刮民财的狂潮”。[②] 关于镇守山东的黎鉴，各史对其行径颇多描述，《明史》卷一八八《王相传》：“镇守中官黎鉴假进贡苛敛，相（巡按山东御史王相）檄郡县毋辄行，鉴怒诬奏于朝，逮系诏狱”；又《武宗外纪》：“时太监黎鉴家人，有以科敛得罪者。鉴惧，悉所有以献，既复取偿于有司，珝（山东巡抚王珝）不可。鉴以头触之，遂相格斗。”[③]可见其人乃一纵恣不法的宵小之辈，因垂涎泰山香钱之富，便借口岳庙道路岁久失修，奏请由其“提督收受香钱，雇觅夫匠置买物料修理庙宇”，其实质是要求将泰山香钱管理权由山东藩司转移己手。明武宗偏听偏信，严旨申斥“香钱委官不能体悉会议”，并“着回将话来”。一场宦海波澜由此引发。

以明代公文惯例，庙工文牍应先由工部负责处理。工部官员对事件原委深明底里，故在题奏中对山东官员多加开脱回护。山东巡抚黄瓒接到工部移文后，一面上疏深自引罪，报告庙工迟误之由，一面承应尽快估修庙宇道路。但对黎鉴所请自行提督香钱之请，以山东连岁兵荒，兵困仓虚，全赖此款支应为由，予以严辞拒绝。镇守太监与地方官吏关系隔膜之深、权利争夺之烈，在香钱之争中暴露无遗。黎鉴攫取香钱之谋告吹后，只好另谋财路，于是方有了三个月后“请收（碧霞元君祠）香钱，以时修理”[④]之奏请。这确如邱仲麟文所论：“黎鉴奏请收香钱，可能是将碧霞元君香钱的掌握权，由文官转移至镇守太监一方。”

---

① （明）黄瓒：《雪洲集》卷十二，《四库全书存目丛书·集部》第43册，齐鲁书社1997年版，第155～157页。

② 方志远：《明代国家权力结构及运行机制》，科学出版社2008年版，第277页。

③ （清）毛奇龄：《武宗外纪》，《明太祖平胡录》，北京古籍出版社2002年版，第90页。

④ 《明武宗实录》卷一三九，《明实录》第36册，台北“中研院”史语所1967年影印本，第2733～2734页。

明武宗虽对黎鉴的奏请予以批准，但由于石天柱等人的谏阻，碧霞祠香钱并未交付镇守太监管理，仍属之山东官府。明史专家黄仁宇在论述香税时称："在这一税源中，经常提到的两个圣地是山东的泰山和湖广的太和山，名义是由礼部管理，由其负责那里寺观的维护与修缮。但实际上香税是由主持两处圣地的太监征收。"①此说不确，太和山香税固掌宦官之手，而泰山之税虽由太监建议启征，但在万历朝税监介入之前，管理权一直控于地方官府。② 以致湖广官吏多次吁求仿泰山税制，将太和山税务由内监移交藩司。③

不过黎鉴这一奏请也透露了一个重要信息，即碧霞宫香钱在泰山香钱中比重日大，以致他与黄瓒纷争后不再纠缠岳庙香钱归属，而专奏索管碧霞宫香钱。本来官府对泰山香钱的管控范围包括东岳庙与碧霞宫二处，但明正德以后的记录中往往只提后者不提前者，似表明东岳庙香钱征收已告停止。其裁革于何时？史料上无明确记录。从信仰背景上推考，应不晚于嘉靖朝——大抵明朝中期开始，东岳大帝神威渐次被碧霞元君所取代，所谓"元君盛香火，肸蚃走郡国。……神道亦乘除，青帝遂失职"④，以致东岳庙"自朝廷遣祭与有司岁祀外，民间远近无飨者"⑤。香火冷落，混施钱自然也随之减少。在此情况下，明廷遂止岳庙香钱征收，而专意于碧霞宫，嘉靖三十七年(1558)确定顶庙香钱上缴制度："泰山顶庙香钱，除幡盖袍服等物照

---

① [美]黄仁宇：《十六世纪明代中国之财政与税收》，阿风等译，生活·读书·新知三联书店2001年版，第327～328页。

② (明)黄立极《明奉直大夫睢州刺史念蓼刘公(文会)暨配宜人任氏合葬墓志铭》："泰安州多负逋租，公署事(刘文会，字弘道，大名人。以济南同知署泰安州事)，取其旧衡衡之，不如式毁之，民称便，自是泰无负逋者。州旧有泰山香税，中使时染指焉。公至，驳其檄，即投劾求去，中使素知公名，惮之，乃止。"据此知宦官与地方官府税权之争甚烈。

③ 如隆庆元年(1567)《兵部咨为楚民困敝已极，恳乞圣明轸恤，并处太和事宜以苏凋瘵事》称："及查得：泰山香火比之太和山尤多，向无内臣提督，其所入香钱，亦止山东参议一员总理，抚按会委佐二官轮流监收。今太和山事体实与相同，既经巡按御史陈省具题，前来相应依拟，恭候命下，将太和山分守太监吕祥取回，以后永行裁革。"[(明)裴应章：《郧台志(校注本)》，长江出版社2006年版，第166页。]

④ (清)钱谦益：《四月十一日登岱五十韵》，《牧斋初学集》卷十三，上海古籍出版社1985年版，第365页。

⑤ (清)宋起凤：《稗说》卷二，中国社会科学院历史研究所明史室编：《明史资料丛刊》第2辑，江苏人民出版社1982年版，第67页。

旧该省官员折俸外，其余金银首饰等项按季解部。”[①]岳庙香钱征收之废，或即在同时。

三、明清香税之置官

如前所考，宋代泰山香钱掌于袭庆府，明前期则由泰安州管理。明中叶朝廷正式启征泰山（入山）香税后，设置了一套完整的管理制度，委任了专司香税的总巡官与分巡官。蔡泰彬、邱仲麟两先生文各对见于史录的总、分各官作了详尽考录，并对其任职身份作了分析，邱文最后结论是：“担任总巡者包括：府同知（正五品）、府通判（正六品）、卫经历（正六品）、布政司理问（从六品）、府推官（正七品）、府经历（正八品）。担任分理官者包括：州同知（从六品）、州判官（正七品）、知县（正七品）、县丞（正八品）、县主簿（正九品）。”

蔡、邱二文的梳理基本完备，可作补充者，为充任总巡之职官尚有都司断事。大观峰云峰摩崖顶端有题刻云：“大明嘉靖三十七年（1558）岁在戊午三月十三日，德府长史司左长史吴庆隆、总理香税山东都司断事朱政同游记此。”[②]按：断事为都指挥使司属官，正六品。这说明香税督理有时亦选派军官为之。[③] 另，香税总、分巡官皆系征调邻近州府官吏充任，一般不委用泰安本地职官，但亦偶有破例。明郑一麟《征仕郎山东济南府泰安州通判联璧陈公墓志铭》载：“陈公讳文学（1563～1609），字所蕴，……服阕，补山东泰安州州判督粮。公按比有法，民皆乐输。岱宗之下冠盖鳞集，公周旋无失坠。温

---

① （明）查志隆：《岱史》卷十三《香税志》，马铭初、严澄非校注：《岱史校注》，青岛海洋大学出版社1992年版，第189页。

② 此刻清孙星衍《泰山石刻记》第37页及袁明英《泰山石刻》第1231页均有著录。

③ 对于历任总、分巡的明代人物，除去邱文所考出者，还可再举出几人，分别是万历朝济南通判黄一桂（明顾宪成《泾皋藏稿》卷十七《故承德郎山东济南府别驾莲岩黄先生暨配许孺人合葬墓志铭》），嘉靖朝莱州推官申旞（清崔迈《尚友堂文集》卷下《明考功郎申旞传》），万历朝姜奇方（明汤显祖《宣城令姜公去思记》，《汤显祖集》第4册，中华书局1962年版，第1110页），嘉靖长清县县丞居尧、隆庆平原县县丞唐延龄、淄川县县丞张淪（《泰山石刻记》著录题名），万历德平县县丞杜时泰（灵岩寺郑材诗碑）。另外在岱顶摩崖上，还有一位分巡官的德政颂。大观峰西有榜书摩崖“顶庙清官”，上款为“嘉靖辛酉秋九月吉日为”，下款为“委官阳信县丞任阡立”。参见袁明英主编：《泰山石刻》第4卷，中华书局2007年版，第1248页。按民国《阳信县志》卷二《职官志·县丞》：“任阡，济源人，监生，仁厚朴实。以裁去。”大约这位任阡在分理顶庙香税期间襟怀坦荡，一尘不染，从而赢得“顶庙清官”的美誉。

直指如璋嘉其能，檄入棘闱，寻委辖岱宗香税，备列四弊，两台以为然。腊月移居碧霞宫，历三季，溢正税逾万。或从谀之曰：'好官多得钱耳，此囊中物也。'公愕然曰：'吾家居清白有冰柏声，断不可阿堵玷吾簠簋。'尽归公帑。"①陈文学即是由巡按御史(温如璋巡山东在万历三十四年，1606)特简以泰安州判分巡香税。

入清之后香税管理体制有重大变更。新见《泰安施氏家谱》(创修于清康熙，乾隆至宣统屡有续修，今所见为民国钞本)卷首收有乾隆十四年(1749)施元度等撰《先王父暨先府君事》一篇，记述其居泰始祖施文明之事迹云：

> 我朝定鼎，(乌程人施文明)寄留长安……因话及泰山孙明复、石守道两先生讲学处流风如昨，胡翼之投书涧遗迹犹存，欲就不果行。适州主簿乏人，得捧檄来游，与州判于公(按此人为于清廉)前后抵任，而所司者香税也。尝徜徉山水，意萧然，遂卜居于济河、柳林诸村，盖顺治二年(1645)事也。抚军欧余方公(山东巡抚方大猷)廉知王父(施文明)贤，欲荐于朝。

按：清军于顺治元年(1644)六月入据泰安，次年戎马初戢，即委任施文明赴泰安州，管理香税事务，足见对此一税源的重视。关于施氏所任之"主簿"，依制度系县署之佐官，泰安为州，例不置此官，此或为州署佐职之代称。今于泰安夏张镇南故县村弥勒寺故址发现一方重修观音殿碑，碑高2.68米、宽0.68米、厚0.48米，记文后题"时康熙十一年(1672)岁次壬子七月戊申辛亥吉日，本庄居人于成龙叩首撰文。原任泰安州管理香税总巡厅施文明、夫人王氏、男生员施镰捐施碑石"。可知施文明正式官名系"管理香税总巡厅"。总巡在明代系临时委任之职，但清代却置"厅"专督香税，此为体制变化之一。另在明代，总巡例委济南或邻府(如东昌)佐官充任，不用泰安州吏员，清初总巡厅则隶属于泰安州。此为体制变化之二。改制之由，应缘于清人初入山东，动荡之中难以从容调度各府官吏来泰山司掌税务，于是在泰安州下增置总巡厅，专摄香税事务。

---

① 《宅埠陈氏宗谱》(浙江诸暨)卷二，清光绪十四年木活字本；上海图书馆编，王铁整理：《中国家谱资料选编传·传记卷》，上海古籍出版社2013年版，第235页。

泰安夏张镇南故县
《重修观音殿碑》题名（局部）

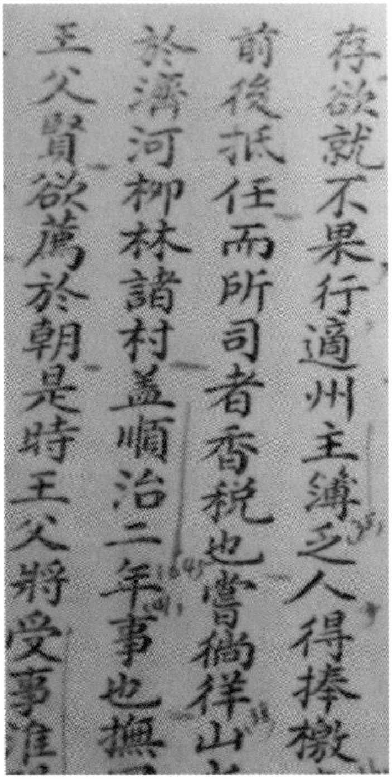
存欲就不果行適州主簿乏人得捧檄
前後祇任而所司者香稅也嘗徜徉山
於濟河柳林諸村蓋順治二年事也撫
王父賢欲薦於朝是時王父將受事淮

《泰安施氏家谱》书影

担任此泰安香税专官者，除施文明外，可考者尚有丁运昌，《琅琊丁氏家乘》载运昌为清顺治九年（1652）壬辰科武进士，“授泰安州香锞司，迁登州道标中军”。① 所谓“泰安州香锞司”，应系泰安州管理香税总巡厅之另一称谓。

唯“总巡厅”系易代之际的暂设机构，存在未几，便遭裁并，故各史志均未载此官。但香税征收却由此不再遥掌于山东布政司，而是专委于泰安州署。康熙《泰安州志》云：“按往例香税籍诸藩司……亦有念及官多禄繁者，令州守兼摄，于以省事节财，以惠及香火之地，近悦远来。”②台北“中研院”史语所所藏内阁大库档案中《题覆泰安州承收香税衙役张荣宗吕议罪》题本，所述涉案之香税掌管人员，先后为顺治十五年（1658）署任泰安知州苏祖荫与

① 转引自胶南市丁耀亢暨龙马文化学会：《走进丁耀亢故里》，胶南市丁耀亢暨龙马文化学会，2004 年，第 22 页。

② 康熙《泰安州志》卷二《田赋志·香税》，第 33 页。

新任知州曲允斌，由此可见由泰安司掌香税在顺治朝已成定制。遥参亭所立康熙朝泰安同知张奇逢《禁止舍身碑》："康熙五十六年(1717)丁酉六月六日夕，山水暴崩，盘路全冲，各宪处香税缺额，檄予至顶查收税单。"王士俊《奏为密请恩免征香税以昭诚敬事》："旧例各人进香，必取税钱……向在泰安州衙门投纳。"[①]可见泰安州吏司掌香税，一直延续到这一制度废止前夕。(其间也偶以济南府佐官署理过香税，如查慎行《欲登岱不果戏柬周通守燕客》："输他监税周签判，日日肩舆到上头。"[②]康熙初周在都尝以济南通判暂理泰山香税，但史料中仅此一例，系变格而非定制。)

另据上考，可连带解决清初小说《醒世姻缘传》的一个问题。关于小说所描述场景为明末抑或清初，学术界有不同认识。然检书中第六十九回《招商店素姐投师，蒿里山希陈哭母》"狄希陈又只得扶了素姐行走，渐次走到顶上。那管香税的是历城县的县丞，将逐位的香客单名点进"[③]，可知此一场景系明而非清。故笔者赞同袁世硕先生之见："以上事实表明，《醒世姻缘传》的作者必定是在明末生活过的人，明亡时已经有了相当的年纪和社会阅历，才会知道那些事情。"[④]

四、清代香税之裁革

雍正十三年(1735)十一月，新嗣大位的乾隆皇帝下诏将泰山香税悉数裁革，当世及后世莫不以为此革故鼎新之举，乃出之于少年天子的圣心独运。如时人韩锡胙所云："我皇上御极，诏永免其税。"[⑤]但新公布的档案表明，这一革新举措实出自大臣王士俊的密折奏请。

王士俊《奏为密请恩免征香税以昭诚敬事》云：

---

① (清)王士俊：《奏为密请恩免征香税以昭诚敬事》，中国第一历史档案馆编：《雍正朝汉文朱批奏折汇编》第29册，江苏古籍出版社1991年版，第891～892页。

② (清)查慎行：《敬业堂诗集》卷十一，张玉亮、辜艳红点校：《查慎行集》(浙江文丛)第3册，浙江古籍出版社2014年版，第251页。

③ (清)西周生著，翟冰校点：《醒世姻缘传》，齐鲁书社1993年版，第532页。

④ 袁世硕：《文学史学的明清小说研究》，天津教育出版社2008年版，第165页。

⑤ (清)韩锡胙：《碧霞元君庙碑》，《滑疑集》卷七，《清代诗文集汇编》第339册，上海古籍出版社2010年版，第96页。

臣王士俊谨奏为密请恩免征香税以昭诚敬事。窃照东省泰山顶上有碧霞灵应宫，自宋真宗时肇建，以祀碧霞元君，夙昔灵爽显赫。康熙二十三年圣祖仁皇帝东巡，御书匾额悬挂。臣于雍正十一年循查山东，登岱瞻礼，目击四方叩谒祈禳之众，摩肩接踵而至，委系福国佑民。但查旧例，各人进香，必取税钱，每名口计输银一钱四分，再加零星费用，约计二钱，向在泰安州衙门投纳，给予票照，至本山验讫，方准登山入庙，贫民力不能办，即不许登顶，于山脚叩头，怅怅而返，相沿已久。考其缘由，乃前明正德十一年镇守太监创行此法，迄今未革。臣查税之所出，或以田土，或以人丁，或以货物，未闻祷神进香而税之者也。祷神进香，本属诚敬，以此抽税，似于国家体制、小民输将，均有未合。况前明太监所昉，本非名臣经画，何足永远遵行。我朝富有四海，凡编审滋生，永不加增，蠲租赐复，不可胜计。况此进香之税，勒有定额，不论贫富，画一科敛，铢积寸累，民以为苦，而于国计，究无裨益。臣愚以为应请降谕旨，蠲免此项税银，洵属变通切要之图。臣查泰安香税每年额数约计一万两上下，内有修葺山路及东岳神祠公用银，并正副道官养廉、书役工食银，再碧霞元君殿公用银，均于此项取给，约费千有余两。臣向见浙江普陀山进香人民每名口入庙，不拘多寡，或百文，或数十文不等，悉听本人愿力，名曰"香钱"，即系本山僧人查收，以为公费。可否泰山亦照此例，听人自便，投纳香钱，不拘多寡，只令本山道人查收，以资各项公费，绰有余裕。恭遇皇上龙飞御极，泰山系出震之方，乙卯应长生之位，布新恩而敷圣泽，正在膺图受箓之时。臣管见如斯，未知有当与否？伏乞皇上圣鉴。再臣前巡抚湖北时，查武当山进香人民亦有香税，与泰山相类，可否一视蠲免，以昭浩荡皇恩，理合据实一并密奏。恭候谕旨施行。臣谨奏。

雍正拾叁年拾壹月拾伍日。

朱批：知道了。[①]

这道密折是关于香税裁革的原始文献，研究者少有引述(邱仲麟文引述

① (清)王士俊：《奏为密请恩免征香税以昭诚敬事》，中国第一档案馆编：《雍正朝汉文朱批奏折汇编》第29册，江苏古籍出版社1991年版，第891～892页。

而未作详论)。上此折者王士俊,字灼三,贵州平越(今福泉)人。康熙五十九年(1720)进士。历官河东总督兼河南巡抚、署兵部侍郎、四川巡抚。乾隆初年因屡条陈时政,获罪被贬而卒。士俊为政时论不一,乾隆帝斥其"为人巧诈",更有廷臣詈以"居心狡诈,行事乖张,怙恶不悛";另一种评价则是其居官"兴利除弊,摧锄奸贪,忠精干济,百折不回",虽偏于严酷,尚不失为济时干吏。当代学者也认为,王士俊在雍正改革中之作为"多有可取之处"。[①]

王士俊裁税的动议,萌发其巡视山东之行。雍正十年(1732)王士俊任河东总督(驻河南开封,管理河南、山东两省事务)后,为"巡历沿海一带,查看镇营兵防要隘事宜",于次年五月十二日自开封启程开始巡东行程,先后历济宁、滋阳、曲阜、泰安,二十五日抵达济南,停留十余日,就山东公务"与抚臣岳潜细加斟酌料理",六月初八日循青齐驿路,赴青登莱三府巡视,七月初二日返至济南,七月二十六日回至开封,前后凡70余天。此行中王士俊于五月二十三日至泰安州,登岱顶,有《登岱篇》七古纪行(诗碑今立碧霞祠院内)。诗前小引云:"巡山东至泰安州,遂登岱告成,而圣治崇巍,天庥洊至,具见于此,因作歌恭纪之,时雍正癸丑年五月廿三日也。"诗中对碧霞元君信仰予以密切关注:"岱山之高高无极,岱山之灵灵无匹,……礼云五岳视三公,岱宗之长尤□辉。出乎震,齐乎巽,长男长女联其宅。所以碧霞元君无异东皇称,太乙群帝端居凛妙颜。""珠幡宝盖是神宫,内帑输来焕金碧(自注:碧霞元君殿系雍正七年遣官新修)。祐民福国厘宸衷,震旦重来再世佛。"[②]其诗意要点为,视碧霞元君"无异东皇",亦即视其为朝廷正祀而非民间淫祀,其神"祐民福国",民众之奉祀活动应予认可。

基于这一认识,王士俊决心革此苛政。二载之后,雍正帝病逝,乾隆帝嗣位,王士俊遂借此契机,奏上密折,陈以利害。时乾隆帝视士俊为异己旧臣,将在着手肃清之列,不久(十二月)便借其办河南垦荒劝捐事不善,将之解任。但香税谏议并未受到王士俊仕途沉浮影响,迅速被乾隆帝诏准。

关于香税废止的原因,邱仲麟先生认为:"清初以降,上缴税额巨幅提升,入山报名税率大涨,其副作用是进香者越来越少,故一直到康熙中叶仍

① 李嘎:《雍正十一年王士俊巡东与山东政区改革》,《历史地理》第22辑,上海人民出版社2007年版,第98～110页。

② 袁明英主编:《泰山石刻》第4卷,中华书局2007年版,第1160页。

无法恢复晚明盛况，因此香税的总收入甚低。加上养廉银制度实施后，这笔收入必须全数上解，地方官可能觉得经收这一税项，于地方毫无裨益，而且平添困扰，奏请废止入山报名香税，不啻是一个省事的办法。”笔者则以为香税之裁革，除去税收本身之困扰——盛世时成贪渎之府，衰世时则成为厉民之阶外，尚有多重社会原因。

首先可能基于控制民间教派的考虑。康雍时期，地下民间宗教活动频繁，泰山老母信仰也被纳入其中。如康熙五十七年(1718)五月，直隶总督赵弘燮向朝廷奏报：河间府献县有“旗人男妇一伙，自称皇姑，奉旨泰安进香，住乡民杨来儒家，聚集道人，搭棚做会惑民”[①]。于是形成民间宗教与传统泰山信仰(非民间教派的进香组织)争夺信众的局面。下层香众因无力承担税银而难叩庙殿，很容易转化为民间宗教秘密集会。清初吴肃公《广祀典议》：“益之以碧霞元君远近投钱镪，饱巫祝，而岁征其税，不亦羞乎？”[②]即表达了对香税问题的严重关切。

康熙《开山碑》
(遥参亭《禁止舍身碑》背面)

其次更为直接的是，清初“杀鸡取卵”式的香税征收，对泰安地方经济造成沉重打击。明代以来，泰安主要经济来源便依赖于为香客提供服务的各项服务业。明人王士性《广志绎》卷三《江北四省》云：“泰山……数十万众，当春夏间，往来如蚁，饮食香楮，贾人旅肆，咸藉以为生。视嵩山、庐岳、雁荡、武夷士大夫车骑馆毂，专为邑中之累者，其损益何啻星渊？”[③]《岱史》也述称：“方其摩肩涉远，接踵攀危，襁至辐辏，岂特助国而已，舆厮赖以食力，市肆赖以牟利，僧徒赖以衣

① 中国第一历史档案馆编：《康熙朝汉文朱批奏折汇编》第8册，档案出版社1984年版，第105～106页。

② (清)吴肃公：《广祀典议》，《昭代丛书》乙集，《四库全书存目丛书·子部》第20册，齐鲁书社1995年版，第924页。

③ (明)王士性：《广志绎》卷三，中华书局1997年版，第54页。

钵，即行丐亦赖以须臾无死，诸所为地方利益甚博。”[①]所谓“以岱岳祠五方辐辏，皆浸淫于贸易之场，竞争于刀锥之末”[②]，正真实反映了泰安城依赖泰山香火而发展的现实。一旦香客绝迹，不仅使“香税缺额”，更势必导致地方经济一蹶不振。为此地方官吏不得不苦寻对策，采用类似当今节假日免票的方法，用以招徕香客。今有碑石可证此举：遥参亭存康熙四十年（1701）二月所立“开山碑”，上题“奉直大夫知泰安州事章老爷奉行德政，山东布政司刘大老爷、分守济东道朱老爷，大发仁慈，广开善路，开山自初八日至十八日洪恩碑”。“刘大老爷”即山东布政使刘暟，“朱老爷”即分守道朱雯[③]，“章老爷”即泰安知州章履成。所谓“开山”，当即向登山香客免征香税，免征时间从正月初八起至十八日止，为期十天。不过泰山香税是上缴中央财政的税收，地方官府只能暂时宽免，而无权加以彻底裁革。这一弊政到了雍正之末，最终在一意“兴利除弊”之河东总督王士俊主导下全面废止。

雍正十三年十一月二十四日，乾隆帝发布诏称：“朕闻东省泰山，有碧霞灵应宫，凡民人进香者，俱在泰安州衙门输纳香税，每名输银一钱四分，通年约计万金。若无力输税者，即不许登山入庙。此例起自前明，迄今未革。朕思小民进香祷神，应听其意，不必收取税银，嗣后将香税一项，永行蠲除。如进香人民，有愿舍香钱者，各随愿力，不得计觉多寡，亦只许本山道人收存，以资修葺祠庙山路等费。不许官吏经手，丝毫染指，永著为例。该抚即通行晓谕知之。”[④]乾隆元年（1736）六月十五日，巡按南漕监察御史常禄等奏请将裁革香税诏立碑岱顶，其文称：“巡视南漕监察御史臣常禄、臣鹿迈祖谨奏：为敬陈管见仰祈睿见事。臣等奉命巡视南漕，于本年正月内由陆路赴淮，道经泰山，瞻拜岱庙。伏思我皇上蠲免香税恩旨初颁，或有乡愚无知，被吏胥暗取分肥者，亦未可定。乃于登陟之余，体察民情，见百姓扶老携幼，群想告

---

① （明）查志隆：《岱史》卷十三《香税志》，马铭初、严澄非校注：《岱史校注》，青岛大学出版社 1992 年版，第 188 页。

② 乾隆《泰安府志》卷二《方域志·风俗》，第 29 页。

③ 雍正《山东通志》卷二五之二《国朝职官》，文渊阁《四库全书》本，第 11、21 页。刘暟，顺天大兴人，康熙三十七年（1698）任。朱雯，浙江石门人，进士，康熙三十八年（1699）任。

④ （清）弘历：《谕嗣后民人登泰山进香之税永行蠲除》（雍正十三年十一月二十五日），《雍正朝汉文谕旨汇编》第 2 册，广西师范大学出版社 1999 年版，第 371～372 页；《清高宗实录》卷七，《清实录》第 9 册，中华书局 1987 年版，第 285～286 页。

语者，喜气比东风偕畅，欢声共岱岳齐高，不假咨询，而民情已见乎词矣。而臣等犹鳃鳃过虑者，诚恐人心骛利，法久弊滋，即从前香税之设，未必不因地方官私自征收而起，若非彰明较著，垂诸永久，恐难裁不肖官吏相沿之陋习，而除明禁暗行之积弊。再臣详阅庙门外现竖左右石碑二座，其一恭勒世宗宪皇帝差内务府总管丁皂保等临修工程上谕，其一并未镌刻只字，一似有待于我皇上之恩纶而砻石作配者。臣等愚昧之见，恳请钦颁蠲免香税之恩旨，敕下山东抚臣敬谨上石，以垂永久。庶几祷祀者各得献其诚，朦混者无所施其巧。……”①乾隆帝允其奏请，六月二十一日谕总理事务大臣，颁禁泰山香税诏，立石碧霞宫门。诏曰：“自古山川有能出云雨者，天子秩而祀之。而五岳之礼尤重，非有朝命，不得致祠。然王立大社，而州党又各有社禜之祭，则春秋祷赛，庶民各就其所敬信，而竭诚焉，亦礼俗之可以情假者也。泰山旧有碧霞灵应宫，远近瞻礼者，轨迹相望。必先输税于泰安州，然后许其登山，税约岁万金，自前明以来，相沿未革。朕思东方物之所生，天地盛德之气之所发也。故《传》称‘触石而起，肤寸而合，不崇朝而遍雨乎天下者，惟泰山。’则春祈秋报，黎庶辐辏，在国家亦宜顺达其情。若使力艰于输税，而不得登山，非所以从民之欲也。其富民乐施，多寡任意，准守祠人存贮，以修葺舍宇，平治道途，有司不得干预。谕到即镌石树祠，用垂永久。特谕，钦此。”②此碑时立于碧霞祠大门之西(今置铜狮之处，民国老照片中尚见其碑，今佚)，乾隆时人赵青藜《泰山杂咏》其十有《免税碑》诗云：“胜国山头榷税归，道人偷得篆香微。丰碑读罢蠲除诏，白鹤青童舞羽衣。(原题下有注：庙旧有香税，雍正二年除之，勒石。)”③即咏此碑。

① (清)常禄：《奏请碑刻蠲免泰山香税恩旨事》，中国第一历史档案馆藏宫中档朱批奏折(全宗号04-01-035-0543-018)。

② (清)弘历：《裁革香税诏》，中国第一历史档案馆编：《乾隆朝上谕档》第1册，档案出版社1991年版，第87页；《清高宗实录》卷二一，《清实录》第9册，中华书局1987年版，第505页。

③ (清)赵青藜：《漱芳居诗钞》卷十四，《清代诗文集汇编》第406册，上海古籍出版社2010年版，第157页。按：所云雍正二年应为十三年。

《裁革香税碑》旧照(推测应摄于民国时期)

《裁革香税诏》执笔者为内阁学士方苞,《方苞集外文》卷八有《拟除泰安州香税制》[①],文字与《实录》全同,可证。[②] 同年四月十三日,兵部左侍郎杨汝穀也具奏请免湖北太和山香税:"伏读圣谕,于山东泰安州香税饬行免征,仰见我皇上勤恤民隐,无微不照,今湖北太和山之香税与泰安州香税相同,似应请旨豁免,以普皇仁。"[③]获得允准。两大名山香税征收遂暂时终止。

五、清代香税之复征

一般认为,泰山入山香税废止于雍正末,但新发现的税票实物可以证实,其税在晚清又行复征。[④]

① (清)方苞:《方苞集》下册,上海古籍出版社 2008 年版,第 775 页。

② 清人朱之榛称:"我闻泰山有碧霞灵应宫,向纳香税于泰安官库,方侍郎苞曾有拟除之文。"[(清)朱之榛:《徐州太山记》,《常慊慊斋文集》卷下;《清代诗文集汇编》第 747 册,上海古籍出版社 2010 年版,第 77 页。]宣统《山东通志》卷八三《田赋志第五・杂税》云:"我朝诸税法,一切沿自前明,然务从宽大。如泰山香税,雍正中从方苞请,永停征。"(宣统《山东通志》卷八三《田赋志第五・杂税》,第 2591 页)今已知议出王士俊,并非方苞,但苞时官内阁学士兼礼部侍郎,甚为乾隆倚重,有可能参与了关于香税废置的廷前之议,且襄赞其事,故被乾隆帝指定为诏书起草人。

③ (清)杨汝穀:《奏请免湖北太和山香税事》,中国第一历史档案馆藏宫中档朱批奏折(全宗号 04-01-35-0543-016)。

④ 泰山进山香税停征后,碧霞祠香钱管理与使用仍由官府所掌控,并有"扫殿"制度,一直延至清末。参拙文《泰山封山之典与碧霞香钱之征》,《全球视野下的泰山文化》,新华出版社 2018 年版,第 66～78 页。

道咸之后，国运日衰，导致“度支日绌”，已废百年的泰山香税征收再次被提上廷议。光绪二十二年(1896)五月，前翰林院庶吉士、实业家汤寿潜作《理财百策》两卷，向清廷献策，主张精简机构、裁汰冗员，整顿税政、新辟税源，整顿盐政、学政、漕运、海关、货币和军火购置管理，开垦荒地，开发矿业、林业等。其书卷下列《香税》一节，呼吁恢复泰山等处香税征收：

> 伏查明代如泰山、五台，武当、茅山，九华等处均有香税。国初尚因之。康熙时孙嘉淦游泰山，人银二钱，曰“香税”，领官票而后上。不知何时始裁去。大可复其制而推广之。如京都之妙峰、南顶及内外城著名诸寺刹，河南之嵩、少，陕西之华山，四川之峨眉，山东之泰山、劳山，山西之五台，湖南之衡岳，湖北之武当、洪山，江西之庐山，江苏之茅山、云台，安徽之黄山、九华，浙江之天台、天竺、天目、天童、东岳、普陀，福建之武夷，广东之罗浮，皆其荦荦大者。其次其又次者，殆不翅百倍。每当春秋佳日，男女杂沓，其大者，岁不下数十万人，其次又次者，岁数万人。禨祥之说，蛊惑于人心者久，佞佛者不独一吴越人已也。今拟人税百钱，数十万人可得数万缗之税，数万人亦可得数千缗之税。责成僧道代收代缴，岁令认定若干数，缴不及数者不贷。有他僧道能多认收缴之数者，即令为此寺观庵院之住持，以示惩劝。所税当不菲也。[①]

与汤寿潜所见略同者还有翰林院修撰、实业家张謇，他在光绪二十七年(1901)所著《变法评议》一文述变法“六部四十二事”，“凡户部之事十二”中，也有拟征“香税”一事。[②] 由于多种原因，这些建议都未能被清廷采纳而付诸实施。

而今新发现的票据实物证明，在汤寿潜等奏议之前二十年，泰安地方官府已开始重征香税。泰安市档案馆藏有一件清同治三年(1864)泰山香税票，票长 9 cm，宽 6.7 cm，系木版刷印。票面正中大字一行“泰山进山门上香税”，右侧小字二行：“凭票银二钱，方可上山。”左侧小字二行：“泰安府官

---

① 费黑：《〈理财百策〉简介及点注说明》，中国人民政治协商会议萧山市委员会文史工作委员会：《萧山文史资料选辑》第 4 辑，1993 年，第 402～403 页。

② (清)张謇：《变法评议》，张怡祖编：《张季子九录》卷二《政治类》，民国刊本。

印票，同治三年。”下钤“泰安府印”朱红楷字戳记。① 根据这枚税票实物，可以得知：(1)泰山香税在同治时期已行复征。(2)根据票面“泰安府官印票”刊字与“泰安府印”印文，本次复征并非由中央政府确定，税务也不由户部管理，而是“泰安府”自行征收。(3)此次开征之税额为每人“二钱”，约与康熙六十年“票银人二钱”及雍正十三年“输银一钱四分”相当。(4)据票面“泰山进山门上香税”及“凭票银二钱，方可上山”，征税地点乃在泰山山门（遥参亭或红门宫）。至于具体管理制度、司掌人员，则难详考。

泰山香税票
（泰安市档案馆藏）

一枚泰山税票之背后，展现的是清末财政大权的大转移。晚清中央财政捉襟见肘，入不敷出，导致全面崩溃，从而使朝廷对各省财政失去了有效掌控，中央财政管理机构户部虽名义上维持着对全国财政的管理，但仅有稽核之虚权，地方财政事实上全由各地督抚所掌控，且各省藩司管理地方财政的职能又渐次为各地自设之种种财政局所取代。这样，在筹饷、筹款的名目下财政权逐渐下落到基层官吏之手，名目繁多的杂税也被冠以“地方税”“国家税”而登堂入室。② 基于这样的历史形势，早已被乾隆帝宣布“嗣后将香税一项，永行蠲除”的入山香税，又被地方官府重新启征。

清末泰山香税之重征，除有税票为据外，还可在时人诗文中找到佐证。

① 此票图版收入泰安市档案馆编《馆藏珍品集萃》，泰安市档案馆 2012 年版，第 6 页。原票系 2012 年 5 月 31 日泰安红门路中医诊所张立展先生（原籍潍坊昌乐县）向泰安市档案馆捐赠（具体经办人为管理科人员车文翔）。据其说明，此前经上海藏书家谢宝罗介绍，从黄浦区一老者处购进大宗民国旧书刊，在齐鲁大学等通讯名录册中夹有此帧票据（张立展 2024 年 6 月 12 日与车文翔通话录音，张立展并写有相关证明）。此票目前尚有不同意见，或疑字体、戳记不似清代。付强、田承军《一百五十年前的泰山“门票”》（《中国文物报》2013 年 8 月 28 日，第 8 版）从形制上认为其是真品。袁明英先生（其原专业为造纸）2023 年 2 月 20 日向泰安市档案馆出具鉴定书，认为“从纸张纸面及纸后长纤维看，属当时纸张”。另周郢将此票图样请教于古籍专家山东大学杜泽逊教授与山东图书馆唐桂艳研究馆员，均认为系当时版刻字体。杜认为“也可能是木活字，左下角右上角都有接口”。总之此票真伪还待进一步研究，在无作伪确证之前，本文暂用其记录。

② 王燕：《晚清杂税名目及其产生之必然性初探》，《江汉论坛》2013 年第 8 期。

诗人张预光绪二年(1876)二月北行过泰安,有《山程杂诗六首》,其二云:"岱岳开青府,游人二月春。犊车万香税,齐鲁未全贫。"(自注云:"二三月泰山香市极盛,主庙事者人征数十钱,曰香税。")[①]乃记亲闻亲睹,当为可信。另据近代奥地利环球旅行家海司(Ernst von Hesse—Wartegg)《山东与德国在中国属地:1898 年从胶州到中国圣地以及从扬子江到北京》一书记述:"清朝的官员为了 100 钱的收益,租赁轿子给载人上山的人。这些工人基于这个原因定价,载一个人上山300 钱,总共上山下山一个来回 600 钱。为了这 600 钱这些人每次几乎要载70 kg重的人上20000 m的山,爬 6000 台阶。每天如此,每年如此,因为只有这样他们才可以赚足一年的钱并且在春节的时候有足够的钱过年。"[②]事实上泰山山轿并非官府制造,而是轿夫自备,所征实系轿税而非轿租。而此一山轿税,实为进山香税之变种。

顺便指出,香税重征并非泰安府孤立行动,其他省州府也有类似举措。在清光绪十年(1884)至宣统三年(1911)均州开征的 13 个税种中,亦有"太和山香税"。[③] 太和山香税裁革于乾隆初,与泰山香税之废同时,延至清末而均由州官府重征。唯泰山香税可能开征历时不长,即因光绪初泰安旱荒,"大饥,饿莩遍野"[④],而被迫再度停征。故于文献少有载录。清人刘铨福《明万历间泰山香钱公牍和樊文翁(彬)》(其二)诗云:"艳说香钱布地金,泰山古迹访禅林。残丛留得官文在,蠡粉(蛀蚀书屑)沾来翠墨深。"[⑤]所见明万历间泰山香钱公牍今已不传,幸清末税票据实物犹存,留记此泰山香税史之最后绝响。

---

① (清)张预:《山程杂诗六首》,《崇兰室诗初存》卷八《丁集》下,《清代诗文集汇编》第 744 册,上海古籍出版社 2010 年版,第 746 页。按张预过泰山赋诗时间,其诗集系之于丙子。另诸可宝时与张预同行,其《璞斋集·诗》三《浪游碎稿·中》第一首为《丙子正月晦日在扬州遇张大同年预相约北征即步其感赋诗韵》(《清代诗文集汇编》第 758 册,上海古籍出版社 2010 年版,第 700 页),亦可佐证其行确在光绪二年。

② [奥]海司:《山东与德国在中国属地:1898 年从胶州到中国圣地以及从扬子江到北京》(*Schantung und Deutsch-China: von Kiautschou ins Heilige Land von China und vom Jangtsekiang nach Peking im jahre* 1898),莱比锡,1898 年,第 163 页。

③ 参见湖北省丹江口市税务志办公室:《丹江口市税务志》,1990 年。

④ (清)张凤翥:《俊卿公行述》,民国赵春芳等修:《泰安赵氏四修族谱》卷八。

⑤ (清)刘铨福:《砖祖斋诗钞·续刻》,《清代诗文集汇编》第 671 册,上海古籍出版社 2010 年版,第 401 页。

附：碧霞祠香钱之征收

泰山碧霞祠香钱是明清泰山香税征收中的重要项目之一（另外一项为入山人头税），自明正德朝以后，一直施行将祠内香客所奉香火钱（称“混施钱”）清理归公制度（称“扫殿”）。清代雍正、乾隆之际香税正式废止后，“自明代以来的扫殿制度，并未因入山报名香税的停止而停罢”，一直延续到清末。然而，关于这一香钱征收的具体措施，却由于史料记载极其简略，后世难得其详。近年蔡泰彬、邱仲麟等先生关于泰山香税有多篇力作[①]，惜未能对清中后期碧霞祠香钱制度作出清晰梳理。今笔者有幸在中国第一历史档案馆觅得一件清代乾隆朝题本，内容涉及碧霞祠香钱管理情况，另外在《乾隆朝上谕档》中也查到相关记录，可借以一清研究者既往之蓄疑。兹先将题本文字节录于下：

巡抚山东等处地方督理营田兼理军务兵部右侍郎兼都察院右副都御史臣法敏谨题：为钦奉上谕事。

据布政司呈称：蒙护抚郑禅宝案验：乾隆元年六月十四日准户部咨山东司案呈：乾隆元年伍月贰十贰日准东抚岳濬咨称：准部咨闻：奉上谕：“东省泰山香税一项，嗣后永行蠲除，如进香人民有愿舍香钱者，各愿力，不得计较多寡。亦祗许本山道人收存，以资修葺祠庙、山路等费，不许官吏经手，丝毫染指。永著为例。钦此。”今据泰安府详称：泰山每岁各处人民进香，除纳税外，另有愿捨银钱、银娃等物，从顶庙铜栏之外投入殿内，名曰混施银钱。每岁夏、冬二季净扫，共变易银六七百两不等。向例除支给顶、岱二庙与万寿亭各夫役工食外，其余尽数起解，由来已久矣。伏读上谕，内开“如进香人民有愿捨香钱者，各愿力，不得计较多寡。亦祗许本山道人收存，以资修葺祠庙、山路等费，不许官吏经手，丝毫染指”。卑府细释谕旨，所言之香钱者，即指混施之银钱。不然香客施舍庙祝之香钱，官吏岂得经手染指耶？惟是顶、岱碧霞元君殿

① 蔡泰彬：《泰山与太和山的香税征收、管理与运用》，《台湾大学文史哲学报》第74期，2011年5月；邱仲麟：《明清泰山香税新考》，《台大历史学报》第53期，2014年6月。

内,查有钦赐金银锦幡并天仙玉印及原存金银缎帛等物,俱属贵重之品。自应谨慎珍藏,毋致毁失,以昭诚敬。从前之设立铜栏者,盖以为此。且混施银钱、银娃等物,愚民蜂拥投殿,习以为常,禁难止遏。若不由官封锁,而□(将)殿内锁钥交存道官收执,似难保其必无私自启闭争夺滋事。请因事制宜,照旧封闭其殿门,锁钥请交泰安县知县收存。及于夏、冬贰季,由知县详请委员净扫,银钱、银娃等物,每岁计有陆柒百金,除照旧支给更夫、打扫、看守夫役工食共银壹百壹拾玖两伍钱玖分,下剩约余银五六百两,□解县库,为修葺各庙宇及盘路之资。如有应修之处,仍循旧例由该道官详报该县,验明估计,详请修葺,毋许私自动支滋弊。庶岱岳崇祠,焕垂千古,不致倾颓湮没矣!至恩赏道人银肆百两,始于康熙二十八年,在香税银内给。此乃圣祖仁皇帝之特恩,原非历来旧有之物。今香税既奉蠲除,则恩赏银四百两亦应请免赏给。各庙共计道人肆拾名,向系分祠看守,初非常住一处。各省人民进香者,尚有零星施舍钱文,可资养赡,无虑不周。至每岁额解锞灰变价银柒两贰钱,亦应一体免解。其锞灰一项,责令该道官尽数变价,分给后寝宫等处道人为香火之资,以垂永久。再者进香者既免香税之费,则上山入庙者多,贤愚莫辨,奸宄易于潜踪。当令地方官吏督查察□,遇神诞盛会之时,责委佐杂官上山弹压稽查,庶□人等不致潜藏,而地方□□□□□敢多事□累□官□□□□等情。□□营□□□□□□□□□□□□□□□□□□□□□□□□□□□查进香人等□□香钱,□奉上谕:“只许本山道人收存,不许官吏经手,丝毫染指。”今该抚以存贮□□为请行□该抚钦遵上谕办理,至所称殿门锁钥交县收存以及遴委佐官杂上山弹压之处,本部未便据咨遽议,应咨该抚具题请旨遵行。再前项香钱,如何责令道人收存,以资修葺祠庙山路等项之处,亦一并妥议具题可也。为此合咨前去,查照施行。因到护院,案行到司,蒙此随行泰安府,再加妥议详报去后。今据该府详称:该卑府查得泰山香税一项,钦奉谕旨蠲除,前于奉文之日,即出示晓谕,革除在案。惟是岱顶殿内有钦赐金银锦幡并天仙玉印及金银缎帛等物,均系贵重之品,自应谨慎收存,以昭诚敬,是以从前于殿宇檐前设立铜栏封闭,以防疏失。其各处人民赴山进香者,有愿舍银钱、银娃等物,即从铜栏之外投入殿内,名曰混施银钱。每岁夏、冬贰季,由泰安州详请委员净扫，共变易银伍柒百两不等。向例除支顶、岱贰庙更夫、打扫夫役、看守万寿亭人役工食共银壹百壹拾玖两伍钱玖分外，余钱尽解司库，由来已久。今此项混施银钱既交本山道人收存，而殿内锁钥若一并交与无室无产之道人，诚恐钦赐物件，难保必无疏失之虑。且元君殿宇向系后寝宫等处各庙道人轮班承值，更未便将锁钥辗转交收，致启推卸之弊。查殿钥向系司库存贮，今似应就近交泰安县库。至每岁夏、冬净扫之时，即令道纪司赴县领钥开殿净扫，扫毕，仍将锁钥交存县库。其扫出之银钱，听道人等自行收存公所，以为修葺祠庙、山路之资，毋许官吏经手。惟是山顶各庙，悉处极高，离平地叁拾余里，四山环绕，并无守望居民。其伍、陆、柒、捌、拾壹、拾贰等月，不特并无香客上山，抑且并无民人来往。前项银钱未便贮于高山孤庙之中。查泰安府道纪司在于东岳岱庙内居住，请将银钱统交道纪司设柜收存，除照例支给各夫役工食银壹百壹拾玖两伍钱玖分外，其余俟有祠庙、山路坍塌之处，听道纪司动支修葺，仍将动支过银钱数目登簿存查。该道纪司倘有侵渔情弊，经各庙道人查首，照例治罪。再查顶庙内有粿灰一项，每岁变价银柒两贰钱，向来起解司库。今香税奉旨蠲除，则粿灰变价银两自应一体免解，留为顶、岱贰庙神前灯油之费。至于香税既免，则入庙进香之人较前倍多，其中贤愚莫辨，似应令地方官于神诞盛会之时，饬委佐杂官上山弹压稽查，庶奸宄不敢潜藏，而地方亦得宁谧矣。理合详请本司核转等情详司。据此该布政使郑禅宝查得泰山香税钦奉上谕蠲除，其岱庙内旧存钦赐物件应行管守等情，前经详议蒙咨请部示奉准部咨，内开殿门锁钥交县收存，且及遴委佐杂上山弹压之处，未便据咨遽议，应具题请旨遵行。至所施香钱作何责令道人收存，以资修葺祠庙、山路等项之处，亦一并妥议具题等因。当经檄饬泰安府另行妥议详报去后。兹据该府详称：查泰山香税一项，业于奉文之日，出示晓谕，革除在案。惟是岱顶殿内有钦赐……。（以下文字与前文基本雷同，兹省略）而地方亦得宁谧等情，议覆核题。再旧例香税项下有恩赏道人银四百两，今香税既蠲，而混施钱又复尽交道人收用，则此项恩赏银两，应请停止。合并声明，统听部议等情。

呈详到，前抚臣岳濬未及具题，移交到臣。该臣看得泰山香税钦奉上谕蠲除，其岱庙内旧存钦赐物件应行管守等情，前据布政司详议，经前抚臣岳濬咨部，接准部咨，内开殿门锁钥交县收存以及遴委佐杂上山弹压之处，未便据咨遽议，应具题请旨遵行。至所施香钱作何，责令道人收存，以资修葺祠庙、山路等项行令妥议等因。随行布政司遵照确议去后。今据布政使郑禅宝详称：查泰山香税一项，业于奉文之日，出示晓谕革除在案。惟是岱顶殿内有钦赐金银锦幡，又历传天仙玉印及金银缎帛等物，均系贵重之品，自应谨慎收存，以昭诚敬……（以下文字与前文基本雷同，兹省略）而地方亦得宁谧。再旧例香税项下有恩赏道人银肆百两，今香税既蠲，无项可支，而混施钱又复尽交道人收用，则此项恩赏银两，应请停给等情。据该司查议呈详前来，前抚臣岳濬覆核，移交到臣，臣覆查无异，理合具题。伏祈皇上敕部议覆施行。臣未敢擅便，为此其本专差提塘官余廷相赍捧谨题请旨。

朱批："该部议奏。"[①]

题本为明清时一种公文形式。明制凡兵刑钱粮、地方民务等大小公事皆用题本，由官员用印具题，送通政司转交内阁入奏。本件题本为乾隆元年(1736)山东巡抚法敏向朝廷递呈。为厘清题本内在关系，兹先将内中所涉人物身份简述于后：法敏，满洲镶蓝旗人，乾隆元年(1736)十月至乾隆四年(1739)六月任山东巡抚。[②] 郑禅宝，满洲正白旗人，雍正十年(1732)五月至乾隆二年(1737)九月任山东布政使。[③] 岳濬，四川成都人。雍正六年(1728)至乾隆元年十月任山东巡抚。[④] 时任泰安府知府者为梅枚。[⑤] 时任户部尚书者为海望。根据法敏到任年月，此题本应上报于乾隆元年十月之后。

---

① （清）法敏：《题为泰山殿钥香钱请分别交县库道正司收存并恩宽银两停给事》（乾隆元年十二月初一日），中国第一历史档案馆藏题本（全宗号 02-01-04-12864-0002）。

② 参见《清高宗实录》卷二八，《清实录》第 9 册，中华书局 1987 年版，第 602 页；《清高宗实录》卷九四，《清实录》第 10 册，中华书局 1987 年版，第 439 页。

③ 参见《清世宗实录》卷一一八，《清实录》第 8 册，中华书局 1987 年版，第 561 页；《清高宗实录》卷五一，《清实录》第 9 册，中华书局 1987 年版，第 866 页。

④ 参见《清高宗实录》卷二八，《清实录》第 9 册，中华书局 1987 年版，第 602 页。

⑤ 参见《泰安府志》卷十一《职官志下》，第 1 页。

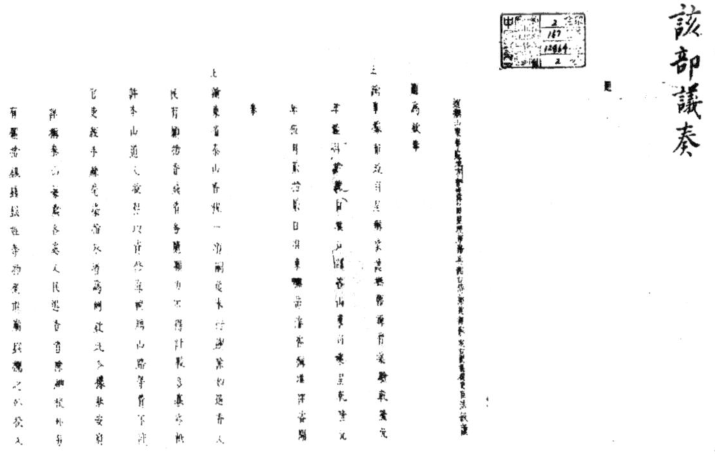
該部議奏

乾隆时法敏关于泰山香钱之题本(局部)

分析此项题本,分属以下几个内容:乾隆元年正式免除泰山香税后,五月户部发咨文于时任山东巡抚岳濬予以通报。岳濬通知泰安府办理,于是有了第一个"泰安府详"。详文提出碧霞祠混施钱的管理办法及有关扫殿、解库、委官弹压等方案。岳濬于五月二十二日据以上报户部。户部接到咨文后,因涉及殿门锁钥收存及委官与香钱收存使用办法等,"本部未便据咨遽议",为此移咨山东巡抚再行妥议。咨文到达山东后,因原任巡抚岳濬已调职,新任巡抚法敏尚未抵任,便由山东布政使护理巡抚郑禅宝办理相关事宜,再次要求泰安府拿出具体方案,于是有了第二个"泰安府详"。此份"案验"详细解决了锁钥应由何人收掌、香钱如何管理两个细节问题。不久法敏到任,香税未竟事宜移交法敏办理,此时郑禅宝仍官山东布政使,故法敏题本有"今据布政使郑禅宝查得"等语,仍令"檄饬泰安府另行妥议详报",故有第三个"泰安府详"。法敏覆查无异后具题请旨,最后获"朱批议奏",即交便户部办理施行。(题本之外尚有一段为贴黄,即摘录要点粘于牍尾以便省览。)

题本所议除涉及恩赏道士香税银两、顶庙錁灰变价银免解及神诞盛会饬委佐官上山弹压等事项外,关于碧霞祠香钱制度共制定以下几项内容:(1)将碧霞祠大殿钥匙交由泰安县库掌握,扫殿时由道纪司领出,用毕归还;(2)每年夏、冬两季由道纪司主持对大殿混施钱物进行查点清理;(3)扫出之银钱，由道纪司设柜收存，作为修葺祠庙、山路之费用。虽未见户部最后议行的条款，但从史料所反映的情况看，基本是以山东巡抚呈报的方案来实施的。

这一制度的要点在于，碧霞祠香钱管理权由泰安官府移交泰山道士，地方官吏只行使监督权，从而落实《裁革香税碑》中所言“其富民乐施，多寡任意，准守祠人存贮，以修葺舍宇，平治道途，有司不得干预”。此为香税制度的一项重要变革。但此方案施行三十年后，却因发生碧霞祠渗漏之偶然事件，促使清廷事实上收回这一恩旨。据《乾隆朝上谕档》乾隆三十三年(1768)四月二十六日上谕：

昨福隆安自泰山进香回京，奏及泰山碧霞元君庙竟有渗漏脱坏之处，闻富尼汉(山东巡抚)欲行修理等语。该处神庙，向经官为修葺。朕前次临幸时，见庙貌颇为阔整。今阅年未远，何以遽有残损？既应修葺，著即速行奏明，朕当派员发帑大修。但泰山向来香火最盛，住持道士所得外来布施自极宽裕，看来未必肯侍奉香火！何以不行随时补苴，一任庙宇渐就剥落？庸俗道士惟知肥己，饮酒妄为，殊为可恨！著传谕富尼汉将现在修理庙工作何筹办，及嗣后如何立定岁修章程，不使住持道士任意花费之处，一并详晰查明，妥议具奏，候朕酌量降旨。钦此。[①]

在此道上谕中，乾隆帝借口住祠道人“饮酒妄为”，明确要求山东官吏查明议妥“如何立定岁修章程，不使住持任意花费”，即将香钱收贮使用权收归官府。

五月十五日，山东巡抚富尼汉遵旨复奏称：

嗣后如何立定岁修章程之处，臣查泰山进香之期，每年二月至四月为春赛，八月至十月为秋赛，香客云集。臣查核旧案，每年所得布施仅四五六百金不等，除支打扫夫役工食，道士养赡，应支销银三百一十九两零，余剩无几，留为修理盘路、粘补庙宇之需。虽每年岁底造册报销，诚恐不无以多报少，及藉端浮冒情弊。且庸俗道士，惟知肥己，饮酒妄为，不肯随时补苴，诚如圣明洞烛，无隐弗周。臣拟于本年秋赛，明年春

① 中国第一历史档案馆编：《乾隆朝上谕档》第5册，档案出版社1991年版，第317页。

赛，遴委大员赴山，督同开扫。确查所得布施实有若干，除循例支给外，所剩如果充裕，即留为岁修之用，如有不敷，另行筹办，则庙宇之岁修有资，而道士之花费可除。臣谨恭折覆奏，并将各庙应修处所另缮清单绘图，恭呈御览，伏乞皇上圣鉴。谨奏。朱批："知道了。"①

根据富尼汉此奏，斯后混施庙钱一律由官府查检并收掌。此为泰山碧霞祠香钱征收制度考之一大变易。另外，自乾隆二十四年(1759)起，清廷确立每年四月十八日致祭碧霞元君制度(因行祭前封禁泰山，故世称封山)②，此制后来与碧霞祠查检合并举行，合称"封山净殿之礼"。③ 对此清人吴振棫《养吉斋丛录·余录》卷六称："(碧霞祠)殿有栅，蔽以铁网。四月十三日封山，香会始罢。是日，藩司委官一人，同泰安县令至山检察钱物，谓之'扫殿'。旧时不下万金。"④又福格《听雨丛谈》卷七"梨枣钱"称："泰山碧霞元君祠，……殿扉不轻启，虽钦使致祭，亦陈上方供品法器于案，退至阶下礼拜。四方求祷者，必隔扉投钱或银饰以祈福。每岁四月，泰安知府、知县，亲登泰山，督视洒扫一次，谓之'扫殿'。羽士所获之钱，盛时辄以万计，今尚二三千串，实为羽流终岁衣食之资。"⑤吴振棫《泰安道中见进香者口占三首》其二："村妪村翁祷祝私，钱输梨枣作檀施。道人不管人间事，但盼官来扫殿时。"(自注："岳庙(应为碧霞祠)正殿皆扃，以铁为栅，进香者以金钱投殿内。香事既毕，羽流开殿检括，给一岁之用。地方守令监视稽核，岁以为常，谓之扫殿。")⑥

清初扫殿为一年两次，乾隆时犹然。乾隆朝举人张云璈《梨枣钱歌》序云："舍钱物者多堆积殿上，冬夏二季总括其数，名曰净殿。"⑦后(年代不详)改为一年一次。扫殿时间向于四月十五日，至道光时泰安知县徐宗干提前于十三日举行。其《泰山杂纪叠前韵·净扫》题下自注："每年四月十三日监

---

① (清)富尼汉：《奏报遵旨修建泰山各处庙宇情形》，台北故宫博物院藏宫中档奏折(编号：故宫050811)。

② 周郢：《泰山封山之典与碧霞香钱之征》，《全球视野下的泰山文化》，新华出版社2018年版，第66～78页。

③ 李东辰：《岱联拾遗》，山东省博物馆藏原稿本。

④ (清)吴振棫：《养吉斋丛录》，北京古籍出版社1987年版，第329页。

⑤ (清)福格：《听雨丛谈》，中华书局1984年版，第153～154页。

⑥ (清)吴振棫：《花宜馆诗钞》卷五，《清代诗文集汇编》第576册，上海古籍出版社2010年版，第49页。

⑦ (清)张云璈：《简松草堂诗文集》卷九，清道光刻三影阁丛书本，第22页。

扫混施钱文，兵役、随从、道士分所余为犒赏。”诗云：“昨夜阴霾合，今晨霁色开。（自注：向于十五日，予改于十三日，每逢净扫日，虽久阴必晴。）山灵应窃笑，多半为钱来。”①按诸书或谓“扫殿”所得悉归于道士，以为终年衣食之资。然其作者之于“扫殿”皆属旁观者，而在亲历者笔下，其说法与此尚存差异。道光初徐宗干任泰安知县，多次主持“扫殿”，据其所述：则是扫殿之资大宗归于官府，余者方分给道士，还得加上参与其事的兵役、随从等。② 堪证此说者还有咸丰间王贤仪之《辙环杂录》：“泰山顶碧霞元君，相传为帝女。殿极宏阔，封锁留槅隙。四时登山男女，皆于隙掷银钱。每十月，东抚奏令藩司诣岱致祭，封禅意也。启殿收银钱，解京以供内府，所谓‘香火钱’也。”③所言“解京以供内府”或系夸诞之辞，若谓“解城以供官府”当得其实。据上述资料，可见清代碧霞祠香钱清点后大宗上缴官库已成定制。“扫殿”制度确立后，顶庙香钱再次成为官吏贪渎之域，道光时刘家龙有《雁翎岭》诗奋笔讥刺：“碧霞宫殿锁严扃，远近布施终莫停。香税自蠲钱自满，可怜雁过也抽翎。”④确如泽田瑞穗所言，碧霞扫殿“受着同香税一样的权力的强制”⑤，此时泰山香钱的管理与使用权，实际上已全然由官府所掌控。

由于这一香钱征收制度十分独特，近代国门开启之后，引起外国旅行家的广泛注意。如德国天主教士彭安多记云：“香客们相信，他们必须把他们的贡品送到那里去。有时候是数量可观的银两和珠宝，例如：手镯、发簪、耳环、价值连城的项链和手链。……二年前我曾经看到满地都是一英尺高的珍宝。……官府不想让在这里执勤的道士们独自瓜分这里的财宝。然后，这里的门就锁起来了，……这座藏宝库只能在朝廷最严密的监管下打开。”⑥同期英国传教士韦廉臣亦记云：“阴历四月十八日由皇帝派遣的官员打开久

---

① （清）徐宗干：《斯未信斋诗录》卷四，《清代诗文集汇编》第 593 册，上海古籍出版社 2010 年版，第 429 页。

② 参见（清）徐宗干：《斯未信斋诗录》卷四，《清代诗文集汇编》第 593 册，上海古籍出版社 2010 年版，第 429 页。

③ （清）王贤仪：《家言随记》卷三《辙环杂录》，《四库未收书辑刊》第 5 辑，第 9 册，北京出版社 2000 年版，第 555 页。

④ （清）刘家龙：《泰山吟》，《山东文献集成》第 3 辑，第 32 册，山东大学出版社 2010 年版，第 350 页。

⑤ ［日］泽田瑞穗：《泰山香税考》，《中国的民间信仰》，东京工作舍 1982 年版，第 314 页。

⑥ ［德］彭安多（Albert Tschepe）：DERT'AI-SCHANUNDSEINEKULTSTÄTTEN（《泰山及其神庙》），Jentschoufu，Katholischo Mission，1906，P91.（陈丹宇摘译）。

闭的大门，拿走所有的钱币和其他物品，之前这些都是送给寺庙里的道士的。”[①]而狄考文所记则多传闻附会之词：“元君庙前面两扇沉重的大门常年紧闭。人们或匐在地面上或踮起脚尖透过门缝看，或扔进钱两，这种祭祀的方式叫‘混施钱’。据说以前门十二年开一次，由皇帝亲自或钦差打开。后来，变成了一年开一次，在阴历四月二十八号由巡抚或泰安府指派官员去打开。那时会有大批民众登山，这也成了一年内最重要的节日了。汉武帝将庙内所祭祀的钱两称为‘梨枣钱’。据说这些钱供给皇后购买脂粉。”

清代“封山”之典停止于宣统三年（1911），但入民国后香钱仍继续征收。1916 年 3 月 9 日《申报》所刊《师水遗稿：登岱纪略》（续）云：“正殿封锢不开，其殿门上为虚槛，余披槛望之，大堂钏珥、金钱及绢帛等物狼藉于地，皆祈福者自槛门掷入云，到岁暮始开。王弇洲谓岁所入香缗以万计，用佐县官匪颁，至今犹然欤。”[②]又蒋叔南《泰山游记》云：“每届二年，由泰安县署派人启封取出，分配于住持之道士云。”[③]还可增补泰安籍耆老车锡伦一则口碑资料：“犹记当年先慈言：泰山老奶奶的‘香火钱’，每年都是押送到北京，做后宫娘娘的‘脂粉钱’。‘扫殿’这个名词没有印象，但‘扫殿’之事听说过。大概直到战乱以前，老奶奶‘大殿’每年都是锁住封闭着，信众的‘香火钱’，从大殿的窗棂、门缝间投入殿内。因‘许愿’各异，除钱币外，也投入金银首饰等等。每年秋后，由‘上面’的官来，开殿‘清点’，押送北京。道士们也不掌握钥匙。他们偷取的方法是：用细线将螳螂腰间束牢，从窗棂、门缝投入殿内，待它爬到某一对象时，用力拉线，螳螂的多条爪子便紧紧抓牢物件，再慢慢将螳螂和它抓牢的物件一起拉出。此类民间传说，老泰安人大概都听说过。”[④]这一制度的最终告停，约在民国二十年（1931）韩复榘入鲁主政时期，据时任泰安县财政局局长刘竹斋回忆：“周百锽……1930 年 8 月 24 日由马

---

① （英）韦廉臣（Alexander Williamson）：Journeys in North China，Man churia and Eastern Mongolia（《华北、满洲及东蒙旅行记》），转引自田芬：《17 世纪以来西方人眼中的泰山》，山东大学出版社 2021 年版，第 23 页。

② 师水斋：《师水遗稿：登岱纪略》（续），《申报》1916 年 3 月 9 日，第 14 页。

③ 蒋叔南：《泰山游记》，《泰山指南》，商务印书馆 1921 年版，第 63 页。

④ 车锡伦 2014 年 7 月 20 日致周郢之电子邮件。

鸿逵任命为泰安县长。……任内,……蠲免泰山香火会收入和各庙宇香火提成。”[①]扫殿亦当随之废止。时人王连儒《泰山游览志·辨异》对此有所论述:“顶庙混施,则公家检校,备修缮用。近世人智开发,登岱亦不必为祈报,此等事可勿斤斤矣。”[②]碧霞祠香钱征收至此方成为历史陈迹。

---

① 严澄非:《北伐至抗战前夕历任泰安县长简况》,政协山东省泰安市泰山区文史资料委员会:《泰山区文史资料》第2辑,1990年,第38页。按朱俭编《民国泰山:1912～1949年期刊中的泰山资料汇编》(未刊稿)共收录民国时人泰山游记112篇,提到“扫殿”的只有1916年师水文及1921年张缙璜《泰山游记》,其他文章于此皆只字未及。从这一“默证”上,亦可表明“扫殿”之制入民国后渐行废止。又[美]贝克(Dwight C.Baker):《泰山:中国东岳圣山》(*T'aiShan:An Account of the Sacred Eastern Peak of China*)中言:“民国时期……还废除山顶收香客人头税的行为。”(商务印书馆1925年版,第117页)

② 王连儒:《泰山游览志》,泰安励志山房1933年版,第128页。

附录　碧霞元君传奇

无人不知泰山有一位著名女神，人们都称她为泰山老奶奶，而古书上则将她尊为碧霞元君。千余年来，人们对泰山女神的信仰崇拜长久不衰。那么，这位女神有着怎样的身世传说？又有什么神异经历？《碧霞元君传奇》便为您讲述关于女神的故事。

一、碧霞身世

《娘娘分身图》之“分身感化”
（北京白云观藏图）

相传，东汉明帝中元七年四月十八日的子时，有一个小生命，在西牛国孙宁府奉符县呱呱坠地。这户人家姓石，父亲名叫石守道，母亲姓金，生下的女孩，便取名叫作“石玉叶”。传说中这个故事发生在“西牛国奉符县”，那西牛国孙宁府奉符县在什么地方呢？西牛国大概是佛经四大部洲中西牛贺洲的名称，我们不知道它具体的方位，孙宁府呢，历史上也查不到，有可能说的是兖州的别名袭庆府。可是第三个地名

"奉符县",确有其地,那就是山东泰安市的前身。

宋朝的时候泰安就叫奉符,这里应是借用宋代地名。故事中的石守道历史上也确有其人,他姓石名介,字守道,是宋朝徂徕山下一位著名的儒士。由于传说将石玉叶与石守道联系到一起,于是在泰安的民间故事中,石玉叶的故乡便被认定为徂徕山,至今徂徕山上还有座秋千架,相传为石玉叶少女时打秋千的遗迹。而徂徕山下的石姓人,也尊这位玉叶姑娘为"老姑奶奶"。

玉叶的故事充满传奇性。玉叶姑娘从一出生,就表现了超乎普通人的特点,三岁懂得人伦道理,七岁听得懂道法,并天天向西王母神像焚香叩拜。十四岁时,她不顾家人反对,坚定告别父母,前往深山求法行道。她出门一路北上,来到了泰山。那时的泰山还十分荒僻,猛兽出没,暴徒潜踪。她路上遇到过劫匪,山中遇到过饿狼、猛虎。不过由于天神的佑护,她一一摆脱了这些厄难。后来又得到一位曹仙者的指引,来到泰山深处的一座山,名为"天空山",山下有一黄花洞,石洞宽阔,天然而成,洞中有一石床,洞顶渗水滴珠,叮咚入池,名灵异泉,又名来鹤泉。洞内有盛夏尚存冰柱的奇观,四周生满黄花。故清代诗人赵国麟诗中描写这里"洞名黄花洌清泉,六月寒冰坚玉柱"。传说玉叶姑娘就在黄花洞中闭关修炼,一炼就是数年。因此明人王之纲在此题写了"玉女修真处"石刻。后人便称此山为玉女山。

古人常说:"不经磨难不成佛"。石玉叶在黄花洞的修炼过程,也充满了艰辛困苦。最大的困苦,不是盗匪,也不是猛虎、饿狼,而是饥饿。黄花洞地处深山,周围百里无人居住,山上可吃的东西又少之又少,就在她又饥又渴的时候,山中有一个白色的猿猴,非常同情这位深山修道的女子,摘下桃子送给她吃。这就是著名的"白猿献桃"。在白猿的帮助下,玉叶姑娘在深山中度过了三载苦修的生活,最后"三年丹就,元精发而光显",飞升上仙。她飞升的时候,没有忘记帮助她的白猿的恩德,将它一起带到天宫。道教绘画《娘娘分身图》上有"白猿献桃",描绘的正是这段故事。

至今在后石坞我们还会看到两座坟墓。一座为元君墓,据说那是石玉叶飞升后留下的肉身的埋葬之处。在元君墓的旁边还有一座坟墓,这座坟墓就有意思了,谁的坟墓呢?白猿墓。碧霞元君飞升的时候带走白猿,白猿的肉身就埋葬在女神的身边。清代诗人徐镔有诗写道:"乳滴玉女泉,花开白猿墓。"从此白猿就成为泰山女神的一位侍者,并在泰山的文学作品中频频留下身影。比如清代有部小说叫《归莲梦》，便描写了泰山白猿传授一位民间侠女兵书秘籍的故事；清代戏曲《报恩猿》中也有泰山白猿报恩的情节。

再说玉女修真所在的天空山。明隆庆年间，周藩宗室辅国将军朱睦𣝗于此建起一座元君庙，供奉玉女神像，殿阁富丽。这里地处泰山奥区，景象清幽，犹似人间仙境，至今仍是泰山一处游览胜地。

再回到石玉叶身上，传说玉叶飞升上仙后被敕封镇守泰山，赐号"泰山玉女"。从此这位玉女便坐镇东岳，统领众仙，执掌泰山。自宋代开始，人们在泰山顶上，为她修建祠庙，从此之后信众无数，香火连云，泰山玉女逐渐成为天下尊奉的著名女神。

上面讲述的玉女传奇主要出自明人王之纲引述的《玉女卷》。所谓"卷"，指的是宝卷，是一种民间讲唱宗教文学。民众通过石玉叶成仙的传奇故事，表达了对泰山女神的崇敬与热爱。泰山女神也因传奇故事的传播，增加了她的脉脉温情与赫赫灵威。

当然，历史上关于泰山女神的身世传说并不限于这一篇，影响较大的还有以下几种：一种是"王母侍女"，说她本是西王母的侍女，黄帝修建岱岳观时，派七个仙女戴着云冠，穿着羽衣，迎接西王母，泰山玉女便是其中之一；另一种是"岳帝之女"。元人秦子晋《搜神广记》上说，东岳大帝有一个女儿，名唤玉女大仙，就是后来的泰山娘娘；还有一个说法是"东岳侍女"，说东岳大帝座前有两个侍者，男名金童，女名玉女，玉女就是后来的泰山娘娘；还有的说法是"观音化身"，所以后来佛寺如红门宫等也供奉泰山女神，并成为元君三庙之中庙。种种传说，无不反映了碧霞元君在民间信仰之深，影响之大。

那么，这么多人信仰、崇奉泰山女神，是什么原因呢？在人们的信仰中，这位女神又主管什么呢？

二、碧霞神职

泰山女神被历代赞颂为“弘德泽民”之神，那么这位女神有何神通呢？为什么她能赢得如此众多的信众呢？这就要从传说中的“碧霞神职”说起。

所谓神职，也就是神仙主管的事务。历史上，碧霞元君的身份与司职曾出现多次变化。最早进入人们视野的，是一位“爱情女神”。为什么最早是爱情女神呢？这源于宋代小说《盈盈传》对女神形象的塑造。《盈盈传》中叙述了这么一段感人的故事：北宋嘉祐年间，有一位叫盈盈的歌伎，不但姿容秀美，天资聪颖，而且能歌善舞，诗思敏捷。她与书生王山两情相悦，后来王山上京参加礼部考试，从此杳无音信。盈盈因此悲伤不已，抑郁成疾。有一天晚上，她梦见一位红裳美人来到自己面前，说：“泰山玉女要征召你去掌管文书。”大概因盈盈擅诗文，所以玉女要任她为秘书。盈盈不觉惊醒，哭着向母亲说：“日后王郎若再来找我，就让他到东岳之上吧。”不久便溘然而逝。两年之后，王山回来寻找盈盈时，她母亲便将盈盈遗言相告，王山闻听非常伤感，便依言前往东岳泰山，寻找恋人。他登上岱顶，寻盈盈踪迹，却渺不可得。惆怅之中，恍惚间只见一位侍女走过来，说奉玉女之命邀他赴宴。王山便跟随侍女一路前行，来到一座洞府，洞内重楼叠栏，花木繁丽，只见一位女神头戴玉叶冠，披着黄披肩，身材修长，容貌温润。王山赶紧向她叩拜，女神笑着说：“你苦苦思恋的人，很快便能相见了！”说罢便让侍女搀出盈盈，二人泪眼执手，互诉离情，最后便在洞府中喜结连理。当鸡声报晓，王山睁眼只见苍崖古木，烟云悠悠，哪里还有盈盈的踪迹呢？恍若大梦一场。可是他衣袖间分明有盈盈的粉香，是梦是幻，难以言说。后来王山便撰写了这篇《盈盈传》，详细记叙他的这番神奇经历。

在小说中，泰山女神是一位美丽多情的青春女性，她关爱着天下有情的男男女女，帮助他们跨越天人阻隔，终成眷属。这说明，在宋人的心目中，泰山女神是一位执掌爱情婚姻的女神。后来曹雪芹在《红楼梦》中塑造的太虚幻境里的警幻仙姑，便是借鉴了泰山爱情女神的形象。

那么，泰山女神的身份如何进行后续转化呢？当人们有了婚姻之后，下一个愿望就是希望有自己爱情的结晶，也就是希望能有自己的小宝宝。既然婚姻爱情是女神赐予的，那么这个爱情的结晶，人们也会继续向女神来祈求。这样泰山女神就渐渐地承担起送子的职责。现在全国各地许多庙宇中供奉的元君神像，有的手中抱着一个可爱的胖娃娃，就是表现这一神通。于是赐子就成为女神的又一大神职。所以，在不少元君神像的神案前，经常可以看到大大小小用泥土做成的小娃娃。民间习俗是，如果你向泰山女神祈求宝宝，那么先要恭恭敬敬地把泥娃娃带回家中，供养起来；如果你的心愿达成，有了宝宝之后，还要恭恭敬敬披红挂彩地把这个泥娃娃，送回泰山女神的案前。这就是泰山一个著名的风俗，叫作"拴娃娃"。这一习俗由来甚久，在一些历史文献中不乏记载，最有名的一例是清末衍圣公孔令贻因为无子，年年都到泰山上来拴娃娃，后来据说真有灵验。这个娃娃，便是孔子七十七代嫡孙末代衍圣公孔德成。

从爱情女神到送子女神，泰山女神的神职不断变化与发展。而等到小孩降生后，人们又希望他能健康顺利地成长，而且将来能人生顺遂，读书能科举高中、做官能位置通显、做生意能财源广进，家族也能兴盛繁衍，于是人们便将这样的愿望再次寄托到女神身上，泰山女神也就从送子女神变成了保护整个家庭的女神，这样女神不仅神职增加了，神威也更加扩大了。可是家和、家兴都离不了大环境，那就是国家的升平，国泰方才民安啊。于是，泰山女神从护家女神又升了一格，成为护国女神。同时她也增加了很多神通，比如清代有一本小说名叫《幻中游》，写碧霞娘娘传授女将兵书战策，助其平定了边疆叛乱；明代有一本小说叫《梼杌闲评》，写碧霞元君谨奉玉帝敕旨，前来淮南收服水怪，保护漕堤。渐渐地，人们认为这位女神从婚姻到送子到护家再到护国都可以祈祷成真，于是古代的一些帝王给这位女神的封号中就增加了"护国庇民"之词，把女神的地位空前提高。

非常有意思的是，随着泰山女神的神职不断扩大，她的年龄和辈分也发生了很大变化。最早她主管爱情和婚姻的时候，叫"泰山玉女"，形象是一位青春女性。等她主管送子的时候，人们觉得由一位少女主管送子未免太过年轻，于是把她的辈分提了一辈，叫"泰山娘娘"或"泰山圣母"。等她主管护家的时候，人们又觉得一个年轻的妈妈肯定承担不起这么大的责任。那谁能当此重任呢？大家都看过《红楼梦》，《红楼梦》所写贾府中谁的地位最高啊？贾母啊！一个家族的祖母才是家族最高的权威。所以呢，到这里，这位泰山女神又变成了“泰山奶奶”。等她变成了一个保护整个国度、整个家邦的女神的时候，一个家族的祖母肯定没有这么大的权威了，什么样的人才能有这样的权威呢？只有天下人共同的祖母才行！所以她的辈分又长了，经过了几次大的变化，最后变成了现在人们对女神共同的尊称：“泰山老奶奶”。

名称变化的同时，朝拜她、供奉她的香客越来越多，随着其神职日渐扩大，其信众也渐渐地从民间进入了官府，进入了贵族，最后到了皇宫。祈求皇子的皇后、嫔妃也委派身边的太监或者亲戚代表她们到泰山向老奶奶焚香叩拜。最后就影响到了皇帝本人，于是皇帝也开始派遣使者到泰山祭祀女神，并且整修她所居的宫庙。可是皇帝来祭拜的时候，不能跟民间一个称呼，必须给她一个非常正式的国家封号，这个封号便是“碧霞元君”。那么“碧霞元君”这个封号是谁加封的？又有什么寓意呢？

三、碧霞封号

前面我们讲到泰山女神的身份从最早的“泰山玉女”，到后来的“泰山娘娘”，再到“泰山奶奶”以至最后的“泰山老奶奶”。随着女神朝拜进入朝廷祭祀，她又有了一个皇帝敕封的神号——“碧霞元君”。

那么，“碧霞元君”这个神号是谁册封的呢？古代的稗史中，记录了这么一个故事：宋真宗到泰山举行封禅大典时，在举行仪式之前，先要到泰山山顶上的一个泉子中洗手，当他将手放入泉池中时，感觉到水底处似乎有个东西，捞出来一看，竟然是一尊神像，而且还是位女神的神像。本着礼敬女神的想法，他敕令身边的侍臣重新用玉石雕刻了一尊一模一样的玉像，供奉在水池旁边，于是这个池子就被称作玉女池。刻像供奉之后，宋真宗还为女神敕封了一个尊号，这个尊号便是“碧霞元君”。

“碧霞元君”四个字是什么意思呢？根据我的考证，“碧霞”二字出自《上清经》，原文是“元始居紫云之阙，碧霞为城”。后人遂以“碧霞”比喻道家仙境。而道书上又说世人成仙者，男的称为真人，女的称为元君，“碧霞元君”也就是道教仙界中的女仙。不过以我的见解，这只是字面上的意思，其背后还包含了一层泰山上的神秘景象。这一景象名叫“碧霞宝光”。相传每当雨过天晴时，在泰山极顶上经常会出现神秘的彩色光环，外紫内红，有时变为青黄，金光四射，光环徐徐浮动于碧霞祠附近。最近一次碧霞宝光出现，是在去年(2016 年)的 10 月 16 日，当时许多游人亲眼目睹了这一奇观。

“碧霞元君”的神号或许也由此奇观而来。为什么呢，因为古人常将“金”“碧”并称，“碧霞”就是“金碧的云霞”，而“元君”呢，不仅是指女仙，“君”也有“君主”之意，意谓泰山上的女皇。这也许便是“碧霞元君”四字的寓意所在。

言归正传，宋真宗在玉池中得女神像而加封“碧霞元君”的故事，出自明代作家陆采的《览胜纪谈》。不过这只是一个传说，但这个传说有个真实的历史背景，那便是宋真宗在封禅泰山时，确实曾在岱顶玉女池刻立一尊泰山女像，并设立石龛，派大臣王钦若致祭。宋真宗为此亲自撰写过一篇《玉女像记》。这个玉女神龛，便是今天泰山碧霞祠的前身。然而，在宋代历史文献中，宋真宗只是奉祀玉女神像，并没有相关敕封“碧霞元君”的记载。而“碧霞元君”的神号，是在元明时期之后才逐渐出现的。虽然宋真宗敕封“碧霞神号”只是一个传闻，但进入明代以后，这一传闻却得到了明代皇帝的认可。明廷所发布的诏令文告之中，均采用了碧霞元君的封号。比如正德皇帝的御祭文，开头便说某年某日皇帝谨遣某太监昭告于碧霞元君之灵。到了崇祯帝时期，更有皇帝亲自加封碧霞元君的历史轶事。

崇祯皇帝为什么要加封碧霞元君呢？故事要从其曾祖母也就是明神宗万历皇帝的母亲慈圣太后讲起了。

慈圣太后姓李，原是隆庆皇帝的妃子，因儿子继承帝位，她也就被尊为太后。这位太后非常崇拜碧霞元君，多次捐助银两，大修碧霞宫殿。今天我们所看到的元君下庙灵应宫，便是在李太后资助下拓建的。李太后死后，当时人纷纷传说，由于太后生前为人慈爱，乐善好施，其魂灵“神游东岱，逍遥胜境，位并碧霞”，成为泰山碧霞仙境中的一位女神。于是万历皇帝便将其母尊为九莲菩萨，敕令在泰山修庙奉祀，作为碧霞元君的陪祀之神。为了求得元君的认可，他专门为元君奉献了一座由全铜铸造的“金殿”，这便是我们今天在岱庙中看到的那座“铜亭”。

万历皇帝死后，经过泰昌、天启两朝，由万历皇帝的孙子继承大统，这就是明思宗崇祯。因为有曾祖母李太后的先例，于是崇祯皇帝也想将自己的母亲刘太后供奉于泰山，由于之前的李太后称九莲菩萨，崇祯帝便将生母尊为智上菩萨。当年九莲菩萨立像于泰山——这尊像今天仍在，供奉在红门宫东院的南殿中。现在智上菩萨自然也要在泰山铸像奉祀。可是，铸像的难题出现了。

原来，这位刘太后的身世遭遇极为悲惨。她本是明光宗当太子时的“淑女”，也就是宫女，后来因为小事被太子打死，也有说法是被逼自杀。这时候崇祯皇帝还不到五岁。等他继位后，尊封刘氏为太后与菩萨，当要造像时，却已经记不起母亲的容貌了。无奈只好请画师根据老宫女的记忆，加以想象，描摹了一幅刘太后的肖像，并以此为蓝本，铸像供奉于泰山。这尊智上菩萨像至今还留存在泰山，供奉在斗母宫大殿之中。

当年万历皇帝奉母供泰山，为了取得碧霞元君的认可，奉献给碧霞祠一座金殿。可到崇祯皇帝时已国困民贫，无力再铸造金殿了，于是他便想出一个讨好泰山女神的办法，即为女神增加一个新的封号，即在传说宋真宗所封“碧霞元君”之上又加了六个字，变成了“青灵普化慈应碧霞元君”，“青灵”因青色主东方，意为东方神灵，“普化慈应”为恩泽四方之意，这进一步加强了对女神神威的颂扬。史料记载，崇祯十三年(1640)九月二十三日，崇祯皇帝派遣内廷太监梁之洪恭恭敬敬到泰山碧霞祠上香，向女神进献了这一新的封号。

可悲的是，“普化慈应”的泰山女神也并未能保佑崇祯皇帝，敕加封号后不到四年，明朝就灭亡了，崇祯帝也自尽煤山。不过，他所敕封的这一碧霞元君新封号却得到广泛流传，一直传播到南方，还被民众移置到另一位女神妈祖的头上，说天后妈祖也被封为“青灵普化慈应碧霞元君”。于是，中国南北两大女神都号称“碧霞元君”，成为中国信仰史与民俗史上的一大趣话。

碧霞元君封号的故事今天就讲到这里。古代皇帝统治天下，手中一定握有一方玉玺；而碧霞元君执掌泰山，她也有一方神秘的玉玺，那么这方玉玺上铭刻什么文字呢？又有怎样的传奇经历呢？

四、碧霞玉玺

常言说："人凭文书官凭印。"古代官员到任理政，都掌握有一方官印。皇帝执掌天下，手中更得握有一方玉玺。所以，玺印便成为皇权官权的凭信。而碧霞元君坐镇泰山，自然也不例外。她也应拥有一方自己的玺印。那么，这方玺印是如何得来？上面又会刻有什么神秘的文字？今天就让我们一起去追溯碧霞玉玺的前世今生。

时间回到清顺治十一年(1654)，泰安官府遵照上司之命，重修泰山极顶的碧霞祠，可是工程刚刚开工，工地附近便传出一个惊人消息，在山石中发现一件奇异之宝！

原来，当修庙的工人掘开地基时，一个方方正正的石盒嵌置于巨石之中，当他们将石盒小心翼翼地开启后，里面顿时光华四射，只见在盒子正中安放着一颗硕大的玉印！后经测量，这个玉印高四寸八分，换算到现在就是高 20 多公分，重九十六两。在其正面，镌刻着四个神秘的九叠篆字。监工意识到这肯定不是寻常之物，于是赶紧呈递给泰安知州。知州也感觉是一至宝，但是难明其详，便找当时山东有名的大儒张尔岐作一鉴定。

张尔岐是当时的经学大家，其学识连顾炎武也深为佩服。经过张尔岐的鉴定，认出了玉印上镌刻着的四个字是"天仙照鉴"。那么谁会用这种玉印呢？张尔岐对此给出了七个字的鉴语："疑是封元君时物"，意思是，怀疑这是当年敕封碧霞元君的玺印。这一发现在张尔岐的著作《蒿庵闲话》中有明确的记载。那么，张尔岐凭什么推定玉玺是"封元君之物"呢？关键就在玉玺上的"天仙"二字，这里的"天仙"指的并非天上仙人，而是泰山女神的封号，典籍记录泰山女神最初的封号共有八个字，是"天仙玉女碧霞元君"。"天仙"也因此成为元君的一个简称。结合玉印出土于泰山山顶，因此张尔岐推定这应该是碧霞元君的一方玺印。

那么，这一推断是否准确呢？后来道光年间泰安知县徐宗干也对玉印作过进一步的考证，得出结论，这方玉印是宋真宗敕封泰山女神时钤盖祝文所用，用毕之后，仿造封禅埋藏玉册制度，所以将玉印掩埋在了碧霞祠附近。

对于这么一方宝物，知州不敢怠慢，下令将玉印收藏进了碧霞大殿中。而且制定一个条例，平时专匣密封，只有重要人物到来之时，方才取出一见真容。张榕端《海岱日记》记载：康熙三十五年（1696），他出任内阁学士奉旨祭祀泰山，礼毕之后，知州专门为其开启碧霞殿门，从一个锦匣中恭恭敬敬捧出玉印，让其观瞻。由此，碧霞玉印在泰山周边慢慢传开。人们都将这方玉印视作女神的通灵宝物。叩拜碧霞祠的香客纷纷请求道长钤盖印文带回去供奉家中，以求祛病镇邪，保护平安。于是便形成了数百年的泰山钤印祈福风俗。

在之后的历史岁月中，有一件事更加印证了玉印非同一般的神异。清乾隆五年（1740）六月二十四日夜间，岱顶碧霞祠突起大火，火焰迅猛，片刻吞噬了整个庙宇，不仅殿宇悉毁于烈焰，甚至祠内的铁碑、铜鼎都熔为汁液，这场火灾是碧霞祠历史上最大的一次劫难。火灾后人们清理现场时惊奇地发现，大殿中所有物件一应烧毁，只有玉印仍在，除了左上角有一点残失外，其余完好如初。于是人们纷纷传说，这是玉印有神灵在护持。清代诗人陈文述对于玉印的这番传奇经历，感慨写道："劫火昆冈焚不得，依然翠夺芙蓉色。"

一场劫难使得碧霞玉印更加深入人心。不过经过这次惊险，地方官府不敢再将宝印放在碧霞祠了。放在哪安全呢？他们觉得，县衙库房应该最为保险吧。于是从乾隆初年开始，玉印便被安置在泰安县库中。每一任泰安县令交接，除了交接县印，同时还要移交碧霞玉印。之后不少达官文士，比如大学者阮元、著名诗人陈文述等，都曾专程到泰安县库观赏宝印，留下不少诗文名作。

玉印封藏于县库，看着是保险了，但是普通香客再也无法钤印求福，这又怎么办呢？道光年间，泰安知县徐宗干想出一法，即将印文摩刻一碑，置于岱庙，以供香客拓印。这方碑石今还有一残段，保存在岱庙汉柏院中。这样玉印一直从清代传承到民国，其珍藏地点也从县库转到岱庙。关于玉印最后的记载，是民国三年（1914），袁世凯的儿子袁克文登泰山时记录自己曾经在岱庙鉴赏过这方宝印。

现在这方宝印身处何方呢？再也无人得知。只知道民国后期这方玉印又神秘失踪。据推测，这可能与日伪时期的岱庙失盗案有关。据民国王亨豫《丛花斋谈丛》中记载，民国三十一年(1942)，日伪泰安县署情报主任杨安一潜逃外地时盗走大批岱庙文物，共计“二十九箱百余件”，后杨犯虽被缉拿归案，但除追回温凉玉圭与黄瓷葫芦外，其他古物大多“无从完璧而归矣”。“天仙照鉴”玉印或许就在这二十九箱之中。

从此碧霞玉印杳如黄鹤，现在在泰安市博物馆中保存着的，是清代临摹的两方玺印。我们期盼着这方承载着碧霞灵光的泰山宝印，也能如唐宋封禅玉册一样，能在日后重现人间，回到碧霞元君的神案之上。借用诗仙李白的一句话来形容，那便是“张公两龙剑，神物合有时”，那就让我们共同期盼碧霞玉玺的合浦珠还！

五、碧霞圣诞

泰山碧霞祭祀大典，人数最多、香火最盛的，当属碧霞女神的生日那一天。那么，碧霞元君的圣诞是在哪一天呢？我们泰安人肯定会立即回答：这还用说，自古相传的老奶奶生日，三月十五嘛！不过，在这里我要告诉您，历史上碧霞元君的生日其实另有吉日。最早记录的碧霞元君诞辰并不是三月十五，而是四月十八。为何会有两个生日呢？这就要追溯到元君的身世。我们在前几期节目中讲道：明代《玉女卷》在讲述玉女身世时，说玉叶降生于汉明帝中元七年四月十八日子时。也就是说，碧霞元君的生日最初的记录是“四月十八”。

对于“四月十八”这一元君诞辰日，万历年间所铸《碧霞元君护世弘济妙经》铜钟铭文中这样写道：“孟夏十八，化现母前；修真合道，受命天仙。”孟夏就是农历夏天第一个月，也就是四月，“孟夏十八”指的就是“四月十八”。另外，成书于明代的《元始天尊说碧霞元君护国庇民普济保生妙经》中也写道：“(元君)于四月十八日分真化炁(气)，现是慈颜，陟降泰山。”这些文献都可以佐证，明代时期人们都认定，碧霞元君的生日是“四月十八日”。

每年的四月十八这天，不仅是泰山周边，在全国各地，只要有元君庙的地方，人们对碧霞元君的朝拜都是盛况空前。明末学者刘侗在《帝京景物略》中写道：四月十八是元君诞辰，士女纷纷进香，“月一日至十八日，尘风汗气，四十里一道相属（音注，相连之意）也。”意思是，从四月一日至十八日，进香者人潮汹涌，整个道路上都是香客踏起的尘土，身上散出的汗气。由此可见，元君诞辰这天朝拜场景热闹非凡。

众人四月十八为老奶奶上香的习俗，从明代开始兴盛，一直延续至清代。清初小说《醒世姻缘传》《林兰香》、戏曲《女弹词》中都曾细致描绘过“四月十八”碧霞香会的场景。另外，根据红学家周汝昌先生考证，《红楼梦》第一回中所写“过会的热闹”，所指的也正是四月元君香会。

“四月十八”的碧霞圣诞，不仅是民间香客的共识，而且也赢得朝廷的认同。清代康熙皇帝敕编过一本《御定月令辑要》，“月令”指的是各种节庆日期，此书大致相当于国家认定的节日手册，这本书上的“四月十八日”一栏明确标注着“碧霞元君诞”的条目。那么，碧霞元君的圣诞又如何从“四月十八”改到了“三月十五”呢？

碧霞元君圣诞的改期，源于乾隆皇帝的一道诏令。乾隆皇帝是碧霞元君的崇信者，他一生不仅十多次朝拜泰山，叩拜碧霞元君，甚至在圆明园和避暑山庄中都建起碧霞祠庙。为了表示他内心对女神的虔诚，他在乾隆二十四年（1759）专门下达了一道祭祀泰山元君的诏旨，规定每年的四月十八日，朝廷都要派遣大臣，带着御赐大藏香和银法轮，代表皇帝向元君焚香叩拜，祝她生日快乐！这样就确定了四月遣使致祭的制度。皇帝致祭非比寻常，其御香要在十八日凌晨第一个燃起，也就是俗称的“头炷香”。然而，碧霞元君生辰的时候人山人海，怎么才能保证皇帝的御香能成为第一炉香呢？乾隆皇帝想出了一个办法——“封山”。他下令每年四月十八日之前三到五天，衙役兵丁全部出动，将泰山团团围住，然后把山上的香客、游人悉数驱赶下山，只有钦差才能登上山顶，替皇上致祭。这个法令从乾隆朝一直延续到宣统朝。封山禁令在当时可以说是雷厉风行，一些诗词中都有体现，如嘉庆朝韩次山的诗中写道：“岳会知县禁，祠官示曲防。不随金马节，难近碧鸡坊！”说的是封禁活动由泰安知县亲自主持，不是钦差随员，谁也无法靠近泰山。道光朝徐宗干诗中也有“士女如云散，风雷扫殿来”之句，意思是说那些兵丁把香客士女通通的向下驱赶，就像风飞云散一样，转眼泰山就空无人迹了。可见当年封山令的执行是何等严格！

封山典制从 1759 年一直延续到 1910 年。宣统三年（1911）夏初，从东北到山东发生流行疾疫，为了避免疫情传播，整个山东道路都被封锁。山东巡抚孙宝琦给皇帝奏报，希望本年的封山仪式改到秋天举行，可是到了秋天，等内务府官员将御香送到济南时，正逢辛亥革命风潮，山东宣布独立，这样一来，宣统三年的封山大典未能举行。清朝灭亡后，封祭告停。封山的典礼从开始到结束，一共延续了一百五十二年。

清朝封山典制的实行，对泰山香会产生了严重的影响。本来泰山老奶奶是民间与皇室共同祭奉的一位女神，可是现在皇帝竟然把她的生日朝会给垄断了，不允许民间百姓在老奶奶生辰当天进香叩拜。那民众怎么办呢？他们在气愤之余想出了一个对策，那便是调整典礼日期。那么选哪个日子合适呢？人们发现在四月十八之前，还有一个日期非常神圣，这就是三月十五。这个日期在民间称作“换袍日”。什么是换袍日呢？三月十五这个时候春意渐浓，凡人都要脱去冬装，换上春服，那么宫殿中的碧霞元君也应该脱掉冬天的袍服，换上春天的神装，人们就在这天举行为神换袍的仪式，并把这一天称作“换袍日”。既然四月十八皇帝不准我们百姓进山，我们就在三月十五提前给老奶奶过寿，祝她生日快乐吧！于是，天下的香客就避开皇宫祭辰，于三月十五这天聚集泰山，在碧霞祠、红门宫、小泰山、灵应宫等处举行盛大的朝拜典礼。这样约定俗成，人们也就把老奶奶的诞辰日调整到了三月十五。

此后随着清朝的灭亡，四月十八日致祭典礼渐渐地被历史淡忘。而三月十五却成为泰山一个新生的民俗节日，一直延续到今天。这就是碧霞圣诞日期的由来。

（2017 年 4 月泰安电视台《新闻零距离》节目播出）

后 记

因自小生长在泰山下，泰山老奶奶的故事时萦耳际，成为童年悠悠的记忆。年长后潜心于泰山文化研究，但只局限于典籍史事，于信仰民俗关注较少。对碧霞元君研究的涉猎，源于叶涛老师的引导。2006年间，叶老师说起“碧霞元君”神号源起时间颇存争议，嘱我从史实真伪角度加以考辨，于是始有了一篇神号考证的小文。在翻检文献的过程中，我感到相关史档极为丰富，已有研究对此尚缺乏系统梳理，乃发愿来进行这一课题。

2009年以还，叶涛老师每年在泰安组织“东岳庙会国际论坛”（会期在农历三月十五），为切合会议主题，我都会选择一则与元君信仰相关的题目撰文参会。于是每岁仲春便成了我写作的“碧霞季”，先后形成四五篇长文。2015年后活动停息，因乏促动，虽偶写过香税制度、灵应宫庙及宋封玉女等几篇零札，但课题再未集中进行。

近来泰安成立“泰山文化高质量推进委员会”，组织前往福建调研妈祖研究状况，并组团参加莆田“妈祖文化学术研讨会”，拟借鉴妈祖研究经验，召开一届以碧霞信仰为主旨的泰山文化研讨会。受此激发，我便集中精力，将拟定的碧霞诸题逐一撰写，终在癸卯除夕合成全稿。虽思未周密，文欠雅驯，但幸于考察上颇有新获，史档上数有发覆，观点上也间有突破。在此聊作为呈缴大会的引玉之砖，供与会学者之参稽。

“翠华记东巡，赐额生光辉”；“九州万士女，礼拜瞻洪慈”（清人陈文述《碧霞元君祠》诗）。围绕碧霞信仰的朝野纷争、官民互动，是泰山信仰的一项核心内容，也是我特予关注的话题，因此书稿最终定名曰《国祀与民祭：泰山碧霞元君信仰考论》。

本书成稿之际，又有幸拜读到美国韩书瑞教授新著《泰山之神》(*Gods of Mount Tai. Familiarity and the Material Culture of North China, 1000-2000*)，其书借助图像学等方法深入阐释这一信仰内涵，予人以耳目俱新之感。该书近获“列文森中国著作奖”，可谓实至名归。从这一佳讯中，我也感到碧霞文化已日益受到国际汉学界的关注，顿有一种“吾道不孤”的欣慰！本书与韩著题目相近，但路数不同，若行对读，或许能为读者提供另一视角的碧霞史。

本书部分内容曾先后发表于《世界宗教研究》《世界宗教文化》《史学汇刊》《民俗研究》《文史知识》《中原文化研究》《管子学刊》《全真道研究》等期刊；此次整合，承齐焕美、傅秀玲两位老师及陈春燕同学细加校正，改订甚多。对编者、校者之惠助，在此深表谢忱！

周郢

2024 年 3 月 9 日

此书校竣，远游江浙，于杭州博物馆中偶见乾隆帝碧霞祠联宸翰，此联原刻泰山，佚失已久，不知手迹何年流播吴山，而百载后又为郢所快睹，嗟叹遇合之奇！因填《百字令》以纪所感，并用缀全书。词曰：

岱宗灵诀，甚天风吹落，吴越云水。瑶馆琅函新启处，惊现龙章藻丽。碧落居高，金台星拱，玉版名山寄。天门题罢，万峰霞涌涛起。

应是翠盖南来，泥红墨彩，清供湖山址。西子玉妃萍水遘，宝钿明珰相俪。金阙楹空，银钩字灿，清泪还如洗。良工谁觅，重辉乔岳云里。

甲辰岁末